蒋氏秘档与蒋介石真相

杨天石 著

又渡重洋作遠游
老来尚似少年侍
穷搜秘档求真相
不到河源兴未休

三访胡佛研究所

再版说明

本书作者杨天石先生是中国社科院荣誉学部委员、近代史研究所资深研究员、蜚声国际的著名史学家，被誉为"国内蒋介石日记研究的第一人"。杨先生于1960年毕业于北京大学中文系，受过严格的学术训练，语言文字表达能力卓越。从1978年4月开始，杨先生一直从事中国近代史、特别是中华民国史的研究，著作等身，德高望重，其对中华民国史研究的成果举世瞩目，为海内外史家所称道。

本书是杨天石先生的旧作，于1999年完稿，经中国社会科学院近代史研究所推荐、专家评审及华夏英才基金会管委会审定，决定资助，并由有关单位审读通过。2002年2月，由社会科学文献出版社出版。出版后立即引起海内外学界极大关注和高度评价。

本书不同于图书市场流行的演义类、戏说类蒋介石传记，而是一部十分严肃的学术著作。杨天石先生以精深的学术功力，凭借丰富扎实的史料，厘清了一些多年来的谜团，纠正了读者朋友过去的对于蒋介石的一些片面认识。本书对于研究人员及读者朋友了解真实的蒋介石，理解中国20世纪错综复杂、众说纷纭的历史具有极大帮助。

真正有价值的作品经得住时间的检验。我们深信，凝聚了杨先生数十年学术心血的本书就是这样有价值的作品。为最大限度地保存史料，蒙杨先生惠允，本公司特地以保留原书本来面貌的方式出版，以飨读者。

定稿前，杨先生多次通读全稿，进行了认真的校订。他改正了原书中个别已发现的错字，并用加注的方式订正了个别引文理解上的错误。编辑过程中，对书稿中出现的台湾当局"政权"系统和其他机构的名称及官职，如"总统"、"中研院"等，由编者加了引号。其他均未作改动。

复旦大学历史系博士研究生、努我努学社社长范国平先生热心出谋划策，为编者提供了不少建议及帮助，特此致谢！

编者
2015年10月

目 录

初版自序／1

蒋介石为何刺杀陶成章／1

从蒋介石日记看他的早年思想／9
    一　吸纳新潮，崇拜旧学／9
    二　民族主义／14
    三　社会观／17
    四　苏俄观／23
    五　左右之间／27
    六　革命观／29
    七　结束语／31

宋明道学与蒋介石的早年修身／32
    ——读蒋介石未刊日记
    一　重视修身，按照道学家的要求进行修养／32
    二　戒色／36
    三　惩忿／42
    四　戒客气／45
    五　戒名利诸欲／46
    六　其他／47
    七　结语／48

蒋介石与上海证券物品交易所／49
    一　上海交易所是孙中山倡办的／49

- 二　蒋介石组建茂新号，陈果夫充当经纪人 / 53
- 三　扩大投资，成立恒泰号 / 56
- 四　与张静江、戴季陶等合资经营利源号 / 59
- 五　畸形发展后的衰落，张静江、蒋介石大亏本 / 61
- 六　风波之后 / 66
- 七　上海证券物品交易所与国民党的关系 / 69
- 八　交易所生活对蒋介石的影响 / 71

1923年蒋介石的苏联之行及其军事计划 / 74

- 一　孙中山转移战略中心与蒋介石使苏 / 75
- 二　在中国革命运动中，军事行动经常处于支配地位 / 78
- 三　军事行动的目标是"粉碎直系，推翻北京政府" / 79
- 四　军事准备需要两年，战争分四个阶段 / 82
- 五　最低限度的兵力需要一万八千至三万人 / 83
- 六　和军事工作相配合的宣传工作计划 / 84
- 七　随同备忘录的还有一封给托洛茨基等人的信 / 85
- 八　蒋介石个人署名的《致苏俄负责人意见书》 / 86
- 九　俄国人托词拒绝了蒋介石的计划，
  蒋介石与俄国人辩论无效 / 88

中山舰事件之谜 / 92

- 一　"三二〇"之前蒋介石的心理状态 / 92
- 二　中山舰调动经过 / 97
- 三　蒋介石的最初反应和"三二〇"之后的日记 / 100
- 四　西山会议派与广州孙文主义学会的"把戏" / 104
- 五　偶然中的必然 / 108

中山舰事件之后 / 112

- 一　"反蒋联盟"的流产与汪精卫负气出走 / 112

二　苏方的妥协逻辑及其"利用蒋介石"的政策／117

　　三　中共中央试图改变对蒋策略与鲍罗廷的否决／121

　　四　"党务整理案"的通过与蒋介石掌握最高权力／125

　　五　蒋介石提出一党专政理论与新的反共要求／128

　　六　共产党人失去了最好的一次机会／130

邵力子出使共产国际与国共两党争夺领导权／131

　　一　要求在国民党和共产国际之间互派代表／132

　　二　确定国民党的反帝、反军阀策略／134

　　三　阐明国民党的农工政策／138

　　四　调整国共关系，要求共产国际承认国民党
　　　　对中国革命的领导权／141

　　五　可以解决和无法解决的问题／145

　　六　尾声／149

北伐时期左派力量与蒋介石的矛盾及斗争／151

　　一　迎汪复职／151

　　二　国民党中央及各省区联席会议／154

　　三　迁都之争／158

　　四　恢复党权运动／166

　　五　国民党二届三中全会／169

"四一二"政变前后武汉政府的对策／175

　　一　以党权限制蒋介石／175

　　二　逮捕蒋介石与派兵东下计划的搁浅／180

　　三　政治谴责的高调与军事决战的回避／185

蒋介石与前期北伐战争的战略、策略／191

　　一　关于北伐时机／191

二　各个击破与远交近攻 / 194
　　三　保护侧背，转战江西 / 201
　　四　围城强攻的教训 / 203
　　五　顺流而下，继续追歼 / 206
　　六　不为遥制 / 208

蒋介石与二次北伐 / 210
　　一　前期北伐为二次北伐打下了坚实的胜利基础 / 210
　　二　国民党内部因一时团结而加强了力量 / 212
　　三　江浙金融资产阶级给予经济支持 / 213
　　四　三路大军并出，粉碎奉军先发制人的进攻 / 214
　　五　对日忍让，绕道北伐 / 215
　　六　军事进攻与政治谈判并行，和平进入北京 / 217
　　七　战后格局 / 219

奉蒋谈判与奉系出关 / 220
　　一　公开喊话与秘密谈判 / 220
　　二　阎锡山出面斡旋，企图组织奉宁晋三角同盟 / 223
　　三　张学良是奉蒋联合的促进派 / 228
　　四　南方来使与和谈中断 / 231
　　五　济南惨案发生，民族大义推动和谈再起 / 233
　　六　不无遗憾的结局 / 235

约法之争与蒋介石软禁胡汉民事件 / 239
　　一　南京政坛的一次强震 / 239
　　二　20年代末期至30年代初期的"党治"与"法治"之争 / 241
　　三　蒋胡在制订"约法"问题上的分歧与冲突 / 246
　　四　蒋胡矛盾的其他方面 / 251
　　五　软禁胡汉民事件的影响 / 254

六　余论 / 257

胡汉民的军事倒蒋密谋及胡蒋和解 / 259
　　——读美国哈佛燕京学社所藏胡汉民档案
　　一　逼迫蒋介石下野 / 259
　　二　广泛联络，组织反蒋力量 / 262
　　三　派遣部队北上，"以抗日为倒蒋" / 267
　　四　支持华北抗日力量，筹备粤桂闽三省独立 / 270
　　五　福建事变期间 / 276
　　六　再次联络张学良 / 281
　　七　开府西北与军事倒蒋梦想的破灭 / 283
　　八　抵制五全大会 / 285
　　九　王宠惠、孙科说合与蒋、胡通信 / 289
　　十　拒绝日本侵略者的引诱 / 292
　　十一　出国与归来 / 295

"九一八"事变后的蒋介石 / 299
　　——读蒋介石未刊日记
　　一　痛愤于日本侵略，但下不了抗战决心 / 299
　　二　与粤方和解 / 304
　　三　学生运动的困扰 / 309
　　四　下野及其反思 / 312

蒋介石拒绝以牛兰夫妇交换蒋经国 / 316

"卢沟桥事变"前蒋介石的对日谋略 / 322
　　——以蒋氏日记为中心所作的考察
　　一　避免决战，以"和平"为推迟战争的手段 / 323
　　二　企图效法勾践，忍辱负重，卧薪尝胆 / 328

三　广结盟国，寄希望于国际环境的变化 / 331

　　四　从"安内"为重到"攘外"为重 / 336

　　五　秘密准备，以"剿共"为抗日之掩护，经营西南根据地 / 341

　　六　结语 / 344

抗战前期日本"民间人士"和蒋介石集团的秘密谈判 / 345

　　一　萱野长知和孔祥熙之间 / 347

　　二　蒋介石直接控制的香港谈判 / 352

　　三　再次谈判的洽商与搁浅 / 358

　　四　尾声 / 361

孔祥熙与抗战期间的中日秘密交涉 / 366

　　一　贾存德与萱野长知 / 367

　　二　胡鄂公与津田静枝 / 370

　　三　胡鄂公与船津辰一郎 / 372

　　四　胡鄂公与坂西利八郎 / 373

　　五　樊光与喜多诚一 / 373

　　六　樊光与今井武夫 / 374

　　七　胡鄂公等与和知鹰二 / 376

　　八　王子惠与板垣 / 379

　　九　胡鄂公与松本重治 / 380

　　十　夏文运赴日与日本"和平工作"的末路 / 381

　　十一　孔祥熙主和的思想基础与策略目的 / 383

蒋介石与韩国独立运动 / 386

　　一　促进在华韩国抗日力量的团结 / 386

　　二　支持朝鲜义勇队与韩国光复军 / 389

　　三　确定先于他国首先承认韩国临时政府的原则 / 393

　　四　推动韩国临时政府改组 / 396

五　在开罗会议上倡言保证韩国战后独立 / 399

　　六　反对国际共管与南北分割，继续支持韩国临时政府 / 401

　结语 / 406

李宗仁的索权逐蒋计划 / 408

　　一　一份"极机密"文件 / 408

　　二　文件形成的背景及其产生经过 / 410

　　三　又一份秘密文件 / 413

　　四　蒋介石的答复 / 415

附录一

中山舰事件三题 / 418

　　一　汪精卫何以隐匿、出走 / 418
　　　　——中山舰事件探幽之一

　　二　欧阳格的被捕 / 421
　　　　——中山舰事件探幽之二

　　三　李之龙的"变节"、"脱党"问题 / 423
　　　　——中山舰事件探幽之三

关于孙中山"三大政策"概念的形成及提出 / 425

　　一　反对戴季陶主义和西山会议派过程中提出的问题 / 425

　　二　柳亚子发表《告国民党同志书》，沈雁冰总结为"总理的两个重要政策" / 430

　　三　纪念孙中山逝世一周年，施存统首次提出"三大革命政策"概念 / 433

　　四　柳亚子发表《揭破伪代表大会真相》，将"两个政策"的提法改为"三个革命的重大政策" / 434

　　五　《声讨反动派的第二次全国代表大会宣传纲要》再次阐述孙中山晚年"最重要的革命政策" / 436

六　陈独秀精练地概括孙中山的"革命政策"，距后来提出的
　　　　"三大政策"概念实际内容已经相差无几 / 437
　　七　黄埔同学会机关刊物《黄埔潮》同时出现三篇提倡
　　　　"三大政策"的文章 / 438
　　八　中共中央特别会议将"三个政策"写入决议 / 440
　　九　结语 / 441

西安事变前后国共谈判史实订误 / 443
　　　　——评陈立夫《成败之鉴》，兼评他对于苏墱基君的批评
　　一　《成败之鉴》/ 444
　　二　评陈立夫对苏墱基君的批评 / 457

打入日伪内部的国民党地下工作者 / 464
　　　　——略谈何世桢、陈中孚与陆玄南

附录二
我和民国史研究 / 469
　　初涉学术之途　研究中国文学 / 469
　　探求天人之道　研究中国哲学 / 471
　　三迁乃至归宿　研究民国历史 / 473
　　民国史之外 / 478
　　我的历史追求 / 480

引用文献目录 / 482
人名索引 / 494
初版后记 / 513

初版自序

蒋介石是个爱保存个人历史资料的人。上世纪30年代末，蒋将他的日记、文稿、来往函电等交给他的老师和秘书毛思诚保存。毛选取其中部分资料编成《民国十五年以前之蒋介石先生》一书，其他资料就长期保存在宁波家中。中华人民共和国建国后，毛氏后人将这部分资料秘藏起来。"文化大革命"中，红卫兵发现了这部分资料，辗转上交，后来落实政策，由毛氏后人捐献给中国第二历史档案馆保存。

上世纪八九十年代，我先后参加《中华民国史》和《中国国民党史》的写作，断断续续，分几次阅览过这部分资料，发现它们具有极高的史料价值。于是，以之为基础，进一步在海内外广泛收集相关档案、文献，从事专题研究，一篇篇地写作，一篇篇地积累，于是就有了现在奉献给读者的这本书。

蒋介石是中国近现代史上一位极为重要的人物。他生于1887年（清光绪十三年），卒于1975年，活了88岁。他一生经历了中国的许多大事，例如：辛亥革命、反袁斗争、护法运动、第一次国共合作、北伐战争、"清党"反共、第二次国共合作与抗日战争、三年内战、退据台湾、坚持一个中国等。在很长时期内，他是中国国民党的领袖，居于"党国"的中心地位，是许多重大历史事件的决策人和领导者。要研究中国近现代的历史，必须研究蒋介石；蒋介石研究清楚了，许多相关的历史问题才能准确定位并得到准确的阐述。

自古迄今的历史始终充满着各种各样的斗争，经济的、政治的、文化的、军事的，五颜六色，错综纷纭。斗争既解决矛盾，消除障碍，将历史向前推行，又为历史涂抹油彩，使许多事件云遮雾绕，许多人物面目走形。例如，蒋介石其人，或尊之为"千古完人"，或斥之为"十恶不赦"，都未免离真相过远。历史学家的任务，就是还历史本相，正确地阐述、评价历史和历史人物。

我写这本书，目的是想找寻真实的蒋介石，以便进一步准确地阐述中国近现代的历史。多年以前，胡乔木同志读到了本书中最初写出的《中山舰事件之谜》一文，曾经赞誉它是一篇不可多得的"具有世界水平"的著作。乔木后来又曾当面对我说："你的路子是对的，要坚持这样走下去！"现在本书完成，乔木同志却已经不在，无法听到他的评论了。好在广大读者是最权威的评论员。本书著者后来的路子走对了没有，本书的是是非非，都静候读者的指教吧！

应该说明的是，本书只是对有关蒋介石的部分问题的研究，远不是对这一人物的全面分析和评价。举凡未及之处与未尽之意，将在本书续篇中展开。

著者
2000年岁末，北京

蒋介石为何刺杀陶成章

1912年1月14日，光复会领袖陶成章在上海广慈医院被刺。关于此案，当时人已经普遍怀疑是陈其美指使蒋介石所为；后来，毛思诚在编著《民国十五年以前之蒋介石先生》一书时，也承认不讳。不过，毛书所述较略，而中国第二历史档案馆所藏《中正自述事略》残稿则所述较为详尽，且系蒋介石"自白"，因此，史料价值更高，有助于回答蒋介石刺陶这一疑案。《事略》以毛笔工楷写成，文字略有蚀损。现将有关段落照录如下，凡蚀损处均以□□表示，可以意补的地方则以括号标明。

《事略》述1908年的经历时说：

是时之知交，以竺绍康为第一人……余无形中亦渐染其风尚。彼□（言）锡麟之死，实为陶成章之逼成，不然，以□□（徐之）学行，其成就必不止此。又谈，陶之为人，不易共事。余闻此乃知陶、龚日常诋毁徐伯□□（生有）帝王思想者，实有其他意图。余当时闻陶、龚毁徐，仅以为伯生已死，即有过误，我同志不应再加猜测，诋毁先烈而已，而孰知伯生之死，为陶所逼□（乎）！自此，即甚鄙陶之为人，以其无光明正大态度，无革命人格。

竺绍康，浙江会党首领，曾与秋瑾、徐锡麟共同在绍兴创办大通学堂，策划起义。1908年与蒋介石相识。1910年去世。锡麟，即徐锡麟，字伯荪，蒋介石写作伯生，章太炎写作伯孙。龚，指龚宝铨，光复会的重要成员。按：徐锡麟和陶成章本是志同道合的战友，后来，因在革命途径及大通学堂应否续办等问题上意见分歧，二人发生冲突。1907年，徐锡麟依靠表伯、山西巡抚俞廉三的关系，以道员分发安徽，被任命为巡警学堂会办，深得信任。7月，刺杀巡抚恩铭，被捕牺牲。关于此事，章太炎曾说："其后伯孙入官颇得意，焕卿等不见其动静，疑其变志，与争甚烈，及伯孙杀恩铭，始信之。"[1]竺绍康所言，"锡麟之死，实为陶成章之逼成"，指此。这一事实表现出陶成章性格的一个突出弱点——多疑，但据此即将徐锡麟之死的责任归在陶成章身上，并由此认为其"无革命人格"，显然不妥。

《事略》又说：

> 及陶由南洋归日，又对孙先生诋毁□□（不遗）余情。英士告余曰：陶为少数经费关系，不顾大体，掀起党内风潮，是诚可憾，嘱余置之不理，不为其所动，免致纠纷。余乃知陶实为自私自利之小人，向之每月接济其经费者即停止，不与其往来也。

1907年春，同盟会内部发生反对孙中山的风潮，陶成章是参与者之一。1909年9月，陶成章因在南洋募捐未获满意结果，联络李燮和、柳聘农、陈方度、胡国梁等七八人以东京南渡分驻英、荷各属办事的川、广、湘、鄂、江、浙、闽七省同志的名义起草《孙文罪状》，指责孙中山有"残贼同志"、"蒙蔽同志"、"败坏全体名誉"等罪状12条，要求开除其总理一职，通告海内外。《罪状》并诬称孙中山贪污公款，在香港、上海存款20万云云。陶成章并带着《罪状》，赶赴东京，要求同盟会本部开会讨论。《事略》所称"为少数经费关系，不顾大体，掀起党内风潮"，指此。这一事实

---

[1] 章太炎：《答陶冶公代刘霖生问光复会及焕卿事书》，《浙江辛亥革命回忆录》，第253页，浙江人民出版社，1981。

同样表现出陶成章思想性格中的弱点，陈其美批评其"不顾大体"是有道理的，但由此判定其为"自私自利之小人"，也显然不妥。

《事略》还说：

> 当革命之初，陶成章亦□（踵）回国，即与英士相争，不但反对英士为沪军都督而颠覆之，且欲将同盟会之组织根本破坏，而以浙江之光复（会）代之为革命之正统，必欲将同盟会领袖□□（孙、黄）之历史抹煞无遗，并谋推戴章炳麟以代孙先□（生），□（呜）呼革命未成，自起纷争。而陶之忌刻成性，竺绍康未死前，尝谓余曰："陶之私心自用，逼陷徐伯生者，实此人也。尔当留意之！"惜竺于此时已逝世，而其言则余切记未□（忘）。及陶亲来运动余反对同盟会，推章炳麟为领袖，并欲置英士于死地，余闻之甚骇，且怨陶之丧心病狂，已无救药，若不除之，无以保革命之精神，而全当时之大局也。盖陶已派定刺客，以谋英士，如其计得行，则沪军无主，长江下游必扰乱不知所之；而当时军官又皆为满清所遗，反复无常，其象甚危，长江下游，人心未定，甚易为满清与袁贼所收复，如此则辛亥革命功败垂成，故再三思索，公私相权，不能不除陶而全革命之局。

本段中，蒋介石坦率地承认，他是刺陶案的主凶，并列举了许多理由，证明他的行动是有功于革命的正义之举。其实，不管是出于哪种理由，刺陶都是错误的。在这些理由中，有些还有可疑之处，例如所谓陶成章准备刺杀陈其美的问题。蒋介石是陈其美的亲信，这一点陶成章不可能不知道，他怎么会糊涂到向蒋介石透露刺陈方案，甚至动员蒋下手呢？倒是蒋介石所说的其他理由，对于说明陶成章的死因，有一定意义。如蒋介石称，陶成章回国"即与英士相争，反对英士为沪军都督而颠覆之"，以及"反对同盟会"等，应该说，这才是陶成章的真正死因所在。

1909年秋陶成章再次掀起反对孙中山的风潮后，因受到黄兴等人的抵制，于次年2月在东京重建光复会，以章太炎为会长，正式与同盟会分家。1911年筹备广州起义期间，两会关系有所缓和。不久。赵声在香港患盲肠炎逝世，陶成章怀疑为胡汉民所毒，再次对同盟会产生疑忌。同年7月，陶成章应尹锐志、尹维峻姊妹之邀，回到上海，组织锐进学社，作为秘密联络机关。当时，陈其美、谭人凤、宋教仁等正在上海筹备成立同盟会中部总会，以便在长江中下游发动起义。同月26日，陈其美、陶成章在沈缦云宅开会，讨论合作问题，二人发生争执，陈其美一怒之下，竟掏出了手枪。几天后，陶成章匆匆离沪，再赴南洋，上海一地存在着两个革命组织的状况也就因之未能改变。所幸的是，面对共同的敌人，双方大体仍能配合。11月3日，上海起义发动，陈其美率队夺取制造局，他只身入内劝降，被扣押。起义群众奋勇进攻，光复会的李燮和也调来军警助战，救出了陈其美。11月6日，沪军都督府成立，陈其美被推为都督，李燮和任参谋。对此，李燮和与光复会的人都很不高兴。有人主张逮捕陈其美，治以"违令起事，篡窃名义"之罪[1]。李燮和不同意，于11月9日率部去吴淞成立军政分府及光复军总司令部，自任总司令，宣布只承认苏州军政府为全省的军政府，"所有上海地方民政、外交等事，均归苏州军政府办理"[2]。这样，同盟、光复两会矛盾再度公开化。

上海光复之际，陶成章自南洋归国。他未能因应形势，和同盟会弃嫌修好，相反，却继续鼓吹和同盟会分家，进一步恶化和孙中山的关系。南京攻克后，各省都督府代表联合会在上海开会，推举大元帅，一部分人主张推黄兴担任，以朱瑞为首的浙军将领则主张推黎元洪，强烈反对黄兴。时任浙军参谋的葛敬恩后来回忆说："袒黄（亦即袒孙）袒黎一时闹得不可开交。光复会分子反对同盟会日益露骨，陶焕卿、李燮和一派鼓吹与同盟会分家，我们就成了此等人的对象。"[3]会议本已于12月4日选举黄兴为大元帅，黎元洪为副，但于12月17日又改推黎元洪为大元

1　杨镇毅：《光复军攻克上海江南制造局及陈其美篡取沪军都督之真相》，《辛亥革命回忆录》第1集，第33页，文史资料出版社，1981。

2　《中华民国驻吴淞军政分府李宣言》，《民立报》1911年11月17日。

3　葛敬恩：《辛亥革命在浙江》，《辛亥革命回忆录》第4集，第123~124页。

帅，黄兴为副，代行大元帅职权。这一变化，原因复杂，但同盟会方面认为和陶成章"嗾动军队"有关[1]。12月20日，马君武鉴于孙中山即将回国，在上海《民立报》著文，盛赞孙中山的革命品格和经验，断言财政及外交等问题，"通计中国人才非孙君莫能解决"。该文称：

> 孙君之真价值如此，日人宫崎至谓其为亚洲第一人杰，而尚有挟小嫌宿怨以肆诬谤者，其人必脑筋有异状，可入疯人院也。吾平生从不阿谀人，又以为吾国素知孙君，故默默然不赞论。今见反对孙君之人大肆旗鼓，煽惑军队，此事与革命前途关系至大，又孙君于数日内将归国，故不能已于言。[2]

马君武此文所称"挟小嫌宿怨以肆诬谤"、"大肆旗鼓，煽惑军队"的人，显指陶成章。辛亥前，马君武长期生活在德国，和同盟、光复两会之间的矛盾素无关系。他感到"不能已于言"而出面著文，可见陶成章的活动已经引起了严重的关切。当时，《民立报》和南洋同盟会员曾经为孙中山做过部分舆论鼓吹工作，陶成章等人认为意在为孙中山"骗取总统"。1912年1月，孙中山就任临时大总统后，陶成章曾致书孙中山，重提"南洋筹款"旧事。孙中山愤而复书，责问陶在南洋发布《孙文罪状》的理由，并称："予非以大总统资地与汝交涉，乃以个人资地与汝交涉。"[3]这样，两人间沉淀已久的猜嫌再度搅起。

这一时期，陶成章与陈其美的矛盾也进一步尖锐化，突出地表现在几个问题上：

1. 陶成章拒绝陈其美的"协饷"要求。据章天觉回忆，陈其美为在上海筹办中华银行，曾向浙江都督汤寿潜要求"协饷"25万元，作为发行纸币的准备金。当时，陶成章在浙江军政府任总参议，汤寿潜向陶征

---

[1] 章太炎口授、寂照笔述《光复继起之领袖陶焕卿君事略》，汤志钧编《陶成章集》，第439页，中华书局，1986。

[2] 马君武：《记孙文之最近运动及其人之价值》，《民立报》1911年12月20日。

[3] 魏兰：《陶焕卿先生行述》，《陶成章集》附录，《陶成章集》，第436页；参见前引太炎口述、寂照笔述《光复继起之领袖陶焕卿君事略》。

求意见，陶表示容"缓商"，汤寿潜即复电拒绝。后来，陈其美当面质问汤寿潜，汤答以陶成章"不允"[1]。其他记载也说，陈其美曾因军需，向陶成章要求分用南洋华侨捐款，陶回答说："你好嫖妓，上海尽有够你用的钱，我的钱要给浙江革命同志用，不能供你嫖妓之用。"[2]

2. 陶成章对陈其美在沪军都督任内的作为不满。樊光回忆说："时陈其美在沪督任上，声名恶劣，（陶成章）当然是大不满意，间有讥评。"[3]

3. 陶成章在上海练兵，并号召旧部。据《民立报》记载，1911年11月下旬，为了进攻为清军盘踞的南京，陶成章曾电饬浙江温、台、处三府，添练义勇三营，又电告南洋各机关，速汇巨款；同时又在上海成立"驻沪浙江光复义勇军练兵筹饷办公处"，准备在闵行镇一带练兵[4]。这一举动，自然更易引起陈其美的警惕，认为其锋芒是指向自己的。1912年初，章太炎曾劝告陶成章："江南军事已罢，招募为无名。丈夫当有远志，不宜与人争权于蜗角间。"[5]所谓"与人争权"，自然是指陈其美等。

南京临时政府成立后，汤寿潜出任交通总长，所遗浙江都督一职建议在陈其美、章太炎、陶成章三人中择一以代。从当时舆论看，几乎是一片拥陶声。有的说，"成章早一日莅任，即全浙早一日之福"[6]。有的说："非陶公代理，全局将解体矣！"[7]有的甚至说："继其任者，惟有陶焕卿，斯人不出，如苍生何！"[8]章太炎也积极为陶成章活动，认为"浙中会党潜势，尤非焕卿不能拊助"[9]。陈其美不会乐意丢掉上海去当浙江都督，但由陶成章出任，陈其美也不会安枕。

当时，上海已经谣传陈其美准备刺杀陶成章，王文庆在南京也得到

1　《回忆辛亥》，《辛亥革命史丛刊》（二），第163页，中华书局，1980。

2　《辛亥革命回忆录》第6集，第286页。

3　《陶成章集》，第444页。

4　《光复义勇军纪闻》，《民立报》1911年11月28日；参阅许仲和《章炳麟撰龚未生传略注》，《浙江辛亥革命回忆录》，第98页。

5　《太炎先生自定年谱》，1912年，见《章氏丛书》三编。

6　《杭州电报》，《民立报》1912年1月10日。

7　《杭州电报》，《民立报》1912年1月11日。

8　同注7。

9　《越铎日报》1912年1月12日。

"确实消息",陶成章在沪"大不利"[1]。于是,陶成章先后避居于客利旅馆、江西路光复会机关、汇中旅馆、广慈医院等处。1月7日,他在《民立报》发表通告,内称:

> 当南京未破前,旧同事招仆者,多以练兵、筹饷就商于仆,仆未尝敢有所推诿。逮南京破后,仆以东南大局粗定,函知各同事,请将一切事宜商之各军政分府及杭州军政府,以便事权统一,请勿以仆一人名义号召四方,是所至祷!恐函告未周,用再登报声明。

这一通告表明,陶成章已经十分清晰地感到了自身处境的危险,正在力图使对手相信,他不会组织军事力量,"号召四方",构成什么威胁。1月11日,他又通电声明,不能胜任浙江都督一职,电文云:

> 公电以浙督见推,仆自维轻才,恐负重任。如汤公难留,则继之者非蒋军统莫属,请合力劝驾,以维大局。[2]

蒋军统,指蒋尊簋,同盟会会员,陶成章此举仍然是为远祸保身,但是,他的"旧同事"们却不能理解他的苦衷,沈荣卿等以"全体党员"名义致电各报馆及陶成章,电称:

> 顷阅先生通告各界电,骇甚,先生十余年苦心,才得今日之收果。吾浙倚先生如长城,经理浙事,非先生其谁任?况和议决裂,战事方殷,荣等已号召旧部,听先生指挥。先生为大局计,万祈早日回浙筹备一切,若不谅荣等之苦衷,一再退让,将来糜烂之局不可逆料。敢布区区,敬达聪听。[3]

---

1 《陶成章集》,第436页。
2 《民立报》1912年1月12日。
3 《民立报》1912年1月14日。

这份电报不啻是陶成章的催命符。

1911年12月，还在浙军反对黄兴出任大元帅的时候，陈其美就曾请浙军参谋吕公望转告陶成章"勿再多事，多事即以陶骏保为例"[1]。陶骏保原为镇军军官，1911年12月13日为陈其美枪毙。可见，当时陈其美已萌发了除陶的念头。这时，沈荣卿等又坚持要陶成章出任浙督，并且"号召旧部"，听陶指挥，这样，自然使陈其美感到事不宜迟。

《事略》又说：

> 余因此自承其罪，不愿牵累英士，乃辞职东游，以减少反对党之攻击本党与英士也。

这里，实际上是在承认，"除陶"是陈其美指使的了。

在《事略》中，蒋介石自诩他的"除陶"是"辛亥革命成败最大之一关键"，实际上，他的行为极大地损害了革命队伍的团结，削弱了革命力量。此后，光复会即烟消云散，原成员和同盟会更加离心离德了。

陶案发生后，舆论哗然，蒋介石不得不避走日本；刺陶的另一凶手王祝卿逃到浙江嘉兴，被当地光复会员雇人杀死。1912年9月，黄兴、陈其美入京，共和党设宴欢迎，邀请章太炎"同食"，但章太炎拒绝参加，他发表公开函件说：

> 陶成章之狱，罪人已得，供辞已明，诸君子亦当闻其崖略。自陶之死，黄兴即电致陈其美，嘱保护章太炎，仆见斯电，知二竖之朋比为奸，已发上冲冠矣！[2]

黄兴要求保护章太炎，但章太炎却将黄兴视为"朋比为奸"者。此函既表现出章对同盟会的深刻的猜忌和隔阂，也曲折暗示着刺陶案的隐微复杂的背景。

---

1 《光复继起之领袖陶焕卿君事略》，《陶成章集》，第438~439页。
2 《却与黄、陈同宴书》，《大共和日报》1912年9月19日。

从蒋介石日记看他的早年思想

这里所说的蒋介石的早年，指1919年到1926年，时当33岁到40岁之间，这一时期，蒋介石追随孙中山革命，和共产党合作，是他一生中比较重要的时期。但是，历史不能割断，一个人的思想也不能割断，因此本文的考察范围将适当下延。

一个人的日记往往最能反映他的内心世界。本文所用资料，以蒋介石留在大陆的日记为主，少数地方则以其他资料参证。

为什么考察从1919年开始呢？因为蒋介石此前的日记仅存片断，其他已在福建永泰作战时失落。

一　吸纳新潮，崇拜旧学

五四以后，新思潮大量涌入，知识分子如饥似渴地阅读各种新式书报，企图从中找寻救国真理，蒋介石也不例外。这一时期，他把"研究新思潮"列为自己的学课[1]，自觉地、有计划地阅读《新青年》等刊物和

---

[1] 蒋介石1920年1月1日日记云："预定今年学课如下：一、俄语。二、英语。三、哲学……十五、新思潮的研究。"见毛思诚摘录本《蒋介石日记类抄·文事》，未刊，蒋中正全宗，中国第二历史档案馆藏，以下均同。

社会主义、马克思主义等方面的书籍，俨然是个思想开通、追求进步的新派人物。

蒋介石阅读《新青年》始于1919年，至1926年，在他的日记中不断出现有关记载。如：

1919年12月4日日记云："看《新青年》。"

1919年12月5日日记云："上下午各看《新青年》杂志一次。"

1919年12月10日日记云："看（《新青年》）易卜生号。"

1920年4月9日日记云："在船中看《新青年》杂志。"

1926年4月21日日记云："看《新青年》。"

1926年4月22日日记云："看《新青年》。"

1926年5月5日日记云："看《新青年》。"

五四以后，各种新式刊物如雨后春笋，但蒋介石对《新青年》似乎情有独钟，除该刊及北京大学罗家伦等编辑的《新潮》外，别的刊物蒋介石很少涉猎。

经济问题是社会发展和变革的中心问题。从蒋介石日记中可以发现，他曾经用相当多的精力钻研经济学的有关问题。如：

1919年12月8日日记云："看孟舍路著《经济学原论》。"

1919年12月12日日记云："看津村秀松著《国民经济学原论》。"

1920年2月6日日记云："看《经济学》，至社会主义章。"

1925年3月30日日记云："看经济学，如获至宝。"

1925年5月4日日记云："看《经济思想史》。以后拟日看《经济思想史》数十页。"

在阅读经济学有关著作的过程中，蒋介石也偶尔写下他的感想。1920年1月16日日记云："看经济学，心思纷乱，以中国商人恶习不除，无企业之可能。"同年2月7日日记云："看《经济学原论》完。津村主张，皆为调和派的论调，其中不能自圆其说者亦只顾滔滔不绝，彼之老实，堪笑亦堪怜也。"

研究经济学不可能不研究马克思主义。在这方面蒋介石同样投入过相当的精力。如：

1923年9月6日日记云："看马克思经济学说。"

1923年9月21日日记云："看马克思学说。"

1923年9月22日日记云："看《马克思学说概要》。"

1923年10月3日日记云："复看《马克思学说概要》，下午亦然。"

1923年10月7日日记云："看《马克思学说概要》。"

1923年10月9日日记云："看《马克思学说概要》。"

马克思的经济学说给蒋介石的第一印象是深奥难读。据他自述，《马克思学说概要》的"经济主义"部分，他读了三遍，还感到"不能十分了解"。有时，他不得不掩卷而去，但是，读来读去，他终于读出了滋味，甚至读出了"玄悟"：

1923年9月24日日记云："今日看《马克思学说概要》完，颇觉有味。上半部看不懂，厌弃而去者再。看至下半部，则多玄悟，手不忍释矣！"

1923年10月18日日记云："看马克思学说。下午，复看之。久久领略真味，不忍掩卷。"

看书看到了"不忍掩卷"的程度，说明蒋介石对马克思主义已经有了相当了解并且相当有感情了。

《共产党宣言》是马克思主义学说代表作，对该书，蒋介石也有涉猎。

1923年10月13日日记云："看《共产党宣言》。"

1923年10月16日日记云："看《共产党宣言》。"

1923年10月18日日记云："看《共产党宣言》完。"

从蒋介石日记中，还可以看出，他还多次阅读《列宁丛书》，印象良好。1925年11月10日日记云："看《列宁丛书》第五种。其言劳农会与赤卫军之组织与新牺牲之价值，帝国主义破产之原因，甚细密也。"同年11月21日日记云："看《列宁丛书》。其言权力与联合民众为革命之必要，又言联合民众，以友谊的感化与训练为必要的手段，皆经验之谈也。"

在阅读马克思主义著作的过程中，蒋介石接受了某些影响。1925年11月，他准备为黄埔军校第三期同学录作序，打算既谈人生观，也谈宇宙观，苦无心得，最后决定重点阐述"精神出自物质，宇宙只有一原二语，显然，这是马克思主义唯物论的基本观点。不过，这一时期，蒋介石又读到了《泰戈尔传》一书，使他又从马克思主义身边走开了。同年11月12日日记云："今日看《泰戈尔传》二次。泰戈尔以无限与不朽为人生观之基础，又以爱与快乐为宇宙活动之意义。列宁以权力与斗争为世界革命之手段，一以唯心，一以唯物，以哲学言，则吾重精神也。"这段日记表明：在唯心与唯物的二元对立中，蒋介石选择了"唯心"；在"爱与快乐"和"权力与斗争"的二元对立中，蒋介石选择了泰戈尔学说。这成为他后来走向基督教，拒绝马克思的起点[1]。

这一时期，蒋介石也曾深入地研究过德、法、俄诸国的革命史。1923年，他认真地读过《德国社会民主党史》。1926年，他在阅读《法国革命史》的过程中发现俄国革命和法国革命之间存在着密切的关系。6月9日日记云："看《法国革命史》，乃知俄国革命之方法、制度，非其新发明，十之八九，皆取法于法国，而改正其经验也，然而益可宝贵也。"可见，他对俄国革命中的许多做法是持肯定态度的。其后，他认真地阅读《俄国革命史》一书。6月23日、26日、27日、28日，其日记都有阅读该书的记载。7月21日，他开始阅读《俄国共产党史》。8月11日，他在向衡州进发船中继续阅读《俄国革命史》，并且在日记中写道："甚觉有益也。"[2]值得注意的是，一直到1931年12月，他还在阅读该书。蒋介石后来虽然反苏反共，但是，在他的统治术中，仍然有不少来自苏俄的东西。

蒋介石日记中，也常有他阅读孙中山思想有关著作的记载。如：

1923年5月9日日记云："看《平均地权论》。"

---

1 蒋介石1931年4月14日日记云："共产主义实为一宗教，亦可谓之马克思教，以其含有世界性无国界者也。耶稣教亦不讲国界，完全以世界为主。盖凡称为宗教者必带有世界性而且皆排挤他教与其他主义而以惟我独尊者也。其目的则皆在救人，然而其性质则大有区别。马克思则以物质为主，是形而下之哲学，并以恨人为其思想出发点。其所谓教人者，惟以工人一阶级为主。至于后世之今日，则一般共徒越趋越远，而以卑劣仇杀为其本分，是其纯欲挟工人阶级利己主义，以物质诱人深入罪恶也。基督教以博爱教世为主义，今日共产党之惟一大敌，且其精神感化世人自新，故今日反对共产党者当以联合基督教共同进行。"

2 《蒋介石日记类抄·文事》，1926年8月11日。

1925年1月9日日记云："摘录《精神教育》'军人之身'一段，中师之伟大议论足以立懦振疲，使人阅之，气殊虎虎。可谓观止矣！"

1925年1月16日日记云："船上看《民生主义》第三讲完。晚，回长洲，船中看《民生主义》第四讲完。打倒帝国主义，解除人民痛苦，为余一生事业。《三民主义》一书，博大精深，包罗万有，而其主脑则在此二语也。"

1926年7月7日日记云："看《建国方略》……全以经济为基础，而以科学方法建设一切，实为建国者必需之学。总理规划于前，中正继述于后，中华庶有豸乎？"

1926年8月8日日记云："甚矣行易知难之理大矣哉，非总理孰能阐发无遗也。"

从这些记载中，不难看出蒋介石对于孙中山的崇拜心情。这种情况，使他很难听得进任何对孙中山学说的批评。

五四时期许多新潮人物大多对中国传统文化持强烈批判态度。蒋介石与他们不同，他虽然吸纳新思想，却并不废弃旧学。从这一时期的蒋介石日记看，他喜读诸葛亮《前出师表》和文天祥《正气歌》等，也喜读《心经》等佛学著作[1]。不过，他最喜读、常读的还是曾国藩、胡林翼、左宗棠等人的著作。1921年4月29日，他重读《曾文正公全集》，有"旧友重逢"之感。1923年3月，他读胡林翼的《宦鄂书牍》，决定"日尽一卷"。比较起来，蒋介石读新学诸书，常常食而不化，而读旧学诸书，则如鱼得水，常常用以作为立身处世、待人接物的原则，或用以作为治兵、从政的轨范。如：

1922年3月25日日记云："看胡文忠集，其言多兵家经验之谈，千古不可磨灭，非知兵者不能言，亦非知兵者不能知其言之深微精确也。"

1922年4月11日日记云："胡公之言、德、功三者，皆有可传，而曾公独称其进德之猛，是可知其虚心实力，皆由刻苦砥砺之德育而来，其办事全在于'赏罚严明、知人善任'二语中用工夫……崇拜胡公之心，过于曾公矣！"

---

1 蒋介石1923年2月3日日记云："晚，看《心经》，妙悟真谛，以后拟多读佛书。"

1922年11月4日日记云："晚，看曾文正公书牍，至《复陆立夫书》，有'事机之转，其始赖一二人默运于渊深微莫之中，而其后人亦为之和，天亦为之应'。信乎，吾当以一二人者自任也。"

这些地方，可以看出曾国藩、胡林翼等人对蒋介石的深刻影响。

1926年以后，蒋介石的读书生活逐渐发生方向性的转变，即废弃新学，专读旧籍。例如，他1934年的读书计划为：王船山、顾亭林、程氏兄弟、朱子、《资治通鉴》、张居正、王安石、管子、韩子，没有一本新潮方面的书。这种情况，反映出蒋介石思想的重要变化。

二 民族主义

鸦片战争以后，中国遭到世界资本帝国主义的侵略，中华民族陷入前所未有的危机，因此，民族主义思想空前发达起来。

蒋介石早年即具有民族主义思想。当时主要内容是反清，宋遗民郑思肖（所南）的《心史》曾经是他最爱读的著作[1]。五四运动后，蒋介石的民族主义思想逐渐向反帝方向发展。

五四运动给了蒋介石以强烈震动。他高度评价中国人民在运动中表现出的斗争热情和爱国精神，视为中华民族复兴的希望所在。当年9月24日日记云："至今尚有国内各代表辏集总统府门首，要求力争山东各权利。各处抗排日风潮亦未止息。此乃中国国民第一次之示威运动，可谓破天荒之壮举。吾于是卜吾国民气未馁，民气未死，中华民国当有复兴之一日也。"1920年6月，蒋介石出资5000元，与陈果夫等创立友爱公司，购买上海证券物品交易所的股票。但不久，银价大落。蒋介石在日记中写道："金融机关，在外人之手，国人时受压榨，可叹也。"同年11月8日，蒋介石游览香港，看到英人在当地大规模建设的状况，慨叹道："中华锦绣河山，自不能治，而让外人治之，不亦深可叹乎！"

---

[1] 蒋介石1934年6月22日日记云："友人赠我郑所南先生之《心史》，如逢故交。此史为余少年在倭时最爱读之书，促进我革命情绪不少也。"

蒋介石不仅反对外人侵占中国土地，控制中国的经济命脉，而且反对为洋人服务的洋奴买办。1920年9月3日，往访张静江，为车夫所侮辱。下午打电话时，又为"电话手"所梗，蒋介石极为生气，在日记中写道："洋奴之可恶，不止于此。凡在租界、公署及洋行、洋宅之寄生虫，皆可杀也。"蒋介石将车夫、"电话手"等类人视为"洋奴"是错误的，但从这段日记中不难看出他对洋场买办一类人物的憎恶。

1923年9月，蒋介石受孙中山派遣，作为孙逸仙博士代表团团长访问苏联。12月2日乘日轮归国。日本船主任意更改船期，不守信用，船中腐败不堪。蒋介石居然由此预言："吾料东方帝国资本主义之命运，不久将尽矣！"

蒋介石反帝思想的高潮出现于五卅运动后。1925年6月23日，广州群众为支持香港工人大罢工，举行游行示威，队伍经过租界对面的沙基时，英国军队悍然开枪射击。群众死五十余人，伤一百七十余人，形成沙基惨案。事件发生后，蒋介石在日记中写道："蠢尔英奴，视华人之性命如草芥，肆行芟薙，闻之心肠欲裂，几不知如何为人矣！自有生以来，震悼未有如今日之甚者。"他自黄埔赴广州途中，觉得一路景色凄凉，天空变色，努力勉励自己"毋忘今日之国耻"。自此，他逐日在日记提要栏目中书写"仇英"标语，总计约近百条，如：

  英虏皆可杀！
  英仇可忍耶！
  毋忘英番之仇！
  英虏我必歼汝！
  英夷可不灭乎！
  汝忘英虏之仇乎？
  英夷不灭非男儿！
  英番不灭革命不成！
  英番不灭能安枕乎？
  汉有三户，灭英必汉。

英虏，我的同志为你杀害！

英番不灭，国家焉能独立！

英夷不灭，焉能解放世界人类！

一年将匝，英番如故，窃自愧馁弱。

新年又逾二日，试问对付英夷工作成效如何？

旧历新年已越一日，英番盘踞如故，思之痛彻骨髓。

英夷气焰方张，当亟图最后对付，不可徒幸其国内工党革命也。

凡此种种，和中国人民当时同仇敌忾的感情是合拍的。

蒋介石把"英虏"、"英夷"看作中国人民的头号敌人，"英虏"、"英夷"也必欲除蒋介石而后快。1925年10月19日蒋介石日记云："英夷勾通北段，竟以十万金悬赏购余。"21日日记云："英夷忌我益深，而谋我更急矣！"

轰轰烈烈的省港大罢工给了港英当局以沉重打击。1926年3月下旬，港英当局得到英国政府授权，决定提供1000万元借款，用于改良广州市政，企图以此为饵，诱使国民党人结束罢工。当时，广州市市长伍朝枢和孙科都有意接受英国条件，游说蒋介石，争取支持，但蒋介石却坚决抵制。4月4日日记云："梯云来谈，欲急于解决罢工问题，以贪英国借款，推其意为英人所利诱，余反对之，并斥其妄。不料哲生为彼所愚，后以余据理驳正，彼亦无异词。"同年7月21日，广州工人纠察队因英侨拒绝检验货物，扣留其船舶及商人二名，港英当局派兵占领深圳车站。当日日记云，"蛮番不问情由，占领我深圳车站，可耻孰甚！"次日日记再云："得英夷占领深圳之报，不胜愤慨，乃与鲍顾问磋商应付。"可见，蒋介石的反英并非只是一时热情。

除英国外，蒋介石对美、法等国也持警惕态度。其日记云："英番可灭，美、法亦不可玩忽！"对美国外交，更曾严厉批判。1926年1月7日，蒋介石接见美国新闻记者，"痛诋美国外交政策之错误及其基督教之虚伪"。

不过，应该指出的是，尽管蒋介石早年思想中具有激烈的反帝成分，但是，他在北伐期间的行动却是十分审慎、温和的。1926年末至1927年初，他多次向日本方面伸出橄榄枝。1月2日，他通过黄郛向日本驻武汉总领事高尾亨表示："国民党军断不会对租界发难"，"目前只希望对租界组织实行改良（例如给中国人参政权等）便可满足，并打算采取缓进的、合理的、和平的手段实现这一目的"[1]。同月25日，蒋介石接见日本驻九江领事大和久义郎，说明自己奉行的外交方针是：尊重历来的条约，不采取非常手段和直接行动加以废除，一定负责偿还外债，充分保护外国企业[2]。同月底，他在庐山会见留日时的老师小室静时也表示："对于上海租界不欲以武力收回。既占领杭州、南京等地后，拟即提出收回上海租界之合理的提议。若各国对于此合理的要求不予采纳，则更讲求他种手段。"[3]这些思想，后来进一步发展为对外妥协政策。

三　社会观

蒋介石出身盐商之家，社会地位不高，又早年丧父，自幼即受土豪劣绅的歧视和压迫，因此，极不喜欢乡村士绅阶层[4]。1919年2月，他在闽南长泰军中，忆及往事，勾起宿愤。26日日记云："吾国绅耆阶级不打破，平民终无享乐利之一日也。"1921年10月，蒋介石在家乡兴办武岭学校，受到乡绅的阻挠，28日日记云："乡愿多作梗，周星垣顽旧尤甚，改造乡事，其难无比。"又称："乡居极感痛苦，事事为俗人掣肘，无改良社会机会。"[5]他甚至发誓：乡愿不死尽，决不还乡。

1　《高尾致币原电》，1927年1月2日；又，《币原大臣在枢密院关于中国时局报告纲要》，1927年2月2日。均见日本外务省文书，S16154。

2　《最近中国关系诸问题摘要》第2卷，日本外务省文书，SP166。

3　《蒋介石最近之重要表示》，《台湾民报》1927年3月27日。

4　蒋介石《报国与思亲》："其时清政不纲，胥吏势豪，寅缘为虐。吾家门祚既单，遂为觊觎之的，欺凌胁迫，靡日而宁。"见《先"总统"蒋公全集》第3册，第4185页，台北中国文化大学出版部，1984。

5　《蒋介石日记类抄·家庭》，未刊，1921年11月29日。

蒋介石也不喜欢商人和资本家。1919年10月2日日记云："政客、武人、官僚以外，商人之狡猾势利，尤为可恶。如不节制资本，则劳动家终无享乐利自由之机会。"他甚至说："为平民之障碍者，不在官僚与武人，实为商人资本家与地方绅耆。有此种蟊贼扞格其间，以致平民一切力量不能造成，一切意见不能张达。"

蒋介石在上海经营交易所，从事证券与棉纱等物品买卖期间，目睹董事们倾轧、垄断的黑幕，更增加了他对资本家的厌恶感。1920年1月24日日记云："赴开元会议交易所选举董事。商帮仍不能除把持与专制之恶习，大股份压迫小股份，大多数压迫小多数。舞私牟利，垄断其间。小商人中，虽有达材正士，不能施展一筹，以致中国实业，日趋衰落，安得将此种奸商市侩，一扫而空之，以发荣社会经济也。"

在受到交易所中"大股份"压迫的同时，蒋介石也感受到房东的压迫与欺诈，进一步增加了他对资本家的憎恶。蒋介石同年12月9日日记云："晚，为房东朱子谦压迫，心甚愤激，资本家之害人如是。"不仅如此，房东还企图吞没蒋妾姚冶诚寄存的交易所单据。同月22日，蒋介石日记云："为富不仁，而欲侵人之利，居心何其险毒哉！沪上商人行为类此者，见不一见，亦无足怪，惟恨冶诚之生事耳！"

以交易所的活动为纽带，蒋介石结识了上海资产阶级形形色色的人物。对他们，蒋介石日记常有严厉的批评。1921年5月1日云："遇盛四及一班无赖，社会之丑劣形态，嫌恶实甚。"1922年11月28日云："中国商人，势利之重，过于官僚，其狡狯状态，见之疾首。"1923年2月3日云："下午又因奸商妒忌，激愤异常，殊非其道。"凡此种种，都表露出蒋介石对资本家和商人的憎恶。

对军阀，蒋介石在日记中也多所指斥。如：

1919年8月20日日记云："阅《申报》，知浙江伪督杨善德，已于12日病亡，继其任者为卢永祥。蛇死狐凭，皆为吾党之敌。"

1921年3月27日日记云："北政府无不倒之理，惟在吾党能起而应之耳！"

1922年6月4日日记云："黎元洪违法入京，复总统之职。恨手无寸

18

铁，不能杀尽狐媚之政客、议员，以清时局也。"

1925年12月1日日记云："郭（松龄）宣言讨张作霖而戴张学良，可称滑稽。然如此矛盾，则北方大小军阀不能不自行瓦解耳。旧时代崩溃之症象，于此益明矣！"

1926年7月12日日记云："余以关税会议为卖国条件，决意与吴佩孚宣战，通告中外。"

这些日记表明了蒋介石反对北洋军阀的鲜明态度与立场。

与憎恶商人、资本家相反，蒋介石对工人有一定同情。

蒋介石对工人接触不多，对中国工人阶级的劳动与生活状况也了解不多。1921年8月，蒋介石在乡监督改建厅屋工程，目睹工人辛劳状况，有所感动。28日日记云："工人之辛苦危险，可谓极矣，资本家见之，而不加矜恤，久之必演成阶级斗争。"10月21日日记继云："自叹为我一家，而苦彼二十工友，自朝至暮，除用膳外，迄未少休，每日劳动，足有十余小时。呜呼！工人何罪，资本家与势力位者不俭约自持，厚酬若辈，必为神人所共怒。不必问近今世界之潮流如何，试问你自己的良心过得去否！"11月6日日记再云："工人苦，小工更苦。中国力役，只见死亡病伤，无完全生理，言之可胜于邑！工场法不实行，劳工何所恃以保障也。博爱同仁，改良待遇，有事者亟宜注意焉。"这些地方，显示出蒋介石愿意通过社会改良的途径改进工人的生活待遇。

1925年7月7日，蒋介石向国民党中央军事委员会提出"革命六大计划"，其中说："工人为革命中有力之一成分，且对于吾革命前途之难易与成败，实有莫大之影响。"但是，他的具体建议只有"吾革命政府，宜努力安置为我国牺牲之失业工人"，"利用罢工工人建筑道路"等寥寥数语。值得注意的是，他曾提出：对省港罢工工人，可"酌加编制，施以军事及政治之训练，以植工人军之基础"[1]。不过，这一思想，对蒋介石

---

[1] 《军事委员会提议案》，《蒋中正"总统"档案》，以下简称蒋中正档，台北"国史馆"藏；参见中国第二历史档案馆编《蒋介石年谱初稿》，第386页，档案出版社，北京，1992。

说来，恰如火星一闪，后来的正式文本就被修改得很模糊了[1]。

在北伐进军途中，蒋介石还同意工人在特殊情形下可以管理工厂。1926年9月20日，蒋介石参观安源煤矿，发现厂主无能，受到日本资本压制，停工近一年，便提出："乘此厂主放弃权利之时，工人应起而自己管理也。"[2]不过，蒋介石只同意对工人生活作一定程度的改良，而坚决反对阶级斗争。还在北伐出师前夕，他就宣布："阶级斗争及工农运动的罢工斗争，在战时是破坏敌人的力量和方法，对付敌人是可以的。若是在本党和政府之下，罢工就算是反革命的行动。"[3]北伐出师之后，国民革命军占领地区的工人运动日渐发展，蒋介石曾发表文告，要求商人不要拒绝工人的"急迫要求"，"早早解决了工潮"，同时则要求工人集中在"本党之下"，"受本党指挥"，"非但不应该仇视商人，并且须在可能范围内急谋谅解"[4]。此后，罢工日渐频繁，蒋介石仇视工人运动的态度日渐明显。1927年1月底，他与小室静谈话，一方面声称"劳动者地位之向上与幸福之增进，乃吾等之主义，故不能中途而辍"，表示不能动用军队来"制止劳动者之罢工"，但同时又说："唯劳动者苟有跋扈行为，甚且危及国际关系，亦不能过于放任，彼时或采非常手段，亦未可知。"[5]这些地方，已经预示了他日后的行动方向。

蒋介石一度认为，中国"不存在大土地占有制"，"中国很少发生大土地所有者与农民之间的冲突"[6]。但是，蒋介石的早年日记显示，他对土地问题还是关心的。1926年2月3日，蒋介石与鲍罗廷谈话，鲍主张"以解决土地问题为革命之基础"，蒋介石表示赞成，日记云："余亦以

---

1 《蒋介石年谱初稿》修改为："吾革命政府宜努力安置为国牺牲之失业工人，以解决其困难，并设立两广工路局，以为解决之方，兼寓大元帅提倡工兵之至意。"见该书第386页。

2 《蒋介石日记类抄·旅游》。

3 《战时工作会议之第三日》，《广州民国日报》1916年6月26日。

4 《蒋总司令告武汉工商同胞书》，《广州民国日报》1927年1月5日。

5 《蒋介石最近之重要表示》，《台湾民报》1927年3月27日；参见FO，405，Vol. 252，pp.431～433。

6 文件87，《联共（布）、共产国际与中国国民革命运动》（1），第298页，北京图书馆出版社，1997。

为然，惟忧无法引起全国大革命耳。"但是，这以后，蒋介石逐渐倾向于北伐期间，暂不提出土地问题[1]。出师前夕，鲍罗廷建议发布土地政纲，蒋介石不赞成；鲍提议攻克武汉时发布，蒋还认为太早[2]。不过，他仍然在思考和研究这一问题。同年7月30日，他收到邓文仪的俄国来信，述及土地问题，日记云："土地制不外土地国有化（即归国有）与土地社会化（即归社会分配），如太平天国制是也。"次日再云："近日甚思研究土地问题，有一解决土地之法。"8月1日，他在湖南九峰村致电张静江、谭延闿，要他们和鲍罗廷商量，在国民党中央设立土地制度委员会，规定详细办法，或根据"平均地权"所言，再加细定，"逐条登报，公诸国人参考，且可临时应用也"[3]。

1926年12月7日，国民党中央部分人员及鲍罗廷等在庐山开会，讨论各地工农运动问题。会议"对工人运动主缓和，对农民运动主积极进行，以为解决土地问题之张本"。蒋介石在会上表示："只要农民问题解决，则工人问题亦可连带解决也。"[4]这一时期，蒋介石所率领的北伐军受到湖南各地农民协会的热烈欢迎和积极支持，因此，蒋介石对农民运动和农民协会都相当有好感。8月3日日记云："各村人民与农会有迎于十里之外者，殊甚可感。农民协会组织尤为发达，将来革命成功，当是湖南为最有成绩。"

民国期间，使用奴婢的现象仍普遍存在。奴婢大多没有人身自由，受到各种虐待。蒋介石对奴婢有一定同情，主张禁止蓄奴。1918年，蒋介石在福建永泰军中，听说陈洁如毒打婢女，很为之不平。1919年3月，又见到邻妇虐待婢女，较陈洁如尤甚，愤慨地在日记中写道："中国奴婢

---

[1] 蒋介石1926年7月23日日记云："与鲍顾问谈革命方略及政治主张，彼以余言为然，而独不慊于缓提土地问题也。"见《蒋介石日记类抄·党政》。

[2] 《中局致北方区信》（1926年8月11日），《中共中央文件选集》（2），第295页。

[3] 《革命文献拓影》北伐时期第6册，蒋中正档；又1926年9月12日《共产国际执行委员会远东局使团关于对广州政治关系和党派关系调查结果的报告》称："蒋介石重新转向了社会舆论，他的政治行为又变得更明确了。国民党中央收到了蒋介石要求起草土地法的建议。"见《联共（布）、共产国际与中国国民革命运动》（3），第477页，北京图书馆出版社，1998。

[4] 参见《蒋介石年谱初稿》，第836页。

制不革除，尚何有于社会平等之可言乎！吾谓欲求人类平等，第一当禁绝蓄奴婢也。"

蒋介石还反对家族观念。1920年1月27日日记云："家族观念打不破，家族范围跳不出，埋没古今多少英雄。"

以上种种，都表现出蒋介石所受五四后新思潮的影响。

出于对旧社会的厌恶，蒋介石有改造中国社会的志向。1919年11月，蒋介石在日本，发现各书坊中社会主义书籍特多。4日日记云："吾知其社会改革必不远也。以中国人民不识字者之众，提倡革命，不及十年而得实行，则今日日本人民之智识普及，其改革进程之速，当更未可限量矣！"当时，日本自然主义作家武者小路实笃接受空想社会主义和克鲁泡特金的互助论等思想影响，提倡新村主义。蒋介石在日本读到了《新村记》一书，有所触动，即萌生"改造本乡"的念头[1]。1920年12月，他自觉"矜张自肆，暴躁不堪，对于社会厌恶更甚"。日记云："对于中国社会厌鄙已极，誓必有以改造之。"[2] 这一时期，他对邵元冲等宣称："中国宜大改革，宜彻底改革。"[3] 早期，蒋介石认为中国缺乏实行共产主义的条件，但对共产主义并不反感。1920年2月2日日记云："某匠包制书厨，欺诈百出，心甚憎恶。中国工人之无道德，无教育如此。对于共产事，甚抱悲观。非从根本上待其心理上完全改革，教育普及之后，断乎谈不到此。"1923年蒋介石出使莫斯科时，认为中国革命应分两个阶段，第一阶段是实行民族独立和政治民主，第二阶段才是宣传共产主义，实行"经济革命"、"社会革命"[4]。1925年12月，他在《陆军军官学校第三期同学录序》中称："吾为三民主义而死，亦即为共产主义而死"，"三民主义之成功与共产主义之发展，实相为用而不相悖"[5]。云云。衡之以他在

---

1 《蒋介石日记类抄·文事》，1919年11月22日。

2 《蒋介石日记类抄·杂俎》，1920年12月11、31日。

3 《蒋介石年谱初稿》，第57页。

4 蒋介石：《孙逸仙代表团关于越飞5月1日东京电中所提建议的备忘录》，英文打字本，中国第二历史档案馆藏；参见蒋介石在共产国际执委会会议上的报告，《联共（布）、共产国际与中国国民革命运动》(1)，第331~333页。

5 《蒋介石年谱初稿》，第468页。

日记中表现出来思想，他的上述言论当非完全是违心之言。

四　苏俄观

中国的辛亥革命失败了，而俄国的十月革命却成功了。这一事实震动了中国不少先进分子，使他们产生了了解俄国、考察俄国的愿望。蒋介石也是其中的一个。

还在1919年，蒋介石就萌生了赴俄考察的愿望。当年1月1日日记云："今年拟学习俄语，预备赴俄考察一番，将来做些事业。"此后，他即经常研究俄国形势，注意俄国革命的消息。当年夏，苏俄红军击败高尔察克和尤登尼奇的叛乱武装，蒋介石在日记中欣喜地写道："列宁政府之地位，更加巩固矣！"[1] 不久，他阅读《俄国革命记》一书，深受吸引，在日记上写下了"企仰靡已"四字[2]。这以后，他把俄国革命看成"一个新纪元"，如有人攻击俄国革命，必与之力争；如有人攻击共产党，必竭力为之辩护[3]。同月下旬，开始学习俄文。自此，日记中不断出现"往读俄文"、"习俄文"等记载。有一段时期，还曾向朱执信学习俄语[4]。

1920年3月，蒋介石与戴季陶商议，准备赴俄考察[5]。当时，孙中山正在积极筹划讨伐盘踞广东的桂系军阀，但蒋介石对它的成功可能估计很低，热衷游俄。同月3月9日日记云："身不能自立，与世浮沉，友道日乖，国事益棼，与其赴粤作无价值牺牲，不如游俄自练志识。"此后，蒋介石作了认真的准备，借了路费，计划与戴季陶、廖仲恺、朱执信等结伴同行。9月7日日记云："与各友谈天，以粤军作战无望，又想起赴俄考察政治，为彻底解决国是之计。"其后，他多次计划赴俄，孙中山也有派

1　《蒋介石日记类抄·党政》，1919年11月16日。

2　《蒋介石日记类抄·文事》，1919年11月16日。

3　蒋介石：《中国国民革命和俄国共产党共产革命的区别》，《新生命》第2卷第5号。

4　蒋介石1920年2月14日日记云："执信来教俄语。"

5　《蒋介石日记类抄·旅游》，1920年3月18日。

他的想法，但直到1923年8月，蒋介石才受孙中山任命，作为孙逸仙博士代表团团长赴苏。

蒋介石到苏后，陆续会见外交人民委员契切林、革命军事委员会副主席斯克良斯基、红军总司令加米涅夫、全俄中央执行委员会主席加里宁、革命军事委员会主席托洛茨基等人。蒋介石对他们都印象良好。9月3日、5日，和契切林会见后，在日记中留下了"相见时颇诚恳"、"情态挚恳"、"彼此甚款洽"等记载。9月9日，会见斯克良斯基、加米涅夫后，感到"其人和蔼可亲"，"亦实心助我者"。11月4日，会见加里宁后，认为其人"完全一农民，语言诚笃"，"比吾国黎元洪之狡猾荏馁，迥然殊异，诚不愧为劳农专制国之议长矣！"

蒋介石对俄国社会状况也印象良好：

9月9日记云："俄国人民，无论上下大小，皆比我国人诚笃恳挚，令人歆慕，此点各国所不及也。立国之大本，其在斯乎！"

9月17日日记云："（苏俄军队）上下亲爱，出于自然，毫无专制气味，而政党代表与其团长亦无权限之见。"

11月4日日记云："苏俄各地各所，皆有少年共产党支部。对于青年，竭意培植。是其第一优良政策。厚农工而薄士商之制度，吾亦无间言矣！"

11月7日日记云："苏维埃政府对于人民已有相当基础，殊足以破帝国主义之胆，吾于苏俄无敢轻量。"

可见，蒋介石对俄国社会状况相当满意。

在访问过程中，蒋介石对俄国也有不良印象。最初，他觉得苏俄外交人民委员会和党部的中、下级工作人员不好，傲慢、缺少服务精神，不守时、不守信。蒋介石在日记中指斥他们"下流无赖"[1]，有几次，气得蒋介石要拂袖回国。

在蒋介石日记中也有对苏联较为严重的批评。10月11日日记云："党人好尚意气，争权利，而俄党下级人员较吾中国更甚。吾为吾党哀，并为俄党虑矣！"11月24日日记云："少数人种集权，排斥异己，以自专恣，

---

[1] 《蒋介石日记类抄·旅游》，1923年9月23日。

亦其国之一大坏象也。吾为之危。"[1]这些批评，接触到了苏联政治体制中的带根本性的问题。

使蒋介石最不愉快的是他和共产国际领导人季诺维也夫的会见。11月25日蒋介石参加共产国际执委会会议，发表演说，蒋介石自觉"从容而有条理"，但是，季诺维也夫却在报告中批评国民党对京汉铁路工人罢工态度冷漠，对三民主义评价也不高，声称它只是"革命初期的政治口号"，而且特别着重警告："民族主义的内容是中国独立"，"它不应用中国资本家阶级的统治去取代外国帝国主义的统治"[2]。云云。这使蒋介石很不高兴，曾在答词中有所辩解，声称"我们不是为资产阶级而进行革命工作的"，"目前我们希望，小资产阶级（和我们）建立反对资本主义和帝国主义的统一战线。但是我们并不为它的利益而斗争"。28日，共产国际主席团作出《关于中国民族解放运动和国民党问题的决议》，要求国民党人"不仅要消灭外国资本的残酷剥削，而且也要消灭本国资本的残酷剥削"；又称："至于中国的民族工业，国有化原则在现在也可适用于它。"[3]这些，显然和蒋介石的"两个阶段"的理论相抵触。同日蒋介石日记云："检收文件，审查第三国际对吾党决议文，浮泛不切，其自居为世界革命中心，实太虚骄，而领袖徐维诺夫，似有颓唐不振之气。吾知不久必有第四国际出现，以对待其不正之举也。"

蒋介石此行的任务是：1.讨论建立政治思想战线的方案。2.争取苏俄援助，建立西北基地。为此，蒋介石准备了一份军事计划，要求苏联在蒙古的库伦"以俄罗斯红军的名义"为国民党训练士兵，然后，"以国民党的革命旗帜领导这支军队向南进军"，进攻北京[4]。10月26日，他致函契切林，说明国民党人正想尽快通过自治的途径，实现与蒙古的"亲爱协作"，

---

1 《蒋介石日记类抄·旅游》，1923年11月24日。

2 《联共（布）、共产国际与中国国民革命运动》（1），第336页；参见郭恒钰《俄共中国革命秘档（1920～1925）》，第75页，台北东大图书公司，1996。

3 《共产国际有关中国革命的文献资料》，第81~82页，中国社会科学出版社，1981。

4 蒋介石：《孙逸仙代表团关于越飞5月1日东京电中所提建议的备忘录》，英文打字本。

函称："蒙古人所怕的是中国北京政府的军阀，决不是怕主张民族主义的国民党。""如果苏俄有诚意，即应该使蒙古人免除怕的状况。"同函并称："国民党所主张的民族主义，不是说各个民族分立，乃是主张在民族精神上做到相互间亲爱的协作，所以西北问题正是包括国民党要做的工作的真意。"[1] 11月11日，蒋介石的计划遭到苏方的托词拒绝，这使蒋介石极为不满，于19日致函托洛茨基，要求俄方注意避免使"华人怀疑俄国侵略蒙古"[2]。27日，托洛茨基接见代表团全体成员，对蒋等表示："蒙古希望独立。如果你们想同它建立统一战线，你们应该把它视为兄弟，并说你们不想主宰它。"[3]蒋大为生气，回到宾馆以后，和沈定一发生口角，差一点打起来。蒋的观点是："托洛茨基在骗他们"，"如果蒙古想独立，那需要我们承认，而不是它自己承认自己"[4]。11月28日，蒋介石向苏联外交部辞行，日记云："凡心所欲言者，大略露其端倪，使其自玩怪焉。"

在苏联期间，蒋介石的不满大部分埋藏着；回国以后，这种不满就表露得很强烈了。12月15日，蒋介石回到上海，当日即换船回乡。孙中山等一再要他赴粤报告，"详筹中俄合作办法"[5]，但他只给孙中山寄去了一份游俄报告，直到次年1月16日，才由沪回粤。3月14日，他致函廖仲恺称："俄党殊无诚意可言"，"对中国之惟一方针，乃在造成中国共产党为其正统"，"其对中国之政策，在满、蒙、回、藏诸部，皆为其苏维埃之一，而对中国本部未始无染指之意"，"彼之所谓国际主义与世界革命者，皆不外恺撒之帝国主义，不过改易名称，使人迷惑于其间而已。所谓俄与英、法、美、日者，以弟视之，其利于本国而损害他国之心，则五十步与百步之分耳"[6]。后来，蒋介石就将英、法、美、日等国称为"白色帝国主义"，将苏联称为"赤色帝国主义"。

蒋介石赴粤之所以迟迟其行，其主要原因在于不同意孙中山的联俄政

1　《蒋介石年谱初稿》，第138页。
2　《蒋介石年谱初稿》，第137～138、140页。
3　文件102，《联共（布）、共产国际与中国国民革命运动》（1），第383页。
4　同注3。
5　《蒋介石年谱初稿》，第144页。
6　《蒋介石年谱初稿》，第161页。

策。对此，蒋介石1931年4月13日日记有所说明："上午，在寓整理旧稿，见十三年春复仲恺函，言苏俄之居心叵测甚详，阅之自慰。徒以总理既决心联俄，不能转移其方针，乃只有赴粤任事，以图逐渐补救。与大姐及吾妻唱然叹曰：余当初反共到底，不去广东任事，则总理亡后，国民党当为共产党消灭，中国亦无挽救之望。此冥冥之中，有数存乎？余阅此稿及致精卫最后函稿，则可以无愧于色矣！功罪是非，当待盖棺定论也。"

在苏联期间，蒋介石曾在演说中高度评价孙中山，被留俄的中国共产党人认为有"崇拜个人"之嫌。同时，还曾有人动员蒋介石加入共产党，蒋答以"须请命孙先生"，因此，又被讥为"个人忠臣"。这些，也使蒋介石对中共产生了不满[1]。

1927年1月，蒋介石在和小室静谈话时称："我不知道俄国援助是出于对革命的理解，还是为了利用我们。"又说："如果日本正确评价我们的主义和斗争，我们将乐于和日本携手。"[2]可见，他在接受"俄国援助"的同时，已经准备抛开俄国，寻找新盟友。

五　左右之间

孙中山在世时，国民党内部在联俄、联共等问题上，即有不同意见。孙中山去世后，迅速形成对立的两派，通称左派与右派。

蒋介石最初站在左派方面。1925年11月23日，林森、邹鲁、谢持等在北京西山召开会议，通过《取消共产党员国民党党籍》、《鲍罗廷顾问解雇》等案。12月24日，在上海另立中央。同月下旬，广东右派组织孙

---

[1] 蒋介石1923年10月11日日记云："闻有人以余昨日演说，为有崇拜个人之弊。甚矣中国人自大之心，及其愿为外人支配，而不愿尊重国内领袖，此青年之所以言易行难而一无成就也。"12月13日日记云："阅留俄同志致中师函稿，有忠臣多而同志少一语，甚为骇异。少年浅躁自满，訾议道义，殊堪叹忧。吾观今世，损人利己之徒，诱引青年，自植势力，而不顾党谊，其实决不能成事。梦蒙尘翳，徒见其作伪日拙而已。"

[2] FO. 405, Vol. 252, pp. 431~433.

文主义学会的王柏龄等人准备示威响应。28日晚,蒋介石从汪精卫处得到有关消息,当日日记云:"王柏龄糊涂至此,可恶殊甚,严电阻止,不知有效否?"

当时,蒋介石反对在军中形成派别。1926年1月2日日记云:"下午,对各将士痛诚纷争派别之恶习,不禁泪下。"当时,在黄埔军校中,与孙文主义学会对立的是左派组织中国青年军人联合会。2月2日,他约孙文主义学会与青年军人联合会两派干部开联席会,限令高级官长退会,同时要求双方干事互入两会,企图消弭二者之间的界限。4月,又进一步要求两派组织同时取消。

"三二〇"事件后,右派纷纷做蒋介石的工作,企图争取他站到自己一边。4月3日,刘峙、古应芬、伍朝枢三人陆续见蒋,进行游说。蒋介石日记云:"右派徒思利用机会联结帝国主义以陷党国,甚可叹也。"同月5日,宋子文向蒋介石反映,广州右派计拟召开市党部大会,举行示威,蒋介石立即函广州公安局长吴铁城,加以制止。次日,蒋介石并通电反对西山会议派在上海召开的国民党第二次全国代表大会,表示"誓为总理之信徒,不偏不倚,惟革命是从。凡与帝国主义有关系之败类,有破坏本党与政府之行动,或障碍我革命之进行,必视其力之所及扫除而廓清之"。

蒋介石反对右派的立场一直持续了很久。北伐期间,樊钟秀一直在河南南部活动,组织军事力量,企图响应北伐。1926年8月,蒋介石听说居正、谢持有离间樊钟秀等与北伐军的打算,愤怒地在日记中写道:"彼等诚反革命矣!"[1]同年9月16日,蒋介石会见田桐、周震麟后,在日记中留下了"其语不堪入耳"的记载。

不过,由于蒋介石在联俄、联共问题上和西山会议派的观点有相通之处,因此,最终必然会走到一起。1926年5月22日日记云:"总理责任交给国内青年,愿以能奋斗之青年辐辏国民党,然而非欲党员对三民主义疑为不澈底之革命也。如言不澈底,则俄国革命迄今仍未澈底也,不革命一语,为宣布革命党员之死刑,闻者无不反对,革命必致破裂。应联

---

1 《蒋介石日记类抄·军务》,1926年8月21日。

合革命的新旧党员对外也。"这段日记，已经喻示着他和西山会议派矛盾的溶解。

六　革命观

蒋介石精心制订的军事计划被俄国人轻易地否定了。他满怀期望访问苏联，却没有得到什么具体成果。但是，他却总结出了一条经验——必须独立，自动，不受外人支配。

蒋介石在访问苏联时，遇到过一个名为赵世贤的中国青年，相谈融洽。离开苏联时，蒋介石又和这位年轻人作了一次谈话："略述此次来俄经过情形，戒其毋为外人支配。"此后，蒋介石即力图摆脱共产国际和苏联对中国革命的控制，并力图和左派及中共争夺对中国革命的领导权。1926年3月8日，蒋介石与汪精卫商决"大方针"。蒋称："中国国民革命未完成以前，一切实权皆不宜旁落，而与第三国际必能一致行动，但须不失自动地位。"同月30日，又在日记中表示："只要大权不旁落外人之手，则其他事皆可迁就也。前此政府事事听命于外人，以致陷于被动地位，此非外人攫夺之故，而精卫拱手让之也。"5月21日日记再云："革命须求自立，不可勉强迁就。世界革命应统一指挥，但各国革命政权仍须独立，不能以用人行政亦受牵制。"这时，蒋介石孜孜以求的是他能独立自由地处理中国革命的各种问题。当年12月，蒋介石听说托洛茨基将要出使中国，将希望寄托在他身上，29日日记云："党务、政治不能自由设施，则虽胜无异议于败也，托氏来华，或能改正而本身应具独立之心也。"

蒋介石的苏联之行还使他得到了一条经验，即革命必须由"一党来专政和专制"。他开始致力于"一个主义、一个党"的宣传和努力，并以此为指针，处理国民党内的左右派纷争。1926年6月7日，他在黄埔军校发表演讲称："俄国革命所以能够迅速成功，就是社会民主党从克伦斯基手里拿到了政权……什么东西都由他一党来定夺，像这样的革命，才真是可以成功的革命。我们中国要革命，也要一切势力集中，学俄国革命的办法，革命非由一党来专政和专制是不行的。"[1]同月26日，他与邵力子谈话，强调"革命以集中与统一为惟一要件"[2]。不久，他即派邵力子赴苏，出席共产国际执委会第七次扩大全会，要求共产国际承认中国国民党是中国革命的领导者。

谁妨碍革命的统一和集中呢？蒋介石觉得是中共。1926年3月9日日记云："共产分子在党内不能公开，即不能相见以诚。办世界革命之大事而内部分子貌合神离，则未有能成者。"于是，他的第一步便是限制共产党的发展。1926年5月14日日记云："对共党提出条件虽苛，然大党允小党在党内活动。无异自取灭亡。"5月16日，他访问鲍罗廷，表示"以两党革命，小党胜于大党为忧，又以革命不专制不能成功为忧"。5月27日，他在高级训练班致开学词，声称为"集中革命势力"，加入国民党之共产党应退出共产党。6月8日，他明确向鲍罗廷提出："共党分子在本党应不跨党理由。"

由于鲍罗廷等人的抵制，蒋介石要求跨党共产党员退出共产党目的未能实现。此后，蒋介石日记中不满共产党发展与活动的记载日增。如：

1926年7月3日日记云："各处宣传，多是CP，心滋不悦。"

1926年8月23日日记云："阅《向导》报，陈独秀有诽议北伐言论，其用意在减少国民党信仰，而增进共产党地位也。"

1926年8月30日日记云："他党在内捣乱，必欲使本党纠纷分裂，可切齿也。"

这样，他虽然知道"总理策略既在联合各阶级"，表示"余不敢违教分裂"[3]，但他最终还是走上了和共产党"分裂"的道路。

苏俄创立了一党制和无产阶级专政学说，没有想到，蒋介石即以其人之道，还治其人之身，用以对付共产国际和中共。

1　《广州民国日报》1926年6月30日。
2　《蒋介石日记类抄·党政》，1926年6月26日。
3　《蒋介石日记类抄·党政》，1926年5月14日。

七　结束语

蒋介石的日记表明：1. 他早年追随孙中山革命，有一定思想基础；和共产党合作，也有一定思想基础。2. 在若干问题上，早年的蒋介石与共产党以及国民党左派之间有一定分歧。这些分歧，属于革命阵营的内部矛盾，并非革命与反革命的对立。后来在这些分歧基础上演化为争取领导权的斗争，并进而演化为你死我活的生死斗争，是不幸的、令人遗憾的。3. 蒋介石既是一党专政主义者，也是个人中心主义者。在蒋看来，他自己就是革命的化身、真理的化身，凡与他持不同意见或反对他的人都是"败类"或"反革命"，都需要加以"制裁"。1927年2月，他在南昌演讲称："我只知道我是革命的，倘使有人要妨碍我的革命，那我就要革他的命。"[1]这段话，典型地表露出他的个人中心心态。同一时期，他在日记中表示："鲍罗廷固为小人，而一般趋炎附势，不知党国为何事者，更可杀也。"[2]这一段话，是对他上述演讲中"革他的命"一语的注脚，不久之后进行的武力"清党"已经在此埋下了伏笔。

---

[1] 上海《民国日报》1927年4月16日。
[2] 王宇、高墉、正垣编《困勉记初稿》卷6，第3页，蒋中正档。

宋明道学与蒋介石的早年修身
——读蒋介石未刊日记

儒家学派认为：修身是人生的第一大事，也是各项事业的起点。《大学》有所谓"大学之道，在明明德"的说法，又有所谓"修身、齐家、治国、平天下"的人生程序。到了宋明时代，道学家提出了以"存天理，去人欲"为核心的一系列修身主张，一方面将儒学伦理规范上升到"天理"的高度，一方面则前所未有地细密设计了各种遏制"人欲"的办法。

蒋介石很早就接触宋明道学，不仅是服膺者，而且是身体力行者。在他的日记里，有大量修身的记载。从中不仅可以看出他的个人修养历程和极为隐秘的内心世界，而且可以看出他早年的三重性格特征：上海洋场的浮浪子弟，道学信徒，追随孙中山的革命志士。

一 重视修身，按照道学家的要求进行修养

蒋介石年轻时没有受过良好教育，养成了许多坏毛病。1919年7月24日，他回忆辛亥革命时的个人经历，在日记中对自己写下了"荒淫无度，堕事乖方"的八字考语。由于这些坏毛病，在相当长的一段时期

内，朋友们不大看得起他。1920年3月，戴季陶醉酒，"以狗牛乱骂"，蒋介石一时激动，闪过与戴拼命的念头，但他旋即冷静下来，检讨自己，"彼平时以我为恶劣，轻侮我之心理，于此可以推知"，"我岂可不痛自警惕乎！"[1]一直到30年代，蒋介石想起早年种种劣迹，还痛自悔恨。日记云："少年师友不良，德业不讲，及至今日，欲正心修身，困知勉行，已失之晚矣！"[2]又云："余少年未闻君子大道，自修不力"，"迄今悔已难追"[3]。一言之不足，反复言之，当系出于内心，而非泛泛虚语。

为了克服年轻时期形成的这些坏毛病，蒋介石曾以相当精力阅读道学著作，企图从中汲取营养。1919年5月24日日记云："今日研究性理书，思发愤改过，以自振拔，甚矣不求放心也久矣。"所谓"性理书"，指的就是宋明以来道学家的著作。蒋介石不仅读，而且选抄对自己进德有用的语录，写入日记，甚至作为自己的箴言或座右铭。例如，1919年，他为自己选择的箴言是"静敬澹一"四字，同年8月，增改为"精浑澹定，敬庶俭勤"八字。1923年1月5日，他模仿道学家的做法，自制铭文："优游涵泳，夷旷空明，晬然自充，悠然自得，此养性之功候也。提纲挈领，析缕分条，先后本末，慎始图终，此办事之方法也。"在此之后，他仍然觉得意有未足，又抄录道学家常说的"修己以严，待人以诚，处事以公，学道以专，应战以一"诸语，作为对自己立身处世的要求。

宋明道学有所谓理学和心学两派。前者以朱熹为代表，后者以陆九渊、王阳明为代表。蒋介石涉猎过朱熹的著作，例如1923年1月4日日记云："晨兴，思良友，窃取乎朱子'从容乎礼法之场，沉潜乎仁义之府'二语以自循省。"可见，他对朱熹的学说有所了解。哲学史上有所谓朱陆异同之争，或是朱非陆，或是陆非朱，蒋介石对两派均无所轩轾，日记中也常有读王阳明著作的记载。如：1926年11月17日日记云："车中闷坐，深思看阳明格言。"

在这一方面，他是兼收并蓄的。

1　《蒋介石日记类抄·杂俎》，1920年3月3日。
2　《蒋介石日记类抄·文事》，1931年1月20日。
3　《蒋介石日记类抄·学行》，1931年1月25日。

宋明以后的道学家中，蒋介石最喜欢曾国藩，很早就用功研习他的著作。1921年日记云："晚标签《曾文正公全集》。此书曾经一番用功，甚叹遗失于永泰之役。今得复见，不啻旧友重逢也。"[1]永泰之役，指1918年9月蒋介石在福建讨伐李厚基的一次战斗。此战中，蒋介石中敌缓兵之计，仓促中弃城出走，仅以身免，随身携带的曾国藩著作连同日记等物遗失殆尽。蒋既自称"此书曾经一番用功"，可见，他在曾著上是下过大功夫的。

20年代，蒋介石仍然喜读曾国藩的著作。1922年岁首，他曾节录曾国藩的"嘉言"作为自己的"借镜"。其内容有："虑忘兴释，念尽境空"；"涵咏体察，潇洒澹定"；"韬光养晦，忍辱负重"；"以志帅气，以静制动"；"事亲以得欢心为本，养生以少恼怒为本，立身以不妄言为本，居家以不晏起为本，做官以不爱钱为本，行军以不扰民为本"；"军事之要，必有所忍，乃能有所济；必有所舍，乃能有所全"等。1925年1月2日，他又将曾国藩的"惩忿窒欲"、"逆来顺受"、"虚心实力"、"存心养性"、"殚精竭力"、"立志安命"等"嘉言"抄在当年日记卷首。可见，他在力图按曾国藩的训导立身处世。其后，蒋介石多次在日记中给予曾国藩以高度评价，如：

1925年1月9日日记云："看曾文正杂著，其文章真是千古。"

1925年2月10日云："终日在常平、候东看曾文正日记，公以勤、恕、敬三字自勖，可为规范矣。"

1926年3月8日云："昨今两日，看曾文正《嘉言抄》，乃知其拂逆之甚，谤毁之来，不一而足。而公劝其弟以咬牙立志，悔字与硬字诀，徐图自强而已。"

曾国藩之外，蒋介石也很敬佩胡林翼。胡有云："林翼至愚，当不自作聪明；亦惟林翼颇聪明，当不自用其愚。"1922年3月，蒋介石读到这段话，不禁悚然叹惜，日记云："乃知我自作聪明，实为至愚之人，以后当知针砭也。"[2]胡集中曾论及"愚公移山"、"精卫衔石"等古代寓言或神

---

1 《蒋介石日记类抄·文事》，1921年4月29日。
2 《蒋介石日记类抄·文事》，1922年3月19日。

话，蒋介石读后深有所感。日记云："因知成功之难，非一朝一夕之可能也。凡吾今日之事，计须三五年，始得告一段落，岂可意马心猿，犹豫不决，轻举妄动，去就随便乎！以后应不再作回家扫墓之想，想吾母有灵，当亦以此为慰也。"胡集书牍中云："所望有兵柄者，日夜悬一死字于卧榻之旁，知此身之必死则以求生，或有生机。"蒋介石读后特别将它们节录下来，用以自励。

道学著作中有《菜根谭》一书，蒋介石也很喜欢。1926年3月7日日记云："看《菜根谭》，以毋忧弗逆与不为物役二语为最能动心。"

蒋介石不仅认真读道学书，而且也真像道学家一样进行修身。道学家中朱熹一派普遍主张"省、察、克、治"，蒋介石也照此办理。

1919年10月23日日记云："从前过恶未蠲，今兹私欲犹炽，进德修业之谓何，而竟颠蹶至此！"

1920年1月17日日记云："中夜自检过失，反复不能成寐。"

1922年10月25日日记云："今日仍有几过，慎之！"

1925年2月4日日记云："存养省察工夫，近日未能致力。"

1925年9月8日日记云："每日作事，自问有无欿心，朝夕以为相惕。"

上述日记表明，蒋介石是经常检讨自己的。

宋明道学家有所谓"功过格"，做了好事，有了好念头，画红圈；做了坏事，有了坏念头，画黑圈。蒋介石则专记自己的"过失"，较之道学家还要严格。1920年1月1日，蒋介石决定自当日起，至第二年4月15日止，"除按日记事外，必提叙今日某某诸过未改，良知未致（或良知略现），静敬澹一之功未呈也"。他所警惕的过失有暴戾、躁急、夸妄、顽劣、轻浮、侈夸、贪妒、吝啬、淫荒、郁愤、仇恨、机诈、迷惑、客气、卖智、好阔等16种。如果一旦发现有上述过失，就在日记中登录。因此，他的日记对自己的疵病，常有相当坦率甚至是赤裸的记载。

蒋介石很重视日记在自己修养过程中的作用。毛思诚根据他的指示将日记分类照抄，其中有《学行》一类，蒋介石命毛另抄一本寄给他，"以备常览"。

蒋介石之所以重视个人修养，不同时期有不同作用。早年是为了做

"古来第一圣贤豪杰"[1]。五四运动爆发，蒋介石从中看出了中华民族复兴的希望，他当时在修身上对自己的要求，应是上进、自强的表现。其后，蒋介石投身国民革命，参加广东革命根据地建设，反映出传统道学中"民胞物与，宏济群伦"思想对他的影响[2]。北伐战争期间，国共矛盾逐渐尖锐，蒋介石处境困难，他企图通过修养锤炼自己，应付环境，获取突破难关的意志和力量[3]。1927年以后，蒋之地位已定，继续修养则是为了做"中华民国代表"[4]。

二　戒色

中国古代思想家孟子很早就承认，人有两种天性：食与色。但是，孟子又主张，人必须遵守道德规范，否则和禽兽就没有差别。从蒋介石的日记里可以看出，他好色，但是，同时又努力戒色。为此，他和自己的欲念进行过长达数年的斗争。

1919年3月5日，蒋介石从福建前线请假回沪，途经香港。8日日记云："好色为自污自贱之端，戒之慎之！"这一天，他因"见色起意"，在日记中为自己"记过一次"。次日，又勉励自己要经受花花世界的考验，在日记中写道："日读曾文正书，而未能守其窒欲之箴，在闽不见可欲，故无

---

[1] 蒋介石1931年3月21日日记云："晨起，曾忆少年闻人道，古人如孔孟朱王之学，与禹汤文武周公之业，窃自恨前有古人，否则此学此业，由我而发明，由我而创始，岂不壮哉！平日清夜，常兴不能做古来第一圣贤豪杰之叹！"

[2] 蒋介石1925年12月9日日记云："一曰慎独则心安，去人欲存天理。二曰主敬则身强，懔坎险，惕轻健。三曰求人则人悦，民胞物与，宏济群伦。四曰习勤则神钦，敝精殚虑，困知勉行。"

[3] 蒋介石1926年8月26日日记云："寸衷郁结，取《嘉言抄》及《菜根谭》阅之，知天下之长，而吾所处者短，则横逆困穷之来，当稍忍以待其定，又曰逆来顺受、居安思危等条，志为之踔，气为之振，吾应誓以大无畏精神，作长期奋斗，以应环境，以破当前难关也。将其计而就之，因其事而导之。"

[4] 蒋介石1931年1月9日日记云："此时欲修身自立，不可不研究哲学……小子为中华民国之代表，何可妄自菲薄，有负天之所赋、众之所望耶！"

邪心。今初抵香港，游思顿起。吾人砥砺德行，乃在繁华之境乎！"

到上海后，蒋介石与恋人介眉相会。4月23日，蒋介石返闽，介眉于清晨3时送蒋介石上船，蒋因"船位太脏，不愿其偕至厦门"，二人难舍难分，介眉留蒋在沪再住几天，蒋先是同意，继而又后悔。日记云："吾领其情，竟与之同归香巢。事后思之，实无以对吾母与诸友也。"[1]此后的几天内，蒋介石一面沉湎欲海，一面又力图自拔。日记云："情思缠绵，苦难解脱，乃以观书自遣。嗟乎！情之累人，古今一辙耳，岂独余一人哉！"[2]在反复思想斗争后，蒋介石终于决定与介眉断绝关系。5月2日，介眉用"吴侬软语"致函蒋介石，以终身相许，函云：

> 介石亲阿哥呀：照倷说起来，我是只想铜钿，弗讲情义，当我禽兽一样。倷个闲话说得脱过分哉！为仔正约弗寄拔倷，倷就要搭我断绝往来。
>
> 我个终身早已告代拔倷哉。不过少一张正约。倘然我死，亦是蒋家门里个鬼，我活是蒋家个人。[3]

从信中所述分析，介眉的身份属于青楼女子。蒋有过和介眉办理正式婚娶手续的打算，但介眉不肯订立"正约"（婚约）。蒋批评介眉"只想铜钿，弗讲情义"，而介眉则自誓，不论死活，都是蒋家人。

蒋介石收到此信后，不为所动，决心以个人志业为重，斩断情丝。1919年5月25日日记云："蝮蛇蛰手，则壮士断腕，所以全生也；不忘介眉，何以励志立业！"同年9月27日，蒋介石自福建回沪。旧地重游，免不了勾起往事。日记中有几条记载：

10月1日："妓女昵客，热情冷态，随金钱为转移，明昭人觑破此点，则恋爱嚼蜡矣！"

1　《蒋介石日记类抄·学行》，1919年4月23日。
2　《蒋介石日记类抄·学行》，1919年4月27日。
3　介眉致蒋介石函，手迹，蒋介石全宗，中国第二历史档案馆藏。倷，你；寄拔，寄给；告代，交代。

10月2日："以后禁入花街为狎邪之行。其能乎，请试之！"

10月5日："其有始终如一结果美满者又几何？噫！色即是空，空即是色，世人可以醒悟矣！"

10月7日："无穷孽障，皆由一爱字演成。"

上述各条，可能都是蒋介石为割断与介眉的关系而留下的思想斗争记录。从中可见，蒋介石为了摆脱情网，连佛家的"色空观念"都动用了。值得注意的是10月12日的日记："潜寓季陶处，半避豺狼政府之攫人，半避狐媚妓女之圈术。"当时，北京政府在抓捕作为革命者的蒋介石，而青楼女子介眉则在寻找"负心汉"蒋介石，迫使蒋不得不躲进戴季陶的寓所。

蒋介石谋求与介眉断绝关系是真诚的，但是，却并未下决心戒除恶习。10月15日日记云："下午，出外冶游数次，甚矣，恶习之难改也。"同月30日，蒋介石赴日游历，这次，他曾决心管住自己。关于这方面，有下列日记可证：

10月30日："自游日本后，言动不苟，色欲能制，颇堪自喜。"

11月2日："迩日能自窒欲，是亦一美德也。"

11月7日："欲立品，先戒色；欲进德，先戒奢；欲救民，先戒私。"

可见，蒋介石的自制最初是有成绩的，因此颇为自喜，然而，没过几天，蒋介石就无法羁勒心猿意马了。日记云："色念时起，虑不能制，《书》所谓'人心惟危'者此也。"[1]东晋时梅赜伪造的《古文尚书》中有"人心惟危，道心惟微，惟精惟一，允执厥中"的说法，意思是：人心是危殆的，道心是细微难见的，人必须精细察别，专一保持道心，使行为永远恰到好处。朱熹等道学家认为这是"尧舜相传之道"，誉为"十六字心传"。蒋介石同意"人心惟危"的说法，说明他为自己设立的堤防即将崩溃，"岌岌乎危哉"！果然当日蒋介石对自己稍有放纵，结果是，"讨一场没趣"，自责道："介石！介石！汝何不知迁改，而又自取辱耶！"几天后，又在日记中写道："一见之下，又发痴情。何痴人做不怕耶！""先生休矣！"

---

1 《蒋介石日记类抄·学行》，1919年11月4日。

同年11月19日，蒋介石回到上海，过了一段安静日子，心猿意马有所收敛。12月13日日记云："今日冬至节，且住海上繁华之地，而能游离尘俗，闲居适志，于我固已难矣。因近来心绪甚恶，不知如何为行乐事也。"12月31日岁尾，蒋介石制订次年计划，认为"所当致力者，一体育，二自立，三齐家；所当力戒者，一求人，二妄言，三色欲"。他将这一计划写在日记中："书此以验实践。"[1]看来，这次蒋是决心管住自己了，但是，他的自制力实在太差，于是，1920年第一个月的日记中就留下了大量自制与放纵的记载：

1月6日："今日邪心勃发，幸未堕落耳。如再不强制，乃与禽兽奚择！"

1月14日："晚，外出游荡，身分不知堕落于何地！"

1月15日："晚归，又起邪念，何窒欲之难也！"

1月18日："上午，外出冶游，又为不规则之行。回寓次，大发脾气，无中生有，自讨烦恼。"

1月25日："……"

可见，……自制，时而放纵，处于"天理"与"人欲"的……

第……个月，也仍然如此。

2……《中庸》'尚不愧于屋漏'一语，自能实践。污我、……惟此而已，安可不自拔哉！"

3月25日："迹……荡，何法以制之？"

3月27日："晚，又作冶游，以后夜间无正事，不许出门。"

3月28日："色欲不惟铄精，而且伤脑，客气亦由此而起。"

3月30日："邪念时起，狂态如故，客气亦盛，奈何奈何！"

4月17日："晚，游思又起，幸未若何！"

6月27日："色念未绝，被累尚不足乎？"

7月2日："抵沈家门，积善堂招待者引余等入私娼之家，其污秽不可耐，即回慈北船中栖宿。"

---

1 《蒋介石日记类抄·学行》，1919年12月31日。

当年7月3日，蒋介石遇见旧友陈凌民，畅谈往事，蒋自觉"往行为人所鄙"，因而谈话中常现惭愧之色。这以后，蒋又下了决心，日记中多有自我批判、自我警戒的记录。8月7日日记云："世间最下流而耻垢者，惟好色一事。如何能打破此关，则茫茫尘海中，无若我之高尚人格者，尚何为众所鄙之虞！"可见，蒋有保持"高尚人格"的念头，因此"为众所鄙"始终是蒋介石心头的梦魇，迫使他不得不有所检点。8月9日日记云："吾人为狎邪行，是自入火坑也，焉得不燔死！"23日日记云："午后，神倦假眠，又动邪念。身子虚弱如此，尚不自爱自重乎！"

当时，"吃花酒"是官场、社交场普遍存在的一种恶习，其性质类似于今人所谓"三陪"中的"陪酒"。9月6日，蒋介石"随友涉足花丛"，遇见旧时相识，遭到冷眼，自感无趣，在日记中提醒自己交朋友要谨慎，否则就会被引入歧途，重蹈覆辙。11月6日蒋介石寄住香港大东旅社，晚，再次参加"花酌"，感到非常"无谓"。这些地方，反映出蒋介石思想性格中的上进一面。

1921年全年，蒋介石继续处于"天理"与"人欲"的交战中，其日记有如下记载：

1月18日："我之好名贪色，以一澹字药之。"

5月12日："余之性情，迩来又渐趋轻薄矣。奈何弗戒！"

9月10日："见姝心动，这种心理可丑。此时若不立志奋强，窒塞一切欲念，将何以自拔哉！"

9月24日："欲端品，先戒色；欲除病，先遏欲。色欲不绝，未有能立德、立智、立体者也。避之犹恐若污，奈何甘入下流乎！"

9月25日："日日言远色，不特心中有妓，且使目中有妓，是果何为耶？"

9月26日："晚，心思不定，极想出去游玩，以现在非行乐之时，即游亦无兴趣。何不专心用功，潜研需要之科学，而乃有获也。"

11月26日："欲立业，先立品；欲立品，先立志；欲立志，先绝欲。绝欲则身强神卫，而足以担当事业矣！"

12月1日："陪王海观医生诊治诚病。往游武岭，颇动邪思。"

12月8日："荡心不绝，何以养身？何以报国？"

道学家主张，一念之萌，必须考察其是"天理"，还是"人欲"。倘是"天理"，则"敬以存之"；倘是"人欲"，则"敬以克之"。上述日记，大都属于"敬以克之"一类。

1922年，蒋介石继续"狠斗色欲一闪念"。日记有关记述仅两见。9月27日云："遇艳心不正，记过一次。"10月14日，重到上海，日记云："前曾默誓除恶人，远女色，非达目的不回沪。今又入此试验场矣，试一观其成绩！"次年，也只有两次相关记载：3月1日云："近日心放甚矣，盍戒惧来！"6日云："出外闲游，心荡不可遏。"两年中，蒋介石仅在思想中偶有"邪念"闪现，并无越轨行为，说明他的修身确有"成绩"。

1925年，蒋介石在戒色方面继续保持良好势态。4月6日日记严厉自责云："荡念殊甚，要此日记何用。如再不戒，尚何以为人乎！"11日日记云："下午，泛艇海边浪游，自觉失体，死生富贵之念自以为能断绝，独于此关不能打破，吾以为人生最难克制者，即此一事。"这段日记写得很含蓄，看来，蒋介石打熬不住，又有某种过失。同年11月16日晚，蒋介石参加苏联顾问举行的宴会，在一批外国人面前"讲述生平经过、恶劣历史"，对自己的"好色"作了坦率的解剖和批判。

1926年全年安静无事，仅11月21日日记云："见可欲则心邪，军中哀戚不遑，尚何乐趣之有！"

蒋介石的忏悔不仅见于日记，也见于他的《自述事略》中。例如，他自述辛亥前后的状况时就自我批判说：

> 当时涉世不深，骄矜自肆，且狎邪自误，沉迷久之。膺白冷眼相待，而其所部则对余力加排斥，余乃愤而辞职东游。至今思之，当时实不知自爱，亦不懂人情与世态之炎凉，只与二三宵小，如包、王之流作伴遨游，故难怪知交者作冷眼观，亦难怪他人之排余，以人必自侮而后人侮也。且当时骄奢淫逸，亦于此为尽。
>
> 民国元年，同季回沪，以环境未改，仍不改狎邪游。一年奋

发，毁之一旦，仍来自拔也。[1]

膺白，指黄郛，蒋介石的把兄弟。从这份《事略》里，可见当时蒋众叛亲离，为人所不屑的状况。本文一题《蒋主席自述小史》，当系中年之作。这时，蒋显然已经成为"党国要人"，但他不但不隐讳早年恶迹，反而有意留下相关记载，这是极其不易的。

三　惩忿

蒋介石除"好色"外，性格上的另一个大毛病是动辄易怒，骂人、打人。为了革除这一恶习，蒋介石也进行了多年修养。

《易》经《损卦》云："损，君子以惩忿制欲。"后来的道学家因此将"惩忿"列为修身的重要内容，要求人们控制自己的感情，避免暴怒，也避免恶语伤人及相关行为。蒋介石对此也很重视，日记云："须知修身之道，首重惩忿，其次则窒欲也。"[2]

蒋介石深知自身性情上的弱点。1919年1月3日日记云："近日性极暴躁。"同月7日，黄定中来谈报销问题，蒋介石"厉斥其非，使人难堪"。事后追悔，蒋介石在日记中写道："近日骄肆殊甚，而又鄙吝贪妄，如不速改，必为人所诬害矣。戒之！戒之！"几个月之后，蒋介石接见邓某，故态复萌，"心怀愤激，怨语漫言，不绝于口"。这样的情况发生多次，蒋介石"自觉暴戾狠蛮异甚。屡思遏之而不能"，因此，写了"息心静气，凝神和颜"八字以作自我警惕之用，还曾有意阅读道学著作，用以陶冶性情[3]。

然而，俗话说得好："江山易改，本性难移"。一种弱点如果已经成了性格的一部分，要改掉是颇为艰难的。1919年6月27日，蒋介石感叹说：

1　稿本，蒋介石全宗，中国第二历史档案馆藏。
2　《蒋介石日记类抄·文事》，1925年4月1日。
3　蒋介石1925年8月15日日记云："近日性躁如此，应读性理之书以陶冶之。"

"厉色恶声之加人，终不能改，奈何！"7月29日再次为"会客时言语常带粗暴之气"而对自己不满，在日记中写下"戒之"二字。但是，蒋介石有时刚刚作了自我检讨，不久就再犯。同年8月5日，蒋介石与陈其尤谈话，谈着谈着，"忽又作忿恚状"，蒋深自愧悔，但是当晚继续谈话时，蒋"又作不逊之言"。这使蒋极为苦恼，日记云："如何能使容止若思，言辞安定，其惟养吾浩然之气乎！"

除了骂人，蒋介石有时还动手。

1919年10月1日，蒋介石访问居正，受到人力车夫侮辱，不觉怒气勃发。居正家人与车夫辩论，发生殴打，蒋介石见状，忿不可遏，上前帮力，自然，蒋介石不是车夫的对手，反而吃亏。接着，又"闯入人家住宅，毁伤器具"。蒋介石自知理屈，他想起1917年在张静江门前殴打车夫，被辱受伤一事，真是与此同一情景。当日日记云："与小人争闲气，竟至逞蛮角斗，自愚实不值得。余之忍耐性，绝无长进，奈何！"

蒋介石打车夫毕竟只是个别情况，更多的是打佣人。1920年12月，蒋介石在船中与戴季陶闲谈，戴批评蒋"性气暴躁"，蒋声称"余亦自知其过而终不能改"，认为要杜绝此病，只能不带"奴子"，躬亲各种劳役。

1921年4月，蒋介石因事与夫人毛氏冲突，二人"对打"，蒋介石决定与其离婚。4日，蒋介石写信给毛氏的胞兄毛懋卿，"缕诉与其妹决裂情形及主张离婚理由"。正在此时，发现毛氏尚未出门，又将毛氏"咒诅"一通。当日，蒋在日记中自责说："吾之罪戾上通于天矣！何以为子，何以为人！以后对母亲及家庭间，总须不出恶声。无论对内对外，愤慨无以之际，不伸手殴人，誓守之终身，以赎昨日余孽也。"然而，自责归自责，蒋介石仍然时发暴性。见之于日记者有下列记载，试为分类。

（一）打骂佣人、侍卫、下级

1921年4月7日："叱吓下人，暴性又发，不守口不詈人之誓，记过一次。"

1925年2月21日："自误饮水，迁怒下人，逞蛮殴打，尚有人道乎！记过一次。"

1925年2月22日："吾勉为庄敬宽和，以药轻浮暴戾之病，则德可进，世可处也。叫人不应，有顷始至，又逞蛮根，日日自悔而不能改之，所谓克己者，如斯而已乎！"

1925年3月4日："肆口漫骂，自失体统，几不成其为长官，记大过一次。"

1925年10月5日："昨夜十时到黄埔，阍者弛卧，鼾声达门外，久叫始应，又动手打人。记大过一次。"

1925年10月1日："为佣人蠢笨，事事不如意，又起暴戾躁急，如此将奈之何！""暴戾极矣，动手打人，记大过一次。"

1926年1月5日："脑胀耳鸣，心烦虑乱，对佣人时加呵斥，即此一事，已成吾终身痼疾矣！"

（二）辱骂同事、同僚

1921年10月22日："庆华、颖甫先后就谈，又发暴性，犯不着也。"

1922年2月25日："下午，回八桂厅，对礼卿发脾气，自知形态不雅。"

1926年1月13日："茂如来会，以其心术不正，败坏校风，愤恨之余，大加面斥，毋乃太甚乎！"

1926年8月1日："动手打人，蛮狠自逞，毫无耐力，甚至误殴幕友，暴行至此极矣！"

（三）对象不明

1925年3月3日："欲为盖世之人物，不可不自深其学养。近日常多很〔狠〕厉愤狷，而无静默沉雄气象，其何以几及之也？"

1925年3月5日："昨夜骂人太甚，几使梦魂有愧。今日在途懊悔不已。平日宅心忠厚，自揣差近长者，而一至接物，竟常有此恶态，尚何学养可言乎！"

1925年10月7日："今日暴性勃发，几视国人皆为可杀。"

以上三种情况中，不论哪一种，蒋介石都知道自己不对，因此事后对自己也多所责备。他也曾设法改正，例如立誓作到"四不"，即"口不骂人，手不打人，言不愤激，气不嚣张"；又立誓做到"四定"，即"体定、心定、气定、神定"；还曾提出"三要"，即"谨言、修容、静坐"，但是，收效不大，暴躁狠蛮，几乎成为他的终身"痼疾"。

四　戒客气

蒋介石日记中常见"戒客气"的记载。所谓客气，指的是一种虚骄之气。《宋书·颜延之传》称："虽心智薄劣，而高自比拟。客气虚张，曾无愧悔。"因此，宋明时代的道学家也将"戒客气"作为修养要求。

根据现有资料，蒋介石批评自己的虚骄之气始于1919年。当年2月4日，蒋介石出席许崇智的晚宴，席间，蒋介石"客气与虚荣心并起，妄谈孙先生事"，当日即懊悔无已，在日记中自责，认为自己的言谈"不觉自暴其夸鄙，为人所嗤鼻矣"。同年，他自感人才难得，检讨原因，认为自己"性近暴慢，常以盛气凌人，而无休休有容之襟度"，所以有才之人不易为己所用[1]。

此后，蒋介石即将"客气"作为自己修养中的大敌之一，称之为"凶德"。1919年9月9日日记云："言多客气，为人所鄙，良用惭怍。谨其言，慎其行，自强其志，不徇外为人，立身之本也。"同年11月24日日记云："近日思想渐趋平实，欲改就社会上做一番事业，奈私利心、野心、客气终不能消除何！"

蒋介石认为："客气"的表现之一是"言语轻肆，举动浮躁"，针锋相对地提出："吾守吾拙，无忤于人"[2]。表现之二是气质涨浮，行为佻达，说话太多，因此提出：多言不如少言，有言不如无言，能言不如不能言。日记称："人之是非好恶，己之爱憎取舍，默会于心，斯得之矣，何以言为哉！"

1923年7月16日，蒋介石清晨醒来，自省差误，认为自己"为人所嫌弃者乃在戏语太多，为人所妒忌者，乃在骄气太甚，而其病根皆起于轻浮二字"，因此，要求自身今后要"谨然自持，谦和接物"。他表示："宁为人笑我道学，而不愿人目我为狂且也。"

1　《蒋介石日记类抄·学行》，1919年8月26日。

2　《蒋介石日记类抄·学行》，1922年1月23日。

五　戒名利诸欲

道学家既反对纵情声色，也反对沉溺名利，视之为"胶漆盆"，要人们通过修养，从中滚脱出来。南宋淳熙八年（1181），陆九渊到朱熹的白鹿洞书院讲学。陆的讲题是《论语》中的"君子喻于义，小人喻于利"二语。他说："今人读书便是为利。如取解后又要得官，得官后又要改官，自少至老，自顶至踵，无非为利。"朱熹对他的这段讲词非常欣赏，认为"切中学者深微隐痼之病"。

蒋介石早年修身时，也很注意戒名利诸欲。1919年，他作《四言箴》自励："主静主敬，求仁学恕，寡欲祛私，含垢明耻"，明确地要求自己"寡欲"。6月24日日记云："今日馁怯有余，谨慎不足，终是名利患失之心太重，能于敬、澹二字上用功一番，庶有裨益乎？"

蒋介石这里所说的"敬"，指的是敬于所事；"澹"，指的是"澹"于所欲。蒋介石要求自己将事业放在首位，而不汲汲于求名求利。这一层意思，他在1920年2月的一则日记中表述得更清楚："事业可以充满欲望，欲望足以败坏各种事业，不先建立各种事业，而务谋餍足欲望，是舍本而逐末也。"

多欲必贪。蒋介石既要求自己"寡欲"，因此，特别注意戒"贪"，保持廉洁。1921年，蒋介石因葬母等原因，花销较大，欠下一批债务。次年9月，孙中山命他去福建执行军务，蒋乘机写信给张静江，要求张转请孙中山为他报销部分债务。写信之前，蒋矛盾重重，思想斗争剧烈，日记云："今日为企图经济，踌躇半日。贪与耻，义与利四字，不能并行而不悖，而为我所当辨。如能以耻字战胜贪字，此心超然于利义之外，岂不廉洁清高乎！一身之荣辱生死，皆为意中事，安有顾虑余地乎！"1923年7月，蒋日记有云："戏言未成，贪念又萌，有何德业可言！"可见，像他努力戒色一样，对"贪念"，也是力图遏制的。

蒋介石长期生活于上海的十里洋场，习染既久，难免沾上奢侈、挥霍一类毛病。1920年岁末，蒋介石检点账目，发现全年花费已达七八千元之谱，顿觉惊心，严厉自责说："奢侈无度，游堕日增，而品学一无进步，所谓勤、廉、谦、谨四者，毫不注意实行，道德一落千丈，不可救药矣！"1925年4月，他到上海的大新、先施两家著名的百货公司选购物品，自以为"奢侈"，在日记中提醒自己："逸乐渐生，急宜防虑。"同年5月，自觉"心志渐趋安逸，美食贪乐，日即于腐化"，曾严厉自责："将何以模范部下，而对已死诸同志也？"

道学家大都要求人们生活淡泊，甘于"咬菜根"一类清苦生活。上述日记表明，蒋介石在这一方面同样受到道学的影响。

在道学家的修养要求里，寡欲，不只是寡于物质生活，也包括求名一类精神生活内容。在这一方面，蒋早年对自己也有所要求。1925年1月22日日记云："好名之念太重，一闻蜚语，即觉自馁，是不能以革命主义为中心，而以浮世毁誉为转毂，岂得谓知本者乎！"

六　其他

诚是中国古代哲学的重要范畴，原意为信实无欺或真实无妄，后来被视为道德修养的准则和境界。《礼记·中庸》说："诚者天之道也，诚之者人之道也。"将"诚"视为天的根本属性，要求人们努力求诚。在《中庸》有关思想的基础上，《大学》进一步将"诚意"作为治国、齐家、修身、正心的根本。自此之后，道学家无不尊诚、尚诚。北宋的周敦颐将"诚"说成"圣人之本"，要求人们经过"惩忿窒欲，迁善改过"之后，回归"诚"的境界。

蒋介石深受道学影响，自然，他在早年也尊诚、尚诚。1922年11月20日日记云："率属以诚为主，我诚则诈者亦诚意矣！"这里，"诚"被蒋介石视作一种驭下之道。1923年5月4日日记云："凡事不可用阴谋诡计，且弄巧易成拙，启人不信任之端。"这里"诚"被蒋介石作为处理人际关系的准则。1924年5月3日日记云："机心未绝，足堕信义与人格。"这里，

"诚"才被蒋介石作为一种道德修养准则。

然而，政治斗争讲究手段、计谋与权术，即所谓纵横捭阖，不可能和"诚"的要求契合无间。1926年以后，"诚"字就少见于蒋的日记了。

道学家不仅提出了诸多内心修养方面的要求，而且在人的形体外貌方面也有许多规范。朱熹写过一篇《敬斋箴》，要求人们"正其衣冠，尊其瞻视"。在这方面，蒋介石也是身体力行者。1925年2月11日日记云："莅团部时履不正，为属下窥见，陡觉惭汗。"近年来出现若干影视作品，其中的蒋介石形象大多衣冠端正，这是符合蒋的性格的。

七　结语

道学形成于宋明时代，它是中国封建社会后期的统治思想，也是中国儒学发展的一个特殊阶段。其总体作用在于将传统的儒学伦理规范哲学化，以便进一步强化其教化作用，借以整饬人心，调节社会矛盾，巩固既定社会秩序。但是，其中，也包含着若干合理因素。

蒋介石少年顽劣，时代的激流将他推进了中国民主革命的大潮：留学日本，归国革命，追随孙中山。这样，蒋介石早年就具备了两重性格：既是上海洋场的浮浪子弟，又是革命志士，两种性格相互矛盾而又长期共存。可以看出，在他登上政治舞台的漫长过程中，道学曾促使他励志修身，克服了浮浪子弟的某些劣根性。但是，这也使他比较拘守传统文化，未能在接受新文化、新思潮方面迈出更大的步伐，也未能使他在中国近代日益复杂的社会生活中，辨潮流，识方向，作出正确抉择。

中世纪的修养方法无法完全适应近、现代的社会生活，这是自然的。

蒋介石与上海证券物品交易所

上海证券物品交易所是在近代中国政治史、经济史上起过重要作用的机构。从1918年至1923年，蒋介石和它发生过密切关系；它也曾给予蒋的生活、思想以深刻影响。1920年初，蒋甚至有过以经纪人为职业，"作棉花、棉纱买卖"的念头[1]。但是，前此有关论述大都依靠个别人员的回忆录，或流于肤浅，或谬误连篇。本文将根据确凿的文献和档案资料清理有关史实，希望能在大多数问题上作出比较准确、清晰的说明。但是，由于某些环节的资料尚感不足，因此，本文又还难以说明全部问题。进一步的探讨，有待于更多研究者的关注和更多资料的发现。

一 上海交易所是孙中山倡办的

孙中山在多年的革命生涯中，始终为经费所窘。1916年12月，孙中山接受日本某政党的建议，决定与长期支持中国革命的日本神户航运业巨头三上丰夷共同在上海开办交易所，企图以盈利所得资助革命。同月

---

[1] 蒋介石1920年1月1日日记云："今年拟学习俄语，预备赴俄考察一看，将来做些事业，或学习英语，游历世界一周，访探各国政治，以资采择。二者如不能，即在事业方面立足，组织棉麦会社，种植棉麦，否则充当经纪人。作棉花、棉纱买卖。"

5日，由戴季陶出面与三上的代表中岛行一签订草约，规定资本总额为上海通用银元500万元，日方提供250万元，作为无息贷款，所得红利，日本资本团得十分之八，创立人得十分之二，同时规定，交易所须聘用日本资本团推选的精通业务之人为顾问，合议处理一切[1]。其后，对草约个别条款作过修改，即行定案，签字者有孙文（中山）、赵家艺、虞和德（洽卿）、张人杰（静江）、洪承祁、戴传贤（季陶）、周佩箴等11人[2]。次年1月22日，由孙中山领衔，虞洽卿、张静江、戴季陶等8人附议，向北京政府农商部呈请，成立上海交易所。呈文首先历述中国缺乏交易所的种种弊病，中云：

> 上海为全国物产集散之枢纽，所有大宗物产交易均由各业商人任意买卖，价格无适中之标准，交易无保证之机关，恐慌无从预防，金融不能活动，且经纪人亦漫无限制，于工商业之发展，窒碍实多，虽各业有各业之公会及任意集合之市场，然既无确实之资金，又无完备之组织，政府难于监督，商人无所置信，是以大宗物产之价格，一二外国经纪人常得自由操纵之，病商病国，莫此为甚。至于有价证券之交易，亦无一中心之机关，已发行之公司股票不能流通，新发生之公司不易招股，已发行之公债价格日见低落，将来国家或地方发行公债更难于办理。因此之故，中国公司多于外国政府注册，以图其股票可以赖外国交易所而流通，中国之投资者亦多弃本国公债于不顾，而乐购外国之公债，且各公司之内容，无一机关调查保证之，买入卖出，漫无所察，一旦破绽发生，股票顿成废纸，往往因一公司之内容缺陷，致市场大起恐慌。凡此种种祸患，皆由无资本充足、信用确实之交易所有以致之，不能徒责商人

---

[1] 《创立上海交易所股份有限公司协定豫约案》（戴季陶手迹），山田纯三郎档案，日本爱知大学藏。又，1917年2月29日日文《上海日报》对此有简要报道，并摘录了合同中的2、3、7、8、9各款。

[2] 《孙文垄断上海市面之大计划》，《晨钟报》1917年4月6日。其主要修改为规定："本借款之金额交款后，用创立人名义存入日本正金银行，以信用状在正金银行上海支店支用所存正金银行本店内日本金额之上海银元交付股款。"

之无爱国心也。

呈文声称："交易所之组织，则以证券交易、物品交易二者同时经营为最有益于上海市场，尤能助中国一盘实业之发展。"据有关人员回忆，该文由朱执信起草，但既由孙中山领衔，应视为孙中山的重要佚文。

根据该呈文，上海交易所申报的业务范围有证券、花纱、金银、中外布疋、油类、粮食等7项[1]。2月24日，北京政府农商部批准先行经营证券；关于物品交易，咨请江苏省长查复报部，再行核办[2]。同月，戴季陶赴日，在东京证券交易所内设立筹备处[3]。但是，正当筹备工作紧张进行之际，张勋在北京拥溥仪复辟，上海市面顿时陷入混乱，银根突紧，拆息猛涨，商业停滞，交易所筹办暂停。

1918年，戴季陶、张静江、蒋介石等共谋利用前案，继续申办。戴等秘密组织协进社，吸收原发起人虞洽卿、赵家艺、洪承祁为社员。同年3月，日人在上海成立取引所（交易所）股份有限公司，经营证券、棉纱、棉花等，企图操纵上海市场。各业商董认为："我不自办，彼将反客为主，握我商权。"[4]因此，虞洽卿等于同年7月成立预备会，推虞及赵林士、邹静斋、盛丕华、周佩箴5人为筹备员[5]，上海工商界知名人士温宗尧、闻兰亭（汉章）、李云书、张澹如、沈润挹、吴耀庭、顾文耀等纷纷加入为发起人。此后，遂由虞洽卿领衔，呈请北洋政府，以"时会之趋势，实不容再缓"为理由，要求"将证券、物品一并开办"，得到批准。但是，上海各商帮旋即产生分办、合办之争。原发起人金业董事施兆

1　《孙文等上北京政府农商部呈文》，原件，未刊，北京政府农商部全宗，中国第二历史档案馆藏；参见魏伯桢《上海证券物品交易所与蒋介石》，《文史资料选辑》第49辑，第149页。

2　转引自虞和德《致农商部事略》，《旧上海的交易所》，第19页，上海古籍出版社，1992。

3　参见赵立人《孙中山与上海证券物品交易所》，《孙中山与近代社会》，第165～174页，广东人民出版社，1996。

4　虞和德：《致农商部事略》，上海市档案馆编《旧上海的证券交易所》，第19页，上海古籍出版社，1992。

5　《证券物品交易所创立会纪事》，《申报》1920年2月2日。

祥、徐甫孙拟申请成立上海金业交易所，原上海股票交易公会的范季美等人拟申请成立证券交易所。1918年4月，北京政府农商部要求分为三家交易所办理。虞洽卿等据案力争，农商部训令上海总商会召集各商帮讨论，并饬江苏实业厅详查。结果辗转迁延，不能决定。1919年6月27日，农商部认为合办资本势力较为雄厚，取决多数，以合办为宜，准予先行开办[1]。此令既下，上海金业、股票两业仍有异议。12月20日，农商部再令，要求从交易所营业范围内除去证券、金类，以免纠葛，但虞洽卿等旋即提出异议，呈请免于修改。

1920年2月1日，上海证券物品交易所在总商会开创立会。计股东572户，10万股，到场股东或代表408户，代表85408权[2]，超过半数。会议公推虞洽卿为临时主席。虞在致辞中追溯了中国交易会的发起历史，声称20年前，即有袁子壮及周熊甫二君提议创办，但未成事，"民国五年冬间，孙中山先生又复发起，鄙人追随其后"，"屈指二十载，交易所之创造艰难，一至于斯。幸今日股本已超过原额数百股，可知我国商业之程度日高，将来本所之成绩，必大有可观"，云云。会议选举理事17人，监察人3人。虞洽卿以81833权居理事第一位[3]。张静江被选为候补理事。蒋介石的同乡、同志周骏彦（枕琴）以53860权当选为监察人。对此，蒋介石日记云："枕琴当选为交易所监察人。"[4]可见，他是相当重视的。周骏彦在辛亥前被官府选派赴日留学，入警监学校，与蒋介石结为同志。曾参加宁波光复之役，为奉化军政分府负责人之一。1911年冬，在蒋介石麾下任军需科科长。后任宁波商业学校校长。二次革命失败，蒋介石受通缉，周曾将蒋藏于校内[5]。2月6日，交易所召开理事会，选举虞洽卿为理事长，闻兰亭、沈润挹、赵林士、郭外峰、邹静斋、盛丕华为常务理

---

1 《上海县知事公署训令第404号》，《旧上海的证券交易所》，第9页。

2 权，指各股东的议决权，一般一股一权。

3 《上海证券物品交易所创立会选举理事及监察人权数名单》，《旧上海的证券交易所》，第1页。

4 《蒋介石日记类抄·杂俎》，未刊，1920年2月1日，中国第二历史档案馆藏。本文所引蒋氏日记，均同。

5 王舜祁：《蒋介石故里述闻》，第200~201页，上海书店出版社，1998。

事[1]。其中，宁波人郭外峰曾在日本长崎道胜银行工作18年。

二 蒋介石组建茂新号，陈果夫充当经纪人

从孙中山倡办交易所之日起，蒋介石即奉命与戴季陶、张静江等共同参与筹备。

1920年4月，蒋介石因与陈炯明不合，从福建漳州的粤军总部回到上海，与陈果夫共同筹办友爱公司。同年6月3日蒋介石日记云："拟于果夫订定友爱公司资本共银五千元，先由中正全部垫付。先购上海物品证券交易所四百股为基本。定为十股。丰镐房七股，果夫、驭夫、干夫各约一股，推定果夫为义务经理。"陈果夫的岳父朱五楼原在上海经营福康钱庄。1918年5月，陈经其岳父介绍，到沪任晋安钱庄助理信房。1919年，他曾借用蒋介石存在晋安的一千多两银子，"做了一笔洋钿生意"，三个星期赚了六百几十两银子[2]。因此，在革命党人中，陈比较熟悉金融，懂一点经营之道。这是蒋介石推陈出任义务经理的缘由。不过，这个友爱公司似乎并没有成立起来。计划刚定，蒋介石迅即碰到了国际金融风潮。伦敦、纽约银价下跌[3]，上海的银价也随之突然大落。这一事件使蒋介石的经商遇到了第一次挫折，加之这一时期，蒋介石的家庭生活也出现矛盾。失意之余，蒋介石离开上海，寄情山水去了。《年谱》云："公以戎谋莫展，而闺房与商业又连不得意，遂乃漫游以舒郁怀。浮海至普陀……凡游六日而倦还。"[4]

普陀归来后，蒋介石继续与张静江等商量交易所事宜。1920年6月26日，蒋介石日记云："往静江家，与佩箴商议公司事。"佩箴，指周佩箴，

1　《上海交易所电报举定理事长》，《申报》1920年2月8日。

2　陈果夫：《商业场中》，《陈果夫先生全集》第5册，第54页，台北近代中国出版社，1981。

3　据中美新闻社消息，6月9日伦敦电汇及远期银价各跌6便士，纽约银价跌至8角4分。见《银市报告》，《申报》1920年6月10日。

4　《蒋介石年谱初稿》，第41页。

吴兴南浔镇人，与张静江有姻亲关系，原为上海证券物品交易所理事，1920年5月29日被补选为常务理事。这里所说的公司当即几天后出现的茂新公司。

同年7月1日，上海证券物品交易所开幕。王正廷及江苏省长、上海道尹代表等三千余人等出席致贺[1]。当日上海《申报》出现了一则广告："上海证券物品交易所五四号经纪人陈果夫，鄙人代客买卖证券、棉花，如承委托，竭诚欢迎。事务所四川路1号3楼80室。电话：交易所54号。"[2]关于此事，陈果夫回忆说："蒋先生就要我和朱守梅（孔扬）兄，及周枕琴（骏彦）先生，赵林士先生等商量，组织第五十四号经纪人号，名茂新，做棉花、证券两种生意，推我做经理，守梅兄做协理。"[3]

此后几天内，蒋介石日记连续出现关于茂新号的记载，可见此事已成为蒋的兴奋中心，也可见他为此焦思苦虑的情况：

1920年7月5日，蒋介石日记云："今日为组织茂新公司及买卖股票事，颇费苦思，终宵不能成寐。"

1920年7月6日，蒋介石日记云："晚在寓商议茂新公司组织法。"

1920年7月7日，蒋介石日记云："赴茂新公司。"

办友爱公司时，蒋曾表示，全部资本由他负责；但在组建茂新公司时，其资金则并非来源于蒋。据陈果夫回忆：它的开办，最初由朱守梅出资两千元，又由陈果夫向晋安钱庄借了一千两银子。资本总数不过三千数百元现金。

茂新号开业后并不顺利。第一天开张，就亏了1700余元。与此同时，蒋介石委托朱守梅代购股票，价格上也吃亏很大。朱原是蒋介石的奉化同乡，毕业于两浙高等师范学校，初营商业，没有经验。6月24日，证券物品交易所股票上市试验，收盘价每股29.9元[4]。26日，市场看好，交易踊跃，价格涨到开盘价31元，收盘价31.2元；下午继续上涨（开盘价

---

1 《证券物品交易所开幕纪》，《申报》1920年7月2日。
2 《申报》1920年7月1日。
3 《陈果夫先生全集》第5册，第55页。
4 《申报》1920年6月25日，第12版。

31.6元，收盘价31.9元，记账价32元）[1]。以后几天中，价格陆续升高，至7月4日，已经涨到每股42元。朱守梅在低价时没有买进，到高价时，才突然收购。蒋介石得悉此讯，极为懊恼。日记云："益卿来舍，上交股票涨至四十二元，甚是惊忧。即往茂新访守梅，乃悉前托代买股票，均四十二元价购入。初营商业者之不可靠如此，可叹！已而果夫趋至，凄咽含泪而诉，情殊可悯，乃知其胆量甚薄也。"

蒋介石托人买进高价股票本已吃亏，他完全没有想到，几天后，价格却又突然回落。蒋介石在福建接到陈果夫电报，获悉有关消息。日记云："接果夫电，悉上交股票惨落，亏本至七千余元，乃知商业不易营。然大半为果夫、守梅所害。星相家谓我五六月间运气不好，果应其言，亦甚奇也。"两天后，又记云："接果夫信，知其胆小多疑，不能主持营业也。"

蒋介石此次赴闽，本是孙中山、廖仲恺、胡汉民等人力劝的结果，目的是协助陈炯明、许崇智处理军务。蒋介石对陈炯明有意见，到闽后，又发现陈、许二人不和，认为事无可为，便于8月5日离闽返乡。在老家，他依然惦念上海证券物品交易所的买卖情况，思考对策，并派人赴沪传达他的意见[2]。下旬返沪后，又亲到交易所参观，污浊的空气和嘈杂的人声令蒋介石感到头晕脑涨，不禁产生经纪人难当的感叹[3]。

茂新号初期营业不利，后来逐渐兴旺。陈果夫回忆说："茂新的股本，由一万加至一万五千元，慢慢的又增到三万元。每天开支不到三十元，而每天生意，在最差的时候，佣金收入总在三十元以上，最好则有二千元。生意的兴隆可想而知。"[4]于此可见，陈果夫在经营上还是有一套办法的。

---

1 《申报》1920年6月27日，第12版。

2 蒋介石1920年8月20日记云："下午假眠时，研擘以后交易所之买卖，派阿顺赴沪。"

3 《蒋介石日记类抄·杂俎》，1920年8月30日。

4 陈果夫：《商业场中》，《陈果夫先生全集》第5册，第57页。

三 扩大投资，成立恒泰号

茂新号初期营业不利，蒋介石等即集议改组。9月2日，蒋介石决定退出6股[1]。第二天，蒋介石访问张静江，因为心情不好，狠狠地揍了车夫一顿[2]。9月5日，蒋介石、陈果夫、朱守梅等人再次集议，研究公司改组事宜。蒋介石决定投资4000银元，作为与张静江合作的本钱；同时决定投资5000元，托人经营临时商业[3]。同月22日，蒋介石再次访问张静江，谈经商事，蒋介石决定投资15000元[4]。

当蒋介石雄心勃勃地要在商业上大干一场之际，粤桂战争正在紧张进行。9月30日，蒋介石离开上海，赶赴前线。但是，又因与陈炯明意见不一，于11月12日回到上海，次日回到老家。11月25日，孙中山应粤军许崇智的要求，离开上海，前往广州。张静江、戴季陶要求蒋与孙中山同行，戴并曾到甬相劝，声色俱厉地责以大义，但蒋仍坚决拒绝[5]。

12月上旬，蒋介石再到上海，15日，决定与张静江等17人合作，继续经营上海证券物品交易所的经纪人事业，定名为恒泰号。议定条件如下：

①牌号。定名为恒泰号，经纪人由张君秉三出名。
②营业范围，暂以代客买卖各种证券及棉纱二项为限。
③资本额，计上海通用银币三万五千元，每股一千元。
④占股数目，计三十五股，其中蒋伟记四股，张静江五股。
⑤此契约成立于上海租界，一式十八份。[6]

---

1 《蒋介石日记类抄·杂俎》，1920年9月2日。
2 《蒋介石日记类抄·杂俎》，1920年9月3日。
3 蒋介石1920年9月5日日记云："果夫、守梅、冈梧诸君集议改组公司事，付新银元四千元，作为与静江合本，五千元托孙鹤皋营临时商业。晚结账，茂新连资本五股，及欠我四千四百元，尚欠银九千四百元。"
4 蒋介石1920年9月22日日记云："傍晚，访静江兄，谈营商事。余拟投资一万五千元以为成本。"
5 《蒋介石年谱初稿》，第47页。
6 《旧上海的证券交易所》，第105~107页。

该合同现存，下有吴俊记等17人签名，其中小恒记是戴季陶的化名，吟香记是周佩箴的化名，陈明记是陈果夫的化名，朱守记是朱守梅的化名，张秉记是张静江侄子张秉三（名有伦）的化名，张静记是张静江的化名，张弁记是张静江哥哥张弁群的化名，蒋伟记名下，蒋介石亲笔签了中正二字[1]。不过，其股份是由张静江代认的[2]。

这一年，与蒋介石有关的商业继续亏本[3]。

上海证券物品交易所开业后，虞洽卿曾于1920年9月向农商部呈请注册，同年11月，虞并亲自到北京活动。但是，由于江苏省议会及张謇都致电农商部，要求在《交易所法》未修正前停发执照，上海证券物品交易所的注册因此受阻。直到次年3月7日，虞洽卿再次向农商部呈请发给营业执照时，才出现转机。3月14日，陈果夫致函蒋介石，报告申领执照及扩大金银业务等喜讯，函称："股票价格前日稍稍回头，大约今日可以望好，因为执照今日可以在北京发给，发给后，金即欲发表，所以只几天可以望好。"[4]不过，直到当年6月25日，北京政府农商部才批准发照[5]。

张静江等鉴于即将领到营业执照，决定扩大恒泰号的业务范围，增加代客买卖金银业务，资本额4.6万元，每股100元。计蒋伟记44股，张静江记55股[6]。但是，业务仍然很不顺利。

当年1月下旬，蒋介石在孙中山一再催促下，离开奉化，于2月6日抵达广州，参加讨论援桂作战计划。不久，因与陈炯明发生矛盾，于同月回返奉化，其后就一直留在家里。4月间，蒋介石接连收到张静江的告急电报，声称"商战为人环攻，请速来拔救"。蒋介石不知道恒泰号到底发生了什么事，既担心，又气恼，一时神情失常。但是，蒋介石很快就自觉不够镇

---

1 参见陆丹林《蒋介石、张静江等做交易所经纪的物证》，《文史资料选辑》第49辑。

2 蒋介石1921年1月10日与张人杰书："代认恒泰股份，甚感，请为签字。"见《蒋介石年谱初稿》，第55页。

3 蒋介石1920年12月31日日记云："今年费用，除营商输本外，不下七八千元之谱。"

4 手迹，中国第二历史档案馆藏。函中所称"金"，指金银业务。

5 《旧上海的证券交易所》，第24页。

6 《旧上海的证券交易所》，第123~124页。

静,在日记中严厉自责:"愁怖之容,暴躁之气,即不可遏,何其鄙也!"[1]

在张静江连电告急的情况下,蒋介石匆匆赶赴上海,和陈果夫、戴季陶、张静江等商量挽救办法。4月17日,蒋介石日记云:"果夫来晤,谈静江兄因交易所为人攻击事,往访焕廷兄。旋诣大庆里,与季陶讨论营商失败挽救法。"次日日记云:"下午,与静江、季陶聚议,营救商业事。"两天日记,虽是寥寥几行,但蒋介石等人的焦急情状,历历可见。不过,半个月之后,命运之神就又给蒋介石等人送来了喜讯:股票价格上涨。5月2日,蒋介石日记云:"接静兄函,知交易所股价涨至百零八元。"5月5日,日记又云:"接守梅电,交易所股票涨价至一百二十四元。"对于股民来说,没有比股价暴涨更好的消息了,蒋介石兴奋之余,在日记中写下了四个字:"私心慰甚!"[2]

孙中山于4月7日在广州被选为非常大总统。计划发动讨桂战争。4月18日孙中山致电蒋介石,告以"军情紧急",要他迅速来粤襄助;陈炯明、许崇智、胡汉民、戴季陶等人也函电交驰,敦促蒋介石赴粤。5月10日,蒋介石启程。在粤期间,蒋介石收到陈果夫一函,报告交易所情况以及他和张静江之间的矛盾,中云:

> 静公为欲取回高所没收证金之一部(即我们四家共做老股三万股,计纳证金一百廿万元,被没收者,外间只拿到七十五万,其余四十五万,原为本所填补差金,现拟取回者即此一部分)嘱我去商者约七八次。然彼自作主意,未尝纳我丝毫意见。我亦因不善语言,故有意往往不能尽达。且此时以为可办,并不反对。近日彼大有急急动作之意,侄不得不细心考察。考察结果,以为此事现在万不可行,而二先生只顾自己一方面,不管他人为难。且此事由厉君为之奔走,难免为他方所利用,一举而成,则彼等坐失其利。否则我方名誉损失之外,尚须再弃若干辛苦钱。现在所中所怕者是空头,余款由空头来争,而且未必能得,如由多头争,则将由上海全

---

[1] 《蒋介石日记类抄·杂俎》,1921年4月15日。

[2] 《蒋介石日记类抄·杂俎》,1921年5月2日。

埠之人所唾骂，即使用全力致胜，空头方面岂不又有说话，甚至要和你办大交涉。因为当时糊里糊涂过去，现在明白了，做三万吸多头者原来是你，即使你拿得到，也是不得安枕，况且我们经纪人是代客买卖，现在我们代表买方出场，将何以对得起一班吃亏最大、空头、套头的客人！所以我想来想去，不能替他做这一件事。我已经拒绝他了。不知我叔之意见如何？我拟将客人的交易如数了清之后，经纪人也不要做了，将茂新停办。[1]

函中所言"空头"，指卖出股票者；"多头"，指买进股票者；"套头"，指利用近期和远期股票的差价以套取利润者；"我叔"，指蒋介石。据此函所述可知：张静江等做"多头"，买进交易所"老股"3万股，由于判断错误，保证金120万元被没收，其中75万赔偿损失，另45万元有可能收回。张静江急于动作，挽回损失，和陈果夫商量过七八次，但陈认为此时万不可行，如做，不仅钱收不回来，而且有可能被全上海人唾骂，因此坚决拒绝，和张发生争论。同函又云：

他前天晚上说名誉不顾这些气话，但是我不能不顾他和我们的名誉，况且还是名誉坏了也必无效果的事情。

可以看出，张、陈之间已从挽回损失的时机发展为要不要名誉的争论。张静江声称"名誉不顾"，可见此次生意失败给予他的刺激。

四　与张静江、戴季陶等合资经营利源号

上海证券物品交易所开始营业后，半年内即盈利50余万元。于是，各业"如发狂热"，纷纷效法，上海华商证券交易所、面粉交易所、杂粮、油饼业交易所、华商棉业交易所等陆续成立。《申报》调查报告称：

---

[1] 陈果夫致蒋介石函，1921年5月12日，手迹，中国第二所史档案馆藏。

"本年（1920年——笔者）秋后，交易所鼎盛一时，风起云涌，各业以有交易所为荣耀。"[1]至1921年10月，上海已有交易所140余家，额定资本达1.8亿元[2]。

此际的张静江、戴季陶等人自然更加兴奋。1921年5月31日，张、戴与徐瑞霖等签订合同，决定合资创办上海证券物品交易所利源号经纪人营业所，以吴梅岑为经理。该所资本总额3万元，每股1000元，共30股，其中，张静江一股，戴季陶一股。蒋介石三股，由戴季陶代签[3]。

利源号办起来了，也和茂新、恒泰的最初命运相似，受到同行排挤，使蒋介石极为愤慨。7月8日，陈果夫致函蒋介石，报告营业疲软的情况，函称："静公因公司尚未了结，日来交易不做，公司进行以廿余元为事。近日价格极疲，侄看势头不至于大涨。且二元半之息，不能引起投机与投资家之兴会也。"[4]信中所反映的完全是一种事无可为的心态。但是，事实正好相反，7月10日，上海证券物品交易所召开第三次股东会，张静江被选为理事。18日，张静江等决定扩大利源号的业务范围，"兼办金业"，同时决定每股追加股本200元。计蒋介石追加600元，张静江、戴季陶各追加200元，共6000元[5]。其后，利源号的业务越做越大。陈果夫致函蒋介石，报告张静江大量购进股票和股票价格飞涨的情况：

静江先生近来对于股票买进有增无减，公司益打益大，听说和从前做空头的人也有联络。不过时局不好，多拿在手中，不免危险耳！前日价格涨到二百四十二元，如照此价格出去，赚钱一定不少。

这一段时期，上海股票业正处于黄金时期。不仅张静江等人干劲十足，而且蒋介石、陈果夫等最初发起的茂新号，也大赚其钱。陈果夫在

---

1 《辛酉年各业交易之概况》，《申报》1922年1月23日。

2 《旧金山日报》(*The San Francisco Journal*)，转引自《外人论中国商人道德之堕落》，《申报》1921年3月16日。

3 《旧上海的证券交易所》，第120~121页。

4 陈果夫致蒋介石函，手迹，中国第二历史档案馆藏。

5 《旧上海的证券交易所》，第122~123页。

同函中向蒋介石报告说：

> 茂新自去年九月至今年六月止，共净盈洋一万八千四百零一元七角八，清单明后日可以寄上。新丰名下应得发起人酬金洋一千零八十二元四角，又红利一千八百六十四元九角。下星期拟开股东会，吾叔到申一行否？否则请将意见知下，加股若干？[1]

除茂新外，函中提到的"新丰"，应是蒋介石参加发起的另一个经纪人营业所，不过，关于它的情况，目前还没有更多的资料。

从陈果夫函还可以发现，这一时期，蒋介石和朱守梅等又在组建"第4号经纪人鼎新号"，做棉纱与金银生意，由朱守梅任经理，陈果夫为协理。函云：

> 现在资本一万五千，除花、证、金三种，保证金一万八千元外，尚有付鼎新资本洋二千元。如将红利分派，无活动余地，故非加添资本不可。

至此，蒋介石已先后投资茂新、恒泰、利源、新丰、鼎新等5家经纪人事务所，可谓竭尽全力了。

五　畸形发展后的衰落，张静江、蒋介石大亏本

事物的发展规律是盛极必衰。上海的交易所事业虽然一时繁荣，但是，当时国内商业并不景气，交易所畸形发展，每个交易所的营业额必然大量减少，资金不足，紧跟着的必然是衰落。从1921年8月起，上海的交易所事业开始走下坡路[2]。9月28日，陈果夫致函蒋介石云：

1　陈果夫致蒋介石函，手迹，中国第二历史档案馆藏。
2　参见《上海总商会史》，第433页。

> 交所情形仍恶，市价变动非常，纱尤甚，花次之。所做客人因交所不可靠，多存于号者绝无，积欠于号者渐多，此次纱之下跌，鼎新因循，不免有吃亏矣！[1]

函中，陈果夫告诉蒋介石，由于担心商情危险，决定从10月1日起停止茂新号的业务，辞去鼎新号的协理职务，将家眷迁回湖州老家。陈并称："茂新结束事已与静江先生接洽，静江先生亦赞成，想吾叔亦必赞成也。"不过，后来茂新并未"结束"，可能出于蒋介石的反对。

陈函所反映的情况实际上是整个上海交易所事业的缩影。据统计，1921年11月，上海有38家交易所歇业。12月，歇业者几乎每天都有。次年2月，上海法租界工部局发布《交易所取缔规则》，规定了严格的管理和惩罚条例[2]。至1922年3月，各交易所惊呼"空气日非，社会信仰一落千丈"[3]，纷纷停业清理，经纪人因破产而自杀者也颇不乏人，蒋介石的同乡、同志周骏彦也曾一度自杀。以见之于《申报》广告和有关报道为例，3月份即有棉布匹头证券交易所、中国糖业交易所、中华国产物券交易所、上海绸商丝织匹头股券交易所筹备处、公共物券日夜交易所、中美证券物产交易所、上海五金交易所、上海糖业交易所、上海纱线证券市场、上海华煤物券交易所、上海内地证券交易所、神州物券日夜交易所、中外交易所、浦东花业交易所、东方物券交易所等宣布停业，成立清理处。当月上海全市能维持营业的交易所只剩下12家[4]。3月25日，具有同业公会性质的上海交易所公会决议解散[5]。4月8日，江苏督军和省长会

---

[1] 陈果夫致蒋介石函，手迹，中国第二历史档案馆藏。

[2] 《申报》1922年2月4日。

[3] 《上海绸商丝织匹头股券交易所筹备处通告》，《申报》1922年3月7日。

[4] 《旧中国交易所介绍》，参见《取缔后之法租界交易所》，《申报》1922年3月7日。

[5] 《交易所公会议决解散》，《申报》1922年3月26日。1921年9月上海交易所公会成立。

衔训令：未经领照各交易所，一律解散；已领照者，劝令改营他业[1]。

交易所属于投机事业，其兴也勃，其衰也速。当时有人撰文云："去年海上各种交易所勃兴以来，风起云涌，盛极一时，投机事业，举国若狂……不及匝年，噩耗迭起，某也并，某也闭，某也讼，某也封，某也逃，某也死，而最近若最初开张之某交易所，亦以风潮闻。昨日陶朱，今日乞丐。飙焉华屋连云，飙焉贫无立锥。"[2]

大环境不利，上海证券物品交易所自难独善其身。

最初，情况还是不错的。1922年1月8日，上海证券物品交易所资本总额已达18719752元，盈利661129元[3]。当日股东会决定提取50万元作为第三届股东红利，"每一老股5元，新股4股作一老股"[4]。会上，戴季陶提出，增加股银500万元，作为附加份股。分为25万股，每股20元，一次缴足。各股东均表赞成。随后，虞洽卿提出成立上交银行。经讨论，决定资本总额1000万元，分作20万股，每股50元。这次会上，周骏彦以69806权继续当选为监察人。11日，上海证券物品交易所在报上刊登《发给红利公告》，通告股东前来领取红利。但是，情况迅速发生变化。2月24日，交易所在买卖本所股票时，因买方资金不足违约，证券部停止交割，引起恐慌。

关于此事，周骏彦向蒋介石写信报告说：

> 查上交风潮之起，初由于卖空者造谣，实由于做多头者之款收现。二月二十三日，彦因茂新号电召到中，此时外面已有谣言，所中拍板如常。果夫先生询之做多头者，犹云资本已备，可无患。迨二十四□□□，证券部倏然停板，闻因做多头者向某处所□（借）英洋三百万元一时被绝，致有此变。证券部因此停止交割，大起恐慌。后由闻兰亭等双方调解，做多头者贴现洋五十万元，所中垫

---

[1] 《苏长官取缔交易所之会令》，《申报》1922年4月8日。
[2] 《交易所之教训》，《申报》1922年3月6日。
[3] 《上海证券物品交易所股东会纪》，《申报》1922年1月9日。
[4] 《上海证券物品交易所股份有限公司发给红利公告》，《申报》1922年2月22日。

洋五十万元（以九六盐余公债一百万元相抵），并将多头家代用品一百万元没收，以支配卖出者，计卖出六万余股。

同函并提出，此次事故，由交易所洪承祁、盛丕华造成。函称："此次交易所被做多头者拆坍，非特前此开办时一番之热心及功绩尽归乌有，且市面动摇，宁帮大失体面，实为洪、盛诸恶所害（此中原因极复杂，大约洪、盛诸君实为首祸，做多头失败，亦因洪君之故居多，今洪君俱已先后相逝矣），言之殊堪痛心。"[1]这次风潮，使得蒋介石前所未有地大亏其本。3月15日，蒋介石日记云："今日接上海电，言交易所披靡，静江失败，余之损失可观，度已倾倒一空。"

关于此次风波，魏伯桢另有说法。魏是上海交易所的理事之一。他晚年回忆说：戴季陶、张静江等"以为他们有实力（有每股一百二十元市价的四万股股票），因而大做本所股买卖"。"不仅不缴证据金反而强迫常务理事郭外峰、闻兰亭（他们是管理市场业务的）等收受空头支票，充作现金。同时现货与期货（本月期货与下月期货）的差价越来越大，差金打出愈多，致会计上的现金大量支出。交易所由外强中干到捉襟见肘，拖延到1922年2月，宣告'死刑'，大量股票一旦变为废纸，大富翁变为穷光蛋了"[2]。魏与周，二人关于责任者的说法不同，但关于破产原因的说法则有一致之处。

违约事件发生后，2月28日，由闻兰亭及经纪人公会出面调停，劝卖出一方认亏，其办法为，由违约者交出现金50万，由交易所垫出盐余公债100万元，抵作50万元，连同违约者的代用品150万元，赔偿卖方（共61025股）。卖方每股仅得现洋6元1角9分，公债票抵额8元2角（代用品另拟）[3]。

4月4日，陈果夫致函蒋介石云：

---

1 《周枕琴致蒋介石函》，手迹，中国第二历史档案馆藏。

2 《上海证券物品交易所与蒋介石》，《文史资料选辑》第49辑，第152~153页。

3 《上海证券物品交易所经纪人公会关于该所股票买卖违法问题的会议记录及通告》，《旧上海的证券交易所》，第111~116页。原记录有月份，无年代，该书编者系于1921年，误。参见《物品交易所之和解讯》，《申报》1922年3月9日。

此次静江先生所认之二十三分三的公司份头，又分为四份，其中四份之一是吾叔的。照现在拿出一百万现洋，应派吾叔名下，约三万二千六百元，又一百五十万代用品，应派吾叔名下约四万八千九百余元，两共洋八万一千五百元。[1]

信中，陈果夫告诉蒋介石，计核之后，"约数亏去五万元"，"静江先生损失，应与吾叔相等"。同函并称："恒泰号去年下半年之红利，每股四百六十余元。利源结至去年底止，约盈七八千元，并未分派。茂新至年底，约盈有二万余。此次损失，茂新约在二三万左右，利源损失或比茂新多。"

蒋介石事后反思，一是觉得过于相信张静江。1922年5月23日日记云："以二十万金托于静江，授以全权，自不过问，虽信人不能不专，自己实太隔膜。"一是觉得陈果夫有问题。同年6月6日，蒋介石日记云："果夫之为人，利己忘义，太不行也。痛斥之。"

关于在交易所的经营情况，陈果夫后来回忆说："从开始到交易失败为止，大约做了数万万元的交易，佣金收入总在二十余万元。可惜到第三年，交易所风潮一起，所有盈余全都倒了，几乎连本钱也赔进去，好比一场春梦。到交易所将倒的时候，'茂新'办理交割，把收入股票出售所得之款，与代商人买入股票应付出之款，两相抵过，尚须付交易所六十万左右。客人看见情势不稳，款亦不交来了。我们在事前略有所知，便做了种种准备，一面保护客人，尽量减少他们的损失，一面却须为自己的号子打算。我为计划调度，一连几晚没有安睡。毕竟客人的保护已尽力所及，而自身部分本钱的保持，也算顺利达到。这也不能不说是在钱庄做了两年半伙计的好处。"他又说："我们这样的尽了人事，到交易所倒账的时候，我们自问没有对不起别人的事，心里很安。"[2]

---

1 陈果夫致蒋介石函，手迹，中国第二历史档案馆藏。
2 陈果夫：《商业场中》，《陈果夫先生全集》第5册，第57～58页。

六　风波之后

证券物品交易所发生买方违约事件后，处于停业状态。其间，从上海全球货币物券交易所借得20万元。3月18日，两所成立契约，营业合并，双方理事用合议制执行业务，资本共同运用，但两所仍各自单独存在，损益按资金比例分担。3月27日，重新开市，增加了几位"洋员"，意味着外国资本和外国势力的增加[1]。但是，证券部的本所股，仍然停版[2]。3月30日，虞洽卿、闻兰亭等宴请上海新闻界，感谢报刊在风波期间的善意支持，宣布与全球货币物券交易所共同营业的消息[3]。4月1日，证券物品交易所全面开市。

上海证券物品交易所与"全球"合作，周骏彦不放心，向蒋介石报告说：

  信用已失，营业一时能否复元，尚未可知。且与全球合并，难保无存心破坏者起而攻击，后事真难逆料。惟近闻静公云：现有人集款组织公司，拟将交所股票准与押款。此公司如果实现，将来或有生机。总之，且此次损失最大者为套利者。[4]

信中，周骏彦称，此次失利，系张静江决策错误："彦屡闻静公言，套利甚稳，且云借款套利，亦属便宜。"它不仅打击了上海证券物品交易所，周骏彦在宁波开设的交易所也因之停业。可能蒋介石曾以蒋经国与蒋纬国的名义投资宁波交易所，因此周函称："经、纬事，彦前谓无希望，亦以甬交做品不佳，难免发生危险。"函末，周骏彦称：

---

1 《上海交易所证券部明日开市》，《申报》1922年3月26日。
2 《各交易所之最近状况》，《申报》1922年4月3日。
3 《上海证券物品交易所宴报界》，《申报》1922年3月31日。
4 《周枕琴致蒋介石函》，手迹，中国第二历史档案馆藏。

> 总之，吾辈非商人，经营新商业，究嫌其经验之少。然事已如此，后悔莫及。惟望后局诸公，煞费经营，或尚有转机，并望阁下尽心爱国，以国事为重，不必以此为念。

当时，蒋介石正在广西军中，周骏彦表示："拟来桂愿随阁下之后，冀为国效劳。"他因套利欠债20万元，两次跳黄浦江自杀[1]。

当年4月，蒋介石返乡。6月15日，陈炯明兵变，孙中山避居永丰舰，蒋介石闻讯，从上海赶到广东，与孙在舰上相见。据魏伯桢回忆，蒋行前，要虞洽卿资助，"开始时虞说蒋搞垮了交易所，还要捣蛋，不能同意。最后谈判结果，虞答应可由交易所拿出六万元，但要蒋在离开上海的那一天才能给钱"[2]。同年8月，蒋随孙中山抵达上海，23日返乡。

陈炯明兵变后，许崇智率粤军转入福建。孙中山支持粤军，企图以武力推翻李厚基在福建的军阀统治，然后回师广东，讨伐陈炯明。为此，孙中山计划组织东路讨贼军，以许崇智为总司令，蒋为参谋长。9月18日，蒋介石于入闽之前致函张静江，叙述所欠债务。函云：

> 中秋节前，弟尚欠二千五百元之数，未知可为我代筹若干汇甬？在乡以去年用度太大，至今未了之事尚欠七千余元，在沪亏欠亦与此数相等，故今年以来不能稍资周转。舍儿经国在沪上学，竟于十五元衣服费亦被茂新拒绝不支，思之伤心。

函中所称"去年"，当指1921年。当年6月14日，蒋母病逝，医药丧葬，自然花费不小。交易所破产之后，蒋经国所需衣服费虽仅15元，但茂新号竟然拒付，可见其极端困难的状况。同函中，蒋介石提出，请张从交易所卖方所赔"代用品"中借出若干，以便还清私债，安心赴闽。

---

1 魏伯桢：《上海证券物品交易所与蒋介石》，《文史资料选辑》第49辑，第153页。

2 《文史资料选辑》第49辑，第155页。

函云:"此次物品讼款,如能为弟借出若干,不致久苦涸辙,徒呼庚癸,俾得稍资活动,以了此私债,将来如能如数还清最好,否则以弟个人亏空名义报销,想孙先生与汝为亦必见谅邀准也。"这一时期,蒋介石身体不好,心情也不好,他向张静江倾诉说:

> 贫富生死,率有定数,得此不足为富,无此不足为贫,况预备死者未必死,但求生者未必生,亦不必竟于此金钱,以贻平生之羞也。惟债留后人,于心不安;教育无费,终难辞责。此所悉在爱下,故敢不避公私,剖腹一谈。[1]

写完此函,蒋介石又很后悔,日记云:"沪行为金钱所苦迫,贪私之言,非我所应出,不胜悔恨,故不愿成行也。"[2]不过张静江接到此函后,立即向孙中山汇报,孙即命陈果夫汇寄2500元给蒋介石。张在复函中表示:"代用品之事极易办,来沪接洽可也。"[3]10月1日,蒋介石日记有与周骏彦"谈商业事"的记载,可能即与处理交易所善后事宜相关[4]。12日,蒋介石决定抛开各种个人考虑,献身革命。日记云:"家何为乎?子何为乎,非竭尽全力以攘除凶顽,誓不生还也。"

蒋介石于10月22日启程赴闽,就第二军参谋长之职。其后,曾数度往返于福建、上海、奉化之间。1923年3月3日,陈果夫到宁波,与蒋商谈"交易所起诉事"[5]。8月3日,叶琢堂、虞洽卿与蒋介石讨论交易所事务,发生严重分歧,方案反复变卦,经反复磋商,直到8月5日深夜,才得以最终定案,蒋介石日记云:"昨夜,交易所事未了,梦寐颠倒。天下事之难,莫难于共事不得其人也。直至后夜三时,其事方得解决。"同月

---

1 《致静公函》(手迹复印件),湖州张静江故居藏。此函仅署"制弟中正顿,廿八日"。据此可知,当时蒋介石尚在为母亲守制。又据函中所述"中秋节前"及"安心赴闽"等语,推断此函为1922年夏历七月廿八日(9月19日)所作。

2 《蒋介石日记类抄·旅游》,1922年9月26日。

3 《张静江函》,《蒋介百年谱初稿》,第99页。

4 《蒋介石日记类抄·杂俎》,1922年10月1日。

5 《蒋介石日记类抄·杂俎》,1923年3月3日。

16日，蒋介石受孙中山委派，率领孙逸仙博士代表团访苏，此后，蒋介石不再过问交易所事务。

1924年国民党第一次全国代表大会期间，孙中山决定建立陆军军官学校，以蒋介石为学校筹备委员会委员长。在上海的茂新、鼎新经纪人事务所相继歇业，同人纷纷南下，到黄埔军校找寻新的出路，只有陈果夫留在上海，清理遗留事项。1924年，由陈希曾出面，新创一家买卖棉纱号的经纪人事务所。1925年，陈希曾也南下黄埔，陈果夫只在春秋两季"各做一次生意"，用以"补助生活或应付特殊用途"。1930年，又做过两笔[1]。

七 上海证券物品交易所与国民党的关系

如前述，上海证券物品交易所的初办由孙中山倡议并领衔申请，那么，1920年的重办是否仍和孙中山有关，它和国民党人的革命事业有无联系呢？

陈果夫回忆说："在民国九年的秋天，总理命令本党同志在上海筹设证券物品交易所。蒋先生把这件事告知了我，并且要我研究这问题。"[2] 上海证券物品交易所成立时，孙中山虽远在广州，但寄来贺词："倡盛实业，兴吾中华"[3]。1921年12月11日，陈果夫致函蒋介石，告以"孙先生之款已收到"。这里所说的"孙先生之款"，联系下文"孙先生待款甚急"等语，当系蒋介石通过陈果夫资助孙中山的款项。同函云：

> 叔款现在晋安者约五千四百余元，存侄处。金融公债二千，静江先生告我，孙先生待款甚急，侄乃以此款移交静公，并声明作为侄个人向晋安借款。静江先生亦说一月后归还。侄已向索回六百元，其余一千四百元待陆续归还后收入叔账。此事吾叔勿与静公说

---

1 《事在人为》，《陈果夫先生全集》第5册，第60~61页。
2 《商业场中》，《陈果夫先生全集》第5册，第55页。
3 南伯庸：《上海大亨——虞洽卿》，第248页，海南出版社，1996。

起，作为不知可也。[1]

据此可知，陈果夫还曾将蒋介石存在晋安钱庄的金融公债2000元移交张静江，以此解决孙中山的急需。当时，孙中山正在桂林成立北伐大本营，筹备北伐。张静江所称"孙先生待款甚急"，当指此事。

上海证券物品交易所和国民党人在经济上的联系，目前尚难——厘清。周祖培称："当时国民党基金完全由张掌管，国民党有很多散在各地未到粤随同孙中山担任工作和职位的人，经孙中山批准，可到张处支领津贴和活动费。为了避免租界巡捕房的注意，付账用种种暗号，如火柴代军火，一角代一百元等。"[2]这说明，张静江经营交易所所得，用于公，而非用于私。陈果夫也回忆说："歇业之后，清算结果，有几笔作抚恤同志遗族的股本，都能提出，加倍送去。"[3]这说明，交易所有些股本是预留作为革命事业之需的。国外有的学者认为，上海证券物品交易所是为孙中山和革命筹集政治经费的巧妙渠道[4]。此说虽尚待进一步证明，但并非全无道理。至少，就孙中山倡办的初衷来说，确实如此。

这种情况，也表现在广东交易所方面。居正诗云："吾党中心政策行，必从经济树先声，金融交易粗成就，百万输将始出兵。"[5]1920年11月29日，孙中山在广州重组军政府，次年5月5日，就任非常大总统，任命居正为总统府参议，兼理国民党本部事务。居正即利用外资，创办广东交易所及国民储蓄银行。曾拨借100万元，用为出兵广西的军饷。同年6月10日，蒋介石日记云："接静江函，知粤交易所全数放弃，只留二万股与吾辈。本党作事如觉生者，诚令人齿冷，决无良好结果也。即复静江函并致觉生书。"这则日记所涉及的史实目前也还难以完全厘清，但广东交易所的股本既可以留出2万股给上海的张、蒋等人，则其间的关系可想

---

1 《陈果夫致蒋介石函》，手迹，中国第二历史档案馆藏。
2 《张静江事迹片断》，《文史资料选辑》第24辑，第279页。
3 《事在人为》，《陈果夫先生全集》第5册，第59页。
4 斯特林西格雷夫：《宋家王朝》，第233~234页，中国文联出版公司，1986。
5 陈三井、居蜜编《居正先生全集》（上），第114页，台北"中研院"近史所，1998。

而知。

陈果夫回忆说："当时我们的招兵接洽机关，设在上海证券物品交易所内，挂了陈希曾经纪人的牌子，表面是做生意，实在每天按时前去，暗中接见客人，秘密接洽招兵事情。"[1]据此可知，上海证券物品交易所还是国民党人的一个特殊的联络站。

八 交易所生活对蒋介石的影响

蒋介石虽然出身盐商家庭，但是，父亲早故，家道中落，以后又留学日本，投身革命，可以说，是交易所的活动，才使蒋介石和商业、商人阶层发生关系。

1920年1月24日，蒋介石日记云："赴开元会议交易所选举董事。商帮仍不能除把持与专制之恶习，大股份压迫小股份，大多数压迫小多数。舞私牟利，垄断其间。小商人中，虽有达材正士，不能施展一筹，以致中国实业，日趋衰落，安得将此种奸商市侩，一扫而空之，以发荣社会经济也。"根据上海证券物品交易所章程，可设名誉议董15名，由有商业、工业学识，或有丰富之经验者担任，和理事共同组成评议会[2]。但实际上，上海证券物品交易所开办时，只有名誉议董12人，为朱葆三、沈联芳、顾馨一、姚紫若、项惠卿、徐庆云、邵声涛、张纶卿、许松春、叶惠钧、贾玉山、宋德宜[3]。蒋的这则日记可能反映的就是名誉董事的选举过程。从中可以看出，蒋对上海商帮中的把持、垄断、倾轧是极为不满的。

蒋介石对上海商人的不满和反感可以说贯彻他参与交易所活动的始终。如：

1921年6月12日日记云："得焕廷、瑞霖各函，告知沪上商友操纵垄断，伎俩百出，不胜愤愤。交易所各理事之营私舞弊，至于此极，殊非

---

[1]《建军史之一页》，《陈果夫先生全集》第5册，第67页。

[2] 朱彤芳：《旧中国交易所介绍》，第159~160页，中国商业出版社，1989。

[3]《上海证券物品交易所申谢》，《申报》1920年7月2日。

意料所及。尔来公私交迫，几欲远避尘俗，高隐山林，独善其身，然而不可得也。"

1922年11月28日日记云："中国商人，势利之重，过于官僚，其狡狯状态，见之疾首。"

1923年2月3日日记云："下午又因奸商妒忌，激忿异常，殊非其道。"

1923年8月3日日记云："下午，琢堂、洽卿来谈交易所事。商家之析利，心计险恶，令吾心甚难过。夜间又忽变卦，市侩诚可诛哉！"

上引各日日记，在在表现出蒋介石对"奸商"的强烈愤懑之情。"市侩诚可诛哉"一语，表现出他和叶琢堂、虞洽卿等人的关系已处于爆发的边缘。

交易所的活动也使蒋介石了解到中国民族资产阶级的困境。前文已经提到，1920年6月，蒋介石刚刚决定拿出5000银元，与陈果夫共同创办友爱公司，就赶上国际金融风潮，银价大落。《申报》探讨这一突变原因时曾称："或谓系进口货多结汇水，或谓某国有意外金融风潮，或谓因西历六月底解款，或谓某国银矿有大批现银放出之故，总之大上大落，华商之对外营业，受其影响不鲜也。"[1]这一事件激发了蒋介石的民族主义情绪。日记云："银价大落三日，贱六片士。金融机关，在外人之手，国人时受压榨，可叹也。"[2]

经营交易所的失利增强了蒋介石的社会改造思想。1920年12月，他自觉"矜张自肆，暴躁不堪，对于社会厌恶更甚"。日记云："对于中国社会厌鄙已极，誓必有以改造之。"[3]这一思想，他不仅写在日记里，而且也对邵元冲等人宣扬，声言"中国宜大改革，宜彻底改革"[4]。这一时期，正是他在交易场上一再亏本的时候。

当然，交易所的活动也增强了蒋介石和江浙金融资产阶级的联系。1924年，蒋介石要陈果夫在上海为黄埔军校采办制服、皮带、枪

1　《两日来金融之大变动》，《申报》1920年6月10日。
2　《蒋介石日记类抄·杂俎》，1920年6月10日。
3　《蒋介石日记类抄·杂俎》，1920年12月11、31日。
4　《蒋介石年谱初稿》，第57页。

带、刀鞘等物，为上海海关扣留。叶琢堂、王一亭、沈田莘、虞洽卿等出面斡旋[1]。1927年，北伐军进展到长江中下游一带，江浙金融资产阶级寄望于蒋，纷纷出资，支援他和左倾的武汉国民政府相抗，这不是没有原因的。

1　《建军史之一页》，《陈果夫先生全集》第5册，第63页。

1923年蒋介石的苏联之行及其军事计划

1923年9月,蒋介石受孙中山委派,作为孙逸仙博士代表团团长率团访问苏联,曾经向苏方提交过一份在库伦建立基地,从蒙古南部进攻北京的军事计划,但是,这份计划却从未公布过。毛思诚在编辑《民国十五年前之蒋介石先生》一书时,只在当年9月13日条下简单写了几句话:"公在宾馆拟代表团意见书。书凡八千二百余言,说明中俄国共两党互助关系。甲、绪论,乙、军事计划书,丙、宣传,丁、结论。"[1] 1994年,俄罗斯科学院远东研究所、前苏共中央档案馆(现名俄罗斯现代历史文献保管与研究中心)与柏林自由大学东亚研究所合作编辑《俄共(布)、共产国际与中国国民革命运动》时,没有找到这份文件,郭恒钰博士在写作《俄共中国革命秘档》一书时,只能遗憾地说明,在俄共秘档中,未能查到这份"军事计划"[2]。其实,这份军事计划并不难找到。据笔者所知,至少现存两份,均为英文打字本。一份题为《中国革命之新前途》(New Prospects of the Chinese Revolution),标注时间为1923年9月,存于俄罗斯现代历史文献保管与研究中心,全宗号495,目录号154,卷宗号221。不知什么原因,俄国人没有找到它。依笔者推想,可

1　《蒋介石年谱初稿》,第133~134页。

2　郭恒钰:《俄共中国革命秘档(1920~1925)》,第67页,台北东大图书公司,1996。

能前些年随中共驻共产国际代表团档案一起移交给中共时，没有留下副本。另一份题为《孙逸仙代表团关于越飞5月1日东京电中所提建议的备忘录》（Memorandum of the Delegation of Dr. Sun Yat Sen with Relation to the Proposal Mentioned in the Telegram of A. A. Joffe Sent from Tokyo May 1），标注时间为1923年10月3日，现藏于南京中国第二历史档案馆，原系毛思诚所藏。两本内容与文字均有不同。

备忘录以孙逸仙代表团的名义呈交苏联革命军事委员会主席托洛茨基、副主席斯克良斯基、红军总司令加米涅夫，同时呈送外交人民委员契切林。备忘录涉及政治宣传和军事计划两大部分，现主要就该计划的军事部分略作介绍与分析。

一 孙中山转移战略中心与蒋介石使苏

俄国十月革命后，孙中山即密切注视俄国形势的发展，并打算将中国革命向西北方面发展。1920年9月，俄共阿穆尔省中国支部书记刘谦到上海会见孙中山，建议联合中国南方、苏俄中央及远东各地的革命势力，在中国新疆地区集中兵力，准备打倒中国北方的反动政府[1]。孙中山对这一建议感到兴趣，随即派李章达随刘谦使俄，向苏俄政府建议缔结军事合作协定，请红军于次年春进兵新疆，经甘肃，进攻四川成都，与该省革命党人汇合，推动各地起义[2]。1922年陈炯明叛变后，孙中山被迫放弃他长期企图作为根据地的广州，决心将战略中心转向中国西北。当年9月，苏俄代表越飞的军事随员格克尔将军到沪，孙中山向他陈述了打算用俄国军火，在新疆或外蒙建立革命武装的计划[3]。同年10月，孙中山在上海会见共产国际代表马林，表示希望由苏俄派出一个师，在孙中山

1　文件6，《联共（布）、共产国际与中国国民革命运动》（1），第44页。参见郭恒钰《俄共中国革命秘档（1920～1925）》，第13页。刘谦，或译刘江。

2　文件9，《联共（布）、共产国际与中国国民革命运动》（1），第62页。

3　文件39、41，《联共（布）、共产国际与中国国民革命运动》（1），第136、140页。

的直接指挥下占领新疆,成立新政府,甚至是一个苏维埃政府[1]。12月20日,孙中山又致函越飞称:"我现在可以调大约1万人从四川经过甘肃到内蒙古去,并且最后控制位于北京西北的历史上的进攻路线。但是,我们需要武器、军火、技术和专家等方面的援助。"孙中山询问:"贵国政府能否通过库伦支援我?"[2]

1923年1月20日,越飞到上海访问孙中山。26日,双方签订了有名的《孙文越飞宣言》。其间,孙中山进一步阐述了他的"西北计划",希望苏俄给予200万金卢布的援助。同时表示,愿意派遣一个军事使团到苏俄去学习,就苏俄帮助中国革命一事进行谈判。越飞答应将会谈情况报告莫斯科。同年5月1日,越飞从日本东京转给孙中山一封苏联政府的电报,其中谈道:第一,革命军事行动和孙中山领导的机构不可以须臾离开广泛的思想政治准备工作;第二,苏联政府准备提供200万金卢布,作为孙中山统一中国和争取民族独立之用;第三,苏联政府准备协助孙中山利用中国北方和中国西部的省份组建一个大的作战单位,计步枪8000支,机枪15挺,炮4门,装甲车2辆。如孙中山同意,可利用苏方提供的军事物资和教练员建立一个包括各个兵种的内部军校。第四,严守机密。在公开场合和官方场合,苏方只能表示对国民党谋求民族解放意向的积极同情[3]。5月12日,孙中山复电越飞,声称:"贵国5月1日的回电使我们感到大有希望。第一,我们当感谢贵国的慷慨允诺;第二,我们同意贵国的一切建议;第三,我们将用大部分精力去实施这些建议并派代表赴莫斯科详细磋商。"[4]

孙中山早就想派蒋介石赴苏。1920年9月,孙中山派李章达出使的时候,就有派蒋介石同行的打算,但蒋因和李素无密切关系,在孙中山提

---

1 文件44,《联共(布)、共产国际与中国国民革命运动》(1),第149页。参见郭恒钰《俄共中国革命秘档(1920~1925)》,第32页。

2 文件51,《联共(布)、共产国际与中国国民革命运动》(1),第166页。

3 李玉贞主编《马林与第一次国共合作》,第170~171页,光明日报出版社,1989。

4 《马林与第一次国共合作》,第174页。

出的赴俄、赴川、赴粤三种方案中选择了赴粤[1]。1922年8月末，为与格克尔将军会谈，孙中山特别函召蒋介石到沪。1923年5月12日，孙中山在复电越飞时，即决定派蒋介石赴苏。当日蒋介石日记云："商议赴欧考察事宜。"7月26日，蒋介石到上海，先后和汪精卫、张继、马林等人会商，研究代表团的组成与访问计划。蒋介石自喜"前程发轫"，得到了一个个人发展的极好机会[2]，他也决心从此大干一场，完成彻底改造中国的夙愿。8月6日日记云："今日心其烦恼，惟冀脱离此国内混浊社会，以期根本解决此国事耳。"

孙中山决定派蒋介石赴苏后，即分别致函列宁、契切林、托洛茨基，向他们介绍蒋介石，称之为"我的参谋总长和最可信赖的代理人"。9月17日，又密电苏俄驻中国大使加拉罕，说明蒋介石"已被授予全权用我的名义进行工作"[3]。10月9日，孙中山向刚刚来到广州的鲍罗廷介绍西北计划。孙称：以广州为据点，因为身旁有英国殖民地香港，敌人很多，自己的手脚被捆，而一旦能在中国中部或蒙古建立根据地，因为身后有友好的俄国，就可以"很自由地对帝国主义采取行动"，实行"更公开和更坚定的政策"[4]。孙中山表示："我期待着在莫斯科的这些谈判能够取得丰硕成果。"[5]

代表团到苏联后，于9月2日拜会俄共中央书记鲁祖塔克。蒋介绍称：国民党一向认为，苏联共产党是自己的"姐妹党"，希望吸取俄国革命的经验教训[6]。9月9日，会见苏联革命军事委员会副主席斯克良斯基及红军总司令加米涅夫时提出，要求共同讨论中国的军事计划，蒋介石声称：孙中山赋予代表团以很大权限，代表团受命就中国的军事计划同革

1　蒋介石1920年9月22日日记云："往访展堂、仲恺，中师既已电召，商量去处。以俄国、四川、广东三处皆须我行，任我自择。我以赴粤则伸公而绌私；游俄，以同行者非素契，将有待；私愿入蜀，而仲恺必欲我往粤，一时不能决也。"

2　蒋介石1923年7月23日日记云："为个人计，则亦甚得也。"

3　Whiting, Allen S., *Soviet Policies in China*（1917~1924），Stanford University，1968. p. 234。参见《孙中山集外集》，第413页，上海人民出版社，1990。

4　文件101，《联共（布）、共产国际与中国国民革命运动》（1），第366页。

5　《孙中山集外集补遗》，第343页，上海人民出版社，1994。

6　文件82，《联共（布）、共产国际与中国国民革命运动》（1），第283页。

命军事委员会进行磋商。蒋介石花了两个小时,向斯克良斯基及加米涅夫陈述了孙中山与吴佩孚、曹锟双方的兵力配备状况,同时说明了军事计划的要点。斯克良斯基及加米涅夫要求将计划写成文字,详细说明兵力部署、未来战区等细节[1]。此后,蒋介石即在宾馆埋头起草并修改计划书。其日记记载云:

9月13日:"终日在宾馆拟意见书结论。"

9月15日:"上午,拟结论完。"

9月16日:"晚,改正意见书。"

10月5日:"下午,修正意见书。同伴龃龉,萧然寡欢。交友之难,可胜嗟吁。"

10月12日:"上午,校正意见书稿。"

10月13日:"往外交部,见独霍夫斯基……"

可见,意见书的起草修改经过了一个多月的时间,最后定稿的时间为10月12日,送交苏方的时间应是10月13日。目前已知的两个版本都非定本。

二 在中国革命运动中,军事行动经常处于支配地位

备忘录的第一部分为引言。蒋介石等首先说明:为何在中国革命运动中军事行动经常处于支配地位。备忘录称:

> 虽然,辛亥革命建立了民国,推翻了满洲王朝,但是,没有给这个国家的政治和经济状况带来任何迅速的改变。中国人民没有能参加这一革命。它是知识分子和军队指挥员共同努力的结果。这一革命以南京和为外国帝国主义支持的统治全国的北洋军阀的妥协而告终。由于袁世凯消灭了革命,在中国的外国力量迅速增加影响。

---

[1] 文件83,《联共(布)、共产国际与中国国民革命运动》(1),第284~287页;参见卡尔图诺娃《加伦在中国》,第20~23页,中国社会科学出版社,1983。

虽然他们之间存在着制造紧张和战争危险的对抗，但他们有着共同的企图，使中国更加殖民地化。

备忘录特别指斥当时统治中国的封建军阀，声称：

中国军阀是外国资本家的工具，他们绝不可能醒悟，正在进行与国民党截然相反的活动，因为后者不允许他们毁灭中国，正在全力以赴地进行公开或秘密的反对他们的斗争。民国建国十二年来，我国每年都有内战。外国资本主义列强用财政和物资支持军阀，反对我们。中国内战似乎是内部事务，实际上是国民党和外国资本主义与帝国主义列强之间的斗争。

备忘录解释说：这就是为什么中国的革命的民族主义的政党必须考虑外国的力量，同时国民革命必须在两条战线上作战：反对遍及全国的封建军阀，反对帝国主义。

三 军事行动的目标是"粉碎直系，推翻北京政府"

备忘录的主体部分是军事。蒋介石等指出：军事行动的敌人是"直系及其军阀曹锟、吴佩孚和他们的联合部队"。军事行动的目的是"粉碎直系，推翻北京政府"，因此，北京是首要的目标，山西省会太原、陕西省会西安是第二目标。

备忘录说明：国民党当时控制广东、湖南、四川三省，总兵力6万人；国民党盟友控制云南、广西、贵州三省，总兵力3万人。备忘录特别说明：国民党在反对直系的斗争中，可以指望得到安福系（控制浙江、上海）和奉系（控制奉天、吉林、黑龙江）的合作，他们分别拥有3个师和6个师。蒋介石等解释说："奉系、安福系过去均属于以袁世凯、曹锟和吴佩孚为代表的北洋军阀，因争权夺利而与直系决裂"，"正在设法谋求国民党的支持和友谊"。

备忘录着重分析了直系军阀的兵力及其内部分歧。蒋介石等指出：曹锟指挥5个师，吴佩孚指挥5个师，冯玉祥指挥3个师，计北方总兵力100万人。但冯玉祥等"由于利害冲突，已经采取了反吴佩孚的态度"，"直系及其控制下的几个省的局势已经非常困难"。

备忘录认为：国民党的士兵缺乏坚定的政治信仰，沾染了很多坏习惯，军官们有时不服从命令。蒋介石等声称："如果国民党有一支受过良好训练的新式军队作为主力，我们就易于率领其他军队去推翻北京政府，实现中国统一。"

在中国西北建立军事基地，第一选择是蒙古的库伦，第二选择是新疆的乌鲁木齐；从各项条件比较，库伦优于乌鲁木齐。

国民党的战略中心一向在东南沿海地区，备忘录提出：华北地处高原，华南处于低地，而且华北有京汉、京沈、津浦等五条铁路线，交通方便。近二十年来，南北战争均以北方的胜利告终。备忘录并称：长江分隔南北，中国海军不能依靠，列强的舰队则有时帮助北方人阻止南军前进。因此，备忘录提出，倘能在中国西北地区建立一支新型的军队，则在敌人南犯的时候，即可以从背面进攻他们。

备忘录提出，在中国西北地区建立基地，第一选择是蒙古的库伦，第二选择是中国新疆的乌鲁木齐。备忘录认为这两个地方"靠近俄国边境，通讯极为方便"。接着，备忘录从六个方面详细比较了这两个地方的有利与不利条件：

（一）距离。备忘录提出：从乌鲁木齐到北京大概8000中国里程，但从库伦到北京只有3500中国里程，因此，库伦至北京之间的距离比乌鲁木齐至北京的距离近70%。

（二）地理。备忘录提出：从乌鲁木齐到甘肃的甘州约2500中国里程，其间有大沙漠，道路崎岖，物资供应非常缺乏。从甘州府到陕西省会西安也是2500中国里程，其间有绵延的山脉．部队通过非常困难。从西安府经过位于陕西东部的战略要地潼关到吴佩孚的司令部所在地洛阳，或者到山西省会太原府，大约700~1000中国里程。这一地区的通讯对于部队的运动来说也是不足的。所以，如果以乌鲁木齐为军事基地，在进攻北京之前，就必须首先进攻兰州、西安、洛阳、太原等城市。如果从库伦到北京，道路是在高原上，非常宜于行旅，水的供应是丰富的。两相对照，建立军事基地，库伦远远优于乌鲁木齐。

（三）时间。备忘录提出：从乌鲁木齐到北京，对于一支1万人的军队说来，如果路上没有战斗，至少需要6个月。但如从库伦，仅需40至50天。如果使用汽车，仅需5天。因此，如果从时间考虑，库伦也优于乌鲁木齐。

（四）国际关系。备忘录提出：新疆靠近西藏，英帝国特别注意那里。日本帝国主义政府则强烈地希望使蒙古殖民地化。由于在俄罗斯建立了苏维埃共和国，外国资本主义力量为了分离中国和俄国，力图使蒙古成为亚洲的波兰；在远东共和国加入苏联后，协约国的力量渴望实现他们的蒙古计划。所以，为了组织革命的力量，必须预防资本主义影响的扩张。备忘录特别提出：

乌鲁木齐现处于北京政府的军事控制之下，如果我们决定以之作为军事基地，必须以军事力量去夺取。此前我们就必须在俄国边境以内组织进攻力量。如果我们决定以库伦作为革命基地，以俄罗斯红军的名义训练我们的革命军，以防止外国干扰和吴佩孚的阻挠，这将是可取的。在军事准备完成之后，我们将以国民党的革命旗帜领导这支军队向南进军。

备忘录表示：做这些事情或其中之一将会吸引资本主义力量的特别注意，所以我们乐于对此进行非常认真的讨论。

（五）内部关系。备忘录提出：库伦特别便于军事行动。第一，在俄罗斯苏维埃政府的帮助下，与蒙古人达成谅解并与蒙古军队合作是比较容易的。第二，我们将建立一道屏障，以反对吴佩孚军事影响向北的扩张。第三，在蒙古南部，将有约5000志愿者参加我们的队伍。第四，我们能和张作霖合作。

（六）战略。备忘录提出：库伦靠近中国本土。如果在那里建立军事基地，国民党人将能和国内形势保持密切的接触，不会失去任何面对敌人的机会。两年以后，国民党人将能进攻，民族争议将尽早解决。如果在乌鲁木齐建立基地，由于该地远离北京，将需要5年或更多的时间解决那里的问题。但是，我们相信，它是一个重要的国际的革命基地，从那里，我们能经过西藏帮助印度革命者，并且能通过土耳其斯坦联合土耳其。备忘录着重提出：

在我们计划的第一阶段，我们将投入更多的精力在库伦建立基地，但是，不能忽视在乌鲁木齐的计划。

四　军事准备需要两年，战争分四个阶段

备忘录接着阐述了军事准备所需时间。

备忘录称：如果我们决定以库伦作为军事基地，并以北京作为第一目标，军事准备需要两年时间，分四个阶段。

第一阶段（约一年），自1923年10月至1924年10月。这一时期的任务是建立军事学校，训练官员，选拔宣传工作者。

第二阶段（约一年），自1924年11月至1925年10月。这一时期的主要任务为：（1）登记士兵；（2）组织军队；（3）准备军事供应；（4）为军队指派宣传人员。

第三阶段（约半年），自1925年11月至1926年5月。这一时期的主要任务是向南调动部队至蒙古南部靠近绥远、察哈尔的地方，准备进攻。

第四阶段，自1926年4月起。主要任务是进攻，向第一目标北京进军。

关于战争的发展进程，蒋介石等设想分三个阶段：

第一阶段，占领绥远和察哈尔全境，目标指向北京；

第二阶段，占领黄河流域和陇海铁路，夺取洛阳、开封和徐州；

第三阶段，占领长江流域，夺取武昌、南京。

备忘录称：如果长江流域被国民党的革命军事力量占领，所有民族事务将立即得到解决。

五　最低限度的兵力需要一万八千至三万人

备忘录也对计划中需要的兵力和供应作了估计。备忘录称：最低限度，我们必须有三个混成旅，每旅6000到10000人，全体18000至30000人。同时，备忘录开列了一份所需武器的清单：

（1）15000～24000支来福枪；

（2）54～108挺机关枪；

（3）12～18尊大炮；

（4）1500～3000匹骡马；

（5）50～300辆汽车。

备忘录说明：和敌人的力量相比较，上述提到的兵力不足以发动进攻。但是，本计划只限于组织革命军队的主要力量，完成之后，内蒙古将有5万志愿军和我们汇合，共同进攻北京。

备忘录进一步规划了准备工作：

（1）建立军事学校，训练军官；

（2）征募士兵；

（3）训练士兵；

（4）制订军事预算；

（5）选择训练士兵的地址。

备忘录并提出，将在哈尔滨、满洲里、赤塔、鄂木斯克、乌鲁木齐、库伦等8个城市公开设立征募机构，在广州、上海、海参崴、哈尔滨、满洲里、赤塔、库伦等9个城市设立运输应募士兵的机构，同时在广州、海参崴、赤塔、库伦设立军事训练机构。

六　和军事工作相配合的宣传工作计划

备忘录的最后部分是和军事工作相配合的宣传工作计划。备忘录称："我们不能期待，在中国人民不了解中国为何需要革命时就能开始革命，因此，对我们来说，在他们中间进行宣传工作是必要的。组织社会经济革命是我们的最后目标，但是，为了这一时刻的到来，对我们说来，公开地进行民族独立是可行的。因此，我们宣传工作计划的第一步，是唤醒人民关于民族独立的感情。"

备忘录又称："所有中国人民，包括中国农民、工人、资产阶级以及满人、蒙古人、伊斯兰人和西藏人痛苦地感到暴政和中国军阀的背叛、压迫以及外国资本主义、帝国主义力量的剥削。我们以'独立中国'、'人民政府'的政治口号能够团结他们以反对共同的敌人，中国的军阀和外国资本、帝国主义的力量。"

备忘录并称："我们认识到，在为实现民族独立和民主政府的革命成功以后，社会革命必然随之来到。按照我们的'三民主义'，当我们为民主和独立而斗争时，为了工人和农民的利益必须以他们自身的经济问题唤醒他们。我们革命第一步的成功不能解决工人和农民的问题。当时间来到时，由于经历的痛苦环境和世界革命潮流的推动，解决经济问题的革命会自然爆发。"

备忘录特别提到了在国民运动时期的不同种类的宣传工作：在军队宣传工作方面，表示要训练官员和部队政工人员，使他们不仅能在我们自己的军队中做好宣传工作，而且在敌人的士兵中也能同样做；在劳动者的宣传工作方面，备忘录提到，国民党正在组织一个劳动部门并且正在选择有才能的青年到劳苦大众中进行宣传工作；在妇女宣传工作方面，备忘录提到，国民党有妇女部，目的在唤醒妇女。

七　随同备忘录的还有一封给托洛茨基等人的信

随同备忘录送呈的还有一封给托洛茨基、斯克良斯基、加米涅夫、契切林等人的函件。首先说明："我们受孙逸仙博士任命，为了中国的民族革命，来此谈判在中国西北边境建立革命军事组织，以之作为主要的军事力量的详细计划。"接着，追述5月1日，苏维埃政府通过越飞自东京致电孙中山，允诺给予重要的帮助的情况，对此，代表团表示感激。函件还追述了孙中山同月12日致越飞和达夫谦，表示接受俄国建议的电报。函称：

> 我们受我党领导人的委托，和你们讨论建议的军事部分，但是，我们也将利用这一机会，讨论建立政治思想战线的方案，作为成功地执行我们计划的基础。俄国同志在此领域有伟大的经验，因此，我们期待关于我党宣传工作的讨论将给予我们许多有价值的情报。这些，我们在不远的将来会需要。
>
> 在所附备忘录中，我们已经陈述了这一计划的两个方面，但是，我们必须强调，这是我们的特别任务，以达到一项军事组织的明确决定。他将不仅是中国革命成功的绝对需要，而且会在太平洋地区的斗争中有伟大的实际作用。在这一斗争中，俄国和中国的革命军队将抵抗帝国主义的联合力量。这一力量，企图将中国置于他们控制之下，并且成为苏俄的真正危险。

函末，蒋介石表示："我们希望，能尽早与你们会见，讨论备忘录，以便尽快开始执行我们的计划。"

八　蒋介石个人署名的《致苏俄负责人意见书》

在上述文件之外，蒋介石还有一份个人署名的《致苏俄负责人意见书》[1]。

该意见书首先批判辛亥革命的不彻底性，对于俄国革命的迅速成功表示羡慕。中称：

> 中国革命，自1911年推翻帝制以来，至今已有十二年之久。政治癞败，国势危殆，将陷于绝地，谁为厉阶，皆由此1911年不澈底之革命所造成者也。俄国革命，五年之间，平定内乱，击退外侮，全国统一，革命功成，其收效之速，一日千里，非言可喻。而吾中国革命，至于今日，仍在恶梦之中，如长此以往，不惟中国革命至于危殆，即于世界革命之前途，亦蒙其不利之影响，此中国革命党不能自辞其咎，对于世界革命无时不愧于心也。

蒋介石认为，辛亥革命之所以失败，在于党魁只注意外交与政党，将军事委之于部属，未能实行"直捣北京"的计划，而俄国革命之所以迅速成功，在于"其革命军一举而占领政治中心之地'彼得格列'"，"且占领以后，而能固守不失，使帝国主义永无反身之余地"。

在意见书中，蒋介石表示，中国要实行根本改革，彻底革命，当然要从事宣传事业，但是，根据今天的农工程度等因素，单纯依靠宣传工作，见效最快也要30年。因此，必须军事与宣传同时并进，"以实力为铲除现在恶势力之张本，而以宣传事业作主义上之根本培养"。

蒋介石这份个人意见书的重点在于论证攻占北京的重要意义。中称：

> 中国恶势力之根据地，反革命派之大本营以及其一切内乱与外

---

[1]《筹笔》，00001，蒋中正档，原署时间为1923年8月5日。

侮之策源地，皆在其政治中心地之北京。如望中国革命之奏效，非先打破此万恶政治中心地之北京，则革命决无成功之希望。此不惟打破国内军阀惟一之方略，而对列强之作战，打破其在中国之势力范围，亦非先打破北京不为功。盖列强在北京军事之设备，其强固尤甚于中国之军阀。所谓北京城内外国居留地之东交民巷城墙上炮位密布，其火力所及，扫射北京全城而有余。国势至此，言之至可痛恨，亦极悲惨。故今日中国，即使军阀势力完全为革命党所消灭，如北京不能完全攻破，则列强在北京作恶如故，中国革命仍无澈底之望。此党魁孙逸仙以为第一次革命，既不能贯彻其主张以破北京，而乃于1911年竭力鼓吹迁都之说，以为无形消除列强作恶之计也。是以今日之中国革命，无论对内对外，皆不能不以北京为主目的地也。

为了进攻北京，蒋介石提出，必须在西北建立一个根据地。他说："中国革命之根本计划，当在列强势力范围外之西北得一根据地，训练有主义、有精神之军队，以备作革命军之中心势力，以为中国革命惟一之方略也。"

意见书特别强调中国国民党的革命精神，认为国民党"本三十年来之三民主义，无论其内乱与外侮之压力，强暴至如何程度，终不为其所消灭，亦决不敢以调和派或代表资本阶级者自居"。当时苏共和中共普遍认为国民党"调和"，代表资产阶级利益。蒋介石的这段自辩显然具有明显的针对性。

蒋介石表示，中国革命在三年内必有成绩。他说："中国革命过去之事实，主义坚定而方法差误，精神坚强而环境险恶。如能变更其方法，改善其环境，则中国革命，期其三年，必有成效可睹。"

意见书最后说："中国国民党总理孙逸仙先生于本年四月间接得越飞君转来苏俄政府商议中国西北部军事进行之电，当时派定蒋介石来俄就商，已有复电在案。今介石等奉敝党孙总理之命，特来苏俄就商此事，并愿闻各教，至介石等大略之意见，已述于专书之中。惟以中国革命经过之利弊与将来军事之进行，有极大之关系，故于军事计划书之外，另奉此书于素所仰慕之同志，以为考正之资料。其能不弃鄙陋，而有所指正乎？"据此，这份意见书是对于上引军事、宣传计划书的补充。

九　俄国人托词拒绝了蒋介石的计划，蒋介石与俄国人辩论无效

蒋介石送出计划书后，即焦急地等待苏方的回音。但是，在差不多一个月以后，才得到答复。

蒋介石等拟订的军事计划以蒙古库伦作为主要基地，要求以训练苏联红军的名义为国民党训练士兵，然后，在国民党的革命旗帜下自蒙古南部发动进攻。军事计划确定的其他基地在苏联境内的还有海参崴、鄂木斯克等好几处。这显然是苏联政府所不能同意的。当时，共产国际正醉心于在保加利亚、德国、波兰等国组织罢工和武装起义，尤其热衷于在德国组织"十月行动"，建立"工人代表苏维埃"，因此，迟迟不能决定如何答复蒋介石等人的要求。在一段时期内，蒋介石"神经过敏到极点"，认为俄方"完全不把他放在眼里"，要求送他去疗养院休养两周[1]。11月2日，托洛茨基写信给契切林和斯大林，主张"极其果断地和坚决地向孙逸仙和他的代表们灌输这样一种思想"："现在他们面临着一个很长的准备时期；军事计划以及向我们提出的纯军事要求，要推迟到欧洲局势明朗和中国完成某些政治准备工作之后。"[2] 不久，德国的"十月行动"和波兰的总罢工相继失败。11月11日，斯克良斯基、加米涅夫接见孙逸仙博士代表团全体成员及新从伦敦赶来的邵元冲。斯克良斯基对计划评论说：

---

[1] 文件90、92，《联共（布）、共产国际与中国国民革命运动》（1），第308、313页。

[2] 文件91，《联共（布）、共产国际与中国国民革命运动》（1），第308～309页；参见郭恒钰《俄共中国革命秘档（1920～1925）》，第66～67页。

苏联革命军事委员会在收到来自中国的全部通报之后,详细地讨论了所提出的方案并得出以下结论:目前,孙逸仙和国民党应该集中全力在中国做好政治工作,因为不然的话,在现有条件下的一切军事行动都注定要失败。

斯克良斯基并以俄国革命为例说:"俄国革命成功并不单单是十月武装起义的结果,而是此前有俄国共产党进行长期、艰苦的工作,为这场革命做了准备。国民党在国内亦应首先照此办理。为此,国民党应当倾全党人力、物力先搞宣传——办报纸,出刊物,搞竞选活动,等等。政治准备,是中国的首要问题。固然,军事也不应忽视,但只有在完成大量的政治工作并具备了有助于大为减轻军事工作的负担的内在前提之后,方可大举用兵。"

蒋介石不同意斯克良斯基的意见。他申辩说:"孙逸仙同越飞同志会见后,国民党加强了自己的政治活动,但党认为同时也有必要开展军事活动。"他又提出,俄中两国从事革命活动的条件不同。他说:"在俄国,共产党只有沙皇政府一个敌人,中国则不同,中国遇到了全世界所有一切国家的帝国主义分子的反抗。因而,中国的事情难办得多。非采取军事行动不可的理由即在于此。"

斯克良斯基反驳蒋介石的意见。他再次以俄国革命为例,强调群众政治工作对于革命运动的巨大作用,要求中国国民党人首先要争取工农。他说:"与民众亲近,与民众结合,才是中国革命党的口号。"他严厉地批评说:"依照提供的方案采取军事行动,无异于冒险,注定要失败。"

为了缓和蒋介石的情绪,斯克良斯基在反驳蒋介石意见的同时,表示说:"在开展政治工作的同时,亦可从事军事部署。"他宣称:苏联革命军事委员会同意中国派遣同志到军事院校学习。总参谋部军事学院可收3至7人,陆军学校可收30至50人。云云。[1]胳膊拧不过大腿,蒋介石无可奈

---

[1] 文件92,《联共(布)、共产国际与中国国民革命运动》(1),第310~311页;参见卡尔图诺娃《加伦在中国》,第24~26页。

何地接受了俄国"同志"的意见。

早在当年3月,苏共中央政治局在讨论孙中山通过越飞提出的要求时,就决议:1.否决(西北)计划中一切可能引起日本干涉危险的部分;2.向越飞指出,政治局非常担心孙逸仙过于注重纯军事行动,会损害组织准备工作[1]。尽管当时苏共中央还不清楚孙中山西北计划的细节,但拒绝这一计划的种子已经埋下。同年10月6日,苏联驻华代表加拉罕也指示鲍罗廷,要他告诉孙中山,这个计划不可能立即实施,"在决定任何一项重大计划之前,我们应当竭力巩固自己在中国的地位,特别是巩固自己在满洲的地位,要解决中东铁路问题"[2]。

11月27日,托洛茨基接见蒋介石等代表团团员。谈话中,托洛茨基强调政治工作和政治宣传的重要,要求国民党人从事"合法工作"和"地下工作",在报刊上发表"根据新闻检查条件可以发表的东西",而将"军事活动降到必要的最低限度"。他说:"只要孙逸仙只从事军事行动,他在中国工人、农民、手工业者和小商人的眼里,就会同北方的军阀和吴佩孚别无二致。"他甚至说:"只有当孙逸仙把军事活动置于一旁的时候,他才能够得到广大人民群众的同情。"对于蒋介石在库伦建立军事基地,以便南伐的计划,托洛茨基明确地加以拒绝,声称"国民党可以从自己的国家的本土而不是蒙古发起军事行动"[3]。

1923年11月29日,蒋介石等离开莫斯科返国。

蒋介石的军事计划遭到俄国人的否定,自然十分恼火,认定这是俄国人力图控制蒙古、侵略中国的表现,因此,对孙中山的联俄政策持怀疑态度。孙中山派蒋介石赴苏时曾抱有满腔希望,这时,自然不能没有失望之情。不过,孙中山革命多年,向许多国家争取过援助,都没有什么显著收获,比较起来,苏俄还是第一个表示愿意在较大规模上援助中国革命的国家。权衡轻重,孙中山还是决定要"联俄"。蒋介石回国后,

---

[1] 文件64,《联共(布)、共产国际与中国国民革命运动》(1),第226页;参见郭恒钰《俄共中国革命秘档(1920~1925)》,第59~60页。

[2] 文件86,《联共(布)、共产国际与中国国民革命运动》(1),第295页。

[3] 文件97,《联共(布)、共产国际与中国国民革命运动》(1),第340~341页。

孙中山批评他"对于中俄将来的关系,未免顾虑过甚,更不适于当时革命现实的环境"[1]。蒋在一定时期内服从了孙中山,在孙中山逝世之后,他就逐渐离开孙中山的既定政策了。

---

[1] 蒋介石:《苏俄在中国》,《先"总统"蒋公全集》第1册,第288页。

中山舰事件之谜

1926年3月20日在广州发生的中山舰事件，扑朔迷离，它的许多疑团至今尚未解开。本文拟探讨这一事件发生前后的真实过程，以进一步揭开中山舰事件之谜。

一 "三二〇"之前蒋介石的心理状态

中山舰事件后，蒋介石曾多次谈到有关经过，但是，他吞吞吐吐，欲言又止。6月28日，他在孙中山纪念周上演说称："若要三月二十日这事情完全明白的时候，要等到我死了，拿我的日记和给各位同志答复质问的信，才可以公开出来。那时一切公案，自然可以大白于天下了。"[1]现在，我们就根据所能见到的蒋介石这一时期的日记及有关信件、资料，对它进行一次考察。

根据日记、信件等资料，自1926年1月起，蒋介石和苏俄军事顾问团团长季山嘉以及汪精卫之间的矛盾急剧尖锐。先是表现在北伐问题上，后又表现在黄埔军校和王懋功第二师的经费增减问题上。

1925年末，蒋介石从汕头启程回广州，参加国民党第二次全国代表

---

[1] 《黄埔潮》第2期。

大会，主张立即北伐。12月28日日记云："预定明年8月克复武汉。"[1]1926年1月4日，他在国民政府春酌中发表演说："从敌人内部情形看去，崩溃一天快似一天。本党今年再加努力，可以将军阀一概打倒，直到北京。"[2]两天后，他在向大会所作的军事报告中又声称："再用些精神，积极整顿，本党的力量就不难统一中国"，"我们的政府已经确实有了力量来向外发展了"[3]。季山嘉反对蒋介石立即北伐的主张。他在黄埔军校会议上以及在和蒋介石的个别谈话中，都明确表示过自己的意见。这些意见，从顾问团写给苏联驻华使馆的报告中可以知其梗概。该报告认为："国民党中央缺乏团结和稳定。它的成员中包含着各种各样的成份，经常摇摆不定"；又说："军队缺乏完善的政治组织，将领们个人仍然拥有很大的权力。在有利的情况下，他们中的部分人可能反叛政府，并且在国民党右翼的政治口号下，联合人口中的不满成份。另一方面，国民革命军何时才能对北军保持技术上的优势还很难说。当然，革命军的失败将给予广州内部的反革命以良机。"[4]文件未署名，但季山嘉身为顾问团团长，报告显然代表了他的意见。据此可知，季山嘉和顾问们认为，由于政治、军事等方面的条件还不成熟，因此，北伐应该从缓。然而，蒋介石容不得反对意见，二人的裂痕由此肇端。

但是，这一时期，蒋介石与季山嘉之间的关系还未彻底破裂。1月中旬，奉、直军阀在华北夹攻冯玉祥的国民军。为此，季山嘉提出两项建议：1. 由海道出兵往天津，援助国民军；2. 蒋介石亲赴北方练兵。其地点，据说是在海参崴。[5]对于这两项建议，汪精卫赞成，蒋介石最初也同意。1月20日日记云："往访季山嘉将军，商运兵往天津援助事。"28日日记又云："往访季山嘉顾问，研究北方军事、政治进行。余实决心在北方觅得一革命根据〔地〕，其发展效力必大于南方十倍也。"然而，蒋介

---

1 《蒋介石日记类抄·军务》，中国第二历史档案馆藏，以下均同。

2 《广州民国日报》1926年1月7日。

3 《中国国民党第二次全国代表大会日刊》第18号，1926年1月9日。

4 Document, 22, Wilbur and How, *Document on Communism Nationalism and Soviet Advisers China（1918～1927）*, Columbia University, New York, 1956, p. 246.

5 参见《包惠僧回忆录》，第202页，人民出版社，1983。

石很快就改变了态度。2月6日,军事委员会会议议决黄埔军校经费30万元,王懋功第二师经费12万元。7日,军校经费减至27万元,王懋功第二师的经费则增至15万元。此事引起蒋介石的疑忌,怀疑是季山嘉起了作用[1]。当日,蒋介石和季山嘉进行了一次谈话。从有关资料看,季山嘉担心中国革命重蹈土耳其的覆辙,对国民革命军军官的素质表示不满,对蒋介石也有委婉的批评。蒋介石"意颇郁郁",抱怨苏俄顾问"倾信不专",在日记中说:"往访季山嘉顾问,谈政局与军队组织,语多规讽,而其疑惧我之心,亦昭然若揭。"季山嘉觉察到了蒋介石的不满,曾于事后即向汪精卫表示:"我等俄国同志,若非十二分信服蒋校长,则我等断不致不远万里而来,既来之后,除了帮助蒋校长,再无别种希望。"又称:"至于其他一切商榷,我等既意存帮助,则当知无不言,言无不尽,此正由十二分信服,故如此直言不隐。若蒋校长以为照此即是倾信不专,则无异禁我等不可直言矣。"[2]季山嘉的这一态度,柔中有刚,一方面表示"信服"蒋校长,"帮助"蒋校长,另一方面又毫不妥协地声明,在有不同意见时应该"直言不隐"。汪精卫随即于8日致函蒋介石,将季山嘉的上述表态原原本本地告诉了他。蒋介石的直接反应是,决定辞去一切军职。8日,蒋介石表示不就军事总监一职;9日,呈请辞去军事委员会委员及广州卫戍司令职务,并草拟通电稿。11日日记提出有两条路可走,一条是"积极进行,冲破难关",一条是"消极下去,减轻责任,以为下野地步",并云:"苏俄同事,疑忌我,侮弄我,或非其本怀,然亦何为而然?"13日,日记中突然有了准备赴俄的记载:"如求进步,必须积极,否则往莫斯科一游,观察苏联情况,以资借镜。"

在蒋介石与季山嘉的矛盾中,汪精卫支持季山嘉。国民党第二次全国代表大会期间,蒋介石提出北伐问题,汪精卫曾表示同意,并开始准备经费,但不久转而赞同季山嘉的意见。"二大"未就北伐问题做出任何决定。2月8日,汪精卫在向蒋介石转述季山嘉态度的信函中,又盛赞季

---

[1] 蒋介石:《复汪精卫书》,稿本,1926年4月9日,蒋介石全宗,中国第二历史档案馆藏,以下均同。

[2] 汪精卫:《致蒋介石书》,原件,1926年2月8日。

山嘉"说话时,一种光明诚恳之态度,令铭十分感动",要蒋介石创造条件,使季山嘉等能够"畅所欲言,了无忌讳,了无隔阂"[1]。对于蒋介石的辞职,汪精卫则一再挽留,2月9日函云:"广州卫戍司令职,弟实不宜辞,是否因经费无着?此层铭昨夜曾想及,故今晨致弟一电,请开预算单。"[2] 12日再致一函云:"以后弟无论辞何职,乞先明以告我。如因兄糊涂,致弟办事困难,则兄必不吝改过。"[3] 14日,汪精卫并亲访蒋介石,从上午一直谈到晚上,劝他打消辞意[4]。但是,蒋介石毫不动心。19日,蒋介石向汪精卫正式提出"赴俄休养"一事。当日日记云:"余决意赴俄休养,研究革命政理,以近来环境恶劣,有加无已,而各方怀疑渐集,积怨丛生,部下思想不能一致,个人意向亦难确定,而安乐非可与共,劬劳讫(汔)可小休。综此数因,不得不离粤远游也。"同日,季山嘉到蒋介石寓所访问,谈话中,蒋介石透露了"赴俄"的意图,并且观察季山嘉的反应,于日记中写下了"状似不安"四字。大约在此期间,蒋介石拟派邵力子赴北京,请鲍罗廷回粤。随后又致电鲍罗廷,要求撤换季山嘉。

2月24日,国民政府成立两广统一委员会,任命汪精卫、蒋介石、谭延闿、朱培德、李济深、白崇禧为委员,将广西军队改编为第八军、第九军,以李宗仁、黄绍竑为军长。此事进一步引起蒋介石的疑忌,他认为广东有6个军,照次序,广西军队应为第七、第八军。但是,现在却将第七军的建制空下来,必然是季山嘉企图动员王懋功背叛自己,然后任命他为第七军军长[5]。于是,蒋介石于26日以迅雷不及掩耳的手段将王懋功扣留,任命自己的亲信刘峙为第二师师长。当日日记云:"此人(指王——笔者)狡悍恶劣,惟利是视","其用心险恶不可问,外人不察,思利用以倒我","故决心驱除之"。次日,将王押送赴沪。

---

[1] 汪精卫:《致蒋介石书》,原件,1926年2月8日。
[2] 汪精卫:《致蒋介石书》,原件,1926年2月9日。
[3] 汪精卫:《致蒋介石书》,原件,1926年2月12日。
[4] 《蒋介石日记类抄·军务》。
[5] 蒋介石:《复汪精卫书》,1926年4月9日;参见蒋介石《晚宴退出第一军党代表及CP官长并讲经过情形》,《民国十五年以前之蒋介石先生》第八编二,第40~42页。

王懋功政治上接近汪精卫，王部是汪可以掌握的一支武装力量。蒋介石驱王之后，觉得心头一块石头落了地。当日在日记中得意地写道："凡事应认明其原因与要点。要点一破，则一切纠纷不解自决。一月以来，心境时刻战兢，至此稍获安定，然而险危极矣。"他找到汪精卫，声言季山嘉"专横矛盾，如不免除，不惟党国有害，且必牵动中俄邦交"；又称："如不准我辞职，就应令季山嘉回俄。"下午，季山嘉在和汪精卫议事时，表示将辞去顾问职务。蒋介石在日记中对此称："不知其尚有何作用也？"

尽管蒋介石在驱除王懋功问题上取得了胜利，但仍然疑虑重重，觉得自己处于极为危险的境地。3月5日日记云："单枪匹马，前虎后狼，孤孽颠危，此吾今日之环境也。"3月7日，刘峙、邓演达二人告诉蒋介石，有人以油印传单分送各处，企图掀起"反蒋"运动，这更增加了蒋介石的危险感，觉得有人在陷害他，企图把他搞掉。3月10日日记云："近日反蒋运动传单不一，疑我、谤我、忌我、诬我、排我、害我者亦渐明显，遇此拂逆精神打劫，而心志益坚矣。"这时，蒋介石和季山嘉的矛盾更形尖锐，以致于公然"反脸"[1]。12日，季山嘉向他"极陈北伐之不利"，蒋则"力辟其谬妄"[2]。原先，蒋曾同意季山嘉由海路运兵往天津的计划，此时却认为这是"打消北伐根本之计"，与孙中山的"北伐"之志完全"相反"[3]。对于季山嘉劝他往北方练兵的建议，更认为是心怀叵测，是有意设法使他离开广东，"以失军中之重心，减少吾党之势力"[4]。"赴俄休养"本来是蒋介石自己提出的，而当汪精卫为了缓解他和季山嘉的矛盾，同意这一要求，惟其"速行"[5]时，蒋介石却又恐惧起来。3月14日，蒋介石和汪精卫谈话后，在日记中写道："顷聆季新言，有讽余离粤意，其受谗已深，无法自解，可奈何！"3月15日日记云："忧患疑惧已极，自悔用人不能察言观色，竟困于垓心〔下〕，天下事不可为矣！"这一时

---

1 蒋介石：《复汪精卫书》，1926年4月9日。
2 《民国十五年以前之蒋介石先生》第八编一，第77~78页。
3 同注1。
4 同注1。
5 同注1。

期，他和秘书陈立夫的赴俄护照也得到批准[1]，就使他更加惶惶然了。

正是在这种状态下，右派乘虚而入，利用蒋介石多疑的心理，制造谣言和事端，以进一步挑起蒋介石和汪精卫、季山嘉以及共产党人之间的矛盾。

二　中山舰调动经过

要揭开中山舰事件之谜，还必须查清中山舰调动经过。

根据黄埔军校管理科交通股股员黎时雍的报告，事件的开始是这样的："18日午后6时半，孔主任因外洋定安火轮被匪抢劫，饬赵科长速派巡舰一只，运卫兵16名前往保护。职奉令后，时因本校无船可开，即由电话请驻省办事处派船以应急需，其电话系由王股员学臣接。"[2]孔主任，指黄埔军校校长办公厅主任孔庆叡。赵科长，指黄埔军校管理科科长赵锦雯。定安轮是由上海到广州的商轮，因船员与匪串通，在海上被劫，停泊于黄埔上游[3]。根据黎时雍的上述报告，可知当时调舰的目的在于保护商轮，最初并没有打算向李之龙管辖的海军局要舰，更没有指定中山舰开动，所求者不过"巡舰"（巡逻艇）一只，卫兵16名而已。只是由于黄埔军校"无船可开"，才由黎时雍自作主张，向黄埔军校驻省办事处，请求"速派船来，以应急需"。

驻省办事处接电话的是交通股股员王学臣。他事后的陈述是："3月18日午后6时30分，接驻校交通股黎股员时雍电话云：因本晚由上海开来定安商轮已被土匪抢劫。现泊黄埔鱼珠上游。奉孔主任谕，派卫兵16名，巡舰一只，前往该轮附近保护，以免再被土匪抢劫。职因此时接电话听

1　蒋介石对曾扩情等人口述。见曾扩情《蒋介石盗取政权和蓄谋反共的内幕》，全国政协文史资料未刊稿；参见陈肇英《八十自述》，《中华民国史事纪要》，1926年3月20日，台北版。

2　《交通股员黎时雍报告》，原件，1926年3月24日，中国第二历史档案馆藏，以下所引各原件，均同。

3　参见《广州民国日报》1926年4月12、19日。

不明了,系奉何人之谕,但有饬赵科长限本夜调巡洋舰一二艘以备巡查之用。职当即报告欧阳股长……想情系教育长之谕,故此请欧阳股长向海军局交涉。"¹欧阳股长,指黄埔军校管理科交通股股长兼驻省办事处主任欧阳钟。根据上述报告可知,向海军局要舰的是王学臣,所谓邓演达"教育长之谕"则是因为电话听不清,"想情"之故。至于舰只规模,也因"想情"之故,由"巡舰"而上升为"巡洋舰一二艘"了。

欧阳钟得到王学臣的报告后,即亲赴海军局交涉。当时,海军局代局长李之龙因公外出,由作战科科长邹毅面允即派舰只一二艘前往黄埔,听候差遣。此后,据欧阳钟自称,他"于是即返办事处"²。而据海军局的《值日官日记》则称:"因李代局长电话不通,无从请示办法,故即着传令带同该员面见李代局长,面商一切。"³又据李之龙夫人报告:当夜,有三人到李之龙家,因李仍不在,由李之龙夫人接待,"中有一身肥大者"声称:"奉蒋校长命令,有紧急之事,派战斗舰两艘开赴黄埔,听候蒋校长调遣",同时又交下作战科邹科长一函,中称:已通知宝璧舰预备前往,其余一艘,只有中山、自由两舰可派,请由此两舰决定一艘。李之龙归来阅信后,即去对门和自由舰舰长谢崇坚商量,因自由舰新从海南回省,机件稍有损坏,李之龙决定派中山舰前往,当即下令给该舰代理舰长章臣桐。⁴同夜10时余,黄埔军校校长办公厅秘书季方接到欧阳钟电话,据称:向海军局交涉之兵舰,本晚可先来一艘(即宝璧舰),约夜12时到埔,请嘱各步哨不要误会。季方当即询问因何事故调舰,抑奉何人之命交涉,答称:系由本校黎股员时雍电话嘱咐,请保护商轮之用。⁵

19日晨6时,宝璧舰出口。7时,中山舰出口。同日晨,海军局参谋厅作战科科长邹毅要求欧阳钟补办调舰公函,欧阳钟照办。此函现存,内称:"顷接黎股员电话云:奉教育长谕,转奉校长命,着即通知海军局

---

1 《交通股王学臣报告》,原件,1926年3月26日。
2 《欧阳钟报告》,原件,1926年3月23日。
3 抄件,中国第二历史档案馆藏。
4 《李之龙夫人报告》,原件,1926年3月31日。
5 《季方报告》,原件,1926年3月24日。

迅速派兵舰两艘开赴黄埔，听候差遣。等因奉此，相应通知贵局迅速派兵舰两艘为要。"中山舰于上午9时开抵黄埔后，代理舰长章臣桐即到军校报到，由季方委派副官黄珍吾代见。章出示李之龙命令，略称：派中山舰火急开往黄埔，归蒋校长调遣。该舰长来校，乃为请示任务；并称：若无十分重要事情，则命其回省，另换一小舰来候用。黄珍吾当即报告邓演达，邓谓并无调舰来黄埔之事，但他"公事颇忙"，命黄转知该舰长听候命令[1]。

当时，以联共（布）中央委员布勃诺夫为团长的苏联使团正在广州考察。中山舰停泊黄埔期间，海军局作战科邹科长告诉李之龙，因俄国考察团要参观中山舰，俄顾问询问中山舰在省河否？李之龙即用电话请示蒋介石，告以俄国考察团参观，可否调中山舰返省，得到蒋介石同意，然后李之龙便电调中山舰回省[2]。

中山舰的调动经过大体如上。这一经过至少可以说明以下几点：

1. 中山舰驶往黄埔并非李之龙"矫令"，它与汪精卫、季山嘉无关，也与共产党无关。多年来，蒋介石和国民党部分人士一直大肆宣传的所谓"阴谋"说显然不能成立。

2. 蒋介石没有直接给海军局或李之龙下达过调舰命令。因此，所谓蒋介石下令调舰而又反诬李之龙"矫令"说也不能成立。

3. 中途加码，"矫"蒋介石之令的是欧阳钟。他明明去了李之龙家里，却在事后隐匿有关情节；他在海军局和李之龙夫人面前声称"奉蒋校长命令"调舰，而在给作为校长办公厅秘书的季方的电话里，却只能如实陈述；在给海军局的公函里，他清楚地写着要求"迅速派兵舰两艘"，而在事后所写的报告和供词中，又谎称只是"请其速派巡舰一二艘"[3]，有意含糊其词。因此，欧阳钟是中山舰事件的一个重要干系人物。此人是江西宜黄人，1925年5月任军校代理辎重队长，不久改任少校教官，其后又改任管理科交通股股长兼军校驻省办事处主任。他是孙

---

[1] 《黄珍吾报告》，原件，1926年3月24日。

[2] 《李之龙供词》，原件。

[3] 《欧阳钟报告》；又，《欧阳钟供词》，原件，1926年3月31日。

文主义学会骨干、海军军官学校副校长欧阳格之侄[1]。了解了他的这一身份，将有助于揭开中山舰事件之谜。

三　蒋介石的最初反应和"三二〇"之后的日记

据蒋介石自述：3月19日上午，"有一同志"在和蒋介石见面时曾问："你今天黄埔去不去？"蒋答："今天我要去的。"二人分别之后，到9点、10点时，"那同志"又打电话来问："黄埔什么时候去？"如此一连问过三次。蒋介石觉得有点"稀奇"了："为什么那同志，今天总是急急的来问我去不去呢？"便答复道："我今天去不去还不一定。"蒋介石所说的"有一同志"，他当时表示名字"不能宣布"，但实际上指的是汪精卫。到下午1点钟的时候，蒋介石又接到李之龙的电话，请求将中山舰调回省城，预备给俄国参观团参观。蒋介石当即表示："我没有要你开去，你要开回来，就开回来好了，何必问我做什么呢？"此后，蒋介石愈益感到事情蹊跷："为什么既没有我的命令要中山舰开去，而他要开回来为什么又要来问我？""中山舰到了黄埔，因为我不在黄埔，在省里，他就开回来省城。这究竟是什么一回事。"[2]当日，蒋介石有这样一段日记："上午，准备回汕休养，而乃对方设法陷害，必欲使我无地容身，思之怒发冲冠。下午五时，行至半途，自忖为何必欲微行，予人以口实，气骨安在？故决回东山，牺牲个人一切以救党国也，否则国魂销尽矣。终夜议事。四时诣经理处，下令镇压中山舰阴谋，以其欲摆布陷我也。"蒋介石的这一

1　季方在关于"中山舰事件"一文中回忆说："在那年3月18日夜晚，有一艘来自上海的商船，于虎门驶过来遭到水盗的劫持后，即驶来军校要求缉查保护。当时由管理处（军校的后勤机构）的欧阳格（科长级干部，孙文主义学会分子）用校长的名义打电话给海军局，要调两艘炮舰到黄埔军校来。"见《黄埔军校回忆录专辑》，第34～35页，广东人民出版社，1982。这里所说的管理科的科长级干部欧阳格系管理科交通股股长欧阳钟的误记。此点笔者曾函询季方同志，蒙季方之女季明相告，可以订正。

2　蒋介石：《晚宴退出第一军党代表及CP官长并讲经过情形》，《民国十五年以前之蒋介石先生》第八编二，第45～46页。

段日记提出了一个重要事实，就是，他在判断所谓"摆布陷我"的阴谋之后，最初的反应是离开广州退到他所掌握的东征军总指挥部所在地汕头。已经行至半途了，才决定返回，对中山舰采取镇压措施。蒋介石的这一段记载，证以陈肇英、陈立夫、王柏龄等人的回忆，当是事实。陈肇英时任虎门要塞司令，他在《八十自述》中回忆说：3月19日，蒋介石专使密邀陈肇英、徐桴（第一军经理处处长）、欧阳格三人筹商对策。"当时蒋校长顾虑共产党在黄埔军校内，拥有相当势力，且驻省城滇军朱培德部，又有共党朱德统率之大队兵力[1]，且获有海军的支持，颇非易与，主张先退潮、汕，徐图规复。我则主张出其不意，先发制人，并请命令可靠海军，集中广九车站待变，以防万一。初时蒋校长颇为踌躇，且已购妥开往汕头之日轮'庐山丸'舱位。迨车抵长堤附近，蒋校长考虑至再后，终觉放弃行动，后果殊难把握，亟命原车驰回东山官邸，重行商讨，终于采纳我的建议，布置反击"[2]。陈立夫则称："汪先生谋害蒋先生"，"蒋先生发觉了这个阴谋，很灰心，要辞职，要出亡"。19日那天，检点行李，带他坐了汽车到天字码头，预备乘船走上海。在车上，他劝蒋先生干，"有兵在手上为什么不干？"[3]又称："昔秦始皇不惜焚书坑儒，以成帝业。当机立断，时不可失。退让与妥协，必贻后悔。"[4]汽车到了码头，"蒋先生幡然下决心，重复回到家中发动三月二十日之变"[5]。陈肇英和陈立夫的回忆在回汕头或去上海上虽有差异，但在蒋介石一度准备离开广州这一点上却和蒋介石的日记完全一致。这说明蒋介石当时确实相信有一个"摆布"、"陷害"他的阴谋，否则，他是不必在自己的亲信面前演出这一场戏的。

1　此说误，当时朱德尚在莫斯科。

2　转引自《中华民国史事纪要》，1926年3月20日。

3　陈公博：《苦笑录》，第75页，香港大学亚洲研究中心，1980；参阅陈立夫《北伐前余曾协助蒋公作了一次历史性的重要决定》，台北《传记文学》第41卷第3期。

4　文心珏：《国共合作与国共分离的回忆》，湖南政协文史资料未刊稿。作者在"三二〇"事件后，曾亲自听陈立夫讲述有关经过。

5　陈公博：《苦笑录》，第75页；参阅陈立夫《北伐前余曾协助蒋公作了一次历史性的重要决定》，台北《传记文学》第41卷第3期。

关于此，还可以在蒋介石"三二〇"之后的日记和其他资料中得到证明。

20日晨，根据蒋介石命令，采取了一系列措施：全城戒严；逮捕李之龙等共产党员50余人；占领中山舰；包围省港罢工委员会，收缴工人纠察队的枪械。与此同时，苏俄顾问也受到监视，卫队枪械被缴。21日，汪精卫致函国民党中央委员会请病假，声称"甫一起坐，则眩晕不支，迫不得已，只得请假疗治"，所有各项职务均请暂时派人署理[1]。当日傍晚，蒋介石去探视汪精卫，日记云："傍晚，访季新兄病。观其怒气勃然，感情冲动，不可一世。甚矣，政治势力之恶劣，使人无道义之可言也。"

22日，国民党中央委员会在汪精卫寓所召集临时特别会议。会议上，汪精卫对蒋介石擅自行动表示了不满，会议决定："工作上意见不同之苏俄同志暂行离去"；"汪主席患病，应予暂时休假"；"李之龙受特种嫌疑，应即查办"[2]。会后，汪精卫即隐居不知去向。25日，蒋介石日记云："四时后回省，与子文兄商议觅精卫行踪不可得。后得其致静江兄一书，谓余疑他、厌他，是以不再负政治之责任。彼之心迹可以知矣。为人不可有亏心事也。"此后数日内，蒋介石日记充斥了对汪精卫的指责。

3月26日日记云："政治生活全是权谋，至于道义则不可复问矣。精卫如果避而不出，则其陷害之计，昭然若揭矣，可不寒心！"

3月28日日记云："某兄始以利用王懋功背叛不成，继以利用教育长陷害又不成，毁坏余之名节，离间各军感情，鼓动空气，谓余欲灭某党，欲叛政府。呜呼！抹煞余之事业，余所不计，而其抹煞总理人格，消灭总理系统，叛党卖国，一至于此，可不痛乎！"

4月7日日记云："接精卫兄函，似有急急出来之意，乃知其尚欲为某派所利用，不惜断送党国也。呜呼！是何居心欤！"

蒋介石的这些日记表明，他当时确实认为，"摆布"、"陷害"他的阴谋的核心人物是汪精卫。4月20日，蒋介石在演说中声称："有人说，

1　《时报》1926年3月30日。
2　《中国国民党第二届中央执行委员会政治委员会会议记录》，油印件。

季山嘉阴谋，预定是日待我由省城乘船回黄埔途中，想要劫我到中山舰上，强逼我去海参崴的话，我也不能完全相信，不过有这样一回事就是了。"[1]话虽然说得有点游移，但却道出了他的心病。

汪精卫于政治委员会临时特别会议之后隐居不出，据陈璧君说，一是为了"疗病"，一是为了让蒋介石"反省一切"[2]。但蒋介石除了装模作样地给军事委员会写过一个呈子，自请处分外，并无什么像样的"反省"行为。其间，汪精卫读到了蒋介石致朱培德的一封信，信中，蒋介石毫不掩饰地表露了他对汪精卫的疑忌，于是汪精卫决定出国。3月31日汪精卫致函蒋介石，内称："今弟既厌铭，不愿与共事，铭当引去。铭之引去，出于自愿，非强迫也。"[3]蒋介石于4月9日复函云："譬有人欲去弟以为快者，或有陷弟以为得计者，而兄将如之何？"又称："以弟之心推之，知兄必无负弟之意，然以上述之事实证之，其果弟为人间乎？抑兄早为人间乎？其果弟疑兄而厌兄乎？抑吾兄疑弟而厌弟乎？"[4]这封信也说明了蒋介石当时认为，汪精卫受人离间，怀疑并厌弃自己，和其日记是一致的。

此外，还可以考察一下蒋介石这一时期的精神状态。3月20日下午，何香凝曾去见蒋介石，质问他究竟想干什么，派军队到处戒严，并且包围罢工委员会，是不是发了疯，还是想投降帝国主义？据记载，蒋介石"竟像小孩子般伏在写字台上哭了"[5]。阳翰笙也回忆说，当他代表入伍生部到黄埔开会，见蒋介石"形容憔悴，面色枯黄"，作报告时讲到"情况复杂，本校长处境困难时，竟然哭起来了"[6]。邓演达也因为蒋介石"神色沮丧"，甚至关照季方："要当心校长，怕他自杀。"[7]这种精神状态，从蒋介石认为自己处于被"摆布"、"陷害"的角度去分析，也许易

---

1 《晚宴退出第一军党代表及CP官长并讲经过情形》，《民国十五年以前之蒋介石先生》第八编二，第46页。

2 陈璧君：《致介兄同志书》，原件，1926年4月1日。

3 汪精卫：《致蒋介石书》，原件，1926年3月31日。

4 蒋介石：《复汪精卫书》，1926年4月9日。

5 陈孚木：《国民党三大秘案之一》，连载之七，《热风》第74期，香港创垦出版社1956年10月1日出版，发表时署名浮海。

6 《风雨五十年》，第105页，人民文学出版社，1986。

7 季方：《我所接触到的蒋介石》，《文史资料选辑》第73辑，第98页。

于理解。

尽管蒋介石内心对汪精卫恨之入骨，但是，汪精卫当时是国民政府主席、国民革命军总党代表，公认的孙中山事业的继承人，蒋介石这时还不具备彻底倒汪的条件。于是，一方面，他不得不在公众面前透露某些情节，以说明有人企图陷害他；另一方面，却又不能全盘托出他的怀疑。其所以吞吞吐吐，欲言又止，要人们在他死后看日记者，盖为此也。

四　西山会议派与广州孙文主义学会的"把戏"

据陈公博说，邹鲁在1930年曾告诉他：当时，西山会议派谋划"拆散广州的局面"，"使共产党和蒋分家"，邹鲁等"在外边想方法"，伍朝枢"在里头想办法"，于是，由伍朝枢出面，"玩"了下面这样一个"小把戏"：有一天，伍朝枢请俄国领事吃饭，跟着第二天便请蒋介石的左右吃饭。席间，伍朝枢装着不经意的样子说：昨夜我请俄国领事食饭，他告诉我蒋先生将于最近期内往莫斯科，你们知道蒋先生打算什么时候起程呢？事后，蒋介石迅速得到了报告，他怀疑"共产党要干他"，或者汪精卫要"赶他"，曾经两次向汪精卫试探，表示于统一东江南路之后，极端疲乏，想去莫斯科作短暂休息。一可以和俄国当局接头，二可以多得些军事知识。在第二次试探时，得到汪精卫的同意。自此，蒋介石即自信判断不错。他更提出第三步试探，希望陈璧君和曾仲鸣陪他出国。陈璧君是个好事之徒，天天催蒋介石动身。碰巧俄国有一条船来，并且请蒋介石参观，听说当日蒋介石要拉汪精卫同去，而汪因已参观过，没有答应，于是蒋便以为这条船是预备在他参观时扣留他直送莫斯科的了。因此决定反共反汪。"这是三月二十日之变的真相"。[1]

这段记载说明了伍朝枢在挑起蒋介石疑惧心理过程中的作用。应该说，陈公博没有捏造邹鲁谈话的必要。但是，我们还必须结合其他材料加以验证。

---

[1] 陈公博：《苦笑录》，第77~78页。

1. 这一段话的核心是蒋介石怀疑共产党和汪精卫要"干他"或"赶他",以自请"赴俄休养"作试探,得到汪精卫同意,便进一步增强了他的怀疑。此点和前引蒋介石日记大体一致。

2. 陈孚木在《国民党三大秘案》一文中说:其时,伍朝枢知道有一艘装载军械送给黄埔军校的俄国商船,不久会到广州,便编造"故事"说:"苏联从蒋介石与俄顾问季山嘉的不和谐,判定蒋是反革命分子,已得汪精卫的同意,不日以运赠军械为名,派遣一只商船来广州,即将强掳蒋介石去莫斯科受训。""他把这'故事'作为很机要秘密的消息,通传给在上海西山会议派中央的许崇智、邹鲁等几个广东人,很快便传到蒋介石在沪的亲密朋友如戴季陶、张静江、陈果夫等几个人耳朵里了。"[1]陈孚木的这一段记载认定伍朝枢是编造谣言的主要人物,谣言的核心情节是利用俄船强掳蒋介石去莫斯科,伍并将这一谣言通传给在上海的西山会议派。凡此种种,均可与邹鲁对陈公博所述相印证。陈孚木当时是国民政府监察委员,曾任《广州民国日报》的总编辑,和国民党上层人物广有联系。他看过中山舰事件制造者欧阳格1927年写的有关回忆稿[2],所述自然具有相当的可靠性。

3. 1926年4月1日,柳亚子致柳无忌函云:"反动派陷害共产派是确实的,李之龙是一个共产派的军人(属于青年军人联合会的),而蒋部下很有孙文主义学会的人在那里捣鬼,他们制造一个假命令,叫李把中山舰开到黄埔去,一方面对蒋说,李要请你到莫斯科去了,蒋大怒,即下令捕李。"柳亚子所述的核心情节是,有人造谣,以李之龙将劫蒋"去莫斯科",煽动蒋介石反共,此点和邹鲁、陈孚木所述基本一致。柳亚子是国民党元老,各方面交游颇广,他的这一段话不会没有来历。同函中,柳亚子又说:"在两星期前,沈玄庐(定一)告诉陈望道,广州不出十日,必有大变,所以

---

[1] 陈孚木:《国民党三大秘案之一》,连载之三,《热风》第70期。

[2] 据陈孚木叙述,欧阳格的回忆写于1927年"四一二"政变之后,想乘"清党"之机出版表功,曾请陈看过。后来送呈蒋介石,蒋约略一翻阅,脸色一沉,骂他道:"吓!你懂什么?有许多问题你哪里知道,这种小册子可以出版的吗?把稿子留下来!"说着把稿本向抽屉内一丢,硬把这稿子没收了。见陈孚木《国民党三大秘案之一》,连载之十八,《热风》第85期。

反动派的阴谋是和上海通气的。"[1]沈定一是西山会议派的重要人物,当时在上海。如果他不了解伍朝枢"玩的小把戏",是不会作出"广州不出十日,必有大变"的判断的。6月4日,陈独秀在给蒋介石的一封信里也说:"先生要知道当时右派正在上海召集全国大会,和广东孙会互相策应,声势赫赫。三月二十日前,他们已得意扬言,广州即有大变发生。先生试想他们要做什么?"[2]这些材料,都可以反证陈孚木所述:伍朝枢曾将他编造的故事,通传给在上海的西山会议派中央。

4. 邓演达曾告诉季方,蒋介石之所以"仓皇失措",是因为"得到密报":"共产党利用其海军局长李之龙的关系,将中山舰露械升火,与黄埔邓演达联合行动,图谋不轨。"[3]此说虽未提到伍朝枢,但在指出蒋介石"得到密报"这一点上,仍有可资参证之处。

从1926年1月起,西山会议派的邹鲁等人就在广州和香港散布谣言。第一次说李济深阴谋倒蒋,广州并发现以四军名义指蒋为吴佩孚第二,想做大军阀的传单;第二次说第一军要缴四军的械;第三次说,二、三、四、五各军与海军联合倒蒋;第四次说,蒋介石对俄械分配于各军不满,将驱逐俄顾问全体回国;第五次说,蒋介石倒汪[4]。如此等等。很显然,散布这些谣言的目的在于制造广东国民政府内部的不和,煽起蒋介石心中疑忌的火焰。事实上,它们也确实起了作用。这一点,前引蒋介石日记已有充分的证明。蒋介石之所以在那样一个特定时刻对中山舰采取镇压措施,应该说,西山会议派和伍朝枢的谣言起了重要作用。

---

1 《柳亚子文集·书信辑录》,第70页,上海人民出版社,1985。

2 《给蒋介石的一封信》,《向导》第155期。

3 季方:《白首忆当年》,《纵横》1985年第2期。原文未说明消息来源,承季明女士相告,系季方直接得之邓演达者。当时,中山舰事件的制造者们确曾企图将邓演达牵连在内。季方回忆说:3月20日晚,新任中山舰舰长欧阳格曾将中山舰开到黄埔,要求邓到舰上去商量要事。季方、严重、张治中等怕有阴谋,劝邓不要上当,邓因此托故未去(见《白首忆当年》)。关于此,陈肇英回忆说:当时曾由他和欧阳格"具函请军校的重要共党分子来舰谈话,而后予以扣押或驱逐出校"。见其所著《八十自述》。

4 李之龙:《汪主席被迫离职之原因、经过与影响》,汉口中央人民俱乐部印发;参见《邹鲁、胡毅生秘密到港》,《广州民国日报》1926年3月16日。

当然，邹鲁把中山舰事件完全说成是西山会议派和伍朝枢的"功劳"也并不全面。其中还有柳亚子、陈独秀所指出的广州孙文主义学会的作用。广州孙文主义学会发端于1925年6月的中山学会，其核心人物为王柏龄、贺衷寒、潘佑强。这一组织成立后，即与西山会议派相勾结，阴谋反对国共合作。其间的联络人就是时任国府委员、兼任广州市市政委员会委员长的伍朝枢。李之龙说："这种组织（指广州孙文主义学会——笔者）在广州的主要工作，最初是对抗青年军人联合会，其后经伍朝枢、吴铁城之介绍，遂与西山会议派结合，遂受其利用而扩大为倒汪、排共、仇俄之阴谋。"[1] "他们在广州发难，领过了上海伪第二次全国代表大会数万元之运动费，陈肇英领了一万五千元，欧阳格领了五千元。"[2] 中山舰事件发生前，广州孙文主义学会分子异常活跃。王柏龄很早就到处散布汪精卫反蒋[3]。2月22日，蒋介石日记中有王柏龄进谗的记载。3月17日早晨，王柏龄在黄埔军校内又散布说："共产党在制造叛乱，阴谋策动海军局武装政变。"[4] 王柏龄并在他的部队内，对连以上军官训话，要他们"枕戈待旦"，消灭共产党的阴谋。当日，蒋介石在日记中写道："上午议事。所受苦痛，至不能说，不忍说，是非梦想所能及者。政治生活至此，何异以佛入地狱耶！"显然，蒋介石的这段日记和王柏龄的谣言之间有着某种联系。正是在这一状况下，作为孙文主义学会成员之一的欧阳钟出面假传蒋介石命令，诱使李之龙出动舰只，以便和王柏龄的谣言相印证。他的活动是整个阴谋的组成部分。关于此点，如果我们将几个有关回忆录综合起来考察，就可以真相大白。陈孚木写道："那时伍朝枢所说的俄国商船已经到达，起卸军械之后，停在黄埔江面。一连几天，没有什么动静。于是，王柏龄便与欧阳格商量，决定'设计诱使中山舰异动'。"[5] 章臣桐写道："在三月十八那一天，欧阳格打电话给黄埔军校驻省办事处的副官欧阳钟（欧阳格之侄），叫他用办事处的名义向

---

[1] 茅盾：《我走过的道路》，第305页，人民文学出版社，1981。
[2] 李之龙：《汪主席被迫离职的原因、经过与影响》。
[3] 《包惠僧回忆录》，第204页。
[4] 马文车：《中山舰事件的内幕》，《文史资料选辑》第45辑。
[5] 陈孚木：《国民党三大秘案之一》，连载之十八，《热风》第85期。

海军局要一只得力兵舰开往黄埔,说是校长要的。所谓得力的兵舰,即暗指中山舰而言。"在章臣桐接到李之龙命令,上舰升火试笛之后,"欧阳格就在蒋的面前报告说:'中山舰已出动,正在开往黄埔,听说共产党要抢黄埔的军火'。"[1]自由舰舰长谢崇坚也有类似回忆。他说:"三月十八日欧阳格侦知中山舰上发生混乱,戒备不严,有机可乘,密令欧阳钟伪称接到校本部电话,通知海军局立派一艘得力军舰,驶往黄埔听用。据说十九日上午中山舰在东堤起锚后,孙文主义学会分子立即向蒋介石控告,说海军李之龙异动,已出动中山舰要逮捕校长,夺取军火。"[2]这就很清楚了:欧阳格与王柏龄定计之后,一面唆使欧阳钟矫令,一面向蒋介石谎报,其结果便演出了震惊中外的"三二〇"的一幕。

中共很快就对孙文主义学会在中山舰事件中的作用有所了解。当年5月,上海区委主席团开会,有人报告说:"中山舰问题,纯由孙文主义学会的挑拨而成。"[3]多年以后,王柏龄曾得意地说:"中山舰云者,烟幕也,非真历史也,而其收功之总枢,我敢说,是孙文主义学会。"[4]这不啻是自我招供。

五　偶然中的必然

就蒋介石误信伍朝枢、欧阳格等人的谣言来说,"三二〇"事件有其

---

[1]《中山舰事件》,《上海文史资料》第8辑。

[2]《中山舰事件亲历记》,《上海文史资料》第19辑。关于欧阳格谎报共产党要"抢黄埔的军火"一事,还可从蒋介石当时的活动中得到佐证。据民生舰舰长舒宗鎏及黄埔军校军械处长邓士章回忆,3月19日(原文误记为3月18日),他们曾接到"紧急通知",要把黄埔库存的军火迅速装上民生舰,计三八式步枪1万支,俄式重机枪200挺,装好后停泊于新洲海面。事后,蒋介石并登舰检查,对舒宗鎏说:"没有我的命令,不许把军火交给任何人。"见覃异之《记舒宗鎏等谈中山舰事件》,《文史资料选辑》第2辑。如果没有欧阳格的谎报,蒋介石是不会这样将军火搬来搬去,折腾一气的。

[3]《上海区委主席团会议记录——报告政局、党的策略及内部组织问题》。

[4]《黄埔创始之回忆》,《黄埔季刊》第1卷第3期。

偶然性；但是，就当时国民党内左、右派的激烈斗争和蒋介石的思想状况来说，又有其必然性。

孙中山逝世后，国民党内的左、右派力量都有所发展。1926年1月召开的国民党第二次全国代表大会是左派的胜利。会议代表228人，共产党员和国民党左派168人，中派65人，右派仅占45人。吴玉章任大会秘书长，实际上主持会议。会议通过的宣言进一步阐明了联俄、联共、扶助农工的三大政策，坚持了"一大"的革命精神。会议选出的中央执监委员中，共产党员占7人，国民党左派占15人。在随后建立的国民党中央秘书处、组织部、宣传部、农民部中，都由共产党员担任领导工作。与此同时，国民革命军中大约已有1000余名共产党员。一军、二军、三军、四军、六军的政治部主任都由共产党人担任。一军3个师的党代表，有两个是共产党员。9个团的党代表中，7个是共产党员。此外，中国共产党在广东的群众基础也大为加强。当时，有组织的工人队伍10余万，农会会员60余万，其中工人武装纠察队2000余人，农民自卫军3万余人。

苏俄顾问团这一时期也加强了自己的地位和影响。顾问团向苏俄驻华使馆报告说："总参谋部是军事委员会的专门组织。罗加乔夫，我们的军事指挥者（团长助理）实际上担当总参谋长"；又说："我们的顾问事实上是所有这些部门的头头，只不过在职务上被称为这些部门首领的顾问。（1925年）12月末，我们的顾问甚至占有海军局长（斯米尔诺夫）和空军局长（列米）的官方位置。"该报告又称："现存的国民党是我们建立起来的。它的计划、章程、工作都是在我们的政治指导下按照俄国共产党的标准制订的，只不过使它适合中国国情罢了。直到最近，党和政府一直得到我们的政治指导者的周密的指导，到目前为止，还不曾有过这样的情况，当我们提出一项建议时，不为政府所接受和实行。"[1]

汪精卫也表现为前所未有的左倾。据张国焘回忆：他"一切事多与鲍罗廷商谈"[2]。第二次全国代表大会举行前夕，莫斯科来了一个很长的

---

[1] Document 22, Wilbur and How, *Document on Communism Nationalism and Soviet Advisers in China*（1918~1927）, pp. 245~247.

[2] 《张国焘回忆录》第2册，第82页，现代史料编刊社，1980。

报告，内容为反对帝国主义，汪精卫还没有读完就说内容很好，可作大会宣言的资料。在会议召开期间，汪精卫多次强调共产派与非共产派在历次战役中，热血流在一起，凝结成一块，早已不分彼此。既能为同一目的而死，更可为同一目的而生存下去。[1]在选举中央委员以前，他预拟了一份名单和中共商量，其中左派以及和汪有关系的人占多数[2]。1926年2月1日，他在中执会常委会议上，提议任命周恩来为第一军副党代表，李富春为第二军副党代表，朱克靖为第三军副党代表。5日，又提议请毛泽东代理宣传部长。[3]2月22日，他在纪念苏俄红军成立八周年联欢会上，继季山嘉之后发表演说，声称："吾人对于如师如友而助我的俄同志，真不知如何表示其感激之情，惟有镌之心中而已。"[4]对于孙文主义学会和青年军人联合会之间的冲突，他也鲜明地左袒，曾命令王懋功"严厉制止"孙文主义学会的游行[5]。3月初旬，他又召集两会会员训话，激烈地批判孙文主义学会的反共倾向，曾称："土耳其革命成功，乃杀共产党；中国革命未成，又欲杀共产党乎！"[6]

国民党右派不能容忍共产党力量的发展和苏俄顾问影响的增强，不能容忍汪精卫的左倾。西山会议派称："现在的国民政府，名义上是本党统治的，事实上是被共产党利用的。"又称："俄人鲍罗廷操纵一切"，"军政大权已完全在俄人掌握之中"。蒋介石虽然因依靠苏俄供应军械而仍然主张联俄，对共产党也时而表现出愿意合作的姿态，但在内心里，却早已滋生出强烈的不满。3月8日日记云："上午与季新兄商决大方针。余以为中国国民革命未成以前，一切实权皆不宜旁落，而与第三国际必能一致行动，但须不失自动地位也。"9日日记云："吾辞职，已认我军事处置失其自动能力，而陷于被动地位者一也；又共产分子在党内活动不能公

---

1 《张国焘回忆录》第2册，第82~83页。
2 《张国焘回忆录》第2册，第85页。
3 《中国国民党中执会常委会会议录》，《中国国民党第一、二次全国代表大会会议史料》，第464~465、471页，江苏古籍出版社，1986。
4 《广州民国日报》1926年2月24日。
5 王懋功：《致张静江书》，1926年3月7日，原件，中国第二历史档案馆藏。
6 转引自蒋介石《复汪精卫书》，1926年4月9日。

开，即不能相见以诚，办世界革命之大事而内部分子貌合神离，则未有能成者二也。"4月9日，蒋介石在复汪精卫函中也说："自第二次全国代表大会以来，党务、政治，事事陷于被动，弟无时不抱悲观，军事且无丝毫自动之余地。"这一切都说明了蒋介石和左派力量争夺领导权的斗争必不可免，即使没有右派的造谣和挑拨，蒋介石迟早也会制造出另一个事件来的。

中山舰事件之后

中山舰事件之后，汪精卫为何突然隐匿，既而悄然出走？蒋介石为何一路顺风，掌握了国民党和军队的最高权力？在制订对蒋妥协、退让政策的过程中，苏联顾问的意见如何？中共中央起了何种作用？凡此等等，史学界都还不完全清楚。本文将试图回答这些问题。

一 "反蒋联盟"的流产与汪精卫负气出走

1926年6月3日，苏联驻华使馆武官处代理武官谢福林（Сей Фуиин）[1]有一份写给莫斯科的报告，汇报中山舰事件之后的广州形势。该报告一开始就说明，它以鲍罗廷同年5月底的一份报告为基础，因此，这是一份极为重要的文件。该报告在叙述蒋介石要求限制共产党的情况后说：

这样，我们面临着两种选择：1.接受蒋的要求，以避免一场灾难，否则，它将必然来到。2.采取类似汪精卫在"三二〇"期间为应

---

[1] 谢福林，真名阿利别尔特·拉宾（Альберт Лапин），1916年参加俄国共产党，1917年参加红军，其后毕业于军事学院。1925年来华，先后在张家口、开封两地的冯玉祥军中任顾问。1926年4月调任苏联驻华使馆武官处代理武官。

付局势，而已为我们认为是不适当的措施，即组成反蒋联盟，依靠联盟的压力，迫使蒋不屈服于国民党中反共派的要求。（古比雪夫同志支持这一理论）

据此可知，"三二〇"期间，汪精卫曾组成反蒋联盟，企图采取措施，对蒋施加压力。汪精卫的这一做法得到苏联顾问古比雪夫（按即季山嘉）的支持，但遭到"我们"苏方的反对，被认为"不适当"。

该报告又说：

许多人相信，关于国共关系的决议并不能促使右派转变，蒋将被迫反对右派。例如，鲍罗廷发现，尽管蒋知道汪在"三二〇"及其后参加了反蒋联盟，但他仍然能使蒋相信，有必要让汪参加5月29日的会议，讨论北伐问题。汪已去巴黎的说法纯系谣传。[1]

这里，再次提到"反蒋联盟"，并明确指出，蒋知道这一事实。看来，研究中山舰事件以后的历史，首先要揭示"反蒋联盟"的真相。

在"三二〇"事件期间，蒋介石擅自行动，宣布戒严，逮捕李之龙等共产党人，包围苏联顾问住宅等做法引起了普遍不满；作为党政军领袖的汪精卫更为愤慨。据陈公博回忆，20日晨，第二军军长谭延闿和第三军军长朱培德二人见汪，汪称："我是国府主席，又是军事委员会主席，介石这样举动，事前一点也不通知我，这不是造反吗？"并称："我在党有我的地位和历史，并不是蒋介石能反对掉的。"[2]当时，谭、朱决定见蒋，问他想什么和要什么。他们要求陈公博通知第二军副军长鲁涤平和第三军参谋长黄实，"嘱咐军人准备，以备万一之变"。其后，汪又询问来访的第四军军长李济深："你们能立刻到军队去吗？"[3]汪提这一问题，

---

1 Document 52, Wlibur and How, *Missionaries of Revolution*, Harvard Press, 1989, pp. 718~719.

2 陈公博：《苦笑录》，第37~38页。

3 同注2。

说明他有了调动军队的念头。

谭延闿、朱培德会见蒋介石的情况,据谢华回忆,谭曾经说了下面一段话:"总理逝世才一年,骨头还没有冷,你干什么呢?国共合作是总理生前的主张,遗嘱也说要联俄、联共、扶助农工,你现在的行动,总理的在天之灵能允许吗?"[1]谭的原话未必是这样说的,但谢华当时是谭部政治工作人员,此段话必有一定根据。综合考察谭延闿当时的态度,他对蒋提出质问是可能的。

同日,宋子文、李济深、邓演达先后来到苏联顾问团住址,表示对蒋介石的不满;谭延闿、朱培德继至,称蒋介石为"反革命",提议"严厉反蒋之法"。苏联顾问团并得知,汪精卫虽正抱病昏卧,但也称蒋的举动为"反革命"。顾问团的印象是:"全体皆对蒋表示反对。"[2]

谭延闿、朱培德提议的"严厉反蒋之法",有关文献没有说明内容,但是,在蒋介石已经动用武力的情况下,只能是以武力对付武力。据亲历者的回忆,谭延闿曾饬令准备专车,拟赴韶关调兵(当时第二军驻扎北江一带)[3]。周恩来也回忆说:"这时,谭延闿、程潜、李济深都对蒋不满","各军都想同蒋介石干一下"[4]。还有人回忆,听说汪精卫当时曾主张,"二、三、四、五、六军联合起来,给我打这未经党代表副署、擅调军队、自由行动的反革命蒋介石"[5]。谭延闿处事一向以沉稳圆滑著称,他跑到苏联顾问团去提议"严厉反蒋之法",并准备去韶关调兵,如果不是出于汪精卫的授意或同意,这是不能想象的。

3月20日这天,中共广东区委负责人陈延年以及毛泽东、周恩来等人也曾到苏联顾问住址,提议对蒋介石采取强硬态度。毛泽东并提出,动员所有在广东的国民党中央执、监委员,秘密到肇庆集中,依靠驻防当

---

[1] 《大革命的一点经历》,《谢华集》,第302页,湖南人民出版社,1989。

[2] 斯切潘诺夫报告,《苏联阴谋文证汇编·广东事项类》,第34页。

[3] 方鼎英:《补叙中山舰事件》,全国政协文史资料未刊稿;文心珏:《国共合作与国共分离的回忆》,湖南政协文史资料未刊稿。

[4] 《关于一九二四至二六年党对国民党的关系》,《周恩来选集》(上),第120页,人民出版社,1980。

[5] 方鼎英:《补叙中山舰事件》;文心珏:《国共合作与国共分离的回忆》。

地的叶挺独立团的力量,争取第二、三、四、五、六各军的力量,开会通电讨蒋,指责他违反党纪国法,必须严办,削其兵权,开除党籍[1]。有关资料说明,谭延闿曾经找过毛泽东,向他提出反击蒋介石的主张。谭延闿此举,也可能出于汪精卫的授意或同意。

至此,谢福林报告所称汪精卫组织的"反蒋联盟"的轮廓就大体清晰了——它是在蒋介石已经动作的情况下,为"应付局势",企图联络第二、三、四等军的力量(也许还包括共产党人),进行反击。

然而,"反蒋联盟"很快就胎死腹中。尽管专车已经备就,谭延闿却突然中止了韶关之行。

21日傍晚,蒋介石以探病为名访问汪精卫,只见汪"怒气勃勃,感情冲动,不可一世"[2]。但是,23日,汪精卫就像泄了气的皮球一样,"迁地就医",不知所去。

这些情况之所以发生,就在于苏方认为汪精卫的"反蒋联盟"及其措施"不适当",主张并实行妥协、退让。尽管季山嘉支持汪精卫,但是,他对于用兵和与蒋介石破裂都还有顾虑[3],而且,当时在广州,有比季山嘉地位更高的联共中央委员、红军政治部主任、苏联考察团团长布勃诺夫在。

20日下午,蒋介石根据季山嘉的要求,撤去了对顾问团的包围。随后,季山嘉派助手、军事顾问团副团长鄂利金(Ольгин)[4]去蒋介石处。鄂利金对蒋"稍加责言",蒋则"百方道歉"[5]。这以后,布勃诺夫亲自出马,偕鄂利金再赴蒋介石处,商谈以后问题。蒋提出俄国顾问"许多错误",应允次日上午至布勃诺夫处再议。21日,蒋介石爽约未至,顾问团得到消息称:蒋介石"不愿同俄国顾问共事"[6]。当日,苏方在广州人

---

1 茅盾:《我走过的道路》,第307页,人民文学出版社,1981。

2 《蒋介石日记类抄·党政》,1926年3月21日。

3 周恩来1943年11月27日在中共中央政治局会议上发言称:"我在富春家遇见毛(泽东),问各军力量,主张反击。我听了毛的话,找季山嘉,他说:不能破裂。"

4 鄂利金,真名拉兹贡(И. Я. Разгон),来华之前曾任军事学院副院长。

5 斯切潘诺夫报告,《苏联阴谋文证汇编·广东事项类》,第34页。

6 文件31,《联共(布)、共产国际与中国国民革命运动》(3),第177页。

员会议，认为"广州市内力量对比对国民政府不利，省内力量对比对国民政府有利，需要赢得时间，而要赢得时间就要作出让步"，因此，决定"尽量设法留住蒋介石并争取恢复他同汪精卫的友谊"。[1]为此，会议决定撤去军事顾问团团长季山嘉、副团长鄂利金及顾问罗加乔夫的职务，派索洛维也夫以苏联驻广州领事馆参议名义与蒋介石磋商。22日，索洛维也夫会见蒋介石，询问：系对人问题，抑对俄问题？蒋答：对人。索洛维也夫称：只得此语，此心大安，今日可令季山嘉、罗加乔夫各重要顾问回国。[2]同日上午10时，国民党中央政治委员会开会，索洛维也夫列席。会上，汪精卫虽仍对蒋介石擅自行动表示不满，但由于苏方已经作出撤换季山嘉等人的决定，退让、妥协的局面已经形成，汪精卫已无可奈何。因此，会议决定：1.工作上意见不同的苏联同志暂行离去，另聘其他为顾问；2.汪主席患病应予暂时休假；3.李之龙受特种嫌疑，应即查办。[3]这样，蒋介石的行动就得到了承认，政治上又赢了一个回合。会后，汪精卫就隐匿不见，失踪了。

王若飞在作党史报告时曾经指出过："三二〇"事件后否定反击蒋介石计划的是布勃诺夫[4]；显然，主持苏方人员会议，决定撤换季山嘉、罗加乔夫等重要顾问职务并令其回国的也只能是布勃诺夫。他于当年2月率领考察团来到中国，负责调查并研究中国革命的有关问题，显然只有他才能作出上述重大决定。

汪精卫当时以苏联为靠山，和季山嘉又一直保持着密切的关系。现在，面对蒋介石的进攻，苏方不仅不支持自己反击，反而向蒋介石低头，撤换季山嘉等人，汪精卫如何不生气？失去靠山，他就无所作为。于是，先之以决定隐匿，继之以决定出走。值得指出的是，尽管他于5月9日已经离开广州，转赴法国，但鲍罗廷对此却毫无所知，还在期望争取

1　文件30、31，《联共（布）、共产国际与中国国民革命运动》（3），第171、177页。

2　《民国十五年以前之蒋介石先生》第八编二，第83页。罗加乔夫（В. П. Рогачев），1924年来华，1925年7月任参谋团主任。同时决定调回苏联的还有拉兹贡。

3　《中国国民党第二届中央执行委员会政治委员会会议录》，油印件。

4　《中共党史革命史论集》，第112页，中共中央党校出版社，1982。

他和蒋介石一起会谈，讨论北伐问题。这只能说明，他对苏方既失望，又愤懑，心头有一口难平之气，因此，不告而别了。

二 苏方的妥协逻辑及其"利用蒋介石"的政策

布勃诺夫决定对蒋介石妥协、退让，有他自己的逻辑。在他看来，"三二〇"事件是由"军事工作和总的政治领导方面的严重错误引起的"，这表现在：1. 不善于预见国民政府内部的冲突及其在军队中的反映。2. 过高地估计了广州领导的力量和团结一致。3. 未能及早揭露和消除军事工作中重大的冒进做法。4. 参谋部、军需部、政治部的集中管理进行得太快，没有考虑到中国将领们的心理和习惯。5. 将领们受到过分的监督。他说："中国将军们脖子上戴着五个套，这就是参谋部、军需部、政治部、党代表和顾问。"[1]他提出，顾问在任何情况下都不应该越权，不应该承担任何直接领导军队的职责，任何过火行为都将吓跑大资产阶级，引起小资产阶级动摇、复活军阀主义、加剧左右翼矛盾等严重后果，从而激起反共浪潮。

不能认为布勃诺夫的分析完全没有道理。苏联顾问在帮助中国革命的过程中确实有缺点。例如，顾问将中国共产党、共青团以至于国民党一概视为自己的"政治领导"之下的组织，经常包办代替国民党和国民政府的工作。1925年7月1日，鲍罗廷、加伦、罗加乔夫、切列潘诺夫、斯切潘诺夫、列米等顾问召开军事会议，除决定向国民革命军各军派出顾问外，居然决定由顾问直接出任军职。例如，由罗加乔夫任军务处长兼总参谋长，由切列萨多夫任军务处副处长兼副总参谋长，楚巴廖瓦任军务处通信调查部主任，郭密任总司令部政务处处长，马玛也夫任军务处情报科科长等。[2]顾问团的一份报告说：

---

[1] 切列潘诺夫：《中国国民革命军的北伐》，第374页，中国社会科学出版社1981。

[2] 《苏联阴谋文证汇编》，卷首影印俄文原件及中译件。

参谋团是军事委员会的专门机构。我们的军事指挥者（团长助理，按，指罗加乔夫——笔者）的正式位置是总参谋长顾问，但他实际上担任总参谋长……当时下列部门从属于参谋团：作战与情报局（包括通讯服务）、管理与检查局、军需局、海军局……我们作为指导者被称为这些部门首长的顾问，但事实上是这些部门的头头。12月末，我们甚至占有海军局局长（按，指斯米尔诺夫）和空军局长（按，指列米）的官方位置。不过，一有机会，他们必须再次成为顾问。因为我们作为指导者占有官方位置政治上不方便，再次成为顾问不会丝毫有损于我们的影响。[1]

显然，越俎代庖，或顾问权势过大都会引起国民党人，特别是军官的反感。

1925年11月1日，季山嘉代替加伦出任华南军事顾问团团长。季山嘉的作风、性格和鲍罗廷、加伦都有明显的不同。他上任之后，大刀阔斧地致力于加强军队的集中管理。顾问切列潘诺夫回忆说：

接替加伦任南方政府总顾问的季山嘉（古比雪夫）就比较直来直去，他错误地认为，南方军队中的转折时期已经过去，现在该是转向严格集中，并使军队具有明确任务、划一组织和统一纪律，服从于中央军事机构的时候了。[2]

军队必须有统一的指挥和高度的组织性、纪律性，季山嘉的做法本无可非议，但是，急于求成，方式简单粗暴也必将引起国民党人和军官的反感。在这一过程中，他和力图掌握军权的蒋介石之间的矛盾也必将加剧。王若飞说：季山嘉"不以同志态度对待国民党，以自己为统帅，

---

[1] Document 26, Wilbur and How, *Missionaries of Revolution*, pp. 602~603.

[2] 切列潘诺夫：《中国国民革命军的北伐》，第306页。该报告现已全文公布，参见文件30，《联共（布）、共产国际与中国国民革命运动》(3)，第169页。

引起了国民党很多不满"[1]，指的就是这方面的问题。

纠正缺点、错误以及某些急躁、冒进的做法都是必要的，但是，蒋介石在中山舰事件中的作为，主要是为了打击苏联顾问和中国共产党人，打击汪精卫，和左派力量争夺领导权，布勃诺夫看不到这一点，其决策的错误就是必然的了。

3月24日，布勃诺夫使团离开广州，蒋介石到布勃诺夫住处送行。据称，在长达两个多小时的谈话中，蒋介石"表面上很诚恳，想为自己辩解并对3月20日事件作出解释"。这一情况加强了苏联顾问们的印象："蒋介石能够留在国民政府内，也应该留在国民政府内，蒋介石能够同我们共事，也将会同我们共事。"[2]

季山嘉被撤职后，于3月24日随同布勃诺夫等一起回国，接替他的职务的是斯切潘诺夫，蒋介石称之为史顾问[3]。

"史顾问"同意布勃诺夫对中山舰事件的分析，但他又增加了两条：1. 关于帝国主义问题、农民问题、共产主义问题，在军队中的激烈宣传不尽适当；2. 中国共产党在党务及军队宣传中，"不知尽力于组织国民党，默为转移，只知以鲜明的扩充共产党为工作之总方针，欲在各处完全把持一切指挥之权。"[4]中山舰事件后，蒋介石于3月23日以"事前未及报告，专擅之罪，诚不敢辞"为理由，自请从严处分。4月2日，拘留在事件中起了恶劣作用的欧阳格。[5]这些，又使得斯切潘诺夫感到，蒋介石"似又略向左派演进"[6]。他对蒋介石的思想和性格进行了分析，认为"蒋氏具有革命思想，远在其他军阀之上"，又认为蒋"喜尊荣，好权力，幻想为中国英雄"。因此，他决定"利用蒋介石"，其策略是：1. 对蒋

---

1 《中共党史革命史论集》，第112页。

2 文件31，《联共（布）、共产国际与中国国民革命运动》（3），第177页。

3 斯切潘诺夫（В. А. Степанов），参加过第一次世界大战和俄国国内战争，工农红军军事学院毕业。1924年10月来华，在黄埔军校工作，曾任蒋介石及第一军顾问，参加过两次东征之役。

4 斯切潘诺夫报告，《苏联阴谋文证汇编·广东事项类》，第35~36页。

5 《蒋介石日记类抄·党政》（1926年4月2日）云："静江、子文兄来谈，适值欧阳格舰队司令被拘留，以欧阳联合右派，不利于其党也。"

6 斯切潘诺夫报告，《苏联阴谋文证汇编·广东事项类》，第38页。

灌注一小部分之革命主义，并以左派之勇敢势力包围之，使蒋摆脱右派的影响，成为左派。2. 满足蒋的"喜尊荣"的欲望，协助其取得"比较现时更为伟大之权力与实力"，其具体位置为国民革命军总司令。他说："就喜欢权势而论，蒋氏将来或就总司令之职，足以满足其尊荣欲望。"为此，他指示顾问们要"处处迎合其意，与以让步"。[1]

在对中共的批评上，尼洛夫[2]比斯切潘诺夫更为激烈。他说："当初共产党人于工作时只知利用国民党，在其覆翼之下扩大己党之力量，公然攫取国民党之最高管理机关及军队中之政治机关，包办工农运动，以此引起国民党大多数之不满。"基于上述认识，他主张召开国共两党中央委员会联席会议，规定相互工作的程序；在现时，应先开预备会，"以安慰蒋介石为最近之目的"。他并提出，将共产党全体名单送交各高级长官，共产党在军队中完全公开。[3]

布勃诺夫的妥协、退让还只涉及苏联顾问，而斯切潘诺夫等人的妥协、退让则涉及中国共产党的全部工作；后来陈独秀提出，在对国民党的关系上，要"办而不包，退而不出"，显然受到斯切潘诺夫等人意见的影响。至于"处处迎合其意"，协助蒋取得"更为伟大之权力与实力"等做法，乃是一种愚蠢的权术。

4月16日，在国民党中央党部和国民政府联席会上，蒋介石被选为军事委员会主席，随即采取行动反对右派。17日，与孙文主义学会干部谈话，要求取消学会。23日，与张静江、谭延闿、李济深、宋子文及斯切潘诺夫等密议，决定免去吴铁城的广州公安局局长职务。次日，命左派李章达带兵就任公安局长。蒋介石的这些做法使苏联顾问感到，他们"利用蒋介石"的策略是正确的。

在相当长的时期内，斯大林和共产国际对蒋介石都缺乏正确的了解和分析。中山舰事件前不久，共产国际第六次执委会将蒋介石选为主席

---

[1] 斯切潘诺夫报告，《苏联阴谋文证汇编·广东事项类》，第36～38页。

[2] 尼洛夫，真名萨赫诺夫斯基（Сахновский），参加过俄国国内战争，工农红军军事学院毕业。1924年来华，先后在第四军及第一军任顾问。1926年曾北上向布勃诺夫考察团报告。

[3] 斯切播诺夫报告，《苏联阴谋文证汇编·广东事项类》，第40～41页。

团的名誉委员[1]；中山舰事件之后，联共（布）中央决定对蒋介石作"有条件的妥协"[2]；一直到"四一二"政变前夕，斯大林还主张对蒋介石"利用到底"[3]。显然，布勃诺夫、斯切潘诺夫及其后的鲍罗廷都不过是这一政策的执行者而已。

三　中共中央试图改变对蒋策略与鲍罗廷的否决

中山舰事件的发生，不仅对在广州的苏联顾问是晴天霹雳，对在上海的以陈独秀为代表的中共中央来说，也同样如此。

中共中央曾企图从莫斯科得到指导，但是，莫斯科方面迟迟没有消息。3月末，布勃诺夫等在归国途中经过上海。这样，中共中央才从布勃诺夫处得知详细情况。4月3日，《向导》所发表的伊文诺夫斯基对该刊记者的谈话实际上就是布勃诺夫对中共中央的谈话。自然，在他的影响下，只能根据既定方针依样画葫芦。同日，陈独秀发表文章，认为由于帝国主义和军阀的强大，中国的革命势力必须统一起来，文章宣称："蒋介石是中国民族运动中的一块柱石"，共产党人决不会阴谋去推翻他[4]。这篇文章是中山舰事件后中共党人的一个有权威性的表态，反映出中共中央当时对形势的认识与对策。中共中央随即决定，"维持汪蒋合作的局面，继续对蒋采取友好的态度，并纠正广州同志们的一些拖延未解决的左倾错误"。同时，又决定派张国焘赶赴广州，查明事实真相，执行这一妥协政策。[5]张国焘到广州后，即召开广东区委紧急会议，传达中共中央的妥协政策，要求一致遵行。他完全同意苏联顾问对蒋介石思想性格的分析以及"利用蒋介石"的

1　费尔南多·克劳丁：《共产国际·斯大林与中国革命》，第2页，求实出版社，1982。

2　格鲁宁：《论三·二〇事件后中国共产党的策略问题》，转引自贾比才等《中国革命与苏联顾问》，第146页，中国社会科学出版社，1981。

3　伊罗生：《中国革命史》，第84页，向导书局，1947。

4　《中国革命势力的统一政策与广州事变》，《向导》第148期。

5　张国焘：《我的回忆》第2册，第99～105页，香港现代史料编刊社，1980。

策略。斯切潘诺夫在报告中曾说："关于蒋介石之个性，余与中国共产党及中央委员会会长等观察略同。"又说："中国共产党亦同具此眼光，而完全赞成此种根本政策。中国共产党中央委员会主席谓彼离去上海之前，中央委员会亦有此种决议，以为无论如何，必须利用蒋介石。"[1]这里所说的从上海来的中国共产党的"会长"或"主席"，当均指张国焘。

然而，在张国焘离开上海之后，中共中央于4月中旬收到陈延年的报告，决定改变妥协、退让政策，采取一项新的政策，其要点为：1. 尽力团结国民党左派，以便对抗蒋介石，并孤立他；2. 在物质上和人力上加强国民革命军二、六两军及其他左派队伍，以便于必要时打击蒋介石；3. 尽可能扩充叶挺的部队、省港罢工委员会指挥下的纠察队和各地的农民武装，使其成为革命的基本队伍[2]。中共中央并决定在广州成立特别委员会，其人选为彭述之、张国焘、谭平山、陈延年、周恩来、张太雷，以彭述之为书记。4月末，彭述之受命前往广州，和鲍罗廷面商上述计划。前引谢福林报告所称两种选择之一："采取类似汪精卫在'三二〇'期间为应付局势，而已为我们认为是不适当的措施，即组成反蒋联盟，依靠联盟的压力，迫使蒋不屈服于国民党中反共派的要求"云云，显指中共中央的这一新的政策。

彭述之到达广州后，即成立特委机关，召开会议，传达中共中央的新政策，结果，遭到刚刚回到广州的鲍罗廷的强烈反对。

1926年2月，鲍罗廷以"奉召回国述职"为由，向广州国民政府请假，离开中国南方。同月15日，鲍罗廷在北京向布勃诺夫等汇报了广东革命根据地的情况。中山舰事件发生后，他取消返国计划，经张家口、库伦，转道海参崴，在那里和自莫斯科来的胡汉民等会合，于4月29日一起回到广州。

鲍罗廷回到广州之后，即面临着所谓"右派政变"问题。

---

1 《苏联阴谋文证汇编·广东事项类》，第36、38页。
2 彭述之：《评张国焘〈我的回忆〉》，第5～6页，香港前卫出版社1957。参见《彭述之选集》第1卷，第72页，香港十月书屋，1986；《苏联阴谋文证汇编·广东事项类》，第36、38页。

据谢福林向莫斯科的报告:"三二〇"之后,右派认为蒋介石向右转了,企图靠近蒋。但是,在4月20日蒋解除吴铁城的职务之后,右派认为,蒋不可能投入自己的怀抱,因此,开始接近李济深和其他各色广州将军们。李济深曾有可能被争取过去,但在胡汉民回国之后,右派便将胡看作自己的头目和组织者。报告说:

  右派利用汪精卫不在的机会,没有通知国民政府,计划为胡汉民的到来举行精心安排的庆祝典礼,向其致敬。他们甚至准备为他建立一座凯旋门,并且举行示威以支持胡汉民成为政府首领。胡在报纸上发表了一项宣言,同时向国民政府提出了一份报告。他的报告和宣言表明,他不想和我们合作。他秘密地会见了伍朝枢、孙科、吴铁城、古应芬等和其他反动派,并且使李济深、陈铭枢和其他广州将军们站到自己一边。他告诉蒋,鲍罗廷将开始解决三·二〇事件,怂恿蒋逮捕鲍罗廷,试图在左派内部制造分裂。[1]

谢福林的报告并称:右派正在散布共产党即将"共产"的谣言,并且正在煽动银行家和商人罢市,结果,很多人到银行提款、挤兑,极大地扰乱了政府的财政。报告特别提到,5月7日,青年军人联合会和孙文主义学会两派分别组织示威,孙文主义学会的潘佑强和杨引之被打得半死。最后,黄埔军校的指挥官们要求蒋介石采取行动,从国民党中清除共产党成员。5月16日,第一军、第二师和黄埔学生举行了反共示威。谢福林的报告系根据鲍罗廷的报告写成,显然,上述内容反映的是鲍罗廷对广州形势的了解和分析。

鲍罗廷回到广州之际,蒋介石颇为惴惴,担心在汪精卫问题上产生"纠葛"[2]。4月30日,蒋介石开始与鲍罗廷"商议党争,交换意见",发现鲍尚有"猜忌之点"[3]。但是,在最初的试探之后,蒋介石就迅速提出,

---

[1] 文件52,Wilbur and How, *Missionaries of Revolution*, pp. 717~718.

[2] 《蒋介石日记类抄·党政》,1926年4月26日。

[3] 《蒋介石日记类抄·党政》,1926年4月30日。

要求限制共产党人在国民党内的职务。鲍罗廷由于感到一场右派政变迫在眉睫,决心以向蒋介石让步为代价,换取他对右派的镇压。他对彭述之说:"在当前局势异常危险的威胁下,只有成立一个革命的独裁,像法兰西大革命中的罗贝斯比尔的革命独裁一样,才能打破右派反革命的阴谋,替革命开辟一条出路。"[1]鲍罗廷认为,蒋介石有很严重的缺点,但在现时的国民党人中,没有人能像他有力量、有决心,足以打击右派的反革命阴谋。为了打开当前极度危险的僵局,不得不对蒋作最大限度的让步。前引谢福林报告所称,"接受蒋的要求,以避免一场灾难",与鲍罗廷对彭述之所说的话,精神完全一致。当时,中国共产党还处在幼年时期,还不懂得也无力实行独立自主的原则,时在广州的赵世炎表示:"我们应当信任鲍罗廷同志,接受他的主张,由他负责去实行。"随后,鲍罗廷指示陈延年召开干部特别会议。会上,鲍罗廷一再强调维持国共合作的必要,为了合作,必须向蒋介石妥协。会议在没有进行讨论的情况下表决接受了鲍罗廷的主张[2]。三年以后,陈独秀回忆说:"我们主张准备独立的军事势力和蒋介石对抗,特派彭述之同志代表中央到广州和国际代表面商计划,国际代表不赞成,并且还继续极力武装蒋介石,极力主张我们应将所有的力量拥护蒋介石的军事独裁来巩固广州国民政府和进行北伐。我们要求把供应蒋介石、李济深等的枪械匀出五千支武装广东农民,国际代表说:'武装农民不能去打陈炯明和北伐,而且要惹起国民党的疑忌及农民反抗国民党。'"[3]以上所云,应是事实。陈、彭二人由于意见被否定,便转而主张退出国民党,改取党外合作。

可以看出,中山舰事件之后,在制订和执行对蒋妥协、退让政策的过程中,起决定作用的是共产国际和苏联方面,以陈独秀为代表的中共中央不应该是主要的责任者。

---

1 彭述之:《评张国焘〈我的回忆〉》,第8页。关于鲍、彭之间的分歧,彭述之手稿《蒋介石的"三月二十日政变"》有详尽的叙述,见彭述之文件,美国胡佛档案馆藏。

2 彭述之:《评张国焘〈我的回忆〉》,第9~10页。

3 《告全党同志书》。

四 "党务整理案"的通过与蒋介石掌握最高权力

从5月12日起,蒋介石即与鲍罗廷商谈"党务整理办法"。鲍罗廷表示过不同意见,但"态度极为缓和",凡蒋介石所提主张,都接受了[1]。14日,蒋对鲍说:"对共产党提出条件虽苛,然大党允许小党在党内活动,无异自取灭亡,余心实不愿提此亡党条件,但总理策略既在联合各阶级,故余不愿违教分裂也。"这段话,表面上声称遵从孙中山遗教,而实际上认为孙中山的"容共"将导致国民党"亡党"。对于这一段本应反驳的话,鲍罗廷"默然"[2]。15日,国民党召开二届二中全会,蒋介石提出旨在限制共产党的《国民党与共产党协定事项》。会上,委员们"相顾惊惶",蒋介石也自觉"言之太过,终日不安,精神恍惚异常。"[3] 16日,蒋介石再晤鲍罗廷,声称:"余甚以两党革命,小党胜于大党为忧;又以革命不专制不能成功为忧;又以本党党员消极抵制共产而不能积极奋发自强为忧。"[4]

据说,鲍罗廷"颇感动"云。17日,《国民党与共产党协定事项》作为《整理党务第二决议案》通过。至20日,会议共通过《整理党务决议案》四件。

国民党二届二中全会期间,中共党团曾讨论对"党务整理办法"的态度。彭述之引经据典地说明不能接受,但提不出具体办法。反复讨论,毫无结果。最后,张国焘"用了非常不正派的办法要大家接受"[5]。

根据谢福林的报告,鲍罗廷对蒋介石的让步共三条:1. 共产党员不能担任国民党中央党部的部长;2. 将在国民党中的共产党员名单交给国

---

1 蒋介石:《苏俄在中国》,《先"总统"蒋公全集》第1册,第293页。
2 《蒋介石日记类抄·党政》,1926年5月14日。
3 《蒋介石日记类抄·党政》,1926年5月15日。
4 《蒋介石日记类抄·党政》,1926年5月16日。
5 周恩来:《关于一九二四至二六年党对国民党的关系》,《周恩来选集》(上),第123页。

民党中央执行委员会主席；3. 不允许国民党员参加共产党[1]。在二届二中全会通过的整理党务决议案中，这些内容都包括进去了。此外还增加了共产党员在国民党高级党部任执行委员时，其人数不得超过总数的1/3等规定。至此，蒋介石的限共要求全部得到满足。会议并根据孙科的提议，规定以后国民党完全信任蒋介石为"革命重心"[2]。从中山舰事件以来，蒋介石步步进攻，至此可谓赢得了全盘胜利。

中山舰事件后，在广州的苏联顾问墨辛向中共提出，广州是国民革命取得了胜利的地区，执政的是国民党，其主要任务是进一步争取国民革命在全国的胜利，因此，"在这种情况下，国共之间的任何争斗都会削弱和分裂国民革命运动的力量，并会使广东省内外国民革命运动的进一步发展成为泡影"[3]。4月24日，联共中央拒绝了托洛茨基和季诺维也夫提出的共产党人退出国民党的建议，认为必须实行让共产党人留在国民党内的方针，同时要在内部组织上向国民党左派作出让步，重新安排人员[4]。5月17日，布勒诺夫使团向联共中央提出的总结报告说："对于中国革命运动来说，主要危险是'左'的危险。工人阶级和中国共产党应当竭尽全力在资产阶级民族革命过程中保证这场革命取得彻底的胜利和有进一步发展的可能性，然而无论如何不应在目前承担直接领导国民革命的任务。"[5]鲍罗廷和张国焘的让步显然与上述情况有关。

鲍罗廷指望以让步换取对右派的镇压，蒋介石在这方面给了鲍罗廷以某种满足。

5月8日，蒋介石拒绝和胡汉民会谈，迫使胡于次日离开广州[6]。30日，逮捕吴铁城。同日，通过张静江和孙科、伍朝枢商量，希望孙科充当党政代表赴俄与共产国际接洽，伍朝枢暂时离粤[7]。鲍罗廷觉得自己

1　文件52，Wilbur and How, *Missionaries of Revolution*, p. 719.
2　《蒋介石日记类抄·党政》，1926年5月17日。
3　文件41，《联共（布）、共产国际与中国国民革命运动》（3），第212页。
4　文件47，《联共（布）、共产国际与中国国民革命运动》（3），第236~237页。
5　文件52，《联共（布）、共产国际与中国国民革命运动》（3），第249页。
6　文件52，Wilbur and How, *Missionaries of Revolution*, p.719.
7　《邵元冲日记》，1926年5月30日，上海人民出版社，1990。

的策略成功了，兴致勃勃地致函加拉罕称："中央全会关于共产党人的决议使右派蒙受了比共产党人更大的损失"，"右派被置于极其不利的局面"，"他们被剥夺了用来反对我们的主要的和很方便的武器"[1]。同时，他又向莫斯科报告："右派受到了严重的打击，不得不放弃他们的阴谋"，"城市变得很平静，所有的商会都在以很大的努力向国民党政府表达忠诚"[2]。作为对蒋介石的回报，鲍罗廷又竭力动员蒋介石出任国民革命军总司令一职。在蒋"惶愧力辞"的时候，鲍罗廷居然以去就力争，声言如蒋不就总司令一职，他自己就要辞去总顾问一职[3]。

6月4日，国民党中央党部任命蒋介石为总司令。在此前后，他还被任命为国民党中央组织部长、军人部长、国民政府委员和中央常务委员会主席等职。鲍罗廷终于使斯切潘诺夫的策略成为现实，满足蒋的"喜尊荣心"，协助蒋取得"比较现时更为伟大之权力与实力"。可以说，没有苏联方面的"利用"政策，蒋介石在取得最高权力的过程中不会那样顺利。

1926年4、5月间，广州的形势确实相当严峻。谢福林报告所述胡汉民企图离间蒋介石和鲍罗廷之间的关系[4]，右派准备举行欢迎胡汉民的游行[5]，要求胡汉民出任国民政府主席[6]，谣言蜂起，金融紧张，左右派公开冲突等情况，都是事实。吴铁城、马超俊、古应芬等人并曾有一个计划，准备以突击检查的办法逮捕在广州的全部共产党人[7]。吴铁城的被捕使这一计划破产，从而消弭了危险，但是，通过旨在限共的"整理党务决议案"，将蒋介石捧上总司令和中央常务委员会主席的宝座，使他掌握

1　文件55,《联共（布）、共产国际与中国国民革命运动》(3)，第273页。

2　文件52, Wilbur and How, *Missionaries of Revolution*, p.719.

3　《蒋介石日记类抄·军务》，1926年6月3日。

4　《蒋介石日记类抄·党政》（1926年4月30日）云："下午与展堂兄谈天，其言近挑拨，多不实，心甚疑之。"

5　《各界欢迎胡展堂先生大会筹备会启事》，《广州民国日报》1926年5月10、11日。

6　《胡汉民抵粤后情形》，《申报》1926年5月12日。

7　郭廷以等：《马超俊第六次访问谈话记录》，1961年8月29日，未刊，美国哥伦比亚大学珍本和手稿图书馆藏；参见马超俊《吴铁城先生和我》，《吴铁城回忆录》，第172页，台北三民书局，1971。

至关紧要的军权和党权，中国革命的形势就更加严峻了。

自邹鲁、林森等于1925年1月在北京召开西山会议，随后又在上海另立中央，召开对立的第二次全国代表大会后，共产国际、苏联顾问、中共中央都把和这一个右派集团作斗争看成主要任务，完全忽视了革命阵营中正在发展的新右派。1926年4月3日，陈独秀发表文章说，"现在所谓新右派，还非常模糊幼稚"[1]，正是这一忽视的明证。

五　蒋介石提出一党专政理论与新的反共要求

根据整理党务案，谭平山、林伯渠、毛泽东等辞去了国民党中央组织部、农民部、宣传部部长或代理部长的职务，并且，各省、市党部均将陆续改组，但是，蒋介石不以此为满足，又超出整理党务案的范围，进一步要求共产党人承认国民党的领导地位，同时要求参加国民党的共产党员退出共产党。

还在4月上旬，蒋介石就声称，国民革命军以三民主义为主义，只能以三民主义者为干部，因此，共产主义分子应暂时退出军队[2]。同月20日，他在宴请退出第一军的共产党人时发表讲话，声称："一个团体里面有两个主义，这个团体一定不会成功"[3]，企图进一步提出反共要求。不过，限于时机，他的话讲得比较含蓄。二届二中全会后，他觉得时机成熟，便直言不讳了。5月27日，他对由退出军队的共产党人组成的高级训练班讲话，宣称"领导中国国民革命的是中国国民党"，"革命是非专政不行的，一定要一个主义、一个党来专政的"[4]。6月7日，他在黄埔军校发表演讲称："一国有两个革命党，这个革命也一定不能成功"；"中国要革命，也要一切势力集中，学俄国革命的办法，革命非由一党来专政

1　《国民党左派之过去、现在及将来》，《向导》第148期。

2　《民国十五年以前之蒋介石先生》第八编二，第8页。

3　《民国十五年以前之蒋介石先生》第八编二，第44页。

4　《民国十五年以前之蒋介石先生》第八编二，第74～75页。

和专制是不行的"。他并称："如果一党中间,有另外的一个小党的党员在里面活动,一班党员便起了猜忌怀疑之心,由这猜忌怀疑便发生一种恐慌,由这恐慌便生出冲突,由这冲突使自己的势力互相残杀,同归于尽。"因此,他要求共产党作出"暂时牺牲",以便辅助国民党强大起来。他说："一方面主张世界革命统一。中国革命要受第三国际的指导;一方面,中国革命是中国国民党来领导中国各阶级革命,要请中国国民党里的共产党同志,暂时退出共产党,纯粹做一个中国国民党的党员。"[1]次日,他向鲍罗廷明确提出："共产分子在本党应不跨党。"[2]同年8月,他派邵力子代表国民党赴莫斯科参加共产国际执委第七次全会,要求国际接纳国民党,同时命邵转达：承认共产国际是世界革命的领导,但共产国际应承认国民党是中国革命的领导,共产党实际上是不需要的[3]。

联合共产党共同致力于中国革命是孙中山经过深思熟虑之后的决策,采取共产党人加入国民党的"党内合作"形式更是孙中山的选择。蒋介石关于共产党人退出国民党的要求完全违背孙中山的决策,他的"由一党来专政和专制"的理论更明确地暴露了他反对以至取消共产党的用心。但是,这一切都未能引起鲍罗廷的重视。相反,他却继续鼓吹"绝对团结"。6月16日,他在黄埔军校演讲称："绝对团结,于革命方有希望。现在四面八方都是敌人,各派一定要联合起来,共同去打倒敌人。敌人既推倒之后,方再讨论革命的原理。"[4]7月20日,他又在蒋介石就任国民革命军总司令的宴会上发表演讲,号召"在蒋同志之下,共同前进,打倒敌人"[5]。结果是,敌人尚未打倒,蒋介石就动手打倒共产党了。

中共中央注意到了蒋介石"一个主义"之类的言论。6月4日,陈独

---

[1] 《广州民国日报》1926年6月26~30日。

[2] 《民国十五年以前之蒋介石先生》第八编二,第79页。

[3] А.Б.列兹尼科夫：《共产国际与中国共产党》,《国外中国近代史研究》(11),第339~340页,中国社会科学出版社,1988;邵力子：《出使苏联的回忆》、《文史资料选辑》第60辑,第184~185页。

[4] 《鲍顾问演词》,《广州民国日报》1926年6月17日。

[5] 《蒋总司令就职后宴会盛况》,上海《民国日报》1926年9月20日。

秀发表致蒋介石的公开信,说明国民党是各阶级合作的党,而不是单纯一阶级的党,所以"共信"之外,也应该有各阶级的"别信";除了共同主义之外,也还有各阶级各别需要所构成的各别主义之存在[1]。7月12日至18日,中共中央在上海召开扩大会议,提出"与资产阶级争国民运动的指导","保证无产阶级政党争取国民革命的领导权"[2],表示出和蒋介石抗争的意味。但是,这一时期,中共中央也制订不出正确对待蒋介石的方针。在陈独秀等人心目中,蒋介石还是中派,还要"爱护"、"扶助"、"使之左倾"。自然,基于这种认识,只能响应鲍罗廷的号召,"在蒋同志之下,共同前进"了。

六 共产党人失去了最好的一次机会

中山舰事件后,蒋介石道义上处于劣势,军事上只掌握第一军的部分力量,实力处于下风。如果在这个时候组成反蒋联盟,对蒋介石的进攻采取坚决的回击,那么,胜利者显然是左派。然而,苏联考察团和苏联顾问计不出此,一再对蒋妥协、退让,并帮助蒋达到了他当时可能达到的权力高峰。及至蒋介石率领重兵开始北伐后,鲍罗廷等才慢慢感觉失策,于是先有迎汪运动,后有提高党权运动,目的都在于夺回蒋介石已经取得的权力。但是,文斗敌不过武斗,党权敌不过军权。直到1927年"四一二"政变前夕,武汉政府才下决心利用程潜第六军的力量逮捕蒋介石,然而,那时候,蒋介石重兵在握,岂是轻易能够就范的呢!

在中山舰事件之后,共产党人失去了最好的一次机会。

---

1 《向导》第157期。

2 《中国共产党与国民党关系决议案》,《中共中央文件选集》(2),第176页,中共中央党校出版社,1989。

邵力子出使共产国际与国共两党争夺领导权

1926年11月，共产国际执行委员会召开第七次扩大全会，中国共产党、中国国民党分别派谭平山、邵力子出席。谭于1920年发起组织中国社会主义青年团，在中共党内历任中央局委员、中央驻粤委员、广东区委书记等要职。国民党改组后，他出席国民党"一大"，任国民党中央常务委员兼组织部长。1925年被中共中央局任命为驻国民党中央党团书记。邵是老同盟会会员，长期主持上海《民国日报》。1919年参加中国国民党，次年参加中国共产党上海发起组。1925年到广州，深得蒋介石的信任，先后担任黄埔军校秘书长、政治部副主任、主任等职。1926年中山舰事件后，蒋介石要求邵力子退出共产党，邵不愿[1]。当时，蒋介石正在考虑和共产国际的关系、中国革命总计划、北伐准备等问题，曾召见邵力子，讨论"统一与集中"对于革命的重要性[2]。不久，邵力子被蒋任命为国民革命军总司令部秘书长。北伐开始后，蒋命邵作为国民党代表赴莫斯科出席共产国际执委会扩大全会。到上海时，中共中央召开欢送

1　《上海区委召开"民校"党团扩大会议记录》（1926年7月11日）载："蒋要许多同志退出C. P.，他们都不情愿。蒋要邵退出，他说，我本挂名，现如退出，人就说我为饭碗问题，所以不愿退出。"

2　蒋介石1926年6月12日日记云："拟于此数日内，将第三国际问题、中国革命总计划及出征前后之准备三者确定大纲也。"又6月26日日记云："晚在东山寓次与力子谈革命以集中与统一为惟一要件，而其基础则在下级士兵也。"

会,要邵以纯粹国民党员的身份赴苏,邵因而退出中共。[1]

邵力子到达莫斯科后,先后向共产国际执委会提出"书面报告"及"补充报告"各一份,并曾在共产国际执委会第七次扩大全会上作过两次演讲。此外,还曾会见斯大林。在"书面报告"中,邵力子声称:"国民党及其领袖蒋介石同志(他是中央常务委员会主席)派我到莫斯科这里来,为的是取得共产国际对于解决中国国民革命过程中出现的一些极其重要的问题的指导。"[2]检阅俄罗斯新近公布的档案及相关文献资料,可以证明,邵力子所说并非虚言。对于这些"重要的问题",蒋介石极为重视,曾准备撇开北伐军务,亲到莫斯科谈判[3]。

一 要求在国民党和共产国际之间互派代表

1925年9月,胡汉民奉命访苏。次年初,国民党进一步左倾。2月13日,胡受命作为国民党代表致函设在莫斯科的共产国际,声称中国国民党力求由国民革命过渡到社会主义革命,要求共产国际接纳国民党加入共产国际[4]。同月17日,共产国际执行委员会第六次扩大全会开幕,胡汉民致辞,热烈赞扬共产国际是革命的大本营和总司令部,声称中国革命是世界革命的一部分,孙中山的学说与马克思列宁主义在根本问题上一致,政权应由工农掌握[5]。但是,当时的共产国际执行委员会主席季诺维

---

[1] 邵力子:《出使苏联的回忆》,《文史资料选辑》第60辑,第184页,中华书局,1979。

[2] 《邵力子给共产国际执行委员会的报告》,《联共(布)、共产国际与中国国民革命运动》(3),第507页。

[3] 1926年11月蒋介石致邵力子电云:"别后未接来书,中亦无暇奉言,所商之事有无结果?此间甚忙,请兄事毕速回。中如来俄,莫当局之意如何?请复。"见蒋中正档,《筹笔》,00170,台北"国史馆"藏,下同。

[4] 《胡汉民就接纳国民党加入共产国际问题致共产国际执行委员会书提要》,《联共(布)共产国际与中国国民革命运动》(3),第91~92页。

[5] 《东方各革命党致贺词》,《共产国际有关中国革命的文献资料》第1辑,第115~116页。

也夫只承认国民党是"同情党"[1]。18日,联共(布)政治局会议讨论胡汉民代表国民党所提出的要求,作出了否定的决议。几天后,共产国际主席团复函国民党中央,措辞委婉地表示:国民党是共产国际在全世界同帝国主义作斗争的直接盟友,作为同情党正式加入共产国际自然不会遇到什么反对意见,但是,"目前的时机不适合",那样做,"只会促使帝国主义竭力动员反革命力量","建立反华统一战线","给中国人民争取独立的斗争造成困难"。函件表示,如果国民党中央坚持,可以将这一问题提交共产国际第六次世界代表大会讨论[2]。

同年9月,邵力子到达莫斯科后,即会见共产国际领导人,递交"书面报告",代表蒋介石向共产国际提出希望,其中之一是:国民党应同共产国际建立更密切的联系。在国共两党代表会议上邀请共产国际的代表作为会议的顾问参加。蒋应许,国民党将经常地向共产国际派去自己的代表,或者为了保持联系派驻共产国际常任代表;请共产国际派更多的人员来中国。事后,邵力子曾将和共产国际领导人见面及会谈的情况电告蒋介石[3]。11月22日,共产国际执行委员会第七次扩大全会举行开幕式,邵力子代表中国国民党致辞。他热烈赞扬共产国际是"世界革命的司令部":"它团结着全世界无产阶级和殖民地国家的被压迫人民,领导着他们为摆脱资产阶级的压迫和帝国主义的剥削而进行斗争。"邵在叙述了在孙中山领导下改组国民党,与中国共产党结成统一战线的历史后声称:"国民党必将取得成就,这是因为它正确地把中国革命看作是世界革命的组成部分,因此,也就可以指望得到共产国际和全世界无产阶级的全面支持。"[4]

三天后,邵力子趁热打铁,致函共产国际执行委员会,声称尽管国民党加入共产国际的时机尚未到来,但国民党左派的领袖和同志们"不

---

[1] 《出席共产国际执行委员会第六次全会的联共(布)代表团核心小组会议第1号记录》,《联共(布)、共产国际与中国国民革命运动》(3),第149页。

[2] 《共产国际执行委员会主席团给国民党中央委员会的信》,《联共(布)、共产国际与中国国民革命运动》(3),第152~153页。

[3] 邵电未见,蒋介石曾于当年11月23日复电云:"到俄后与第三国际谈话之电已接阅。近况如何?请兄速回襄助一切,中甚苦也。"见蒋中正档,《筹笔》,00172。

[4] 《共产国际有关中国革命的文献资料》第1辑,第144页。

能满足于得到革命者纯道义上的同情","比任何时候都更需要共产国际的领导"。信件强调:"国民党从来没有忘记工农的利益,从来没有同反革命派实行妥协";同时声称,北伐之后,被压迫群众的权力已在增长。信件建议:共产国际和国民党之间互派代表。共产国际驻国民党中央委员会的代表应当在所有党的事务和革命策略问题上给党以忠告和指导。国民党驻莫斯科的代表应当参加国际革命的工作[1]。当年2月,国民党通过胡汉民提出的要求被拒,前事不远,邵力子不得不降低要求,后退一步。

据邵力子回忆,离开中国前,蒋介石曾面嘱他向斯大林转达:要第三国际直接领导中国国民党,不要通过中国共产党。邵当时反驳说:"共产党是第三国际的直接组成分子啊!"但蒋坚持己见。后来在会见斯大林时,邵只说了前半句:希望第三国际加强对国民党的领导[2]。

二 确定国民党的反帝、反军阀策略

在很长时期内,国民党不曾提出过鲜明的反对帝国主义的纲领。对此,中国共产党早有不满。1922年6月,中共在肯定当时中国各政党中,"只有国民党比较是革命的民主派,比较是真的民主派"的同时,就曾指出:"他们的党内往往有不一致的行动及对外有亲近一派帝国主义的倾向。"[3]1924年初,鲍罗廷更尖刻地批评说:"国民党不是反帝的","它缺乏足够的民族主义色彩,缺乏彻底的反帝精神",甚至说:"他们的所有'著作'的一条红线,就是完全向外国人奴颜婢膝,巴结讨好。"[4]对于孙中山,鲍罗廷也毫不客气。他批评孙"总是不去寻求同帝国主义的斗争,而是寻求同帝国主义妥协"。

---

1 《邵力子给共产国际执行委员会的信》,《联共(布)、共产国际与中国国民革命运动》(3)。第636~638页。

2 《出使苏联的回忆》,《文史资料选辑》第60辑,第184~185页。

3 《中共中央文件选集》(1),第37页。

4 《鲍罗廷的札记和通报》,《联共(布)、共产国际与中国国民革命运动》(1),第421、423、429页。

比较起来，中共的反帝态度要坚决、明确得多。还在1922年6月，中共就曾一针见血地指出，帝国主义是中国军阀的支持者。其目的是"造成他们在中国的特殊势力"，"延长中国的内乱，使中国永远不能发展实业，永远为消费国家，永远为他们的市场"[1]。1923年11月，中共决定帮助国民党："矫正其政治观念，根据三民主义中之民族主义，促其做反帝国主义的宣传及行动。"中共当时认为："反帝国主义的运动，在中国国民运动中，比反军阀运动更为切要，在军阀与帝国主义有冲突时，吾人得助军阀以抗外人，断不可借外力以倒军阀。"[2]

在苏联和中共的影响下，国民党的反帝主张日益明确。国民党"一大"宣言提出："盖民族主义对于任何阶级，其意义皆不外免除帝国主义之侵略。""故民族解放之斗争，对于多数之民众，其目标皆不外于反帝国主义而已。"[3]到了1926年1月的国民党"二大"，其宣言就将"打倒帝国主义"列为"国民革命之第一工作"。这样，"反帝"斗争的重要性就被提升到了前所未有的高度，国共两党也就在这一问题上充分取得共识。北伐进军期间，两党及其群众在南方半个中国齐声同唱"打倒列强"歌，就是这一新的认识在音乐上的体现。

邵力子在提交共产国际的"书面报告"中没有像此前一样充分阐述开展反帝斗争的必要，而是强调提出："中国国民革命应当利用各帝国主义列强之间的矛盾。"他说："各帝国主义者都同样地仇视反帝运动，但是它们利益的矛盾使它们不可能组成统一战线。"又说："领导人民大众进行反帝斗争的国民党不可能提出'反对一般帝国主义'以外的口号问题，但是，在国民党国民政府的对外政策中，不可能不对各种不同的帝国主义集团加以区别。"邵力子以省港大罢工及其后的形势为例，说明英国保守党内阁有过武力干涉广州的设想，但因迫于英国工人阶级压力和其他列强的反对而作罢。邵力子认为，日本和美国当时尚未和广州国民政府

---

[1]《中国共产党对于时局的主张》，《中共中央文件选集》(1)，第35页。

[2]《国民运动进行计划决议案》，《中共中央文件选集》(1)，第200页。

[3] 荣孟源主编《中国国民党历次代表大会及中央全会资料》上，第16页，光明日报出版社，1985。

发生冲突，法国也希望延缓中国的革命浪潮。因此，中国革命应当对各种不同的帝国主义集团加以区别，对英国以外的其他列强采取和平政策；"即使对英国，'在公正的条件下'，国民政府也准备采取和平政策，以便让英国劳动人民明白，反英斗争是保守党实行的对华政策的结果，并通过这种办法来加强英国工人阶级的反战立场"。当年7月，广州国民政府和港英当局曾就结束省港大罢工一事进行谈判，邵力子就此表示："这决不意味着，国民党在帝国主义面前退却，而是希望同它达成和平的协议。这只是必要的策略让步。"[1]

谭平山在论述同一问题时明显和邵力子有所不同。谭承认，外国资本家之间、帝国主义国家之间有矛盾，但他强调的是必须坚决、彻底地进行反帝斗争。11月22日，谭平山在全会开幕式上发言，表示拥护共产国际对帝国主义的分析，即帝国主义的稳定是相对的、不牢固的，它是垂死的，"到处建立更加残酷、更加野蛮的制度，这样一来，也就加速了世界革命的进程，加速了自己的灭亡"[2]。谭平山认为，当时的中国革命已从五四时期的"联合美帝、反对日帝的纯资产阶级运动，发展成为联合世界无产阶级反对帝国主义的民族革命运动"。中国革命的任务是"彻底摆脱帝国主义"，"把外国帝国主义从中国驱逐出去"。他说："由于帝国主义国家的无产阶级同本国资产阶级的斗争，由于殖民地人民的民族解放运动，帝国主义终将被打倒。"[3]

在对国内军阀的策略上，邵力子、谭平山之间也存在着微妙的差异。

邵力子在"书面报告"中首先声称：国民党"二大"以后，国民政府接连不断收到居民要求立即向北进军的电报，国民军的处境又很危险，自从蒋介石在第三次全国劳动大会和广东省第二次农民代表大会作了报告以后，北伐的必要性就为全体国民党员及工人、农民所理解。邵力子这样说，是为了反驳此前陈独秀在《向导》上对北伐所作的批评。邵力子接着提出："考虑到自南向北进军可能导致北方军阀结成联盟，国

---

1 《联共（布）、共产国际与中国国民革命运动》（3），第508~509页。
2 《共产国际有关中国革命的文献资料》第1辑，第144页。
3 《共产国际有关中国革命的文献资料》第1辑，第172、178、196页。

民党在这次北伐中只提出'自卫'和'反对吴佩孚'的口号。对张作霖和孙传芳不仅不去触动他们，而且还同他们进行相应的谈判。"当时，蒋介石在苏联顾问加伦的帮助下，确定对北洋军阀采取"各个击破"方针，军中的口号是："打倒吴佩孚，妥协孙传芳，不理张作霖。"北伐开始后不久，蒋介石就派人到南京与孙传芳会谈，要他接受广东国民政府委派，共同反对吴佩孚。同时，又派人与张作霖谈判，要张停止对吴、孙两派军阀的援助。邵力子的报告所传达的正是蒋介石的上述策略思想。但是，谭平山的报告强调的却是："完全消灭半封建的军阀制度，建立统一的革命政权。"[1] 谭的报告虽然也提到了中国"半封建军阀"的分化，如吴佩孚军队的分化、孙传芳军队的崩溃、张作霖和张宗昌之间的矛盾，等等，却完全没有涉及"区别对待"或"各个击破"一类问题。

邵力子和谭平山的这种微妙差异同样反映出国共两党对军阀态度上的不同。

孙中山在革命斗争中，曾长期利用一派军阀以反对另一派军阀。对此，共产国际早就指示中共："我们应当在国民党内部竭力反对孙中山与军阀的军事勾结，这些军阀是敌视苏俄的外国资本的代理人，而苏俄则不仅是西欧无产阶级的盟友，而且也是东方被压迫民族的盟友。这种勾结有可能使国民党的运动蜕化成一个军阀反对另一个军阀的斗争，从而不可避免地不仅要导致民族阵线的彻底瓦解，而且要导致工人组织和共产党的信誉扫地。"[2] 1924年9月，属于皖系的浙江军阀卢永祥和属于直系的军阀齐燮元之间爆发战争。孙中山和皖系、奉系之间结有三角同盟，共同反对直系的曹锟、吴佩孚政权，因而自然支持卢永祥，并且企图乘机兴师北伐，直捣北京。同月10日，中共中央就发表通告称："此次江浙战争，显然是军阀争夺地盘与国际帝国主义操纵中国政治之一种表现；无论对于参加战争之任何方，若有人为偏袒之言动，都是牺牲人民利益来助宰制势力张目。"通告表示："人民对任何军阀战争不能存丝毫希望，

---

[1]《共产国际有关中国革命的文献资料》第1辑，第172页。
[2]《共产国际执行委员会给中国共产党第三次代表大会的指示》，《共产国际有关中国革命的文献资料》第1辑，第80页。

可希望解救中国的惟有国民革命。"[1]谭平山在共产国际执委会上不谈对军阀的分化、利用等一类问题,显然与中共的上述态度有关。

在"书面报告"中,邵力子向共产国际提出的希望之二是,"明确制定我上面所谈到的对待各个帝国主义集团和军阀派系的策略,并要求共产党接受统一的行动纲领"[2]。显然,这是在要求共产国际确认国民党的反帝、反军阀策略,并将中共的行动纳入这一统一的"纲领"中去。

三 阐明国民党的农工政策

在书面报告中,邵力子声称"国民党在一大以后就开始特别重视工农运动,同情国民党的工人和农民越来越多。这种现象特别表现在广东省,在政府同工农组织的合作中。"他汇报说:广东省已经有66个县组成农民协会,会员超过60万人。又汇报说:国民党和国民政府正在修订《劳动法典》,用以维护工人工会的权益。关于土地问题,邵力子特别说明:蒋介石曾就土地问题和鲍罗廷长谈,就改善农民状况有过协议,准备在必要和适当的时候公布。

谭平山的书面报告有一节专谈农民问题,涉及组织农民运动、土地、实行最低的土地税、制止农村高利贷、农村统一战线、武装农民等多方面的问题。谭批评国民党的最近宣言:"有一个'只有进行革命,土地才能归农民'的口号,这是一句空话。"他表示:"我们这方面应该进行广泛的宣传,争取无条件地满足农民的要求。"但是,谭平山提出的实际措施还是"实行最低的土地税"和减租百分之二十五等方案[3]。

布哈林不满意谭平山的书面报告,于会议第二天的讲话中严厉地批评了中国共产党。他说:"虽然中国共产党的路线总的来说是正确的,但

---

1 《中央通告第十七号》,《中共中央文件选集》(1),第285页。

2 《联共(布)、共产国际与中国国民革命运动》(3),第515页。

3 《谭平山提出的关于中国问题的书面报告》,《联共(布)、共产国际与中国国民革命运动》(1),第191~192页。

它所犯的主要错误就在于，党对农民问题注意得不够，过分畏惧农民运动的开展，在国民党占领区进行土地改革不够坚决。"[1]26日，谭平山发言，承认布哈林所批评的错误，表示将以"布哈林的观点"作为"解决中国对农民的策略的问题的出发点"[2]。29日，谭在《关于中国情况的报告》中说："大地主阶级是中国军阀制度的基础。为了彻底消灭半封建的军阀制度，我们应该解决土地问题。"[3]12月2日，他进一步表示："中国土地问题比以往任何时候都更为尖锐，若不及时加以解决，就不能保证民族革命的胜利。"他提出的具体办法有：在国民革命军占领的地方，没收庙宇土地，没收公开反对革命政权的买办军阀和大地主的财产等。他并在会上向国民党公开呼吁："尽快地满足农民群众的要求。"[4]12月15日，谭平山代表中国委员会发言，声称："这个问题的原则牢固地确定了，即土地应该属于农民。"可以看出，谭平山的调子在逐渐升高。

在布哈林的批评面前，邵力子仍然坚持原来的立场。11月30日，邵力子发言，声称孙中山的三民主义就是社会主义，孙中山和布哈林所设想的中国革命前途是一致的；邵同时声称：国民党在民族革命以后，力图避免"在中国形成资产阶级统治"；国民党已是"群众的党"，"现在公开地切实地保护工农的利益"。在谈到土地问题时，邵力子说："蒋介石同志在他对国民党党员的讲话中指出，如果不能正确地解决农民的土地问题，那中国革命是不可想象的。"在讲了上述事例后，邵力子郑重声明："国民党对土地问题是极其重视的。"但是，邵力子也委婉地表达了国民党不准备立即接受激进土地纲领的立场。他说："怎样在中国实现土地改革呢？我认为，全会必将就这个问题给我们指示和确定总的路线。但必须注意，任何有关土地改革的建议，都应符合当前的实际情况。"[5]

中国革命党人和共产国际之间在土地问题上的分歧由来已久。孙中

---

1 《布哈林的报告》，《共产国际有关中国革命的文献资料》第1辑。

2 《讨论布哈林和库西宁的报告》，《共产国际有关中国革命的文献资料》第1辑，第166页。

3 《共产国际有关中国革命的文献资料》第1辑，第174页。

4 《共产国际有关中国革命的文献资料》第1辑，第250～251页。

5 《共产国际有关中国革命的文献资料》第1辑，第243～244页。

山早年主张"平均地权",但其实质是通过调节税收来剥夺地主对土地的垄断,为近代工商业的发展创造条件,并不涉及农民的土地要求。对此,鲍罗廷曾批评为"小资产阶级的改良"[1]。1923年5月,共产国际指示中共"三大":在中国进行民族革命建立反帝战线之际,必须同时进行土地革命,吸引农民,其核心内容为:没收地主土地,没收寺庙土地,无偿分配给农民。但是,此后召开的中共"三大"和"四大"都没有采纳上述意见。1924年1月,毛泽东还曾明确提出:"只要我们还不确信我们在农村拥有强有力的基层组织,只要我们在很长时期内没有进行宣传,我们就不能下决心采取激进的步骤反对较富裕的土地所有者。"[2]同样,共产国际对国民党的游说也未见显著成效。1923年11月,鲍罗廷和廖仲恺起草过一份土地法令,但孙中山不同意立即公布,"建议先同农民联系,倾听他们的呼声",同时,"培养一些干部,以便在土地法令颁布之时,能有人向农民宣传和说明"[3]。国民党"一大"以后,孙中山提出了"耕者有其田"的主张。他在和苏联顾问弗兰克私下谈话时并说:"我决心将所有现在掌握在地主(出租土地的人)手里的土地交给农民掌握和所有。"这当然比较接近于共产国际的土地革命思想,但孙中山又认为,必须在成立了农民协会并将农民武装起来之后,才有条件实行。他说:"在当前组织农民协会的形势下,进行任何反对地主的宣传都是策略性的错误,因为那样做会使地主在农民之前先组织起来。"[4]此后,国民党的各种决

---

1 《联共(布)、共产国际与中国国民革命运动》(1),第425页。

2 《联共(布)、共产国际与中国国民革命运动》(1),第470页。

3 俄罗斯现代史文献保管与研究中心,全宗514,目录1,案卷50,第113~114页。

4 《就中国农民问题与孙逸仙和廖仲恺的谈话》,《联共(布)、共产国际与中国国民革命运动》(1),第515~516页。孙中山在和鲍罗廷谈话时也表述过近似的意见。他说:"土地改革是必要的,但我们不能贯彻执行,因为我们的农民没有文化,没有组织起来,在我们和农民之间有豪绅,如果我们颁布法令,那么这个法令会首先落到豪绅手里(如果法令能传到农村的话),豪绅就会利用法令来反对我们,并且他们不仅把军阀也把农民组织起来反对我们。因此首先应当着手组织农民。"见《鲍罗廷在联共(布)中央政治局使团会议上的报告》,载《联共(布)、共产国际与中国国民革命运动》(3),第128页。

议并未按共产国际的要求列入土地革命，因此，布哈林在共产国际执委会第六次全会上对中共的批评实际上也是指向国民党的。

四 调整国共关系，要求共产国际承认国民党对中国革命的领导权

邵力子"书面报告"的重点是"关于党"。在这一部分中，邵力子准确地复述了蒋介石当年6月初在黄埔军校演讲时提出的观点："革命取得胜利的基本条件是统一的领导和统一的意志。中国革命是世界革命的一部分。中国革命也和世界革命一样需要统一。共产国际是世界革命的领导。因此，国民党应是中国革命的领导。"[1]报告中，邵力子同时传达了蒋介石对中国共产党的看法："共产党是无产阶级的政党。他不可能也不应该限制它的发展。然而在统一战线中，它（共产党）应当承认领导中国革命的国民党是领导者，并采取措施避免产生致使统一战线削弱国民革命力量的各种麻烦和分歧。"报告中，邵力子还传达了蒋介石对共产国际的要求：1. 与共产国际建立更加密切的联系。在国共两党代表会议上邀请共产国际的代表作为顾问参加；请求共产国际对中国革命运动的各种问题给予指导；经常向共产国际派出代表或派驻常任代表；请共产国际派更多人员来到中国。2. 明确制订报告中谈到的对待各个帝国主义集团和军阀派系的策略，并要求共产党接受统一的行动纲领。3. 请在如何统一中国的革命阵线，加强和巩固国民党，进一步改善国共在联合斗争时的相互关系等问题上给予指导。

继"书面报告"之后，邵力子又提出"补充报告"，阐述在国共合作中发生的摩擦和分歧，指责中国共产党人没有领会共产党人加入国民党后应承担的基本任务。报告强调："统一战线方式不是两党站在一条线上的联合方式，而是共产党人加入国民党的一种方式。""在目前的社会条

---

[1] 《联共（布）、共产国际与中国国民革命运动》（3），第514～515页。

件下只能进行国民革命。而这一革命的领袖应当是国民党。"[1]

邵力子的"补充报告"提出,共产党人应该执行两项根本任务:加强和扩大国民党;帮助和加强国民党左派。报告批评了"部分年轻共产党人"中存在的情况:1. 在工农群众中说:国民党是资产阶级或小资产阶级政党,是动摇的政党,将来会压迫工农;2. 竭力把国民党的年轻左派吸收到共产党组织中去,结果是国民党内几乎没有纯粹的国民党左派。报告希望:共产党"千方百计地努力扩大和发展国民党左派,加强它在国民革命运动中的领导地位";不要在军队中建立秘密组织;在对各个帝国主义集团和军阀派系的具体策略上和国民党采取一致行动;对(国民党)在军事和政治建设中出现的错误,共产党人先要友好地提出,在拒绝接受的情况下才进行公开批评。

邵力子的要求和谭平山在会议上提出的主张,正好互相顶牛。

在"书面报告"中,谭平山形象地说明中国革命有如两架赛车竞争,一架是资产阶级驾驶的,一架是无产阶级驾驶的。谁超过对方,谁就头一个达到目的。他说:"无产阶级与资产阶级之间由于争夺革命的领导权问题而展开竞赛,很久以前就已经开始了。但是,只有现在才到了决赛时刻。"[2]11月29日,谭平山发言,分析中国革命的两种发展可能:其一,中国的无产阶级和全世界无产阶级一起完成彻底的革命;其二,中国新兴的资产阶级从无产阶级手中夺去革命的领导权,并在帝国主义的帮助下建立中国的资本主义。他说:"中国无产阶级在中国革命中的领导权还没有足够的保证。中国无产阶级还处于必须与资产阶级争夺民族革命领导权的阶段。"[3]自然,谭平山所说"无产阶级领导权"就是中国共产党的领导权。

中国共产党对于领导权的认识有一个发展过程。"一大"时,中共决定"对现有其他政党,应采取独立的攻击的政策"。"只维护无产阶级的利益,不同其他党派建立任何联系"[4]。在这种情况下,自然不存在领导权问

---

1 《联共(布)、共产国际与中国国民革命运动》(3),第521~522页。
2 《共产国际有关中国革命的文献资料》第1辑,第176页。
3 《共产国际有关中国革命的文献资料》第1辑,第173页。
4 《中国共产党第一个决议》,《中共中央文件选集》(1),第8页。

题。中共"二大"克服了"一大"所表现的关门主义和孤立主义倾向，会议提出，"共产党应该出来联合全国革新党派，组织民主的联合战线"[1]。

要成立联合战线，就必然有一个谁来领导的问题，但是，会议没有就此提出看法。其后，中共中央西湖特别会议决定进一步推进民主联合战线，讨论了共产国际代表提出的共产党员以个人身份加入国民党的问题，也还是没有研究领导权问题。

领导权问题最早见于高君宇、蔡和森、瞿秋白等个别共产党员的文章中[2]。1923年5月，共产国际明确指示中共"三大"：领导权应当归于工人阶级的政党[3]。但是，"三大"没有考虑共产国际的这一意见，在决定共产党员以个人名义加入国民党时，却在宣言中表示："中国国民党应该是国民革命之中心势力，更应该立在国民革命之领袖地位。"[4]当年11月，中共三届一中全会提出："我们须努力站在国民党中心地位"，这可算领导权思想的萌芽，但决议马上就补充说，"事实上不可能时，断不宜强行之"，可见决心并未下定[5]。1924年1月，李大钊在国民党"一大"发言，

---

1 《关于"民主的联合战线"的决议案》，《中共中央文件选集》（1），第66页。

2 1922年9月高君宇在《向导》回答问题时说："在国民革命当中，无产阶级是要占个主要地位。"1923年1月，蔡和森在《外力·中流阶级和国民党》中提出："从旧的历史看来，领导中流阶级向国民运动走的有中华国民党；从新近的历史看来，领导工农阶级向国民运动联合战线走的有中国共产党。"1923年2月，瞿秋白在《现代劳资战争与革命》一文中提出："务使最易组织最有战斗力之无产阶级在一切旧社会的运动中，取得指导者的地位，在无产阶级中，则共产党取得指导者的地位。"同年5月，瞿在《新青年之新宣言》中提出："即使资产阶级的革命亦非劳动阶级为之指导，不能成就；何况资产阶级其势必半途而辍，失节自卖，真正的解放中国，终究是劳动阶级的事业。""无产阶级在社会关系之中，自然处于革命领袖的地位。"9月瞿秋白在《自民权主义至社会主义》一文中提出："资产阶级性的革命却须无产阶级领导方能胜利。"

3 《中共中央文件选集》（1），第586页。

4 《中共中央文件选集》（1），第165页。类似的思想也见于会议通过的《关于国民运动及国民党问题决议案》。

5 《中共中央文件选集》（1），第201页。鲍罗廷对这一决议的回忆是："会议指出，全体同志尽管应该在国民党内竭尽全力为自己争取领导权，但必须通过合情合理的途径，不得暴露自己的意图。"见《鲍罗廷的札记和通报》，《联共（布）、共产国际与中国国民革命运动》（1），第442页。

高度评价国民党的革命性,他说:"我们环顾国中,有历史、有主义、有领袖的革命党,只有国民党;只有国民党可以造成一个伟大而普遍的国民革命,能负解放民族、恢复民权、奠定民生的重任,所以毅然投入本党来。"他强调革命力量应"集中于一党",宣称接受孙中山的指挥。他说:"光是革命派的联合战线,力量还是不够用,所以要投入本党中,简直编成一个队伍,在本党总理指挥之下,在本党整齐纪律之下,以同一的步骤,为国民革命的奋斗!"李大钊并称:"我们加入本党是来接受本党的政纲,不是强本党接受共产党的党纲。"[1]显然,中共中央当时还没有考虑到:一旦孙中山逝世后怎么办?一旦两党发生政见分歧时怎么办?

国民党"一大"后,国共两党部分党员之间的分歧日渐显露,无产阶级领导权问题遂逐渐受到中共中央注意。1924年7月1日,李大钊在共产国际第五次代表大会上报告说:"中国共产党的力量不大。它的战线很长,因为它同时领导着工人运动和民族运动。"[2]同月21日,由陈独秀、毛泽东签署的《中央通告》提出,须努力获得或维持"指挥工人农民学生市民各团体的实权"[3]。1925年1月召开的中共"四大"提出:"中国民族革命运动,必须最革命的无产阶级有力的参加,并且取得领导的地位,才能够得到胜利。"[4]这就对领导权问题作了极其清晰的表述。会议对国民党的评价和"三大"有了显著差别,称其为"中国民族运动中一个重要工具,然亦仅仅是一个重要工具"。会议同时提出和国民党的"争斗"问题。宣言称:"我们固然要帮助国民党在实际运动上在组织上发展,同时也不可忘了在国民党中的争斗:反帝国主义的政治争斗,农工阶级的经济争斗。"宣言表示:"对于国民党政治上妥协政策,尤其是不利于工人农民的行动,我们必须暴露其错误,号召工人农民起来反抗。"[5]其后,中共中央关于领导权问题的认识不断加强,如1925年10月中共中央

---

1 《李大钊文集》第4卷,第369~370页,人民出版社,1999。
2 《共产国际有关中国革命的文献资料》第1辑,第92页。当时,李大钊化名琴华。
3 《中央通告第15号》,《中共中央文件选集》(1),第283页。
4 《中共中央文件选集》(1),第333页。
5 《中共中央文件选集》(1),第339~340页。

扩大执行委员会就提出:"中国共产党是无产阶级的指导者,是民族解放运动的领袖的指导者,应当指示群众以前进的道路。"[1]至此,在民主革命中必须保证无产阶级的领导权已成为中共的普遍认识。但是,如何取得这种领导权呢?中共中央提出了多种办法:与左派建立密切的联盟,竭力赞助左派和右派斗争;控制中派;在国民党势力所在地,到处扩大共产党,"积极的跑到政治舞台上去,到处实行我们自己的思想斗争和策略"[2];其他办法还有:拉住小资产阶级,促进资产阶级革命化等等。至1926年7月,中共中央扩大会议遂形成了比较全面的意见。会议通过的《中国共产党与国民党关系问题的决议案》提出:"一方面我们的党应当更加加紧在政治上表现自己的独立,确立自己在工人中及多数农民中的势力,取得革命化的一般民众中的政治影响;别方面组织这些小资产阶级的革命潮流而集合之于国民党,以充实其左翼,更加以无产阶级及农民的群众革命力量影响国民党——这样去和左派国民党结合强大的斗争联盟,以与资产阶级争国民运动的指导。如此才能保证无产阶级政党争取国民革命的领导权。"[3]

然而,当时两党联盟的方式是党内合作,共产党员以个人身份加入国民党。如何在这一特定格式中,既掌握领导权,又保证两党继续合作,这是个很难解决的问题;在蒋介石集党、政、军大权于一身,又针锋相对地提出国民党的领导权问题之后,这个问题就更难解决了。

五 可以解决和无法解决的问题

共产国际第七次全会在一片欢呼声中闭幕了。邵力子受蒋介石之嘱提出的"重要问题"有的解决了,有的没有解决,有的则在旧的格式、框架下根本无法解决。

---

1 《中共中央文件选集》(1),第468页。

2 《中国共产党与中国国民党决议案》,《中共中央文件选集》(1),第489页。

3 《中共中央文件选集》(2),第175~176页。

关于和共产国际互派代表问题。1927年1月6日，共产国际主席团决定原则上接受国民党向共产国际主席团派驻代表的建议，交主席团小委员会讨论并解决手续上的问题[1]。谭平山认为，当初胡汉民代表国民党申请加入共产国际时动机就不纯，一是为了提高自己在国民党内的威信，一是为了削弱共产党在群众中的影响，因此，他对共产国际主席团的决定持怀疑态度。1月7日，谭平山在主席团会议上表示，他原则上赞成国民党作为同情党向主席团派驻代表，但他同时声明，这一建议只是几个国民党员提出的，其他人不知道，国民党中央也没有接受这一建议。他要求政治书记处再作研究[2]。1月10日，索洛维耶夫致函共产国际主席团小委员会，声称主席团会议已原则上通过和国民党互派代表的决定，决定将国民党代表列为有发言权的共产国际主席团成员，要求小委员会致电鲍罗廷，确认邵力子的委托书，或另派代表[3]。11日，小委员会决定致电鲍罗廷与共产国际驻中国的代表维经斯基，将上述决定通知他们，要他们了解国民党中央是否讨论过，邵是否已被授权等问题，待收到复电后再议。此后，邵力子即以国民党代表的身份继续留在莫斯科，但是，共产国际担心向国民党派驻代表就等于接纳国民党，始终没有向国民党派驻自己的代表。一直拖到4月7日，维经斯基等才在汉口致电共产国际执委会政治书记处，建议由共产国际驻中国共产党的代表兼任驻国民党的代表并参加国民党的一切领导机关。[4]

邵力子留苏期间，共产国际远东书记处还曾决定："不反对吸收邵力子同志在共产党员同志的监督和领导下参加农民国际的工作。"[5] 又决定报请政治局批准，由库西宁、拉斯科尔尼科夫、索洛维耶夫、蔡和森、

---

1 《共产国际主席团会议记录》，《联共（布）、共产国际与中国国民革命运动》（4），第60页。

2 《谭平山和拉斯科尔尼科夫在共产国际执行委员会主席团会议上就国民党向共产国际执行委员会主席团派驻代表问题的发言记录》，《联共（布）、共产国际与中国国民革命运动》（4），第61~62页。

3 《联共（布）、共产国际与中国国民革命运动》（4），第63页。

4 《联共（布）、共产国际与中国国民革命运动》（4），第176页。

5 《共产国际执行委员会远东书记处会议第5号记录》，《联共（布）、共产国际与中国国民革命运动》（4），第101页。

邵力子等人组成国民党问题常设会议。但是，此会未被批准成立。[1]

关于确定国民党的反帝、反军阀策略问题。当时，苏联共产党正醉心于推行"世界革命"，因此，笼罩共产国际执委会第七次全会的是一片强烈的反帝气氛。在全会所作的决议中，虽然也有"应利用各帝国主义集团间的矛盾"一类的片言只语，但它更强调的是"从根本上打击在中国的帝国主义势力"。全会不仅要求废除对华不平等条约，撤除外国租界，而且要求打击"帝国主义势力的经济基础"，要求中国国民政府将属于外国资本的铁路、租让公司、工厂、矿山、银行和企业一概收归国有。[2]在这一情况下，自然不会考虑国民党人所提出的对列强实行区别对待的策略，相反，却常常担心他们会和列强勾结。直到1927年4月，武汉国民政府处于极端困难时，鲍罗廷才决定实行外交上的"政策调整"，分离英、日，区别外国政府以及资本家集团中的军人派和工商业资本派、财政资本派与商业资本派，但已为时过晚了。[3]

中国军阀林立。为了打击一派军阀，在某些条件下可以和另一派军阀结成临时联盟。这一点，共产国际、联共（布）中央、中共都是认可的。例如联共（布）中央政治局就肯定："广州同张作霖进行谈判是合适的，同时提醒广州防止卷入与广州政府的资源和力量不相适应的军事行动的危险。"[4]中共也赞成"联奉"。中共上海区委负责人罗亦农就曾表示："北伐军战线太长很危险。""要看国民政府的政治手腕如何？能否拉住奉军。""在政治全盘观察，联奉是必要的。"[5]

关于土地革命。共产国际极为重视中国革命中的土地问题。在《关于中国形势问题的决议》中，共产国际提出："中国民族革命运动的发

---

[1] 《共产国际执行委员会远东书记处会议记录》，《共产国际执行委员会政治书记处会议第9号记录》，《联共（布）、共产国际与中国国民革命运动》（4），第102、115页。

[2] 《关于中国形势问题的决议》，《共产国际有关中国革命的文献资料》第1辑，第284页。

[3] 参阅拙作《中华民国史》第2编第5卷，第463、531页，中华书局，1996。

[4] 《联共（布）政治局会议第53号（特字第44号）记录》，《联共（布）、共产国际与中国国民革命运动》（3），第505页。

[5] 《上海区委特别会议记录》，1926年9月14日。

展，重点是土地革命。"共产国际并严重脱离实际地要求中国革命党人"进行连续性的彻底改革，以实现土地国有化"。针对部分中共党人担心开展土地革命会影响统一战线的顾虑，共产国际在决议中特写了下面一段话："惧怕资产阶级中某一部分势力会不坚决、不真诚地合作，而拒绝在民族解放运动的纲领里把土地革命问题提到显著地位，这是不对的。这不是无产阶级的革命策略。"[1]自然，这些主张也是对于邵力子在会上所述主张的明确否定。

在共产国际行动执委会和主席团成员中，印度人罗易强烈主张在中国推行土地革命。全会《关于中国形势问题的决议》就是由他起草的。1927年1月，罗易被作为共产国际的代表派往中国，谭平山同行。共产国际此举显然是为了促进中国的土地革命。在共产国际扩大全会的影响下，原先主张暂缓进行土地革命的中共党人和部分国民党左派迅速改变看法。1927年4月，武汉国民党中央成立由国共两党成员组成的土地委员会，制订解决中国土地问题的方案。该会从4月初开始工作，经过一个多月时间，形成《解决土地问题决议案》。在表决时，林祖涵、吴玉章两位共产党员赞成通过而不公布，徐谦、宋庆龄、陈友仁以及孙科、汪精卫等人都不举手，只好决定暂时保留。但是，这时候，湘、鄂、赣部分地区的农民运动已经从减租减息跃向重新分配土地了。

关于领导权。共产国际《关于中国形势问题的决议》将中国革命分为三个阶段。第一阶段，民族资产阶级和资产阶级知识分子是最重要的动力。第二阶段，工人阶级在中国舞台上出现，与农民、城市小资产阶级，部分地也同资产阶级联合起来。决议认为，中国革命即将向第三阶段过渡，"运动的基本力量将是革命性更强的联盟——无产阶级、农民阶级和城市小资产阶级的联盟，把大部分大资产阶级排除在外"，"无产阶级越来越明显地成为运动的领导者"[2]。蒋介石通过邵力子要求共产国际承认中国国民党是中国革命的领导者，《决议》的这一段话虽然不是对蒋的直接回答，但却是坚决而明确的否定。

---

[1] 《共产国际有关中国革命的文献资料》第1辑，第276、280、284页。

[2] 《共产国际有关中国革命的文献资料》第1辑，第277页。

双方都要求领导权，但领导权只能属于一方。在两不相下而又别无其他途径可以解决的情况下，这种对领导权的争夺必然会导致统一战线破裂，进而导致血与火的冲突。但是，共产国际对此却缺乏清醒的认识。《关于中国形势问题的决议》称："无产阶级应该作出选择：是同资产阶级中的大部分势力维持联合，还是进一步巩固自己同农民的联盟，"[1]这实际上是在要求从统一战线中甩掉中国"资产阶级的大部分"，但是，在另一方面，共产国际又力图拉住蒋介石，维系原来的统一战线框架。1927年3月，发生英美炮舰轰击南京事件，邵力子以国民党代表身份致函共产国际主席团，表示"要在世界革命战线上共同努力，打倒共同的敌人——国际帝国资本主义"[2]。这时，已处于国共分裂前夜，形势日益严重，共产国际执委会主席团却在复邵力子函中称："坚信国民党将保持团结一致，外国帝国主义者、军阀以及中国劳动人民的其他敌人都无法分裂高举民族解放旗帜的伟大的党。"[3]不久，邵力子因蒋介石电催[4]，准备束装归国，斯大林、李可夫、伏罗希洛夫竟分别托邵将自己的照片赠与蒋介石，以示亲善！[5]

六　尾声

1927年3月，联共（布）中央政治局获悉，蒋介石曾向共产国际执委会表示，愿意会见在中国的共产国际执委会代表团。政治局认为这一会见是有必要的，打算派维经斯基去上海，与蒋介石联系，并防止他采取"极端行动"[6]。共产国际驻中国代表团收到指示后，未能及时作出决

1　《共产国际有关中国革命的文献资料》第1辑，第280页。

2　《联共（布）、共产国际与中国国民革命运动》(4)，第158页。

3　《联共（布）、共产国际与中国国民革命运动》(4)，第175页。

4　蒋介石：《致嘉伦将军转吴定康电》，蒋中正档，《筹笔》，00459。

5　《邵力子给索洛维耶夫的信》，《联共（布）、共产国际与中国国民革命运动》(4)，第214页。

6　《联共（布）中央政治局会议第92号（特字第70号）记录》，《联共（布），共产国际与中国国民革命运动》(4)，第156页。

定,直到罗易得悉蒋介石决定在南京召集国民党中央全会,才于4月12日致电蒋介石,建议他放弃计划,参加武汉方面召集的会议。电称:"我们建议您遵守协议,把党内一切有争议问题提交中央委员会全会来解决并服从全会的决定。如果您接受这一忠告,我们将愿意访问南京,以便和您本人讨论一切重大问题。共产国际将尽可能帮助建立一切革命力量的反帝统一战线。"[1]但是,这一天,上海的"清党"行动已经开始了。同月22日,蒋介石复电罗易,指责武汉国民党左派,电称:"国民党党内问题,关系本党之存亡,实非寻常纠纷之可比,最近种种事实已经证明破坏国民革命联合战线责任之谁属,而在武汉一方把持我党党权之人有不能辞其咎者。"蒋批评罗易"只听见一方面人的话,未尝知其真相",声称南京会议系当年3月汪精卫在上海会议时所决定,"事非由我而起,我亦无权打消也"[2]。蒋介石和共产国际的关系自此终结。

邵力子归国前,斯大林已经得到蒋介石解除上海工人纠察队的消息。他笑着对邵力子说:"如果蒋介石真的解除了工人自卫队的武装,我却把自己的照片送给他,工人们会怎样看我?"4月23日,邵力子在海参崴得知确讯,便将照片退回斯大林等人。他表示:"不能充当反革命的武器",回国后将经上海去武汉。函称:"达成妥协的希望已经破灭,我很担心帝国主义者可能进行干涉,希望共产国际和各国同志号召全世界革命者阻止这种干涉。"[3]

返国后,邵力子在上海住了几天,到南京见蒋介石,蒋仍要邵当秘书长,邵称:"我不能再当秘书长,不离开你就是了。但希望停止杀戮青年,并不要叫我写关于反共的文字。"[4]

---

[1] 《罗易给蒋介石的电报》,《联共(布)、共产国际与中国国民革命运动》(4),第182~183页。

[2] 《致汉口第三国际代表路伊君》,《革命文献拓影》,北伐时期第13册,蒋中正档。

[3] 《邵力子给索洛维耶夫的信》、《皮亚特尼茨给斯大林的信》,《联共(布)、共产国际与中国国民革命运动》(4),第214~215页。

[4] 邵力子:《出使苏联的回忆》,《文史资料选辑》第60辑,第85页。

北伐时期左派力量与蒋介石的矛盾及斗争

中山舰事件后,汪精卫被迫"请假"离国,蒋介石在国民党二届二中全会上提出限制共产党人的整理党务案,逐步掌握了党权、政权和军权。其后,中共为了夺取革命领导权,曾和国民党中的左派人士团结合作,同蒋介石进行过几次斗争,取得一定胜利,夺回了大部分党权和政权,但是,由于未曾触动蒋介石的军权,最终还是失败了。

一 迎汪复职

孙中山逝世后,汪精卫是国民党左派的领袖。中山舰事件后不久,在广州的苏联顾问就在内部文件中提出,"要使汪精卫复职",让汪、蒋联合并团结起来[1]。但是,迎汪复职的口号却是由国民党左派之口提出来的。

1926年5月25日,彭泽民在国民党中央常务委员会上提议:"汪精卫同志病仍未愈,本会应去函慰问,并申述本会热望其早日销假视事。"[2]随后,江苏、安徽、湖北、广西等区党部陆续通电,要求汪精卫销假视

---

[1] 文件41,《联共(布)、共产国际与中国国民革命运动》(3),第211页。
[2] 中国第二历史档案馆编《中国国民党第一、二次全国代表大会史料》(上),第549页,江苏古籍出版社,1986。

事，主持北伐大计；于右任、经亨颐等并电请中央催促[1]。7月9日，蒋介石就任国民革命军总司令，国民党左派的迎汪要求更为迫切。8月初，国民党中央接到汪精卫7月16日的信函，汪表示，辞去在政治委员会、国民政府委员会、军事委员会中所任各职，"销假以后，或在粤，或在别处为党服务"[2]。何香凝主张借此请汪复职。8月10日，她在中常会第47次会上临时动议："现在请汪主席销假者既函电纷驰，中央应分别答复及将原函电转汪主席。"[3]次日，吴玉章由沪到粤，何香凝一见面就哭道："现在是跟北洋军阀决战的最后关头了；可是国民党内部情形这样糟，怎么办？一个人专横跋扈，闹得大家三心二意，这次战争怎么打下去，国民党怎能不垮台？"[4]自此，二人即不断联络左派，商量对策。

最初，国民党左派计划在攻克武汉后召开国民党三大或临时代表会议，实现迎汪打算。9月，确定召开中央及各省区联席会议。为此，顾孟余自愿联络北方左派，吴玉章亲到长江一带活动。他们制定了两项宣传原则：1.说明本党现状及3月20日事变真相；2.口号为"巩固本党左派与C.P.谅解合作"与"恢复党权，拥汪复职"。但中共中央认为："第一项太利〔厉〕害了"，怕刺激蒋，要求"含浑一点"[5]。

蒋介石很早就认为，他和汪精卫之间"两雄不能并立"[6]，因此，对迎汪复职疑惧不安，在二届二中全会闭幕式上，蒋介石故作姿态地表示过："汪精卫、胡汉民两同志，我们大家必要请他俩出来，尤其是汪先生，我们必须请他赶速销假，主持党务。"[7]但实际上他强烈反对汪精卫回国复职。1926年8月20日，他从广东来电中得悉迎汪情况，认为其目的在"倒蒋"[8]。21日，中央军校全体党员电请汪精卫销假："党国无人

1　《中国国民党第一、二次全国代表大会史料》（上），第575~600页。
2　《广州民国日报》1926年8月5日。
3　《中国国民党第一、二次全国代表大会史料》（上），第635页。
4　《吴玉章回忆录》，第136页，中国青年出版社，1978。
5　《中央对于国民党十月一日扩大会议的意见》，《中共中央文件选集》（2），第321页。
6　《上海区委召开"民校"党团扩大会议记录》，1926年8月7日。
7　《民国十五年以前之蒋介石先生》第八编二，第71页。
8　《蒋介石日记类抄·军务》，1926年8月25日。

主持，即黄埔军校同志，亦如孺子之离慈母，彷徨歧路，莫决南针。"[1]这对蒋介石刺激很大。他在日记中写道："从中必有人操纵，决非大多数之真意，自吾有生以来，郁结愁闷，未有甚于今日也。"[2]由此，他进一步增加了对共产党的憎恨，日记说："他党在内捣乱，必欲使本党纠纷、分裂，可切齿也。"[3]但是，这一时期，他因嫡系部队作战不力和进攻武昌受挫，受到唐生智的轻视和排挤，正处于困境，对共产党还不便强硬。

9月中旬，蒋介石派胡公冕到上海会见陈独秀，声称汪精卫回来，将被小军阀利用和他捣乱，分散国民革命的势力[4]。蒋介石这里所指的"小军阀"，显然包括唐生智在内。蒋介石担心，汪回来，会受到唐生智等人的拥戴，成为他政治上的劲敌。蒋介石要求中共维持他的总司令地位，并要挟说："汪回则彼决不能留。"[5]9月16日，中共中央与共产国际远东局开会讨论迎汪问题。会议认为：广东政府自中派当权以来，纵容官僚、驻防军及土豪劣绅摧残农会，杀戮农民，包庇工贼，打击左派学生，苛取商民捐税，迫切需要从政治上恢复左派的指导权。目前有三条路可走：1. 迎汪倒蒋；2. 汪蒋合作；3. 使蒋成为左派，执行左派政策。但现正处于北伐期间，走第一条路太危险，继蒋而起的李济深、唐生智可能比蒋还右；走第三条路有很多困难；走第二条路比较适宜[6]。会后，陈独秀对胡公冕表示：汪回有三种好处。第一，使国民政府增加得力负责人，扩大局面；第二，新起来的小军阀与蒋之间的冲突，有汪可以和缓一些；第三，张静江在粤的腐败政治，汪回可望整顿。陈独秀并称：中共只是在以下三个条件下赞成汪回：1. 汪蒋合作，不是迎汪倒蒋；

1　《广州民国日报》1926年8月23日。

2　《蒋介石日记类抄·军务》，1926年8月25日。

3　《蒋介石日记类抄·军务》，1926年8月30日。

4　《中央给广东信——汪蒋问题的最后决定》，《中共中央文件选集》（2），第325页。

5　《蒋介石最近对于我们的要求》，《中央政治通讯》第3期，1926年9月15日。

6　《中央致粤区的信——制订左派政纲，促成汪蒋合作》，《中共中央文件选集》，第（2），第315~316页。

2. 仍维持蒋之军事首领地位，愈加充实、扩大蒋之实力，作更远大之发展；3. 不主张推翻整理党务案。[1]由于蒋介石邀请吴廷康赴鄂，9月21日，中共中央与吴廷康会议，研究如何在汪、蒋、唐之间进行权力分配以避免冲突[2]。会后，吴廷康即与张国焘赴鄂。但二人赶到时，蒋介石已经赴江西指挥作战。27日，加伦劝蒋介石请汪"出任党政"首领[3]。在苏联顾问中，蒋介石比较相信加伦，因此中共中央和共产国际的意见常常通过加伦转达。两天后，蒋介石接到了汪精卫的来信，其中心意思是解释中山舰事件，声明"前事无嫌"[4]。10月3日，蒋介石发出迎汪电报。内称："本党使命前途，非兄与弟共同一致，始终无间，则难望有成。兄放弃一切，置弟不顾，累弟独为其难于此。兄可敝屣尊荣，岂能放弃责任与道义乎？"[5]该电表示，特请张静江、李石曾二人前往劝驾，希望汪精卫"与之偕来，肩负艰巨"。从电报字面看，确能给人一种情意诚挚的感觉，但是，张静江长期瘫痪，怎么能远涉重洋向汪精卫劝驾呢！

迎汪是为了抑蒋，但是，汪精卫其人，华而不实，脆而不坚，投机善变，并不是同蒋介石抗衡的理想人物。当年9月12日，共产国际远东局派到广东进行调查的使团曾经提出：汪精卫是"典型小资产阶级和相当脆弱的政治家"，对他不应作过于乐观的评价[6]。但遗憾的是，直到1927年下半年，国民党左派和共产党人才痛苦地认识到这一点。

二 国民党中央及各省区联席会议

1926年9月，国民党中央政治会议决定召开中央及各省区联席会议之

---

[1] 《中央给广东信——汪蒋问题的最后决定》，《中共中央文件选集》（2），第325～326页。

[2] 《中共中央文件选集》（2），第327页。

[3] 《蒋介石日记类抄·军务》，1926年9月27日。

[4] 《蒋介石日记类抄·军务》，1926年9月29日。

[5] 《民国十五年以前之蒋介石先生》第八编五，第5页。

[6] 文件94，《联共（布）、共产国际与中国国民革命运动》（3），第477～478页。

后，曾经成立过一个议案起草委员会，成员为谭延闿、孙科、李济深、甘乃光、徐谦、鲍罗廷、顾孟余等7人。从9月14日起至29日止，共开过6次会。其间，左派曾拟提出统一党的领导机关案，将中常会、中政会合并，另选13人组织政治委员会，它可以包括左、中、右三派，但主席及秘书必须是左派。左派的意图很清楚，即罢免蒋介石的中央常务委员会主席和张静江的代理主席职务。对此，张静江表示，这次大会不能提到主席问题，不能反对蒋做主席，声言"请汪复职"，"不啻拥汪倒蒋，余誓以去就争"。[1]会下，他又以"前方战事紧张"为理由，对鲍罗廷说："要蒋先生辞去党政，无异反对中国革命，我们请你做顾问，并不希望你这样做的。"[2]在张静江的逼人气势面前，左派决定退让，结果，提案委员会未能提出该案。

联席会议全名为中央委员、各省区、各特别市、海外各总支部代表联席会议，于10月15日至28日召开，出席中央委员34人，各省区党部代表52人。由于中共中央会前指示各地组织"多派可靠、赞助汪的代表去出席"，"实在不得已再派我们同志去"[3]，因此，会上共产党人占1/4，左派占1/4强，另有一些半左派，中派和右派仅占1/4。会议主要讨论了下列问题：

（一）国民政府发展案。9月9日，蒋介石曾致函张静江、谭延闿，内称："武昌克后，中正即须入赣督战，武汉为政治中心，务请政府常务委员先来主持一切，应付大局。"[4]18日，再电张、谭，声称："中正离鄂以后，武汉政治恐不易办，非由政府委员及中央委员先来数人，其权恐不能操之于中央。"[5]蒋介石的意图是运用党和政府的力量控制唐生智。中共中央看出了这一点，但担心国民政府迁汉后，"左派群众的影响愈

---

1 《中国国民党历次代表大会及中央全会资料》（上），第300页。

2 《陈果夫回忆录》，见吴相湘著《陈果夫的一生》，第105页，台北传记文学出版社，1971。

3 《中央通告（钟字）第十七号——对国民党中央扩大会议的政策》，《中共中央文件选集》（2），第311页。

4 《民国十五年以前之蒋介石先生》第八编四，第22页。

5 《民国十五年以前之蒋介石先生》第八编四，第55页。

少，政策愈右，行动愈右"，因之，持反对态度[1]。在讨论这一议案时，谭延闿作了说明，他认为："现在的主要工作在巩固各省基础，这种工作以首先由广东省实施最为适宜"，迁到北方将与奉系发生冲突，"目前无急迁之必要"，"与其忙于迁移，不如先把各省的基础巩固起来"[2]。会议一致决定国民政府仍暂设于广州。

（二）迎汪案。这是会上斗争最激烈的议案。事前，徐谦曾要求张静江早日发表蒋介石迎汪电，但张坚持在各议案之后再提出，并称，"汪系个人的事，不用过事张皇"。右派还扬言，要提出欢迎胡汉民案以为抵制[3]。18日，江苏、上海、安徽、浙江4个党部将该案作为临时动议提出，内称："当此党政发展的时候，蒋介石同志主持军事于外，一切建设政治与党务，非有能提纲挈领如汪同志者主持大计于内，不足巩固革命基础，实现党政真精神。"[4]该案有山西、山东等25个党部附署。在此情况下，张静江才无可奈何地公布了蒋介石的电报，但又表示，不知何处可以寻汪，受到与会代表的嗤笑[5]。会议决定推何香凝、彭泽民、张曙时、简琴石、褚民谊5人会同张静江、李石曾即日前往劝驾。随后，江苏代表张曙时提出：此时非汪、蒋合作不可，应表示对汪、蒋同样信任，以免人家挑拨。甘乃光等附议。于是，会议又决定电蒋，"表示竭诚信任与拥护"[6]。

（三）中国国民党最近政纲案。中共中央在与共产国际远东局讨论迎汪问题后，即指示广东区委："极力向左派表示诚意的合作，与左派共同制定一左派政纲，给左派一行动的标准；同时又使蒋不能反对此政纲，在此政纲之下表示我们仍助蒋。"[7]联席会议上通过的"最近政纲"

---

1 《中央对于国民党十月一日扩大会议的意见》，《中共中央文件选集》（2），第320页。

2 《中国国民党中央各省联席会议第二次会议录》，油印件。

3 《K.M.D.中央地方联席会议经过情形》，《广东区党团研究史料》，第466页，广东人民出版社，1983。

4 《中国国民党中央各省区联席会议议事录》第3号，油印件。

5 《K.M.D.中央地方联席会议经过情形》，《广东区党团研究史料》，第466页。

6 《中国国民党中央各省区联席会议议事录》第3号。

7 《中央致粤区的信》，《中共中央文件选集》（2），第317页。

即体现了中共中央的这一意图。政纲共105条，对内提出："实现全国政治上、经济上之统一"，"废除督军、督办等军阀制度，建设民主政府"；对外提出："废除不平等条约"，"重行缔结尊重中国主权之新条约"。在妇女待遇上，规定"妇女在法律上、政治上、经济上、教育上及社会上一切地位与男子有同等权利"；在农民问题上，规定"减轻佃农田租百分之二十五"，"禁止重利盘剥，最高年利不得超过百分之二十"，"保障农民协会之权力"；在工人问题上，规定"制定劳动法，以保障工人之组织自由及罢工自由，并取缔雇主过甚之剥削"。[1]这是一个具有一定民主主义精神而又能为各派所接受的纲领。

（四）民团问题案。当时，各地民团大都掌握在土豪劣绅手中，成为镇压农民运动、威胁国民政府统治的反动武装。会上，通过了甘乃光、毛泽东等提出的《关于民团问题决议案》，规定民团团长须由乡民选举，禁止劣绅包办；不得受理民刑诉讼；已有农民自卫军的地方不得重新设立民团；凡摧残农民之民团政府须解散并惩治之等。这就为改造民团、限制民团权力提供了根据，有利于农民运动的发展。

（五）执行本党纪律及肃清反动分子案。国民党第二次全国代表大会时，曾决定向西山会议参加者叶楚伧、邵元冲、石瑛、覃振、傅汝霖、沈定一、茅祖权、林森、张知本等提出警告，责令改正，限期两个月具复中央执行委员会。联席会议认为叶、邵二人已有表示，未予议处；石瑛等8人迄无表示，均开除党籍。同时决定"本党统治之地域内，不许西山会议叛党分子居留"。

（六）请办沈鸿慈案。沈鸿慈原为中山大学学生，组织反共团体"司的派"，声言"预备从广州出发，再冲锋到全省、全国去，打杀了假革命的CP"[2]。左派学生将沈扭送国民党中央要求惩办，但张静江认为"案情并不严重"，他把持下的监察委员会则认为沈"反对CP之假革命者则有之，仍未达到反对本党之程度"，仅予警告处分。联席会议期间，广州市警察特别党部所属组织纷纷要求惩办沈鸿慈，提案不点名地指责张

---

1 《中央各省区联席会议录》，油印件。

2 《中国国民党中央各省区联席会议议事录》第12号，油印件。

静江等"袒彼反革命之徒"。会议要求张静江就沈案处理作出说明,张委托陈果夫报告。在张曙时、孙科二人责问下,陈表示:"自应从严办理。"结果,会议决定永远开除沈鸿慈的党籍,驱逐出境。

会议最后一天,丁惟汾突然提出,联席会议只是中央委员会的扩大会议,不能变更或推翻中央委员会的决议,"如有此等错误,即是违背总章,违背总章必是无效的"。于是,发生会议权能问题的激烈辩论。吴玉章指出,"联席会议决议即须切实通过,只有第三次全国大会方有修正之权",得到通过。

联席会议以左派的胜利结束。中山舰事件后,左派士气不振。此次会上,左派扬眉吐气,屡次向右派进攻,而右派则处于防御地位。但是,由于会议未能就改组领导机关问题作出任何决议,国民党中央的权力仍然掌握在蒋介石、张静江手中,因而,左派的胜利只是局部的,并且只是书面上的胜利。

三 迁都之争

尽管中央及各省区联席会议决定国民政府暂不迁移,但蒋介石仍然提出,希望"中央党部移鄂"。10月22日,他致电张静江与谭延闿,力陈理由,说明"武昌既克,局势大变,本党应速谋发展"[1]。鲍罗廷本来反对迁都,但10月底,在武汉的苏联顾问铁罗尼向他写了一份报告,陈述对唐生智的忧虑,认为唐"像是一个卖弄风情(武装力量)的女人,谁给她最多,她就将自己出卖给谁"。铁罗尼说:"国民党省执行委员会缺乏力量和正确处理事务的能力。唐生智一个人控制着形势,与他对抗的只有陈公博这个懒虫和邓演达。""必须有两或三个中央委员到这里来并且建立委员会,否则着手重大事务和树立党的权威都是不可能的。"[2]与此

---

1 《民国十五年以前之蒋介石先生》第八编五,第105页。
2 Document 44, Wilbur and How, *Document on Communism Nationalism and Soviet Advisers in China*, pp. 413～421.

同时，张国焘也致函在上海的中共中央，说明唐生智"太聪明，野心也大，各方不满其态度"，"须请粤方速派季龙（指徐谦——笔者）来"[1]。这样，鲍罗廷对迁都的态度就发生了变化。这一时期，日本和张作霖的关系紧张，清浦子爵在北京和李石曾、易培基谈判，询问国民政府能否与日本建立友好的联系，并派代表到日本会商。广东国民政府的领袖们认为，"在这日本同张作霖冲突的严重局势之下，张作霖已不敢动作"，因而消除了迁都武汉会与奉系发生冲突的顾虑，并决定派戴季陶使日[2]。11月16日，鲍罗廷、徐谦、宋子文、孙科、陈友仁、宋庆龄等自广州启程北上，拟经江西赴武汉调查各省党务、政务，筹备迁都。

蒋介石闻讯，非常兴奋，于1月19日致电张静江、谭延闿，声称："闻徐、宋、孙、鲍诸同志来赣，甚喜。务请孟余先生速来，中意中央如不速迁武昌，非特政治党务不能发展，即新得革命根据地亦必难巩固。"他还表示，在中央与政府未迁武昌以前，自己不到武汉，因为"此时除提高党权与政府威信外，革命无从着手。如个人赴武昌，必有认人不认党之弊，且自知才短，实不敢负此重任也"[3]。同日，他接见汉口《自由西报》总编辑美国人史华之时说："新国都将设于武昌，且将为永久之国都。国民政府由粤迁鄂，虽不能决定期限，但在最近期内，必能实现，鄙人将于两星期内，由赣赴鄂，参与盛典。"[4]22日，他派邓演达、张发奎二人飞粤催促。26日，中央政治会议临时会议决定，重要人员及文件于12月5日第一批出发。这样，迁都问题就正式确定下来了。

中共中央仍然反对迁都。11月9日，中共中央与共产国际远东局讨论，认为此举系蒋介石反对汪精卫回国之策，倘政府及中央党部迁至武昌，则不仅汪不能回，左派势必相随赴鄂，使广东成为"左派政权"和"模范省"的计划变为泡影[5]。12月4日，中共中央致函广东区委，批评鲍

---

1 《中央政治通讯》第10期。
2 《中共广东区委政治报告》（2），《广东区党团研究史料》，第479～482页。
3 《民国十五年以前之蒋介石先生》第八编六，第59页。
4 《革命军日报》1926年12月1日。
5 《对于目前时局的几个重要问题》，《中共中央文件选集》（2），第444页。

罗廷"对于前方后方的实际情形都没有看清楚，贸然主张马上迁移"[1]。次日，中共中央在《政治报告》中指示："万一无法阻止，亦须尽力防止弊害。"[2]直到次年1月，迁都已成事实后，中共中央才决定支持临时联席会议。

鲍罗廷等一行于12月2日到达南昌。6日晚，在庐山会谈蒋介石报告党务、政治、军事等各方面的情况，由于缺乏准备，蒋介石自觉"语多支吾，致启人疑"[3]。7日，继续会谈，讨论外交、财政、军事各方面的问题。其内容，据蒋介石记载：1. 对安国军问题，决定消灭孙传芳，联络张作霖；2. 工运主缓和，农运主积极进行，以为解决土地问题之张本。蒋介石发言说："只要农民问题解决，则工人问题亦可连带解决。"会议中，有人提出取消主席制，蒋介石敏感地意识到这是针对自己的，但他却立即表示附议，并进一步提出，请汪精卫回国，得到一致赞同[4]。会议自然也谈到了迁都，这时，蒋介石还是积极主张迁鄂的。他在电复朱培德、白崇禧二人时说："政府迁鄂，有益无损。"[5]他并表示，在前方军事布置稍定后，也要前赴武汉[6]。

12月10日，鲍罗廷等到达武昌。当时，在广东的中央党部与国民政府已经停止办公。鲍罗廷等感到，没有中央机关，许多事都无法办理。13日，孙科、徐谦、蒋作宾、柏文蔚、吴玉章、宋庆龄、陈友仁、王法勤、鲍罗廷等举行谈话会。会上，根据鲍罗廷提议，决定在中央执行委员会政治会议未迁到武昌开会之前，由国民党中央执行委员和国民政府委员组织临时联席会议，执行最高职权[7]。会议推徐谦为主席，叶楚伧为秘书长。其成员除上述各人外，特准湖北政务委员会主席邓演达和湖北

1　《中央致粤区信》，《中共中央文件选集》（2），第471页。

2　《中央局报告》，中央档案馆《中共中央政治报告选辑》，第115页，中共中央党校出版社，1983。

3　《蒋介石日记类抄·党政》，1926年12月6日。

4　《蒋介石日记类抄·党政》，1926年12月7日；参见《民国十五年以前之蒋介石先生》第八编七，第58页。

5　《民国十五年以前之蒋介石先生》第八编七，第15页。

6　《复武汉各界团体电》，《广州民国日报》1926年12月20日。

7　《通告》，《广州民国日报》1926年12月17日。

省党部常务委员董用威(董必武)二人参加。会后,由邓演达致电蒋介石,说明临时联席会议的成立,"系应付革命需要与时局之发展",蒋介石迟至12月19日才复电称:"联席会议议决事,甚妥,中皆同意。"[1]

从提出迁鄂之议起,蒋介石就兴冲冲地准备去武汉执掌大权。11月24日,他在日记中曾写道:"中央党部及政府决于一星期内迁至武昌,喜惧交集。惧者,责任加重,不能兼顾广东根据地;喜者,党务与政治可以从此发展也。"[2]这里所说的"责任加重",显然是指他自己。现在临时联席会议居然没有他的位置,并且先斩后奏,事前居然不曾同他商量,这使他很不高兴。

中央党部和国民政府第一批北迁人员为张静江、谭延闿、顾孟余、何香凝、丁惟汾等。12月6日,广州各界人民在中山大学门口集会欢送。省党部代表致词称:"巍巍政府,乘胜北迁。统一全国,似箭离弦。"[3]气氛是欢快、明朗的,人们谁也没有料到,国民革命从此进入多事之秋了。

张静江、谭延闿等于12月31日抵达南昌,本来只准备停留三四天,就西上武汉,但蒋介石却于1927年1月3日突然召集中央政治会议第六次临时会议,与会者有蒋介石、张静江、谭延闿、邓演达、宋子文、林祖涵、朱培德、柏文蔚、何香凝、顾孟余、陈公博等人。会后通告声称:为军事与政治发展便利起见,决定中央党部和国民政府暂驻南昌,待3月1日在南昌召开二届三中全会,决定驻在地后,再行迁移[4]。关于这一次会议的情况,陈公博回忆说:"虽说是讨论,但实在没有充分讨论的机会。"[5]4日,上项决议在中央常务委员会临时会议上通过,随即在南昌设立中央党部临时办事处。7日,又在中央政治会议第七次临时会议决定,成立政治会议武汉分会,以宋庆龄、徐谦、宋子文、孙科、陈友仁、蒋作宾等13人为分会委员,同时通过组织湖北省政府案,以邓演达等5人组织之。这些做法,实际上取消了临时联席会议"执行最高职权"的地位。

---

1 《复邓主任》,蒋中正档,《筹笔》,00241。

2 《蒋介石日记类抄·党政》,1926年1月24日。

3 《各界欢送党政府北迁盛会》,《广州民国日报》1926年12月6日。

4 《中央党政府暂设于南昌》,《广州民国日报》1927年1月8日。

5 陈公博:《苦笑录》,第67页。

武汉方面接到南昌的通知后，徐谦、孙科曾于1月6日致电蒋介石等，询问不迁汉理由，要求暂时保守秘密，认为"如宣布，民众必起恐慌，武汉大局必受影响"[1]。7日，鲍罗廷致电蒋介石，声称"中央及政府地点赞成，但须稍缓"[2]。同日，临时联席会议第十一次会议开会讨论。当时，正值武汉各界人民占领英租界之后，会议认为："因人民对政府之信用，时局日趋稳定，外交、军事、财政均有希望。最近占领英租界之举，内顺民心，外崇威信，尤须坚持到底。"[3]会议决议，国民政府地点问题，待中央执行委员会全体会议决定，在未决定之前，武汉政局有维持之必要。会后，陈友仁、宋庆龄、蒋作宾联合致电蒋介石，告以武汉形势，并称："苟非有军事之急变，不宜变更决议，坐失时机。"[4] 10日，再次开会讨论，陈友仁提出，如果临时联席会议改为政治分会，对英交涉将立即停顿，"于外交前途殊属不利"。会议决定仍电请南昌同志莅鄂。

鲍罗廷一面要求缓迁南昌，一面致电莫斯科汇报。1月9日，斯大林复电鲍罗廷，要求鲍亲赴南昌，说服蒋介石：武汉应成为首都；作为妥协，总司令本人和司令部因前线关系可以驻在南昌。同时，斯大林又通过邵力子直接向蒋介石传达上述意见[5]。但是，还没有等到鲍罗廷动身，蒋介石却于1月12日偕彭泽民、顾孟余、何香凝以及加伦等到了武汉。

武汉给了蒋介石以盛大而热烈的欢迎，一时间，"蒋总司令万岁"的口号响彻云霄。但是，蒋此行的目的是与鲍罗廷、徐谦等人晤谈，要求在鄂中委和国民政府委员迁赣，而武汉的目的则是感动并说服蒋同意迁鄂。目的不同，冲突自然难免。当晚，在欢宴蒋介石时，鲍罗廷犹豫再三，终于以指责张静江的昏庸老朽为名对蒋提出了批评。鲍并进一步发挥说："今日能够得到武汉，今日能够在这个地方宴会，是谁的力量呢？

---

1 《中华民国史档案资料汇编》第4辑（上），第374页，江苏古籍出版社1986。
2 《鲍顾问来电》，《蒋介石收各方电稿》，抄本，1927年1月。
3 《临时联席会议第11次会议记录》，油印件。
4 《陈友仁等为不宜变更中执会迁鄂决定致蒋介石等密电》，《中华民国史档案资料汇编》第4辑（上），第375页。
5 《联共中央政治局会议第78号（特字第59号）记录》，《联共（布）、共产国际与中国国民革命运动》（4），第66~67页。

并不是因为革命军会打仗，所以能到这里的，乃是因为孙中山先生定下了三大政策，依着这三大政策做去，所以革命的势力才会到这里的。什么是中山先生的三大政策呢？第一是联俄政策，第二是联共政策，第三是农工政策。——以后如果什么事情都归罪到CP，欺压CP，妨碍农民工人的发展，那，我可不答应的。"[1]鲍的这段话使蒋极为愤怒，视为"生平之耻无逾于此"[2]。第二天，鲍罗廷与蒋介石进行私人交谈，并且写了一封信，和孙科一起交给蒋介石，提出迁都武汉的理由，蒋介石以为"很对"，但表示须一星期后回南昌开中央政治会议讨论。他对鲍罗廷昨日晚宴时的讲话耿耿于怀，声色俱厉地要鲍罗廷指明："哪一个军人是压迫农工？哪一个领袖是摧残党权？"并说："现在的苏俄，各国看起来是个强国，并且还有人在世界上说你苏俄是一个赤色的帝国主义者，你如果这样跋扈横行的时候，如昨晚在宴会中间所讲的话，我可以说，凡真正的国民党员，乃至于中国的人民，没有一个不痛恨你的。"他愈说愈激动，调子也愈来愈高："你欺骗中国国民党就是压迫我们中国人民，这样并不是我们放弃总理的联俄政策，完全是你来破坏我们总理联俄政策，就是你来破坏苏俄以平等待我民族的精神。"[3]此后，蒋介石就决意驱逐鲍罗廷。

1月15日，临时联席会议召开第十三次会议，讨论是否成立中央政治会议武汉分会一事。徐谦说明了临时联席会议成立的原因和经过，认为"已无继续之必要"。鲍罗廷提出："中央机关的权力一定要集中，不能分离，在革命过程中，如同时发生两个对等的权力机关，一定要失败。"[4]经过讨论，决定临时联席会议"暂时继续进行"。当晚，蒋介石宴请各界

---

[1] 梁绍文：《三大政策的来源》，《进攻》周刊第2期。事后，鲍罗廷对他的这次讲话颇为后悔，曾说："我担心犯了错误，我寻思在这个问题上我是否犯了错误。我们参与反对蒋介石是舆论压力所迫的。我不知道我的做法是否正确。跟随蒋介石我们有可能进军北京；跟随这个党（即国民党），这个可能性就不大了。"见Trotsky, *Problems of the Chinese Revolution*, University of Michigan Press, 1967, p. 401。

[2] 王宇等编《困勉记初稿》卷5，第11页，蒋中正档。

[3] 蒋介石：《在庆祝国民政府建都南京欢宴席上的讲演词》，上海《民国日报》1927年5月4日。

[4] 《临时联席会议第13次会议记录》。

代表。发言中,大家一致恳切要求,中央党部、国民政府立即迁鄂。蒋介石无法,只能表示:"我当向中央转达,定可使各界希望能够满足。"[1]

蒋介石在鄂期间,街上已经出现"打倒蒋介石"的标语。他曾先后会见陈铭枢、何成濬、周佛海、叶楚伧等人,这些人都对武汉群众运动和中共力量的发展不满。蒋对何成濬说:"此间形势不可久留,我去矣,汝亦速去为好。"[2]1月18日,蒋介石返赣。

事实表明,蒋介石在武汉的允诺只是虚与委蛇。返赣途中,他在牯岭与张静江商量后,致电徐谦,以鲍罗廷当众侮辱他为理由,要求撤销鲍的顾问职务[3]。1月21日,蒋又与张静江、谭延闿联名致电武汉,以"中央"的名义命令联席会议毋庸继续,立即成立武汉政治分会。武汉方面再次讨论,回电表示:"在南昌中央政治会议未开会以前,暂不取消。"26日,蒋复电汉口市民反英运动委员会,声称联席会议本为中央停止办公期间的代行机关,现在中央已在南昌办公,联席会议自应取消,"若继续开会,又对中央决议案任意否认,是则原有期效之代行机关,乃一变而为任意延期,权驾乎中央以上之机关。此种矛盾现象,若不悬戒,将来本党之纪律与系统将成废物"[4]。27日,蒋和自武昌赶来庐山协商的顾孟余、何香凝、邓演达、戴季陶等人谈话,坚决表示:"余必欲去鲍罗廷,使我政府与党部得以运用自如。"[5]

为了迫使蒋介石同意按原议迁鄂,武汉的左派们决定动员群众的舆论,并施加财政压力。当蒋介石还在武汉的时候,湖北省党部代表大会正在召开,会议发表通电,表示对国民政府暂驻南昌"深滋疑虑",要求蒋介石"根据前议,定鼎鄂渚"[6]。17日,发表第二号通告,指示各级党

---

1 《蒋总司令昨晚欢宴各界代表纪盛》,《汉口民国日报》1927年1月16日。

2 何成濬:《八十回忆》,《近代中国》(台北)第23期,1982年6月30日。

3 参见《吴玉章回忆录》,第141页。

4 《蒋介石言论集》,第49~50页,上海中央图书局,1927。

5 《困勉记初稿》卷5,第12~13页,蒋中正档;参见《汉口何香凝等15人来电》(1927年1月16日),《蒋介石收各方电稿》,抄本。

6 《汉口民国日报》1927年1月16日。

164

部、各团体共同通电要求[1]。此后，省总工会、省学联、汉口市商协陆续发表通电。2月5日，湖北省党部、汉口特别市党部又联合呼吁全国各级党部一致电请。蒋介石承受的舆论压力愈来愈大。与此同时，宋子文则将蒋介石所需军费1300万元暂扣不发，急得蒋介石派亲信、军需处处长徐桴到武汉催领。宋子文称："湖北财富之区，筹款本易，现政府在南昌，一人办事不动。"[2]徐桴无奈，只好电劝蒋介石："我军命脉，操在宋手，请总座迅电慰勉之，先救目前之急，再图良法，万不可操之过急，致生重大影响。"[3]2月4日，宋子文亲赴江西斡旋。群众的舆论蒋介石可以不理，但军费不能不要。8日，南昌中央政治会议第五十八次会议决定，中央党部及国民政府迁至武汉。但同时决定，派徐谦赴美，戴季陶赴苏，这一决定貌似公正，而实际上是打向临时联席会议的一根棍子。至于中央全会，则被推迟到俟东南战事告一段落以后。

经历重重风波之后，迁鄂之议再次定下来了。2月9日，宋子文自南昌致电武汉，说谭延闿等三数日内即可莅鄂。但日期屡变，仍不见人影。20日，南昌各界召开欢送党、政迁鄂大会。会后，仍不见人员启程。武汉方面真是望眼欲穿。21日，临时联席会议召开扩大会议，决定：1.结束联席会议；2.中央党部及国民政府即日正式开始办公；3.中央执行委员会3月1日以前在武汉召开全体会议[4]。

迁都之争以武汉国民党左派的又一次胜利而告一段落，但是，谭延闿等还滞留在南昌，风波并未平息。2月22日，南昌方面声明：在党部与政府未迁以前，武汉方面不得以中央党部及国民政府名义另行办公。次日，蒋介石在九江和共产国际驻中国代表维经斯基谈话，指责鲍罗廷"执行分裂国民革命运动的政策"，声称政府在任何时候都可以迁往武汉，但鲍罗廷必须离开，同时必须在党内确立严格的纪律。他激愤地表示："政府在这里。汉口那边想成立第二个政府。""我们，政治委员会和

---

1 《汉口民国日报》1927年1月21日。

2 《徐桴致蒋介石电》，《蒋介石收各方电稿》，抄本，1926年1月29日。

3 《徐桴致蒋介石电》，《蒋介石收各方电稿》，抄本，1926年2月5日。

4 《广州民国日报》1927年3月1、8日。

中央委员会，认为目前形势非常严重。我们准备决裂。"[1]

形势确实非常严重了。

四　恢复党权运动

迁都之争中，国民党左派和共产党人对蒋介石的专制跋扈有了进一步的感受，为了限制其权力，他们决定开展恢复党权运动。

徐谦接到蒋介石要求撤销鲍罗廷顾问职务的电报后，非常紧张，立即电邀在宜昌工作的吴玉章回武昌商议，吴玉章表示："这不是鲍罗廷个人的去留问题，这是蒋介石对中央、对政府的蔑视，我们一定不能让步。"[2] 2月9日，部分在武汉的国民党高级干部集会，决定由徐谦、吴玉章、邓演达、孙科、顾孟余5人组成行动委员会，"从事党权集中"[3]。2月11日，《汉口民国日报》发表社论，提出："整顿党的组织，严肃党的纪律，扩大党的威信，要使我们的党真正能够成为一个最高权力机关，真正能领导一切实际工作。"[4] 13日，湖北省、武昌市两党部召开会议，宛希俨提出，党已经出现了一种"危机"，"失去民主集中制性质，而具有一种独裁的趋势。这种现象，我们如果再让他继续下去，将来势必会使党和个人两败俱伤"[5]。15日，中央宣传委员会召开第九次会议，邓演达、顾孟余、张太雷、叶楚伧等30余人与会，由顾孟余报告党务宣传情形，会议通过《党务宣传要点》：1. 巩固党的权威，一切权力属于党；2. 统一党的指挥机关，拥护中央执行委员会；3. 实现民主政治，扫除封建

---

[1] 《1927年2月22～23日维经斯基和蒋介石在九江的谈话记录》，《联共（布）、共产国际与中国国民革命运动》(4)，第133～134页。

[2] 《吴玉章回忆录》，第141页。

[3] 《陈铭枢致蒋介石密电》，1927年2月19日，见《蒋介石收各方电稿》；参见《陈铭枢谈第一次国共合作时期武汉的军政大事》，《武汉文史资料》第4辑，第25页。

[4] 希俨：《时局进展与吾党目前之责任》。

[5] 《汉口民国日报》1927年2月14日。

势力；4. 促汪精卫同志销假复职；5. 速开中央执行委员会全体会议，解决一切问题；6. 以打倒西山会议派的精神，对待一切党内的昏庸老朽的反动分子，然后才能铲除党外的危害本党的官僚市侩；7. 军队在党的指挥之下统一起来，准备与奉系的武装决斗[1]。在此前后，安徽临时省党部代表团、七军政治部等纷纷发表宣言，呼吁恢复党权，一时舆论沸腾，群情激昂。

在恢复党权运动中，孙科、邓演达、徐谦尤为活跃。孙科曾激愤地对陈公博说："蒋介石这样把持着党，终有一天要做皇帝了。"[2]他于2月19日发表文章，指责二届二中全会变更党章规定，设立常务委员会主席，"差不多在政治上是一国的大总统，在党务上是一党的总理"，"不知不觉就成为一个迪克推多"[3]。邓演达也撰文指出："国民革命的成功，总是工农的力量作主，不应再把政权操到其他反革命人们手上。"[4]他要求大家认识目前斗争的性质，是封建与民主之争，革命与妥协之争，成功与失败之争。

孙科、邓演达的文章反映出武汉国民党左派的普遍情绪。2月22日，左派以中央常务委员会名义召集会议，决定接受21日扩大联席会议的要求，于3月1日召开二届三中全会。23日，发表《中国国民党党务宣传大纲》，不点名地指责张静江以监察委员代理常务委员会主席，主持中央工作，使党的意志无由表现，造成"朕即国家"的状况[5]。次日，武汉三镇15000人集会，拥护恢复党权运动。会议由董必武主持，徐谦讲话提出"一切军事、财政、外交，均须绝对受党的指挥"。会上第一次喊出"打倒张静江"的口号。[6]下午续开庆祝中央党部及国民政府在鄂办公及上海大罢工示威大会，到会群众达20万人。

1　《汉口民国日报》1927年2月16日。

2　陈公博：《苦笑录》，第73页。

3　《为什么要统一党的指导机关》，《汉口民国日报》1927年2月20日。

4　《现在大家应该注意的是什么》，《汉口民国日报》1927年2月23日。

5　《汉口民国日报》1927年2月23日。

6　《武、阳、夏党员大会庆祝示威大会之热烈》，《双口民国日报》1927年2月26日。

尽管武汉的恢复党权运动如火如荼，左派们也义愤满腔，但是始终没有正面批判蒋介石，并且仍然期望他勒马回头。2月25日，根据邓演达的提议，派陈铭枢、谢晋2人，携带26人的联名信件和拟在二届三中全会上讨论的各种提案前往南昌，和蒋介石磋商。函件表扬蒋介石"军事上屡建奇功"，表示相信蒋"定能体现总理建党之意与北伐将士为党效死之决心，使本党威权普及于军事势力所及之地"[1]。与陈、谢同行者还有蒋介石派到武汉来刺探情况的陈公博。

对武汉左派的恢复党权运动，蒋介石恼怒异常。2月19日，他在南昌发表演讲，自称是"本党的忠实党员"，"总理忠实的信徒"，"如果中正想成为一个独裁制，把持一切，操纵一切，如果中正有这样要做一个军阀的倾向，岂但本党各同志可加中正以极严厉的处分，中正随时都可以自杀的"。他又说："我只知道我是革命的，倘使有人要妨碍我的革命，那我就要革他的命。"[2]两天后，他再次发表讲演，声称："联席会议是没有根据的，如要提高党权，就要取消汉口的联席会议。"还说："我以为只有徐谦是独裁制，他以没有根据的汉口联席会议，自居主席，不受党的命令，这才是独裁制。"讲话中，他一方面表白："中正并不会反对共产党，中正是向来援助共产党的。"但又说："如果今日左派压制右派，那我就要制裁左派"，"共产党员有不对的地方，有强横的行动，我有干涉和制裁的责任及其权力。"[3]这些讲话，预告了他要采取某些严厉行动。但是，这一时期，蒋介石的财政问题还未解决，不具备和武汉左派彻底决裂的条件。因此，在谢晋等人到达南昌后，他的态度不得不作某种"转变"。

在听取陈公博的汇报后，蒋介石即命陈替他起草拥护中央的通电。2月27日，他发表《对〈党务宣传大纲〉宣言》，语中含刺地表示："个人之左右，固须严防；党团之操纵，尤须注意。"但是，《宣言》也表示，同意"巩固党部之最高权"，改进中央政治会议、军事委员会等机构。《宣言》并称："个人无事业，革命即为中正事业；个人无利益，全党及民众

---

1 《国民军政报》1927年4月12日。
2 上海《民国日报》1927年4月16日。
3 《蒋校长最近之言论》，第8~9页，黄埔军校政治部编印，1927。

之利益即为中正之利益。所希望各同志于此次《党务宣传大纲》,一致接受。"[1] 28日,蒋致电宋子文、孙科,声称"各同志所拟提案,皆中正夙昔主张,完全同意,深望党中同志共体党之存亡,一致团结"[2]。他要求二届三中全会延期一星期召开。武汉方面接受蒋的意见,决定将会议延至3月7日。

3月2日,陈铭枢先行返汉。3月3日,南昌中央政治会议开会讨论二届三中全会问题。谢晋和谭延闿有交谊,此时谭已为谢晋说动[3]。何香凝、陈公博等也都主张赴鄂与会。经长时间讨论和诸人苦劝,蒋介石不得不同意全体在赣委员6日启程,但第二天,蒋介石又表示,通电服从中央并非他的"本意"[4]。他再次要求会议展期,表示谭延闿等5人可以先行,自己须待朱培德去樟树镇检阅军队后一起动身。5日,在为谭延闿等饯行时,蒋介石慷慨地表示:"党部、政府迁鄂,南昌同志誓拥护到底。"[5] 但又说:"他们能等我,等到3月12日开会,就相信他们有诚意;假使提前举行,其虚伪可知。"[6]

蒋介石一再要求会议延期,武汉左派们自然很不高兴。邓演达对人说:"三日后有个新的裁判,看他们来不来加入大会,便可定谁为革命者,谁为反革命者!"[7]

五 国民党二届三中全会

蒋介石"驱逐鲍罗廷"的要求不仅受到武汉左派的抵制,连戴季

---

1 上海《民国日报》1927年4月23日。

2 《蒋介石致宋子文电》,《广州民国日报》1927年3月15日。

3 谢宣渠:《国民政府迁都武汉侧记》,《武汉文史资料》第4辑,第46～48页。

4 陈公博:《苦笑录》,第75页。

5 《蒋总司令欢送党政府迁鄂》,《广州民国日报》1927年3月9日。

6 陈果夫:《十五年至十七年间从事党务工作的回忆》,《陈果夫的一生》,第107页。

7 陈铭枢:《致蒋介石密函》,1927年3月6日,蒋中正档,《筹笔》,00428。

陶、谭延闿等人也担心牵动中苏关系，存有疑虑，但他们都拗不过蒋介石的意思。2月26日，南昌中央政治会议决议，致电共产国际执行委员会，要求该会自动撤回鲍罗廷。其后，又致电鲍罗廷本人，要求他自动离去。二电均无反应。这样，蒋介石便命陈铭枢继续进行此事。

陈铭枢返汉后，陆续会见孙科、宋庆龄、宋子文、邓演达等人，出示蒋介石的《对〈党务宣传大纲〉宣言》，要求发表，同时转达蒋的"去鲍"之意。据称，各人"均于去鲍无异词"。4日，徐谦、吴玉章、顾孟余、邓演达、陈友仁、孙科等会议。吴、顾二人反对发表蒋的《宣言》。吴称："如要发表，可由陈同志私人持交言论界发表，党不宜为之发表。"4日，陈铭枢密电蒋介石，告以"此间空气仍恶，会期必决不迁就"。同日夜，唐生智命第八军党代表刘文岛会见陈铭枢，转达"党中央"意见，要陈立即表明态度。刘称："如不能反蒋，须自为计，不日即将有大罢工示威运动，待到此时，兄仍不发表意见，则于兄极不利。"陈答以准备出国。刘辞去后不久，偕唐生智再次见陈，劝陈和大家共同对蒋，不能，则"走开甚好"[1]。此际，陈铭枢有过利用第十一军发动政变，逮捕武汉的国民党左派和中共党人的念头，但怵于邓演达、唐生智防范严密，未敢动手[2]。6日，陈辞去武汉卫戍司令及第十一军军长职务，潜往南昌。同日，邓演达、唐生智召集十一军官兵谈话，均表示"绝对服从党"[3]。

3月7日，谭延闿、李烈钧、何香凝、丁惟汾、陈果夫到达武汉，随即被接到中央执行委员会第三次全体会议会场。谭延闿称，蒋介石、朱培德11日可到鄂，要求稍等一两天，"候其亲来，则两方意思可以调和"[4]。李烈钧则表示："希望国民革命早日成功，同志捐除意见。"[5]徐谦报告了联席会议的成立经过，说明中山舰事件以来，党出现了迁就军

1　陈铭枢：《致蒋介石密函》，1927年3月6日，蒋中正档。
2　《陈铭枢告四军、十一军将士书》，上海《民国日报》1927年8月9日。
3　《中国国民党第一、二次全国代表大会史料》（下），第747页。
4　《中国国民党第二届中执会第三次全体会议预备会记录》，《中国国民党第一、二次全国代表大会史料》（下），第743页。
5　《中国国民党第一、二次全国代表大会史料》（下），第744页。

事的不正常现象，他说："为今之计，须赶紧纠正。此非对人问题，乃改正制度，使革命得最后之胜利而已。"[1]会议就是否等候蒋、朱二人，延期至11日召开进行讨论。彭泽民、吴玉章、于树德、毛泽东、恽代英、顾孟余等认为到会人数已足，不能再延，一致要求当日正式开会。彭泽民说："现在口号打倒独裁，打倒个人专政，因蒋、朱又不能来，而再展期开会，岂不犯了个人独裁之嫌吗？"[2]吴玉章说："革命是共同工作的革命，不能由一二人的意思来指挥，不可使蒋同志因此而生错误。若一展再展，诚属非计。"[3]此后，会议就是否已足法定人数进行讨论。谭延闿与吴玉章针锋相对，会议气氛顿形紧张。在主席询问是否付表决时，李烈钧宣布退席，致使会议气氛更形紧张。为了圆场，会议采纳徐谦建议，将当日会议作为预备会。

3月10~17日，二届三中全会召开，共通过决议案20项，宣言及训令3份，其主要内容有以下几方面：

（一）充分肯定"临时联席会议"成立的必要及其工作成绩。会议明确指出，该会"系适合革命利益，应付革命时机，代表中央权力之必要组织"，认为它领导群众进攻帝国主义，收回租界，因而大大提高了国民政府的权威[4]。这就针锋相对地否定了蒋介石对"临时联席会议"的指责。

（二）恢复和提高党权，采取了防止个人独裁和军事专政的新集体领导体制。国民党二届二中全会以后，党内实行主席制，蒋介石借此集权于一身，凌驾于全党之上。此次会上，主席制成为集矢对象。徐谦批评其"只见个人权利，不见党的威权"[5]。孙科称："以主席为惟一领袖，并且兼为军事领导。此种封建思想对于党内党外皆有影响，渐次便成独裁制度。"[6]江苏省党部代表张曙时与安徽、直隶、山西、河南4省党部

1　《中国国民党第一、二次全国代表大会史料》（下），第746页。

2　《中国国民党第一、二次全国代表大会史料》（下），第748页。

3　同注2。

4　《中国国民党历次代表大会及中央全会资料》（上），第316页。

5　《中国国民党第一、二次全国代表大会史料》（下），第756页。

6　《中国国民党第二届中执会第三次全体会议提案审查委员会速记录》，《中国国民党第一、二次全国代表大会史料》（下），第809页。

代表联合提出《请取消主席制度案》,认为"有主席一日,党内就一日不宁,革命前途有很大之危险"[1]。会议通过的《统一领导机关案》确定不设主席,在中央执行委员会议前后,由常务委员会"对党务、政治、军事行使最终议决权",同时设立政治委员会、军事委员会。政治委员会审议政治问题,议决后"交由中央执行委员会指导国民政府执行"[2]。军事委员会由中央委员中的高级军官和不任军职的中央委员两部分人组成,其中7人为主席团;主席团之决议及命令,须有4人签名方能生效;总司令、前敌总指挥、军长等,须军委会提出,由中央委员会任命。为了防止个人干预外交,会议通过的《统一外交决议案》规定:党员不得擅自变更外交主张,或直接、间接与列强接洽任何事宜;政府职员不得私自与帝国主义接洽或进行秘密交涉;所有外交人员均由外交部直接任免。为了防止个人干预财政,会议又通过《统一财政决议案》,规定"集中各省财政管理权于财政部"。此外,为了改变蒋介石利用黄埔军校培植私人势力的状况,会议还采纳彭泽民的意见,规定军事政治学校均改校长制为委员制[3]。

(三)坚持并重申国民党"一大"所确定的路线和政策,强调了农民问题的重要性。会议通过的《对全国人民宣言》提出:"要用种种方法继续援助工人、农民和城市一般民众的革命运动及改良他们本身生活的争斗。"《宣言》表示,将设立农政部及劳工部,实现本党的农工政策[4]。讨论中,孙科说:"革命根本问题为农民解放问题。中国人民中百分之七八十为农民,如农民解放运动做不到,国民革命即难成功。"[5]邓演达说:"乡村农民之兴起,参加政治斗争,打碎封建思想,其结果非常伟大。"他热情肯定了湖南、湖北、河南等地农民运动的成绩,认为"如旁观或制止即系自杀";主张由大会宣言,"令农民放胆去做"[6]。会议除通过

---

1 《中国国民党历次代表大会及中央全会资料》(上),第338页。
2 《中国国民党历次代表大会及中央全会资料》(上),第316~317页。
3 参见《中国国民党历次代表大会及中央全会资料》(上),第318~326页。
4 《中国国民党历次代表大会及中央全会资料》(上),第306页。
5 《中国国民党第一、二次全国代表大会史料》(下),第830页。
6 《中国国民党第一、二次全国代表大会史料》(下),第845页。

《农民问题决议案》外,又通过了《对全国农民宣言》。《农民问题决议案》提出了当时应立即实行的10条事项,如:建立区乡机关,设立土地委员会,在本年内完全实行减租25%,依法没收贪官污吏、土豪劣绅及一切反革命者的土地财产,明令禁止高利盘剥等[1]。《对全国农民宣言》肯定革命"需要一个农村的大变动","使土豪、劣绅、不法地主及一切反革命派之活动,在农民威力之下,完全消灭";使农村政权转移到农民手中。《宣言》表示,为保障胜利,农民"应得到武装","本党决计拥护农民获得土地之争斗"[2]。《农民问题决议案》与《对全国农民宣言》均由中央农民运动委员会提出,又经会议指定徐谦、恽代英、王法勤、邓演达、吴玉章、詹大悲、顾孟余、邓懋修、毛泽东9人组成审查委员会修订,其中不少观点和毛泽东的《湖南农民运动考察报告》相一致,显然有他的手笔在内。此外,为了镇压农村反动势力,会议还批准了董必武代表湖北省党部提出的《湖北省惩治土豪劣绅暂行条例》与《湖北省审判土豪劣绅暂行条例》。

(四)否定非法选举,打击右派势力。1926年12月,广东省党部召开代表大会,选举省党部执行委员。在陈果夫操纵下,以中央名义指定若干人加入预选,然后再以政治会议广州分会名义圈定15人,结果,使右派当权。其后的江西省和广州特别市党部选举都存在类似情况。为此,会议不顾陈果夫的抗辩,通过了张曙时等人的提案,指出上述选举"违背总章,应由常务委员会令其从速改选"[3]。会议并接受暹罗支部控告,批评右派萧佛成的言论与行为,决定停止其中央委员职权,解除其在暹罗的一切职务。

(五)改选中央常务委员、各部部长、政治委员会、军事委员会、国民政府委员会,组成了新的党、政领导机构。蒋介石虽然还担任常务委员、军事委员、军事委员会主席团委员、国民政府委员等四项职务,但已从权力高峰上跌落下来,而汪精卫的权位则大大提高。

---

1 《中国国民党历次代表大会及中央全会资料》(上),第328~330页。
2 《中国国民党历次代表大会及中全全会资料》(上),第308~311页。
3 《中国国民党历次代表大会及中央全会资料》(上),第338~339页。

3月20日，国民政府委员在武昌举行就职宣誓。至此，新的一届国民政府正式成立，二届三中全会似乎功德圆满了。

二届三中全会是国民党左派和中国共产党人的一次空前的胜利。它完成了1926年中央及各省区联席会议未能完成的任务，纠正了二届二中全会所作出的许多错误决定，从新右派手中夺回了党权和政权，其意义重大。但是，兴高采烈的左派们很快就发现，他们的胜利远不是巩固的，因为蒋介石还掌握着军权。当纸上的宣言和决议与枪杆子发生矛盾的时候，前者显然不能与后者较量

还在迁都之争初期，鲍罗廷曾对李宗仁说："绝不能再让蒋介石继续当总司令了。"他曾试图动员李宗仁取蒋自代，遭到拒绝[1]。3月下旬，武汉政府又曾密令第六军军长程潜逮捕蒋介石，再遭拒绝[2]。4月5日，武汉政府决定废除国民革命军总司令，建立集团军，任命蒋介石为第一集团军总司令，冯玉祥为第二集团军总司令，朱培德为预备队总指挥，杨树庄为海军总司令。这是武汉政府削弱蒋介石军权的重大措施，但是，已经没有实际效用，一周之后蒋介石就利用他掌握的军权，发动了"四一二"政变。

---

[1] 《李宗仁回忆录》（上），第441页。

[2] 参见《四一二政变前后武汉政府的对策》，见本书第205~223页。

"四一二"政变前后武汉政府的对策

1927年4月12日,蒋介石在上海发动的政变并不是突然的,事前,他早已公开表态,并且在南昌、九江、安庆、南京、杭州、福州等地大打出手。因此,武汉政府对于蒋介石可能采取的行动并非完全没有警觉,曾经采取过一些对策。但是,从总的方面看,麻痹天真,优柔迟疑,失去时机。"四一二"之后,武汉政府处境困难,政治谴责取高调而军事上则回避和蒋介石决战,对冯玉祥、阎锡山等人又判断失误,终于未能挽回颓势。中国革命史由此发生了重大的转折性变化。

一 以党权限制蒋介石

武汉政府是在和蒋介石激烈冲突中的产物。将国民政府由广州迁到武汉,本来是蒋介石的主张。1926年11月16日,徐谦、宋子文、陈友仁、孙科、鲍罗廷等北上,筹备迁都。同年11月26日,中央政治会议决定,在广州的国民党中委和国民政府委员分批出发。12月13日,先行到达武汉的孙科、徐谦、蒋作宾、柏文蔚、吴玉章、宋庆龄、陈友仁、王法勤等议决,在国民政府未迁来之前,组成国民党中央执行委员、国民政府委员临时联席会议,执行最高职权。同月底,谭延闿、张静江、顾孟余、何香凝等人抵达南昌，蒋介石突然改变主张，提出将中央党部和国民政府暂驻南昌，企图将党和政府置于他的军事控制之下。这样，在联席会议和蒋介石之间就发生了激烈冲突。最初，武汉的国民党左派和顾问鲍罗廷准备动员李宗仁反蒋。他们纷纷去李处游说，告诉他：蒋介石"集党、政、军大权于一身，现在已成为一新军阀，本党如不及早加以抑制，袁世凯必将重见于中国"。鲍罗廷并曾推心置腹地动员李宗仁取代蒋介石的总司令位置，遭到李的拒绝[1]。此后，武汉的国民党左派决定以党权来限制蒋介石。1927年2月15日，国民党宣传委员会在汉口举行会议，到会的有邓演达、顾孟余等30余人，提出巩固党的权威，一切权力属于党；统一党的指挥机关，拥护中央执行委员会；实现民主政治，扫除封建势力；促汪精卫销假复职；速开中央执行委员会全体会议，解决一切问题等主张。会议通过的《党务宣传要点》指出："封建思想在党员头脑中潜滋暗长，不即加以纠正，必定演成个人独裁。"考虑到当时的条件，《要点》主要矛头指向张静江，但是，也没有点他的名，而是以"昏庸老朽的反动分子"一词相代。《要点》表示，要以打倒西山会议派的精神，肃清党内的"昏庸老朽的反动分子以及相与勾结的官僚、市侩"[2]。自此，各地即掀起恢复党权运动。2月21日，国民政府宣布在武汉正式办公。

对于这一切，蒋介石恼怒异常。2月19日，他在总司令部南昌特别党部成立大会上说："我只知道我是革命的，倘使有人要妨碍我的革命，反对我的革命，那我就要革他的命。我只知道革命的意义就是这样。谁要反对我革命的，谁就是反革命。"[3]21日，他又说："如果今日左派压制右派，那我就要制裁左派。""共产党员有不对的地方，有强横的行动，我有干涉和制裁的责任其权力。"[4]这实际上已是政变的预告。

恢复党权运动在二届三中全会期间达到了高潮。这次会议原定3月

1　《李宗仁回忆录》，第441页。

2　《汉口民国日报》1927年2月16日。

3　上海《民国日报》1927年3月29日。

4　《蒋校长最近之言论》，第8~9页。

1日召开，由于蒋介石的阻挠，一直推迟到3月10日。会议于3月17日闭幕。这次会议纠正了国民党二届二中全会的许多错误决定，是国民党制度上的一次大改革。会议通过了统一党的领导机关案、统一革命势力案、统一财政决议案和统一外交决议案。这些决议案的主旨都在于提高党权、集中党权。会议改国民党中央政治委员会、常务委员会、军事委员会和国民政府委员会，在实际上解除了蒋介石的常务委员会主席和军事委员会主席两项职务，蒋介石被从最高领导的地位上拉了下来，权力大大缩小了。会上，孙科点名批评蒋介石："蒋介石同志之在南昌宣言，则为军阀及帝国主义所欢迎。"[1] 会后发表的《本会经过概况》虽然不点名，但却对蒋介石进行了最严厉的指责。《概况》认为：自"三二〇"中山舰事件以来，"不但总理之联俄及容纳共产党政策被其破坏，即本党军队中之党代表制与政府制度亦完全破坏，开个人独裁之渐，启武人专横之端"；又说："自设总司令以来，党国大政，无不总揽于一人。党与政府，等于虚设。"[2]《概况》高度评价二届三中全会的决议，认为是"个人属于党与党属于个人之分歧点"，"武力屈服于党，抑党屈服于武力之分歧点"，"个人独裁与民主集中制之分歧点"。《概况》表示，将不再采取"委曲求全"的方针。

二届三中全会之后，各地反蒋呼声日趋激烈。湖北省党部要求免去蒋介石本兼各职。武昌中央农民运动讲习所学生结队请愿，要求将蒋介石交付监察委员会和军事委员会按照党纪惩办。武昌第三区第四分部致电蒋介石，表示要以"革命的手段对待"，"临电枕戈，伫候明教"[3]。湖南省党部则公开电称："与其爱一蒋介石，以延长中国反动之局；何如去一蒋介石，而树立真正民治之基。"[4]

蒋介石不想以口舌、笔墨进行论争，他用暴力来回答武汉政府。3月16日，他强迫解散南昌市党部、南昌市学联，封闭《贯彻日报》。17

---

[1]《中国国民党第二届中央执行委员会第三次全体会议第七日速记录》，油印件，以下均同。

[2]《中国国民党第二届中央执行委员会第三次全体会议宣言及决议案》。

[3]《民众纷起责问蒋介石》，《汉口民国日报》1927年3月29日。

[4]《省党部请罢免蒋介石》，《湖南民报》1927年4月10日。

日，制造九江惨案，杀害九江市党部和总工会负责同志4人。3月23日，制造安庆惨案，捣毁安徽省党部和总工会。同时，处心积虑，控制南京、上海。

在很长时期内，鲍罗廷和国民党左派一直担心蒋介石抵达东南后，会和帝国主义以及中国大资产阶级发生关系，因此，也力谋控制南京、上海，进一步限制和削弱蒋介石的权力。3月21日，上海发生工人第三次武装起义，武汉国民党中央政治委员会立即召开会议，讨论应付方案。会议决定派外交、财政、交通三部部长赴沪，又指定孙科、顾孟余、陈友仁、宋子文、徐谦为外交委员会委员，以陈友仁为主席，研究上海方面的外交策略；派郭沫若为上海军队中的政治工作指导员。3月23日，北伐军攻克南京，武汉国民党中央政治委员会立即任命程潜等11人组成江苏省政务委员会，以程潜为主席，其中共产党人和左派占绝对优势。27日，武汉政府电令上海各机关，所有江浙财政均须经宋子文办理，否则概不承认。这一切，都是为了加强武汉政府对南京、上海地区的控制，限制蒋介石的权力。

蒋介石不理睬武汉政府这一套，继续任命行政、外交等方面的人员，并且干涉武汉政府的用人权。3月28日，孙科在政治委员会第六次会议上提出：最近军事长官，往往干涉交通部用人行政事宜，上海方面交通部派员不能接事，一定要总司令委派才可以。会议决议，由国民政府电令各省军事机关，嗣后不得干涉用人行政。4月1日，政治委员会第八次会上，鲍罗廷提出："现在反动分子自由委派重要官长，损伤党权。"于树德提出："军事领袖擅自拜访各国的外交官是否合法？"孙科说："现在越闹越不像话，好像是他总司令的世界，为所欲为，把党的威权弄得扫地。我们如果再不下决心，何必还革什么命？"[1]会议根据鲍罗廷和孙科的提议，将二届三中全会统一外交、财政各决议案通知蒋介石以及各军，"饬令遵照，并警告不得违反，否则以反革命论"[2]。武汉政府很天真，以为蒋介石还会按照它的命令行事。蒋介石也在某些方面麻痹武汉

---

1 《中国国民党中央政治委员会第八次会议速记录》，油印件。

2 同注1。

政府，不仅于3月30日发电请示军事、外交进行方针，而且同时呈报安徽省政务委员名单，要求派钮永建为新编第七军军长。这一切也给了武汉政府以错觉，似乎蒋介石还准备听它的话。4月2日，武汉国民党中央常务委员会第五次扩大会议上，孙科提出：蒋总司令自江西到上海后，即被反动势力包围与利用，形成一个反动中心，建议立刻下一道训令给蒋介石，要他立即离开上海，回到南京去，专负军事方面的责任。他说："蒋在上海，帝国主义只看见他一人，不见有中国国民党及中央政府，外交、财政、交通都被其破坏。""这是蒋总司令一个最后机会，试验他能不能够有觉悟，服从中央命令，抑或一意孤行。"[1]会议通过了有关电文，声称："同志在沪，已有不能团结革命之表征，徒为外人所乘，于此紧急之外交形势殊属不利，必同志离沪，中央始可对上海之严重形势指挥自如，而负完全之责任。"决议要求蒋介石"对于外交未得政府明令以前，切勿在沪发表任何主张，并勿接受任何帝国主义口头或文字之通牒"[2]。武汉政府以为，只要蒋介石离开上海，就可以使他摆脱反动影响。鲍罗廷说："假使我们不是爱惜蒋同志，就任从他在上海，听他将来弄到一个失败的结果给我们看的。现在我们要他离开上海反革命的重心，免他受包围走去反革命。"[3]

4月5日，武汉国民党中央政治委员会根据军事委员会的呈请，决定废除总司令，改为集团军，任命蒋介石为第一集团军总司令，冯玉祥为第二集团军总司令，朱培德为总预备队总指挥，杨树庄为海军总司令。这是武汉政府削弱蒋介石军权的重大措施，但是，对蒋介石没有任何实际影响。

武汉政府有党权，蒋介石有军权，武汉政府的基本策略是以党权限制军权，幻想党纪、命令、舆论可以制服蒋介石，但是，事实证明，胜利者是军权，而不是党权。

---

1 《中国国民党中央执行委员会第二届常务委员会第五次扩大会议速记录》。

2 《命令蒋总司令离沪赴宁电文》，《中国国民党中央执行委员会第二届常务委员会第五次大会议决议案》。

3 《中国国民党中央执行委员会第二届常务委员会第五次扩大会议速记录》。

二 逮捕蒋介石与派兵东下计划的搁浅

武汉政府还准备了另一手。

在几经犹豫之后，武汉政府于3月下旬草拟了一个俟机逮捕蒋介石的密令，由谭延闿亲笔写在一块绸子上，准备交给程潜执行，同时责成二、六两军控制南京地区。3月27日，林祖涵将密令缝在衣服内，以代表国民政府慰劳前方将士的名义东下[1]。同时，张国焘则以机密方法，通知在上海的中共中央，要求就近予程潜以协助[2]。28日，中央军事委员会总政治部任命林祖涵为驻宁办事处主任，林未到任前，由李富春代。

武汉政府将希望寄托在程潜身上，但是，程潜却并不愿意执行命令。林祖涵东下之际，程潜正与何应钦一起应蒋介石之召，赴上海商谈。到沪后，程潜力主调和，并表示愿意去武汉劝合[3]。此外，程潜还和李石曾、吴稚晖作了交谈，了解到他们正在准备"清党"。程潜担心自己被蒋介石软禁，便于30日离沪返宁。当晚，林祖涵也到了南京。程潜得悉交给他的任务后，表示："那不行，我不能做分裂国民党的罪魁祸首。这样对不起孙中山先生。"[4]六军政治部主任李世璋以形势危急相劝，告诉程潜："蒋介石已经把何应钦派进来了，他们已经占领了高地，恐怕来意不善。"程潜却满不在乎地说："不要怕！"[5]

程潜的态度有他本身的原因，但是，逮捕蒋介石的时机也已失去。南京事件发生的第二天，蒋介石便乘舰过宁，没有上岸。这以后，他一直处在重兵的护卫中，要逮捕蒋介石几乎是不可能的。关于此事，鲍罗

---

1 程潜：《对谢幕寒〈关于"东征""西征"和第六军被消灭的片断回忆〉一文的订正和补充》，《湖南文史资料》第4辑，第31页。

2 《张国焘回忆录》第3章。

3 程潜：《对谢幕寒〈关于"东征""西征"和第六军被消灭的片断回忆〉一文的订正和补充》，《湖南文史资料》第4辑，第31页。

4 李世璋：《关于北伐前后的第四军》，《江西文史资料》第2辑，第42页。

5 同注4。

廷曾总结说:"第六军军长程潜未能及时执行逮捕蒋介石的命令,因为没有中央政府的坚定而明确的指示,他自己不知道怎么办。送逮捕令的交通员晚到南京一周时间。"[1]

林祖涵也没有其他办法。在南京期间,二、六两军都有人表示对蒋介石"深致怀疑","希望中央早日讨伐"。林祖涵只能含混相答。4月1日,程潜下令"除渡江部队外,其余概行集结南京",同时,以全体官兵名义通电拥护武汉三中全会决议,即随林祖涵返汉。他将军长职务交杨杰代理,将卫戍南京的任务交贺耀祖负责。程潜自以为万无一失,他无论如何想不到,杨、贺二人都已经倒向蒋介石一边[2]。

程潜离宁后,蒋介石即接连下令驻守南京的二、六两军于4月6日全部渡江,沿津浦路北上,同时命何应钦的东路军火速向南京集中。苏联顾问勃拉戈达托夫曾向蒋介石建议,六军在战斗中损失很大,需要补充、复元,应该暂留南京,为蒋拒绝[3]。在此情况下,六军密电程潜请示,程复电不得渡江,不幸,程电被蒋介石的总司令部截获。其间,鲁涤平也知道二期北伐尚在计划中,蒋介石此举,必系排除异己,别有他图,急电武汉请示,但未能打通。这样,二军和六军的大部分都被派北上,留守的少数六军战士被包围缴械,南京完全落到蒋介石手中。

武汉政府虽然下了逮捕蒋介石的决心,但是,并不感到政变迫在眉睫,还在准备北伐,并订于4月5日誓师,同时庆祝中央军事委员会成立和沪宁克复。3月31日,顾孟余在宣传委员会上说:"党权运动的发展,上海方面军事领袖并未极端反对,但表面虽服从,内中或准备一两月后某一种发展。他们的方法,大概是在上海或南京集中力量,对北伐不进行,而坐观成败,但中央则非迅行北伐不可!"[4]4月1日,军事委员会对全体将士训令称:"国民革命军将士目前最急切的任务,便是打倒张

---

1 文件201,《联共(布)、共产国际与中国国民革命运动》(4),第220页。应该指出,俄国编者错将此事理解为1927年4月14日武汉国民党中央对蒋的惩戒令,是不了解有关历史的结果。

2 李世璋:《关于北伐前后的第四军》,《江西文史资料》第2辑,第42页。

3 《中国革命纪事》,第269页,三联书店,1982。

4 《中央宣传委员会第十四次会议记录》,《汉口民国日报》1927年4月2日。

作霖,消灭奉系势力。"[1] 4月4日,程潜到汉,报告了上海方面准备"清党"的情况,李富春也密电陈述蒋介石、何应钦即将来宁建立政治组织的消息。这样,武汉政府就紧张起来了。当日以"筹备尚未就绪"为理由,宣布将北伐誓师典礼展期[2]。4月7日,武汉国民党中央政治委员会召开紧急会议,决定"为适应革命势力之新发展及应付目前革命之需要",将中央党部及国民政府迁至南京,迁移日期另行决定。会议指定顾孟余、邓演达、谭平山三人负责迁都的宣传工作,下令军事委员会制订以南京为中心的作战计划[3]。当夜9时,军事委员会开会,决定军事进行计划。武汉政府决定迁都的理由,据孙科、谭平山等人所述,基于5个方面:(一)对付帝国主义。武汉政府认为,英、美帝国主义正联合日本,准备武力干涉中国革命,封锁上海、南京、天津等口岸,武汉政府必须先发制人。迁都南京、坐镇南京,帝国主义就不敢明白进攻。(二)统一外交。武汉政府感到,地处武汉,不便于"对付长江下游的外交"。(三)掌握财政。长江下游是富庶之区,迁都有助于控制下游财政。(四)团结下游革命力量,控制蒋介石。谭平山说:"最近长江下游,帝国主义利用种种机会,用挑拨的方法以分离革命势力。现在一部分同志已被帝国主义和反动派利用,但我们知道,在反动军事领袖之外,还有许多革命领袖在长江下游。这些同志,我们要拉他一路走。"又说:"少数在下游的军事领袖,想利用军队造成自己的地位,但中央要在长江下游,就完全能指导他们。不能用电报来指挥,我们要到军队势力中来指挥他革命。"[4](五)沿津浦路北伐。武汉政府认为,京汉路北伐有确实把握,必须将注重点转移至津浦线。在上述5项理由中,最主要是第四条。8日,常务委员会第六次扩大会议听取了孙科的说明。孙科慷慨激昂地表示:"帝国主义与残余军阀勾结,将革命转为反革命,所以为应付外交,要下一决心,拼命移至南京。""全体送去受他压迫,看蒋介石有无

---

1 《汉口民国日报》1927年4月2日。

2 《国民革命军北伐誓师典礼筹备处紧急通告》,《汉口民国日报》1927年4月5日。

3 《中国国民党中央执行委员会政治委员会临时紧急会议决议录》。

4 《在中央宣传委员会第十五次会议上的报告》,《湖南民报》1927年4月18日。

决心？"¹孙科的话博得了与会者的热烈掌声。会议决定接受政治委员会的决议。当日，举行了东下的誓师典礼。

武汉政府这次确实准备行动了。据吴玉章等人回忆：当时，武汉政府已决定派张发奎率四军和十一军去加强南京的防御，支持上海的革命力量。军队中迅速作了动员，运输的船只和粮秣枪弹都已准备就绪。4月9日，四军登轮，准备东征。同时武汉方面命令六军留在南京，不要听命于蒋介石；又命令已进至长江北岸的二军回师南京，协同六军卫宁反蒋。但是，就在此刻，有人提出，不应该把铁军调到南京去。理由是：（一）长江下游和帝国主义太靠近，会引起冲突和干涉；（二）汪精卫已从国外回到上海，将要来武汉。如果和蒋介石完全闹翻，蒋一定要扣留汪（事实上，汪精卫已于6日起程来汉）。当时参加会议的共10人。瞿秋白、邓演达支持吴玉章的意见，加伦也表示："从北伐的军事观点来看，加强南京方面是合理的。这样我们可以一方面从武汉沿京汉路北上，一方面可以从南京沿津浦路北上。"但是，与会者大多数不同意吴玉章的意见。四军登轮的当天，就得到在船上待命的通知。11日，又得到命令退回原地²。四军、十一军东下的计划就这样搁浅了，迁都南京的决议也就成了一纸空文。

吴玉章说："假使第四军按照原定计划调去南京，长江下游左右派的力量对比便会发生重大的变化，蒋介石的反革命政变也就不会那样顺利。"³事实上，四军东下的决定也已为时过晚。根据当时苏联在华军事顾问的分析，在3月23日到4月3日期间，完全可以轻而易举地解除蒋介石的武装⁴，但武汉政府作出有关决定已在此后。过了4天，蒋介石就在上海

---

1 《中国国民党中央执行委员会第二届常务委员会第六次扩大会议速记录》。

2 《吴玉章回忆录》，第143～144页；黄霖：《八一起义前后的几点回忆与认识》，《中国共产党在江西地区领导革命斗争的历史史料》第1辑，第17页，江西人民出版社，1970；朱雅林：《一九二七年底回忆》，第101～102页；勃拉戈达托夫：《中国革命纪事》，第293页；巴库林：《中国大革命武汉时期见闻录》，第128～135页，中国社会科学出版社，1985。

3 《吴玉章回忆录》，第144页。

4 文件212、268，《联共（布）、共产国际与中国国民革命运动》（4），第269、500页。

发动了政变。在一场紧张的争夺时间的赛跑中，武汉政府落到了后面。

武汉政府派兵东下计划的改变和共产国际对蒋介石的态度有关。2月31日，共产国际的机关刊物《国际新闻通讯》发表文章称："国民党内的分裂和工人阶级与革命军士兵之间的敌对情绪，在目前绝无可能"，"蒋介石这样的一位革命家不会去和反革命的张作霖合作行动"。4月5日，斯大林在莫斯科发表演说称："既然我们有多数，既然右派听从我们，为什么把右派赶走？只要有用场，农民连一匹疲蹶的老驽马也需要。他不把它赶走。我们也一样。等到右派对我们没有什么用场，我们就把它赶跑。目前我们需要右派。它有的是能干的人，这些人尚率领军队且指导它去反对帝国主义者。蒋介石也许对革命没有同情，但他正带着军队，且除了引导他去反对帝国主义者之外，便不能干别的事情。此外，右派中人尚和张作霖的将领有关系，且非常懂得如何去使他们军心涣散，不经一击便引诱他们全部转到革命方面来。他们和富商也有关系，可以从他们那里募钱。所以他们必须要被利用到底，像柠檬一样榨干，然后丢掉。"[1]次日，新近到达武汉的共产国际代表团代表罗易，在维经斯基等人的支持下建议代表团去上海会见蒋介石，和他商谈革命力量的统一问题。如果蒋同意，就邀请他到武汉参加和解会议；如果他拒绝，就证明他反对党的政权，号召群众团结在武汉周围。罗易的意见遭到鲍罗廷的坚决反对[2]。此后，几乎每天都在讨论和重新决定同一问题。大约是10日左右，中共中央在武汉召开临时会议，维经斯基认为蒋介石"有办法"，罗易也认为蒋介石"还有办法"，再次提出派代表赴沪与蒋介石商谈[3]。4月13日，罗易致电蒋介石，声称"一切革命力量的团结是最大的需要"，表示"将乐于访问南京"[4]。而在这前一天，政变已经发生了。

1　转引自伊罗生《中国革命史》，中译本，第183～184页，1947。

2　文件192、212，《联共（布）、共产国际与中国国民革命运动》（4），第201、269页。

3　李立三：《党史报告》，中央档案馆编《中共党史报告选编》，第245页，中共中央党校出版社，1982。

4　《中国新闻》1927年4月14日，转引自罗伯特·诺斯等编著《罗易赴华使命》，第65页，中国人民大学出版社，1981。

三　政治谴责的高调与军事决战的回避

汪精卫在4月10日到达武汉。

从1926年蒋介石制造中山舰事件，汪精卫避居国外之后，就不断有人主张迎汪回国，以抵制蒋介石日益增大的影响。在1927年春天的"恢复党权"运动中，"迎汪"的口号更喧腾一时。人们对蒋介石愈不满，对汪精卫的期望也就愈殷切。现在，汪精卫终于回来了。但是，他并没有给武汉政府带来福音。

4月13日下午4时，武汉国民党中央政治委员会第十二次会议正在举行，得到了蒋介石的通电，要求中央各执、监委员在14日以前赶到南京开会，随即又得到了上海市党部的来电，工人纠察队被缴械。汪精卫当即表示："这件事比南京会议还要严重，简直是反了！"[1] 会议决定以中央执行委员会的名义致电蒋介石，要求查办事件的主动者和负责者。电文说："现本党驻沪军队，竟有用武力令上海纠察队缴械之举，显系违背命令，甘为反革命。在党纪上，万难宽恕。望即将此次胆敢违犯党纪之部队官长，即刻停职拘捕，听候国民政府查明事实，依法惩办，总司令及总指挥未能事前防范，亦应依法严重处分，并应饬令将已缴枪械，退回纠察队。"[2] 随后，汪精卫又在湖北省市两党部的欢迎宴会上宣布了消息，他说："反共产派已经与帝国主义军阀妥协，已经把真正革命同志的血献给军阀帝国主义者了，国民革命军的总司令已经变做讨赤联军副司令了。"他故作慷慨地表示："我现在什么嫌疑也不怕了，非为这些工友复仇不可，就如有一批数十年的老师友，像吴稚晖，现在就都该杀，杀了来填几十个工友的命。"[3] 当日在会上演说的还有徐谦、何香凝、孙科、高语罕等人。何香凝说："现在蒋介石却公然摧残工农了，我们怎样对

---

[1] 《中国国民党中央执行委员会政治委员会第十二次会议速记录》。
[2] 《汉口民国日报》1927年4月14日。
[3] 同注2。

付呢？就只有照廖先生说的话，打倒这些反革命派。"[1]孙科表示："我们今日若对蒋再不予以处分，则他仍要利用国民革命军的招牌，来违法作恶。现在已经不是讲情面的时候，我们一定要求中央对蒋严厉处分。"[2]

14日，武汉国民党中央监察委员会开会，提出处分蒋介石、张静江，取消蒋介石一切本兼各职、开除党籍，由国民政府将其撤职查办。

15日，汪精卫手书《对三大政策之解释》："总理所定联俄、容共、农工三政策是整个的，破坏一个政策，即是破坏整个政策，即是将改组本党的精神意义根本取消。一切革命同志应该起来，拥护此整个的政策。"[3]汪精卫这里的表态当然是正确的，但是，其人华而不实，脆而不坚，缺乏气节，善于见风转舵，3个月之后，由于形势变化，他就高叫"分共"，跟在蒋介石、吴稚晖后面，完全背叛了他"手书"的"三大政策"。

同日，武汉国民党常务委员会第七次扩大会议讨论惩蒋问题，参加者28人，列席者鲍罗廷、唐生智、张发奎三人，主席徐谦。先后发言的有董用威（必武）、邓演达、潘云超、詹大悲、高语罕、彭泽民、孙科、林祖涵、江浩、吴玉章、邓懋修、王乐平、顾孟余、何香凝、王法勤、陈公博、谭延闿、朱培德、黄实等，普遍态度强烈，要求中央改变迟疑态度，作出决定。董用威说："务希中央毅然决然，加以处置，以申党纪。"彭泽民说："如再犹豫，不是蒋氏自杀，是我们自杀。"高语罕说："（蒋介石）自四川杀起，一直杀到上海。（我们）日日不作声，等待他杀，这是何等麻木啊！"其中，仍然以孙科最为激烈，他要求与会者一一表态："蒋介石是革命敌人，尤其是中央执行委员会敌人，无论对蒋介石有无私人感情，今日皆不能缄默的。"[4]在如何对待蒋介石上，会议出现两种意见：一种是免去职务，明令讨伐，以邓演达为代表；另一种意见以顾孟余为代表，认为对一个人只有惩办，不必用讨伐。会议最后同意顾孟余的意见，一致决议："蒋中正屠杀民众，摧残党部，甘心反动，罪

1　《汉口民国日报》1927年4月14日。
2　同注1。
3　《汉口民国日报》1927年4月17日。
4　《中国国民党中央执行委员会第二届常务委员会第七次扩大会议速记录》。

恶昭彰，已经中央执行委员会议决，开除党籍，免去本兼各职，着全国将士及各革命团体拿解中央，按反革命罪条例惩治。"[1]该项决议至18日以国民政府命令形式发表。

18日同时发表的文件还有《为惩治蒋中正训令全体党员》，指责蒋介石自中山舰事件以来的作为，声称"凡此种种，皆为极端反革命行为，既不能感之以诚，复不能喻之以理，似此罪大恶极，是已自绝于党，自绝于民众，本党为革命前途计，不能不决然毅然，执行党纪，加以严厉之惩治"[2]。

21日，国民党中央执行委员、候补执监委员、国民政府委员、军事委员会委员汪精卫、谭延闿、孙科、徐谦、顾孟余、谭平山、陈公博、吴玉章、唐生智、邓演达、宋子文等40人联名发表通电，指责蒋介石由反抗中央进而自立中央等行为。通电号召："凡我民众及我同志，尤其武装同志，如不认革命垂成之功，毁于蒋中正之手，惟有依照中央命令，去此总理之叛徒，中央之败类，民众之蟊贼。"[3]

上述种种，都是对蒋介石一种政治上的谴责，较之武汉政府以前的态度，是坚决、鲜明多了，但是，政治上的谴责不能代替军事上的打击。这方面，武汉政府仍然顾虑重重。15日的国民党中央常务委员会上，在慷慨讨蒋的高调声中，也时时可以感到这种顾虑的存在。詹大悲说："今日中央应行决定，失败是不必顾虑，更不应该顾虑。"江浩说："党求胜利，不全在军事上，如果全在军事胜利，党就根本要糟。在此状况之下，虽然军事上稍失败或吃亏，于党还是好的。"邓懋修说："纵败犹荣，终有胜利之一日。"吴玉章说："如果是革命的，是不怕强力，不怕武力的。"[4]这些语言诚然是壮烈的，但却反映出武汉政府的领袖们缺乏斗争胜利的信心。何香凝说得很坦率："我对军事上、财政上很是担心。"[5]正是这种担心，使武汉政府回避马上和蒋介石决战。

1　《革命生活》第58期，1927年4月19日。
2　《革命生活》第59期，1927年4月21日。
3　《中央委员联名讨蒋》，《汉口民国日报》1927年4月22日。
4　《中国国民党中央执行委员会第二届常务委员会第七次扩大会议速记录》。
5　同注4。

"四一二"政变后,武汉政府两面受敌,军事方针陷入动摇不定中。当时出现了两种意见,一种主张东征讨蒋,一种主张北伐讨奉:两种方针各有利弊。向东讨蒋吧,奉军正沿京汉路南下;向北讨奉吧,又担心蒋介石打过来。这是很难解决的矛盾。这一矛盾不仅表现于武汉政府领导人之间,也表现于苏联顾问、共产国际代表和中国共产党人中。4月13日,罗易在中共中央会议上提出:"在发起下一步进攻前应拥有巩固的根据地",当前的革命任务是:发展工农运动,集中和加强国家机关,改革和集中军队。14日,罗易再次表示:北伐将给工人、农民带来损害,主张首先完成三项任务:通过实行土地革命和先进的劳工政策发动民主力量;依靠民主力量夺取农村政权;建立革命军队。当日,鲍罗廷和罗易在会上发生激烈冲突。鲍称:如果会议作出反对北伐的决定,他就辞去在国民党中担任的职务。15日,罗易继续提出反对北伐的理由,认为既没有取得胜利的保证,又会敞开南方根据地任凭反动派进攻。但是,他也作了部分妥协,同意将军队调往河南前线,与冯玉祥配合行动[1]。4月16日,汪精卫以政治委员会名义召开国共两党联席谈话会,讨论"积极北伐"与"肃清东南"问题。同日,中共中央通过罗易起草的《关于继续北伐问题的决议》,认为"在目前情况下,立即北伐去占领京津等地,不仅不符合革命的需要,而且有害于革命。采取北上扩大领域的军事行动之前,必须将早已在国民党统治下或革命已经部分完成的那些地区的革命基地加以巩固"[2]。决议提出,只能采取占领河南南部、安徽西部等"防御性的军事行动",使陇海路成为"保卫革命的第一线"。这样,虽然在是否立即进攻北京和天津上仍有不同意见,但派兵北上的实质分歧已经消失。

然而,事情的变化简直太富于戏剧性了。4月18日早晨,武汉国民党中央政治委员会根据鲍罗廷的新意见,突然宣布,决定向东推进,占领南京,首先消灭蒋介石的力量,然后渡江北上,进攻北方军阀[3]。罗易和

---

[1] 文件259,《联共(布)、共产国际与中国国民革命运动》(4),第422~428页。

[2] 《关于继续北伐问题的决议》,《罗易赴华使命》,第176页,中国人民大学出版社,1981。

[3] 文件268,《联共(布)、共产国际与中国国民革命运动》(4),第501页。

共产国际代表团的另一成员多里奥立即对这一改变表示满意[1]。但是，加伦将军说服了邓演达，邓逐一做工作，到了当天晚上，政治委员会又决定，经河南向北推进，打败张作霖，让冯玉祥的国民军进入河南，将反奉的任务交给他，而武汉北伐军则沿陇海路东进，袭击南京。这一方案于是被视为"最佳方案"[2]。关于东征还是北伐的这一艰难的决策过程，邓演达回忆说："往东——打南京——往北的计划前后变更了四五次，卒之为如下之理由取决往北去，把张作霖在河南的队伍肃清，把冯玉祥的队伍接出来，然后把对付张作霖于京汉路线上的责任托付给他，我们的队伍专致力于东南的肃清。"[3]当时，奉系有6个集团军，20万～25万人，第一集团军驻守开封和兰封地区，由张学良统率，约6万人。冯玉祥的队伍号称30万人，确是一支可以和奉系匹敌的力量。此外，还有个阎锡山，有军队5万人，武汉政府认为，有可能倒向自己方面，因此，毅然于4月19日在武昌南湖誓师。20日，各路军队由京汉路进入河南，集中驻马店，第二期北伐开始了。

这一时期，武汉政府领导人的言论中，讨奉和讨蒋是并列的。南湖誓师典礼上，汪精卫说："我们要使全国民众能得到解放，必须要打倒奉系军阀。""我们要打倒帝国主义与军阀，尤必须要打倒本党的内奸蒋介石。"[4]但是，实际上，讨蒋已被暂时搁置到一边。徐谦甚至说："反革命蒋介石，用不着出兵声讨，就是用党制裁，开除党籍，免去军职，在东南的革命力量，不久会把反叛的蒋介石，拿送中央惩办的。"[5]这当然是一种自欺欺人的空想。

尽管武汉国民政府的领导人这时唱的是响入云霄的高调，但是，高调中仍然可以觉察出细微的低调。这就是武汉政府处境很困难。4月27

---

[1] 文件191、192，《联共（布）、共产国际与中国国民革命运动》（4），第198、204页。

[2] 文件268，《联共（布）、共产国际与中国国民革命运动》（4），第504～505页。

[3] 《中国革命最近严重局势之由来》（1927年8月17日在莫斯科的报告），中国第二历史档案馆藏。

[4] 《革命生活》第59期，1927年4月21日。

[5] 《中央执行委员会欢迎北伐将士大会记录》，油印件。

日，徐谦说："是要往北，才能打出一条生路。"[1] 5月13日，汪精卫说："如果外交形势变换，我们应该与西北革命军同志协力，将大陆拿到手内，这也是革命的惟一出路。"[2]所谓外交形势变换，实际上是帝国主义干涉的委婉说法。武汉政府的领导人除了害怕和蒋介石正面冲突外，还害怕和帝国主义正面冲突。他们想走"西北道路"，即必要时退到西北。据罗易回忆，当时，鲍罗廷认为，由于革命力量太软弱，武汉将不能保持，建议将残余的力量安全地撤退到在西北的新基地。那里，是帝国主义势力所不及的地方，不会有武汉这样尖锐的社会阶级矛盾，又接近苏俄和外蒙，便于获得援助[3]。当年5月初，鲍罗廷在汉口报告说："我们应当扩大国民政府的势力范围，通过国民革命军向西北挺进，摆脱外国巡洋舰对我们形成的包围圈。"又说："我们应当去西北地区，国民政府的势力范围应当向西北扩展，否则我们将始终处于主要集中在东南地区的帝国主义的打击之下。"[4]武汉政府的决策显然反映了鲍罗廷的影响。

武汉政府寄希望于冯玉祥和阎锡山，以为他们会忠实于自己，但是，这两个人都靠不住。武汉政府既失去了东征的时机，北伐也中途夭折。中国近代史证明，依靠军阀，而不依靠人民的政府是没有出路的。

---

1 《中央执行委员会欢迎北伐将士大会记录》。
2 《中国国民党中央执行委员会第二届常务委员会第十一次扩大会议速记录》。
3 M. N. Roy, *My Experience in China*, P.56～57；参见《张国焘回忆录》第3章。
4 文件201，《联共（布）、共产国际与中国国民革命运动》（4），第224～227页。

蒋介石与前期北伐战争的战略、策略

战争是一门高超的军事指挥艺术，既需要正确的战略，也需要正确的政治策略与之配合。1926年至1927年的前期北伐战争是在苏联和共产国际援助下由国共两党联合进行的，其战略、策略的制订者有蒋介石、鲍罗廷、加伦、张静江、谭延闿、陈独秀等人。本文将着重考察这一时期蒋介石在制订和执行有关战略、策略中的作用，借以推进对北伐战争和蒋介石其人的研究。

一　关于北伐时机

发动战争必须选择恰当的时机。这一选择的正确与否，常常影响战争的胜负以至结局。

1925年12月第二次东征结束后，蒋介石即有意于北伐，设想在次年8月克复武汉，年内打到北京。1926年1月4日，他发表演说称："去年可以统一广东，今年即不难统一中国。"[1] 6日，他在国民党第二次全国代表大会上作军事报告，乐观地宣布："国民革命的成功，当不在远。"[2] 2月24

---

[1] 中国第二历史档案馆编档案出版社1992年版《蒋介石年谱初稿》，第503页。
[2] 《中国民党第二次全代大日刊》第18号，1926年1月9日。

日，他向广东国民政府提出，早定北伐大计。

在北伐时机上，蒋介石和苏联军事顾问团、苏共中央、鲍罗廷以及陈独秀等人的意见相抵触。1926年初，苏联军事顾问团即向苏联驻华使馆报告，认为：国民党中央缺乏团结和稳定，成员复杂，经常摇摆；军队缺乏完善的政治组织，将领权力过大，部分人可能反叛政府[1]。3月25日，苏共中央政治局决议，广东政府应该竭其全力进行土地改革、财政改革、行政改革和政治改革，动员广大人民参加政治生活，加强自卫能力。决议明确声称："在现时期，应当着重抛弃任何军事讨伐的念头，一般说来，应当抛弃任何足以惹起帝国主义军事干涉的行动。"[2]此后，苏共中央政治局多次作出类似决定，如4月1日决议云："广州（政府）不应占领广州地区以外的目标，而应在现阶段把注意力集中在内部工作。"4月15日决议强调上述指示"应当不折不扣地执行"[3]。共产国际远东书记处也于4月27日决议："致函中共中央，说明目前提出广州进攻的问题无论从政治角度还是从宣传角度来说都是错误的。"参加会议的中共党员蔡和森并建议，由共产国际致函中国方面，"批评广州政府提出的关于组织北伐的建议"[4]。直到5月6日，苏共中央的口气才有所松动，同意派遣一支规模不大的部队去保卫湖南，但不久就再度严厉起来，要求在广东的中共成员坚决谴责广州政府"在目前进行北伐或准备北伐"[5]。

鲍罗廷积极贯彻苏共中央和共产国际的上述决议，他在中共广东区委会议上力陈必须进行充分的准备，以保证北伐的结局有利于革命。5

---

[1] "Report on the National Revolution Army and the Kuomintang, Early 1926", C.M. Wilbur and How, *Missionaries of Revolution*, Harvard University Press, 1989, p.613~614.

[2] "Problems of Our Policy with respect to China and Japan", *Leon Trotsky on China*, Monad Press, New York, 1976, P.107~108.

[3] 《联共（布）、共产国际与中国国民革命》（3），第191、203页。

[4] 《联共（布）、共产国际与中国国民革命运动》（3），第228、230页。

[5] 《联共（布）、共产国际与中国国民革命运动》（3），第241、268页。此后，类似的意见存在了很久，如，6月21日，共产国际远东局俄国代表团会议称："在广州内部业已形成的形势下举行北伐是有害的。"维经斯基甚至肯定，"依我看，北伐必然遭到失败。"见《联共（布）、共产国际与中国国民革命运动》（3），第307、309页。

月1日，他和蒋介石进行了一次长达4小时的谈话，对北伐多所争执。但是，蒋介石坚持己见，争论以鲍罗廷的妥协告终。

蒋介石的主张得到部分中国将领的拥护。当年3月18日，军事委员会即议决进行北伐准备。同月30日，冯玉祥的代表马伯援到达广东，表示国民军愿与国民党合作，希望集中革命力量，向长江发展。此事加强了国民政府和国民革命军将领的决心。4月3日，蒋介石向国民党中央建议："整军肃党，准期北伐"。建议书分析国民军退出京津以后的形势，认为"以后列强在华，对于北方国民军处置既毕之后，其必转移视线，注全力于两广革命根据地无疑，且其期限，不出于三月至半年内也"[1]。他提出，在三个月内，即在国民军未被消灭，吴佩孚的势力尚未十分充足之际，出兵北伐。其时，江西方本仁的代表蒋作宾也到达广州，声称国民政府倘能于近期北伐，江西可不劳而获。4月16日，政治委员会与军事委员会举行联席会议，议决由蒋介石、朱培德、李济深三人筹拟北伐准备计划，由宋子文筹办军饷。同月20日，赴湘联络唐生智的陈铭枢、白崇禧回粤，向军事委员会报告，联络成功："将来实行协同出师北伐，当受事半功倍之效。"[2]这些，使原来对北伐持谨慎态度的将领也乐观起来。在李济深、陈铭枢、李宗仁等人的一再催请下，军事委员会于5月29日会议决定，命第七军刻期出发援湘，北伐大计遂决。

尽管北伐已经见之于实际行动，但是，国民革命阵营内部的意见仍然并不一致。

1926年2月，中共中央北京特别会议曾议决，当时的第一责任是"从各方面准备广东政府的北伐"[3]。但是，也有部分共产党人认为，南方革命阵营暴露出来的问题很多，首先要积聚北伐的实力，不可轻于冒险尝试。两种意见并存的结果是摇摆不定。6月下旬，派赴广州调查中山舰事件真相的张国焘、彭述之回到上海，中共中央一度倾向于进行北伐，

---

1 《蒋校长建议中央请整军肃党准期北伐》，《蒋介石年谱》，第554页。
2 《赴湘代表陈铭枢、白崇禧回粤》，《申报》1926年4月28日。
3 《国民党工作问题》，《中共中央文件选集》(2)，第60页，中共中央党校出版社，1989。

认为只有这样,才是使广州"摆脱内外威胁的唯一出路"[1]。然而没过几天,中共中央的态度又大幅度改变。7月7日,陈独秀在《向导》发表文章,认为北伐只是讨伐北洋军阀的一种军事行动,不能代表中国民族革命的全部意义。他说:"若其中夹杂有投机的军人政客个人权位欲的活动,即有相当的成功也是军事投机之胜利,而不是革命的胜利。"文章认为,北伐时机尚未成熟,当前的问题是防御吴佩孚南伐,防御反赤军扰害广东,防御广东内部买办、土豪、官僚右派响应反赤[2]。在随后召开的中共中央扩大会议上,陈独秀的主张得到大多数人的支持,通过了相应的决议,认为广东国民政府出兵,只能是"防御反赤军攻入湘粤的防御战,而不是真正革命势力充实的彻底北伐"[3]。9月13日,陈独秀又在答辩文章中说明,北伐成熟的标准一为"在内须有坚固的民众基础","在外须有和敌人对抗的实力"。文章特别提出,当时孙中山的拥护农工利益、联俄、联共政策,"都几乎推翻了","这样来革命,其结果怎样呢!"[4]

中山舰事件后,蒋介石已经牢固地掌握了领导权,中共的权力、活动受到限制,在这一情况下北伐,不能确保其结局有利于工农,因此,从这一意义上说,北伐的时机尚未成熟,陈独秀关于仓促北伐的危险有一定见地。但是,1926年上半年,吴佩孚正集中力量在北方进攻国民军,无力南顾;湖南实力派唐生智又驱逐赵恒惕,倒向广州国民政府,因此,这一时机对保证北伐的军事胜利又是有利的。后来的事实也证明了这一点。

二 各个击破与远交近攻

北伐前,中国存在着吴佩孚、孙传芳、张作霖三大军阀集团。同时,在西南、东南、西北、中原等地还存在着若干军阀小集团。这些集

---

[1] 文件63、64,《联共(布)、共产国际与中国国民革命》(3),第317、321页。
[2] 《论国民政府之北伐》,《向导》第161期。
[3] 《中国共产党对于时局的主张》,《向导》第163期。《中央政治报告》,《中共中央文件选集》(2),第153页。
[4] 《向导》第171期。

团既彼此争斗，又在一定条件下相互勾结。如何利用矛盾，因势利导，分化联络，确定打击的先后主次，是北伐出师必须首先解决的问题。

从1926年初起，蒋介石就在考虑北伐战略问题。1月11日日记云："先统一西南，联络东南，然后直出武汉为上乎？或统一湖南，然后联络西南、东南而后再进规中原为上乎？抑或先平东南，联络西南而后长驱中原乎？殊难决定也。"[1] 最初，他倾向于同时攻占湖南和江西，但加伦将军则主张各个击破，先取两湖。6月21日，军事委员会接受加伦提出的北伐计划[2]。7月1日，蒋介石下达北伐部队动员令，宣布其进军计划为"先定三湘，规复武汉，进而与我友军国民军会师，以期统一中国，复兴民族"[3]。随令颁发《集中湖南计划》，规定以第七军李宗仁部、第八军唐生智部、第四军陈可钰部进攻长沙，以第二军谭延闿部、第三军朱培德部、第六军程潜部防备江西。这就表明，蒋介石接受了加伦的"各个击破"战略。

根据"各个击破"战略，北伐的首攻目标是吴佩孚。为了与这一战略相配合，蒋介石和广州国民政府又采取远交近攻策略。

对孙传芳，蒋介石和国民政府最初企图"收抚"，承认其地位，与之共同夹击吴佩孚；后来则企图使之保持中立。

孙传芳与吴佩孚同为直系。1925年10月，自任浙、苏、皖、闽、赣五省联军总司令，旋又被吴佩孚委任为江苏都督。浙、苏等省是中国的富庶之区。孙传芳虽有进一步扩张地盘的野心，但最为重视的是保持现有势力范围。他就任五省联军总司令后，即多次派人赴粤"修好"。北伐出师前夕，孙传芳派人向蒋表示，如能答应不进攻江苏与浙江，则孙军不反对国民革命军占领江西；在国民革命军占领汉口后，孙传芳可以参加未来的政府[4]。北伐开始后，孙传芳改变主意，向蒋介石提出，希望不用北伐字样，不侵犯福建与江西。蒋介石则要求孙传芳摆脱和吴佩孚的

---

1 《蒋介石日记类抄·军务》。

2 切列潘诺夫：《中国国民革命军的北伐》，第416～417页，中国社会科学出版社，1981。关于军事委员会的开会日期则据《民国十五年以前之蒋介石先生》第八编二，第88页。

3 《民国十五年以前之蒋介石先生》，第八编三，第1页。

4 文件76，《联共（布）、共产国际与中国国民革命运动》（3），第364页。

关系，倒向粤方，并以承认孙的"五省总司令"地位相许[1]。8月，蒋介石指令驻沪代表何成濬和孙传芳接洽，要求孙有确切表示，或提出加入国民政府的具体条件[2]。8月下旬，何孙在南京会谈。何成濬提出：由广州政府委派孙传芳为东南五省首领，要求孙军自江西西进，会同国民革命军夹击湖北，会师武汉。孙传芳则要求国民革命军退出湖南，将湖南作为南北缓冲地带[3]。会谈中，孙传芳表示，赞同国民党的三民主义，但坚决反对共产主义，对何成濬的具体意见则始终不答复[4]。9月初，张群再次赴宁谈判。孙传芳表示，不能接受国民政府的任命，但又同时声称：愿保持和平与中立。孙的左右手杨文恺则提出办法三条，其内容为：在现下不犯入其辖境；将来与广东国民政府立于对等地位，商量收拾全局；粤方"须表明非共产"等[5]。自然，这些条件，广东国民政府也不能接受。

湘赣互为犄角。北伐军的作战特点是长驱直进，夺取大城市，自然，不能不顾虑侧翼的安全。7月11日，北伐军克复长沙。24日，唐生智在长沙召集第四、第七、第八各军将领会议，研究下期作战计划。唐生智、李宗仁主张同时进攻鄂、赣，第七军第二路指挥官胡宗铎则主张迅速进取武汉，对江西暂取监视态度[6]。会议结果，通过了唐、李主张[7]。8月5日，蒋介石在湘南彬州与加伦、白崇禧等会议，研究唐、李送来的意见书。加伦顾虑到武昌时会遇到帝国主义的阻碍，主张多加兵力，先攻武汉，对江西暂取守势，蒋介石赞成加伦的意见[8]。会议决定，以第一、第四、第六、

---

1 《民国十五年前之蒋介石先生》，第八编三，第77页。

2 《蒋介石致何雪竹电》，1926年8月18日，台湾《近代中国》第23期，1987年6月30日版。

3 《何成濬致谭延闿密函》，1926年9月4日，中国第二历史档案馆藏；《粤蒋代表何成濬之谈话》，《申报》，1926年9月4日；何成濬：《八十回忆》，《近代中国》第23期。

4 《粤蒋代表何成濬之谈话》，《申报》1926年9月4日。

5 《何成濬致谭延闿密函》，1926年9月7日，中国第二历史档案馆藏。

6 陈训正：《国民革命军战史初稿》第1辑卷2第1编第四章。

7 国民革命军总司令部参谋处：《北伐阵中日记》，1926年8月2日，《近代稗海》第14辑第45页，四川人民出版社，1988。

8 《蒋介石日记类抄·军务》，1926年8月5日。

第七、第八军担任洞庭湖以东之线，为主攻，以第十军担任洞庭湖以西之线，为助攻，仅以少数兵力监视赣西[1]。12日，蒋介石抵达长沙，当晚即召开有加伦、白崇禧、唐生智、李宗仁、邓演达、朱培德、陈可钰和黔军袁祖铭的代表等20多人参加的军事会议，研究下一步行动方案。会上，蒋介石重提攻鄂、攻赣先后问题，征求与会者意见。会议经过反复讨论，决定仍依出师前原定方案进行[2]。蒋孙之间的谈判虽然未能取得成效，但它延缓了孙传芳援助吴佩孚的军事行动；在湘鄂战场未取得决定性胜利之前，对江西取守势，也保证了北伐军得以集中兵力，首先击溃吴佩孚军阀集团。

对于张作霖，国民政府和蒋介石采取"联盟"政策，力图离间奉系和吴佩孚、孙传芳的关系。

1926年7月，国民党北京政治分会的李大钊、李石曾等通过叶恭绰等人与张学良交涉，要求奉方断绝对吴佩孚的军火接济，并在广东国民政府和奉系之间建立反对吴佩孚的联盟[3]。同时，谭延闿也派奉军总参议杨宇霆的同学杨丙赴奉联络[4]。1922年至1924年期间，孙中山曾和张作霖、段祺瑞等缔结反直同盟，杨丙到奉后重提旧事，希望建立新的联盟。杨对张作霖表示："两家事实，原无冲突，三角同盟，久有联络"，"此番用兵之原因，只全在吴一人"[5]。奉方同意：与国民政府之间"互以实力（兵力弹械）相助，并规定切实联络办法"；在孙传芳出兵援赣的情况下，奉系出兵攻取南京；政治问题，如五权宪法、国民会议本是孙中山主张，有协商地步；双方用对等协商方式或各派专使负责讨论方案，由双方当局签字。但是奉方提出的条件则很苛刻：（一）湘、鄂、浙、川、滇、黔、两广，统由西南悉心支配，及设法收拾联络，苏、皖及黄河流域，统由东北支配，负责收拾。（二）未来选举，正属北，副及第一期国务总理属西南，委员则尚待商。这就是说，奉系要与国民政府分治中国，并由张作霖任总统。奉方提出的其他条件的还有：外交背影，互相设法自行疏远，免使由内战而牵动为国

1　《北伐阵中日记》，1926年8月6日，《近代稗海》第14辑，第64页。

2　陈训正：《国民革命军战史初稿》第1辑卷2第1编第四章。

3　《陆山致畏公（谭延闿）密函》，张静江全宗，中国第二历史档案馆藏。

4　杨丙与杨宇霆同为日本士官学校学生。

5　《杨丙致谭延闿密函》，张静江全宗。

际大战；党治行之西南，北方暂难办到[1]。

8月17日，张静江、谭延闿派蒋作宾赴奉，动员张作霖设法阻止吴佩孚率兵南下，同时合作讨孙，其条件为：南京让与奉系，安徽作为缓冲地，双方各派代表数人协商政治问题[2]。9月18日，蒋作宾抵达沈阳，与奉方谈判。奉系和吴佩孚、孙传芳虽有共同的"反赤"关系，但吴、孙的失败有利于奉系的扩张，因此，奉系同意和广东国民政府联合。谈判中，奉方表示：（一）决不援吴，听吴自灭；（二）决不援孙，虽王（占元）、靳（云鹏）等坐此要求，亦不过为口头之敷衍。现已令张宗昌赴鲁，相机出动，无论如何，不使孙全部力量对北伐军作战；（三）以后政治结合，俟孙解决后再商量。奉方再三表示，对于三民主义、五权宪法，绝不反对[3]。同月，蒋作宾派汤荫棠携带致谭延闿密函南归，内称："此行已得圆满结果。"[4]下旬，蒋作宾南归，携回杨宇霆、张作霖致张静江、蒋介石、谭延闿等人函件，其中，张作霖追述奉粤合作历史，声称"时事益棘，非得海内二、三豪杰出而合力挽救，不足以奠国本"[5]。张、谭等接信后认为："中国混乱已久，不可失此惟一之良机"，建议于"最短时间成立具体协定，解决大局"[6]。鲍罗廷也同意张、谭的意见。一时间，广东国民政府与奉系的关系似乎再次热烈起来[7]。

---

1 《杨丙寄来件》，《革命文献拓影》，北伐时期第5册，北伐时期第5期，蒋中正档。

2 《张静江、谭延闿致蒋介石函》，北伐时期第5期，蒋中正档。

3 《蒋作宾致蒋介石函》，北伐时期第5期，蒋中正档。

4 谭延闿手抄：《蒋作宾致谭延闿函》，张静江全宗。

5 《杨宇霆致张静江等函》，手迹，张静江全宗。

6 《张静江、谭延闿致李石曾等电》，《革命文献拓影》，北伐时期第5册，蒋中正档。

7 广东国民政府和奉系的谈判进行得很秘密，但还是有所泄露。9月21日，张宗昌、韩麟春、张学良联名致电张作霖："顷闻蒋介石处派代表蒋作宾到奉，商洽一切，倘为他方所闻，不免滋生误会，摇动大局。如该代表到奉时，务乞严密拿办，立予枪毙，以表示我方坚决不挠。"23日，张作霖复电，声称确有蒋作宾来奉之说，"当即注意，久未来见，详细调查，闻已潜行离奉。想知我方对彼意思不良，不敢来见也"。张作霖要张宗昌将此意转告孙传芳，以安其心。见辽宁省档案馆编《奉系军阀密电》第3册，第128～129页，中华书局《民国十五年以前之蒋介石先生》1987。

蒋介石支持和奉系结盟。当年8月，国民党宣传品中出现"打倒张作霖"字样，蒋介石立即致电纠正："中央议决，此次独对吴攻击，而不与张。今本部兼言张逆，殊违中央方针。"[1]10月中旬，蒋介石估计江西战事即将结束，准备制订向长江下游进军，彻底消灭孙传芳集团的计划。他希望奉系出兵，夹击孙传芳。同月16日，蒋介石致电张静江、谭延闿，要他们询问奉方"究能何时出兵入苏"，电称："应催奉方从速对南京出兵，并表明此间非歼除孙传芳决不终止，望其同时夹击，则收效更速。"[2]12月7日，蒋介石、鲍罗廷、徐谦、宋子文、孙科等在庐山会议，决定"消灭孙传芳，联络张作霖"[3]。16日，蒋介石接杨丙函，得悉奉方"毅然与革命军为敌"的情况，估计与奉方的大战即将爆发。但是，为了首先消灭孙传芳集团，蒋介石仍然希望与奉方缓和。18日，蒋介石致电鲍罗廷，同意在奉方"有重要人员来商，或有缓和希望"时，派孙科、蒋作宾赴奉[4]。

中共中央在10月份才得知国民政府和和奉系的谈判情况，当时奉方提出的条件已进一步发展为：1.承认张作霖为总统，取消国民政府；2.粤、贵、川、黔、湘、鄂、闽、赣、浙、滇等10省归粤，苏、皖归奉；3.川、滇由蒋介石自由解决，冯玉祥、吴佩孚由奉方自由解决[5]。这些条件较之杨丙正式传递回来的条件还要苛刻，因此，中共中央认为"十分奸险，绝无容纳之余地"，主张一面拖延时间，一面调兵入赣，迅速解决孙传芳之后再与奉系谈判。后来又建议：1.在奉系势力之下，各地一切政治设施，奉张均可自由为之，即张要做总统也不反对；2.奉方如不进攻国民军与国民政府，国民政府也不反奉。3.江苏、安徽地盘归属问题，视哪方面的军队先取为断。如奉方先取，可以属于奉方[6]。

---

[1] 《蒋介石致军人部曾秘书电》，《革命文献拓影》，北伐时期第5册，蒋中正档。

[2] 《民国十五年以前之蒋介石先生》第八编五，第65页。

[3] 《民国十五年以前之蒋介石先生》，第八编七，第18页。

[4] 《蒋介石致宋子文转鲍罗廷电》，"蒋中正档"；参见《民国十五年前之蒋介石先生》第八编七，第43、52页。

[5] 《中共中央文件选集》（2）第419、478页，中共中央出版社，1989。

[6] 《中共中央文件选集》，第408、419~420页。

当时，奉系正积极向南扩张，企图从孙传芳、吴佩孚、靳云鹗等人的手中抢夺江、浙、河南等地，因此，也想与国民革命军"缓和"。约在1927年1月间，杨宇霆邀李石曾会晤，声称："奉军即入河南，解决吴、靳各部"，表示在占领武胜关后将与北伐军议和。杨并约李石曾与他同伴出京，转赴南方主持和议[1]。与此同时，日本方面也出面劝说国民政府与奉方实行南北分治。李大钊表示，国民政府方面"极欲与奉方谋和平"，但是，他对奉方的和平诚意表示怀疑，询问日方"对奉天有没有把握使之不对南作战"？[2]

由于奉方胃口太大，要求太高，通过多渠道进行的对奉谈判最终都没有结果。1927年3月，李石曾曾说："奉系军阀杨宇霆要与我们妥协，五六个月来派人来说话，也非止一次，但是条件终是做不到一路。我同守常君商量，有时大家都发笑。我屡次不愿理它了，倒是守常君几次嘱我与他委蛇。守常以为我们打仗，胜负未可定，把奉天和缓住了，亦很好。"[3]

尽管与奉方的谈判没有达成协议，但是，张作霖也没有给予吴佩孚以实际援助。口头上，张作霖信誓旦旦，一再对吴佩孚表示，要共同讨赤，合作到底，并保证提供吴所急需的100万发子弹，实际上，却一再"延宕"、"敷衍"，吴佩孚连一粒子弹都没有得到[4]。1927年春，张作霖又不顾吴佩孚的强烈反对，毅然派兵南下，强占了吴佩孚恃以再起的根据地河南。

国民革命军出师时，兵力约10万余人，实际作战兵力仅有5万人[5]。三大军阀集团的联合力量远远超过国民革命军，如果彼此联合，国民革命军将难以应付。根据情况，利用矛盾，远交近攻，将消灭三大军阀集团的任务分解为几个阶段，在打击第一阶段的敌人时，暂时与第二、第三阶段的敌人联盟，以利于各个击破，这一战略是正确的。

1　《中华民国史档案资料汇编》第4辑，第1024页，江苏古籍出版社，1986。
2　《中华民国史档案资料汇编》第4辑，第1031页。
3　《广州民国日报》，1927年3月25日。
4　《于国翰致张学良电稿》，1926年10月1日；参见《张景惠等复何恩溥电稿》，1926年10月11日，《奉系军阀密电》第3册，中华书局1987年版，第108、109页。
5　秦孝仪：《蒋公"总统"大事长编初稿》，卷2，台北，第233页。

三　保护侧背，转战江西

按照北伐出师前的决策，第一步是打下武汉，第二步是进取河南，与冯玉祥的国民军会师；关于江西，在蒋介石和鲍罗廷之间有过讨论，但未作出正式决定。当时，蒋介石认为占领江西，对前方、后方都有利；鲍罗廷赞成蒋的意见，认为如不占领江西，战线就过于狭窄，不能防御各方面的进攻[1]。8月27日，国民革命军占领汀泗桥，蒋介石即部署进攻江西。

当日，蒋介石电告程潜，决于9月1日对江西实行攻击。29日，蒋介石决定亲自指挥江西战事。31日，北伐军击溃吴军主力，占领贺胜桥。同日，蒋介石和加伦商量。加伦当时在攻克武汉后是进取河南还是回兵江西问题上方针未定，处于矛盾状态[2]。其顾虑是：如果"取江西，必与孙传芳冲突，同时英帝国主义为维持其长江势力，亦必出死力帮助孙传芳"；"如果放弃江西，一直进攻吴佩孚，先联络樊钟秀取得河南，再同国民军联络，抛弃长江下游，只向内地发展，这样做固然有这样做的好处，但是，战线太长，江西、福建都可以从侧面进攻，很有后顾之忧，对于军事上也有不利的地方"[3]。尽管如此，蒋介石决心已下[4]。9月2日，命第二军鲁涤平部、第三军朱培德部、第六军程潜部协同动作，三天后进攻。

这一决策的改变主要由于孙传芳态度的变化。北伐军向湖南进军后，孙传芳一面与广东国民政府谈判，讨价还价，一面坐山观虎斗，准备在北伐军与吴佩孚两败俱伤的时候，出而收渔人之利。8月中旬，孙传芳觉得形势有利，又经杨文恺等劝说，决定出兵援赣[5]。同月下旬，孙

1　文件76，《联共（布）、共产国际与中国国民革命运动》（3），第364页。
2　《中央局报告》，《中共中央政治报告选辑》，第68页。
3　《中共中央文件选集》（2），第336页。
4　《蒋介石日记类抄·军务》。
5　《何丰林致张作霖电》，《奉系军阀密电》第3册，第96页。

部10余万人陆续到达赣北。月底，孙传芳任命卢香亭为援赣军总司令，同时下达进攻计划：以皖军王普部为第一军，进攻通山、岳州；以苏军为第二、第三军，进攻平江、浏阳；以赣军邓如琢部进攻醴陵、株洲；同时命闽南周荫人部进攻广东潮州、梅县[1]。这样，不仅广东革命根据地受到威胁，而且进攻武汉的国民革命军的侧背也处于孙军的攻击目标之中。孙军随时可以截断北伐军和广东的联系，使之处于首尾不能相顾的局面。

其二是和唐生智的矛盾。长沙军事会议后，第八军的实力迅速扩充。由唐生智指挥主力第四、第七、第八军夺取武汉的局面已经形成。这一路节节胜利，出现了"武昌指日可下"的形势，蒋介石急于另辟战场并迅速取胜，以提高自己的威望。8月29日蒋介石日记云："余决心亲督江西之战，以避名位"，正是这一心情的曲折表现[2]。其后，在进攻武昌过程中，蒋介石和唐生智的矛盾进一步发展，以至不能相容的地步。9月8日蒋介石日记云："接孟潇总指挥函，其意不愿余在武昌，甚明也。"14日日记云："余决离鄂赴赣，不再为冯妇矣，否则人格扫地殆尽。"[3]这样，他终于在17日离开湖北前线，并于19日到达江西萍乡，开始指挥江西军事。

为了松懈孙传芳的作战意志，指挥江西军事期间，蒋介石一面部署进攻，一面继续与孙传芳谈判。孙传芳曾提出，双方于10月3日停战，恢复原状。同月14日，蒋介石复电孙传芳代表葛敬恩等，要求孙先行确定撤退援赣军队日期，同时邀请江浙和平代表蒋尊簋、魏炯诸人到前方面商。23日，葛敬恩、魏炯在奉新会见蒋介石，声称孙传芳"可放弃闽、赣，惟须保江、浙、皖，暗中结约，共同对奉，商妥后，即由赣撤兵"[4]。加伦主张"表面答应，实则准备总攻击"。蒋介石与邓演达商量之后提出：1. 浙江归国民革命军；2. 江苏、安徽作为孙传芳的势力范围，

1　《孙传芳世电》，《申报》，1926年9月19日；参见《民国十五年以前之蒋介石先生》，第八编四，第19页。

2　《蒋介石日记类抄·军务》。

3　同注2。

4　《特立同志由汉口来信》，《中央政治通讯》第10期，1926年11月3日。

但应允许国民党自由宣传；3. 孙传芳撤退援赣之兵前一日为停战之期[1]。28日，蒋尊篹自南昌抵达蒋介石行营所在地高安，表示只要保持孙传芳的五省总司令的头衔，其余皆可商量。蒋介石坚持要求孙传芳首先确定撤兵日期，限于11月1日前答复[2]。至期，孙传芳没有回答，战事再起。11月8日，北伐军攻入南昌。11月9日，江西战役结束。至此，孙传芳的第一、第二、第三方面军歼灭殆尽。孙传芳率残军逃往长江下游。

蒋介石率军入赣，改变了原定计划，但是，这一改变有其战略需要。由于吴佩孚的主力大部已在贺胜桥被击溃，另一部分被包围于武昌城内，因此，这一改变没有影响战争局势。

四　围城强攻的教训

战争是两军军力的较量，着重点在于消灭敌人的有生力量。战争中当然也要攻城掠地，但那应该是消灭敌人有生力量的结果。在敌人的有生力量还很强大，或者在条件还不具备时勉强攻城，都必然损兵折将，导致失败以至惨败。

北伐战争中，蒋介石有过两次围城强攻，导致失败的教训。一次是1926年9月至10月的武昌攻城战。9月2日，北伐军第一军第二师、第四军、第七军等开始进攻武昌。武昌城垣高大，易守难攻，进攻未能奏效。9月3日，蒋介石偕白崇禧、加伦等人到洪山麓视察。蒋介石自恃有东征时惠州攻城的经验，决定第二天拂晓，由第一军第二师"带头冲锋"，各军"跟着冲上去"[3]。第一军第二师是蒋介石的嫡系，出师以后一直作为预备队。蒋介石此举，意在让自己的嫡系取得头功。当日，召集各将领紧急会议。唐生智对第一军第二师的战斗力已丧失信心，坚决要

1　《蒋介石日记类抄·军务》，1926年10月24日。参见《蒋介石致张静江、谭延闿电》，《民国十五年前之前蒋介石先生》第八编五，第109页、117页。

2　《蒋介石日记类抄·军务》，1926年10月29日。

3　唐生智《从辛亥革命到北伐战争》，《文史资料选辑》总103辑，第177页。

求蒋介石将该师调离前线,蒋介石认为唐"以下凌上",是一种不能忍受的"奇辱"[1]。他训斥第二师师长刘峙说:"如不争气,不能见人!但使光荣得以维持,虽积尸叠城,亦所不恤!"[2]5日凌晨,蒋介石颁发第二次攻城计划,指示各将领"肉搏猛冲"[3]。各军奋勇队多次冲到城下,都被城上守军的密集火力击退。刘峙唯恐其他部队已攻城得手,为抢夺头功,竟通报称,第二师第六团已攻进城内[4]。第四、第七军得讯后,调动预备队再次进攻,结果又付出许多伤亡。当日上午,蒋介石得到第二师入城消息,信以为真,非常高兴。后从白崇禧处得知,消息不确,"愁急不知所为"[5]。

北伐军两次攻击武昌失利,伤亡2000余人。9月5日,蒋介石和李宗仁、陈可钰等到前线视察后,也感到硬攻无望。6日,蒋介石和各军将领会议,决定以少数兵力在城外对敌保持警戒,主力撤到城外较远的地区集结整顿。15日,北伐军发布封锁令,禁绝武昌城内外的一切水陆交通,实行长期围困。至10月10日,吴军发生内变,北伐军攻入城内,历时46天的武昌攻城战胜利结束。

第二次是1926年9月和10月的南昌攻城战。

蒋介石决定进军江西后,北伐军迅速占领萍乡、赣州、修水等地。在胜利的鼓舞下,蒋介石于9月12日电令朱培德,要求他从速督军,"猛进南昌"[6]。当时,敌军主力正在樟树布防,与北伐军第二、第三军相持,南昌城内守敌很少,第六军军长程潜变更原定攻击德安和涂家埠的计划,于9月19日奇袭南昌得手。其后,敌军迅速由南北两面来攻。程潜感到孤城难守,下令撤离,旋即陷入包围,结果,第六军受到巨大损失。

10月9日,蒋介石以自湖北调来的第一军第二师为主力,会同第二军、第三军,第二次进攻南昌,守敌退入城内固守。12日,蒋介石赶到

---

1 《蒋介石日记类抄·军务》,1926年9月4日。
2 同注1。
3 《民国十五年以前之蒋介石先生》,第8编4,第15页。
4 《周士第回忆录》,第80页,人民出版社,1979。
5 《蒋介石日记类抄·军务》。
6 《民国十年以前之蒋介石先生》第八编四,第29页。

南昌，与白崇禧、鲁涤平会商。白崇禧反对围城硬攻，但蒋介石求胜心切，亲往北门第二师阵地，决定夜半爬城。当夜，第二师正在作攻城准备之际，敌军敢死队从城下水闸中破关而出，袭击攻城部队。时值黑夜，不辨虚实，第二师秩序大乱。白崇禧下令全军沿赣江东岸南撤，由事先搭好的浮桥渡江，退往西岸[1]。此役，蒋介石自感指挥无方，既烦恼，又紧张，"终夜奔走，未遑休息"[2]。混战中，部队及装备受到很大损失。13日，蒋介石下令撤围。他在日记中悔恨地写道："因余之疏忽卤莽，致兹失败，罪莫大此，当自杀以谢党国。"不过，他并没有执行的意思，自己又补写了一句："且观后效如何。"[3]

再攻南昌的失利使蒋介石冷静了下来。10月14日，他通知各军，暂取守势。他一面决定调第四军及贺耀祖的独立第二师来赣；一面与白崇禧、加伦重订计划，准备第三次进攻。10月下旬，日本军事专家称："孙军精锐在沿南浔路，南昌只少数军队利用坚城而守，因此，九江、南昌得以相互策应；南军不先向沿南浔路击破孙军精锐以断九江、南昌间之交通，而突然集大兵于南昌城下，久攻而疲，后援不继，敌人则由南浔路更番来援，甚易活动，因此，'攻城'是南军失策之一"云云[4]。中共中央随即将日本专家的意见转告加伦，加伦、蒋介石等采纳了这一意见。

鉴于孙军主力集中在南浔路九江、德安、建昌、涂家埠等地，得交通之便，可以及时转移兵力，相互增援，因此，第三次进攻以截断南浔路，歼灭孙军主力为主，而不急于夺取南昌。11月1日，总攻开始，南浔线及南昌郊外的孙军一一被击溃，南昌成了孤城，守军不战而降。

关于蒋介石进攻江西之役的经验，中共中央在有关文件中总结说：蒋介石作战"注意攻城而不先击破敌人在南浔路之主力军，故牺牲极大，北伐军几有覆灭趋势，幸而挽救得快，尚能转败为胜。"[5]

1　《李宗仁回忆录》，第409页。

2　《蒋介石日记类抄·军务》，1926年10月12日。

3　《蒋介石日记类抄·军务》，1926年10月13日。

4　《中共中央文件选集》（2），第410页。

5　《中共中央文件选集》（2）第482页。

五 顺流而下，继续追歼

江西之战结束后，北伐军的进军方向再次成为国民革命阵营内部争论的焦点。

加伦、鲍罗廷等反对向长江下游进军，其原因，一是不愿和帝国主义列强发生直接冲突；一是担心蒋介石脱离革命[1]。中共中央赞同加伦等人的意见，主张为便于北伐军专力向北方发展，可以设法使长江下游地区的各军阀"分头独立"，"成为纷乱局面"，令"帝国主义无法为一致的对付"[2]。后来又曾主张守住武胜关以南，不轻易与孙传芳开衅，也不轻易进入河南，而以主要力量统一西南，准备进攻奉系的军力[3]。11月8日，蒋介石与加伦商量向长江下游进军问题，加伦认为：继续向安徽、江苏前进，不仅"现在不是时候，并且危险"。加伦建议：利用夏超、周凤岐等地方武装占领浙江，使江苏、安徽成为缓冲地[4]。11月9日，中共中央与共产国际远东局讨论，决定改变攻克江西后不再东下的意见，赞成蒋介石向长江下游进军，完全消灭孙传芳的势力，"至于前进至浙江、安徽为止，抑直到江苏，则应视北伐军的实力及奉军南下的迟速而定"[5]。

北伐开始以后，蒋介石集党权、军权于一身，鲍罗廷和中共中央逐渐感到扶持和向蒋介石妥协的失策，力求削弱蒋介石的权力，于是有迎汪运动的展开，企图以蒋汪合作代替蒋介石的个人专权。自此，蒋介石即产生与左派分家，另立门户，分庭抗礼的想法。1926年12月迁都之争

---

[1] 参见文件76，《联共（布）、共产国际与中国国民革命运动》（3），第364页；文件201、268，《联共（布）、共产国际与中国国民革命运动》（4），第227、494页。

[2] 《上海区委主席团会议记录》《上海工人三次武装起义研究》，第150页，知识出版社版。

[3] 《中央局报告》（1926年9月20日），《中共中央文件选集》（2），第336～337页。

[4] 《加同志报告》，中央档案馆编《北伐战争（资料选辑）》，第28～29页，中共中央党校出版社，1981。

[5] 《对于目前时局的几个问题》，《中共中央文件选集》（2），第441页。

发生后，蒋介石的这种想法更为强烈，向长江下游另谋发展的计划也就日渐具体了。

1927年1月1日至7日，国民革命军总司令部在南昌召开军务善后会议。会上，蒋介石提出向长江下游进军问题。邓演达认为此举是蒋介石"欲在东南别开局面的政治问题"，因此持反对态度。加伦也表示："用兵东南实在毫无把握，我也不知怎样计划才好！"[1]但由于蒋介石的坚持，会议决定对河南吴佩孚部暂取守势，对浙江、江苏、安徽的孙传芳等部取攻势。

会议同时决定：将北伐军分编为东路军、中路军和西路军三个作战序列。东路军自闽赣入浙，占领浙江，进取上海，夹攻南京。中路军一部由赣东北进取南京，一部由鄂东北进取安庆、合肥，侧击津浦路敌军。会议期间，蒋介石将有关部署电告何应钦："闽平后应即以全力入浙，一俟浙局统一，再图苏皖，暂以画江而守，以待时局之变迁。总之，上海不得，则长江形势闭塞，而海内外交通亦难自如，故南京与皖南亦应急谋收复。"[2]该电的值得注意之点是蒋介石关于北伐的阶段性设想："河南不得，则中原难定，西北军不能与我联络，阎锡山亦不能表示态度。阎已派代表正式声明，一俟我军入豫，或至津浦路，彼必响应也。中意如此，占河南，南得南京，晋必响应，则奉军危，不出关而不可得。否则攻守亦得自如，北伐乃可告一段落。"蒋介石的这一设想可能与他政治上准备与左派摊牌有关。

江西之战中，孙传芳的主力受到了巨大打击。但是，孙部在长江下游仍保有相当力量，而且，孙部的再生力量很强，经过一段时期，其战斗力即会得到恢复。北伐军沿京汉路北伐，孙传芳部仍可向江西、湖北发动进攻，从而斩断北伐军的南北联系。因而，蒋介石在江西战役之后，趁热打铁，向长江下游进军，除了其政治上的目的外，从战略方面考察，可以追歼孙传芳军阀集团，不使其有喘息修整、卷土重来的时间。中共中央从反对到改取支持态度，正是基于后一方面的考虑。

1　《中央》半月刊，1927年6月15日。

2　《蒋介石致何应钦电》，《革命文献拓影》，北伐时期第5册，蒋中正档。

六　不为遥制

战争中的形势瞬息万变，很难拘守某一既定的程序和方案。最高统帅既须有原则性，又须有灵活性，特别是赋予下级统帅以一定的灵活性。因此，当下级统帅远离主战场，独立作战时，不为遥制历来是兵家重视的一条原则。

9月初，在福建的周荫人接受孙传芳指示，宣布就任五省联军第四方面军总司令，积极企图进扰粤边，进而进攻广州。当时，国民革命军驻防潮州、梅县一带的军队，仅有第一军第三师、第十四师、独立第四师等部，计枪6000支，炮8门，而周荫人所属张毅等部则有枪3万余支，机枪60余挺，炮20余门[1]。双方力量悬殊，因此，蒋介石确定作战方案时，力主稳健，要求采取攻势防御，不可急切进攻。9月13日，蒋介石致电何应钦，指示其对周荫人声明："如闽不派兵侵粤与赣，则闽、粤仍敦睦谊。"[2]但是，何应钦则认为，由于北伐军在鄂、赣节节胜利，周军士气已馁，又多为北方人，不善山战，更兼竭力搜括，闽民恨之入骨，因此，致电蒋介石，详细罗列周军弱点，要求率师入闽作战。何的要求得到蒋介石同意，福建战役于是开始[3]。

北伐战争以军事打击为主，但是，也注重对敌军的策反。由于国共两方的共同工作，周部曹万顺、杜起云两旅于10月8日在粤北蕉岭起义。接着，何应钦又在闽、粤交界的永定、松口取得胜利。15日，蒋介石电任何应钦为东路军总指挥，指示何乘胜平定闽南。19日，蒋介石再电何应钦，告以和加伦研究结果，"如我力能胜张毅，则速进取，否则暂守边境，以待赣局发展"，但蒋介石表示，相信以第一军之力，"必能胜周

1　《国民革命军东路军战史记略》，第19页，武汉印书馆，1930。
2　《民国十五年以前之蒋介石先生》，第八编四，第32页。
3　《国民革命军东路战史纪略》，第21～22页。

克闽,新开东南之局"[1]。20日,三电何应钦,认为"此刻对闽作战,我已处于主动地位",要求何"相机处理"[2]。当时,蒋介石正专注于江西战场,不可能深入地研究福建的情况并指挥作战,因此,只能要求何应钦"相机处理"。何应钦接电后,即积极部署,发兵入闽。周荫人部兵败如山倒。12月3日,东路军收复福州。

浙江之役与福建之役类似,也是不为遥制的成功战例。

1926年12月11日,浙军第三师周凤岐部在衢州起义,奉命进攻富阳,掩护东路军主力进入浙江。当时,东路军主力还在福建,周凤岐部作战失利,孙军浙江总司令孟昭月进逼衢州。东路军入浙部队分电何应钦及蒋介石,要求迅速增援。何应钦电告白崇禧称,在不得已时,可以退守浙、赣边境仙霞岭之线,待本部主力到达后,再采取攻势。1927年1月20日,白崇禧到达衢州,召集各将领会议。与会者一致认为:衢州无险可守,为使东路军安全集中,必须占领严州以西地区。如等待闽中部队,不免坐失良机。会议期间,蒋介石来电告知:皖南陈调元、王普已表示与我合作,侧背威胁减轻,尽可全力对付当面之敌[3]。蒋介石还表示:衢州为战略要点,战守由白崇禧自决,不加遥制。白崇禧获得"自决"权后,即决定转守为攻[4]。2月16日,击败孟昭月部。17日,收复杭州。白崇禧仅用了约20天时间,即占领整个浙江。孟部的被打垮,使孙传芳联合奉鲁军,以浙江为基地实行反攻的计划彻底粉碎,为北伐军进攻江苏、安徽,夺取上海、南京,创造了有利条件。

在中国近代史上,北伐战争是一场胜利的革命战争。其所以胜利,原因很多,既和战争的性质、人心向背、国共合作以国际国内环境有关,也和战略、策略的运用得当有关。这一方面的历史经验,是近代中国军事史的重要内容之一。

---

1 《民国十五年以前之蒋介石先生》,第八编五,第92页。
2 《民国十五年以前之蒋介石先生》,第98页。
3 《北伐简史》,第105页,台北正中书局,1968。
4 贾廷诗等《白崇禧先生访问回忆录》,第843页,台北"中研院"近史所,1985。

蒋介石与二次北伐

1926年7月,蒋介石在广州誓师北伐,但是,到第二年4月,和共产党决裂,北伐陷于停顿。1928年4月,蒋介石在江苏徐州宣布第二次北伐开始。同年6月,奉军退出北京,南京国民政府宣布北伐成功,全国统一。总计,国民革命军自徐州出师至胜利,前后不过两个月。

在中国近代军事史上,太平天国的北伐失败了;民国初年的北伐仅开其端,迅即以孙中山让位于袁世凯告终;但是,蒋介石率领的二次北伐却成功了。战争进行得很顺利,发展很迅速,结局比较圆满。其原因,值得加以探讨和总结。

一 前期北伐为二次北伐打下了坚实的胜利基础

前期北伐是国共两党联合进行的战争,其迅速取胜,固然由于外有苏联军事援助,内有工农大众的积极支持,但是,也和国民革命军正确的战略、策略有关。

前期北伐时,国内存在着吴佩孚、孙传芳、张作霖三大军阀集团,在西南地区的云南、贵州、四川等省,存在着若干军阀小集团。因此,军阀的力量总体大于国民革命军,形势对于北伐并不利。但是,军阀集团之间存在着深刻的矛盾，便于国民革命军分化利用，各个击破。有鉴于此，国民革命军采取远交近攻的策略，首先进攻距国民革命军最近、对广东根据地威胁最大的吴佩孚集团，而对远在北方的奉系张作霖集团和偏处东南五省的孙传芳集团则采取联络政策。奉系集团在1922～1924年间曾与孙中山有过反对直系军阀的联盟，这时因势力膨胀，也企图统一全国，便同样采取远交近攻政策，计划首先夺取吴佩孚集团掌握的河南、湖北等省的地盘。双方信使往还，虽未完全达成一致意见，但已在事实上建立了反对吴佩孚集团的联盟[1]。孙传芳集团当时还没有统一全国的力量，因此，以"保境安民"，"人不犯我，我不犯人"相标榜，企图坐山观虎斗，在国民革命军和吴佩孚集团斗得两败俱伤时出而收渔人之利。国民革命军利用孙传芳的这一心理，多次派代表和孙传芳谈判，要求孙在北伐军攻击吴佩孚时保持中立[2]。这样，国民革命军就可以集中力量首先击溃吴佩孚的军事力量。

吴佩孚素以善于治军和作战著称，曾经有过横行中原、不可一世的辉煌时期。国民革命军于1926年7月北伐时，吴佩孚并没有把国民革命军放在眼里。他当时正忙于在北方和倾向革命的冯玉祥的残部作战，企图在消灭了冯的残部之后再挥师南下。这样，国民革命军就得以顺利攻取湖南，取得了先声夺人的胜利。在吴佩孚匆匆赶到南方时，军队的颓势已成，难以扭转了。

孙传芳眼看吴佩孚即将失败，国民革命军的进攻又已严重威胁自己的势力范围，决定出兵援吴，国民革命军不得不分兵开辟江西战场。在艰难的拉锯战之后，国民革命军击溃了孙传芳的援军。为了不给孙传芳喘息的机会，蒋介石改变了攻克武汉后即继续北上、进攻河南的方针，转而自江西挥军东下，进攻江苏、浙江、上海等地，以期彻底击溃孙传芳集团。不久，国民革命军即克复长江下游地区，孙传芳率部队北上投

---

1 关于广东国民政府与奉系谈判情况，见《陆山致（畏公）谭延闿密函》、《杨丙致谭延闿密函》、《杨宇霆致张静江等函》，张静江全宗；又见《蒋作宾致蒋介石函》、《张静江、谭延闿致蒋介石函》，《革命文献拓影》，北伐时期第5册，蒋中正档。

2 关于广东国民政府与孙传芳谈判情况，见《何成濬致谭延闿密函》（1926年9月4、7日），张静江全宗。

奔张作霖。

吴佩孚的军队在汀泗桥、贺胜桥作战时遭到了决定性的失败，不得不退保武汉，吴佩孚本人并一直退到了河南境内。武汉三镇受到北伐军的长期包围后终于被攻破，吴佩孚退到河南的军队遭到了奉系集团的沉重打击。1927年4月，武汉国民政府出师河南，经过艰难的血战，终于击败了张学良等率领的奉系精锐，并胜利和自潼关东出的冯玉祥军会师[1]。

前期北伐消灭了吴佩孚军阀集团，沉重打击了孙传芳军阀集团，重创了奉系精锐。这就为二次北伐打下了坚实的基础。

二 国民党内部因一时团结而加强了力量

1927年4月，蒋介石在上海发动"清党"，和共产党决裂，原来共同合作的战友成了刀兵相见的仇敌。蒋介石既失去苏联的援助，又失去工农的支持，但是，国民党却因内部的一时团结而加强了力量。

第一次北伐期间，国民党内形成蒋、冯、阎、桂四大军事派系。在这些派系中，冯玉祥的国民军原来接近苏俄和武汉国民政府，是一支受到共产党某些影响的"赤色"力量；阎锡山长期依附北方政权，和奉系军阀关系密切，喜欢观望风色，见机行事；桂系虽然曾和蒋介石合力反共，但是，在1927年8月，又曾和武汉国民政府呼应，逼蒋下台。因此，蒋介石要再次北伐，首先必须调整内部，团结冯玉祥、阎锡山、李宗仁等军事派系。

蒋介石下野后，冯玉祥、阎锡山决定共同行动，进攻奉系，南京国民政府也派兵北上配合，但进展不大。11月8日，蒋介石自日本归国，于12日致电阎锡山，声称"现敌尽力绌，务望内部纠纷，澈底解决，团结一致，挥师北伐"[2]。同月28日，阎锡山致电南京国民政府军事委员会主

---

1 关于前期北伐情况，参阅本书另文《蒋介石与前期北伐战争的战略策略》及拙著《中华民国史》第2编第5卷，中华书局，1996。

2 《蒋介石休戚相关为公后盾电》，《阎伯川先生要电录》，第288页，台北，1996。

席团，表达化解矛盾，团结北伐的愿望，电称："党务事小，北伐事大，允宜蠲弃一切，努力歼敌，完成革命大业。"[1]同日，阎又致电蒋介石称："值此强敌当前，凡我同志，允宜乘千载一时之机，共御外侮，党务系内部事，纵略有纠纷，任何时均可从容解决。"他要蒋"力劝本党同志顾念大局，一致歼敌"[2]。12月2日，冯玉祥致电阎锡山，邀阎共同拥蒋。11日，阎锡山、冯玉祥联合致电南京国民党中央和国民政府，推崇蒋介石"效忠党国，智勇兼优"，要求恢复他的总司令职务，以便统一指挥，完成北伐。阎、冯二人的联电，标示着这两大军事派系的进一步和解。不久，桂系也对蒋的复职表示赞成，并同意派兵北伐[3]。

1928年1月9日，蒋介石宣布恢复行使国民革命军总司令职权。2月初，国民党在南京召开二届四中全会，改组国民党和国民政府，决定全军北伐，在两个月内会师北京。16日，蒋、阎、冯的代表在河南开封举行会议，决定将冯、阎的队伍分别改编为第二和第三集团军，同时初步分配了北伐任务。两天后，蒋、冯在郑州互换兰谱，结为"生死相共"之交。接着，蒋介石又以桂系和两湖部队为主成立第四集团军，以李宗仁为总司令，命其待机北伐。这样，蒋、阎、冯、桂四大派系就在北伐问题上达成了一致意见，国民党由此出现了前所未有的团结局面。当时，蒋系第一集团军有兵力29万人，冯系第二集团军有兵力31万人，阎系第三集团军有兵力15万人，桂系第四集团军有兵力24万人。四者相加，总兵力达到99万人。在国民党的军事史上，可以说是空前强盛的时期。

三　江浙金融资产阶级给予经济支持

经济是政治的命脉，也是军事的命脉。战争需要出动足够数量的兵

---

[1] 《上国民政府蠲弃一切完成北伐电》，《阎伯川先生要电录》，第290页。

[2] 《致蒋介石盼顾念大局乘胜北进电》，《阎伯川先生要电录》，第290页。

[3] 《刘械请再催蒋复职电》，又《白崇禧两湖待肃清方叔平前进电》，《阎伯川先生要电录》，第297、301页。

员，配备精良的武器、充足的粮饷，这些，都需要财政支持。1912年孙中山之所以未能坚持北伐，让位于袁世凯，主要原因就在于无法筹集支持北伐所必须的经费[1]。蒋介石要向奉系进攻，自然也必须解决这一问题。

辛亥革命前后，中国资产阶级发展不足。在政治上，他们最初支持立宪派，企图在中国实行君主立宪制度；武昌起义后，他们虽然赞成民主共和，但是，在孙中山和袁世凯之间，他们宁愿选择袁世凯。北伐时期，中国资产阶级有了一定的发展。1927年，他们在共产党和蒋介石之间选择了后者。蒋介石当时之所以能取胜，其原因之一就在于得到江浙金融资产阶级的支持。二次北伐前，为筹集经费，蒋介石特派宋子文于1928年1月到上海，邀集张嘉璈、陈其采、李铭、贝祖诒等银行家聚会，讨论发行1600万元国库券事宜。3月4日，蒋介石又亲到上海，压迫张嘉璈认购。张内心虽然不满，但又不愿和南京政府决裂，决定先行垫款600万元[2]。

二次北伐计划之所以能付诸实施，得力于江浙金融资产阶级的财政支持。

四　三路大军并出，粉碎奉军先发制人的进攻

奉系曾经是北洋军阀中最强大的一支力量。国民革命军广州北伐时，奉系有兵力约35万人。当时，奉军入关不久，统一北洋各派，正是如日中天之际。南京北伐军在徐州誓师北伐时，奉系兵力发展至60万人。其中，张学良、杨宇霆的第三、四方面军作战能力较强，是奉军的精锐，而张宗昌、孙传芳的部队则已在此前的作战中遭到重大损失。因此，国民革命军的总体力量已大大强于奉军。

蒋介石的部署是三路大军并出，从正面与侧面进攻奉军。其中正面

1　参阅拙作《孙中山和民国初年的轮船招商局借款》，《中国社会科学》1997年第4期。

2　《张嘉璈日记》，1928年3月，未刊稿，上海图书馆藏。

战场由蒋介石的第一集团军和冯玉祥的第二集团军担任，分别进攻山东与直隶（今河北省）；侧面战场由阎锡山的第三集团军担任，进攻奉军的腰背。李宗仁的第四集团军则作为预备队，待机调往前线。

奉系明白力量对比不利于己，因此，力谋先发制人、集中精锐，先行击败山西阎锡山与河南冯玉祥的部队。但是，奉军在山西方面进展甚微，河南处于僵持状态，而在山东方面，则全面溃败。

二次北伐的主战场在山东。蒋介石以刘峙、陈调元、贺耀祖三个军团的优势力量北进，兵力强盛。奉系由于将主力投入山西、河南战场，山东方面仅以张宗昌的直鲁军和孙传芳的余部抵挡。张宗昌虽曾以巨金聘请德国人为其在鲁南构筑防御工事，但该部战斗力极弱，一触即溃。孙传芳虽也是国民革命军的手下败将，但该部比较能战斗，也较有计谋。他出奇兵突袭第一集团军的后方，一度威胁江苏北部的重镇徐州。蒋介石紧急征调冯玉祥的第二集团军支援，歼灭孙军主力，蒋冯两军会师。5月1日，蒋介石的第一集团军顺利进入山东省会济南。

张宗昌和孙传芳在山东的失败牵动奉军全线，张作霖不得不下令转攻为守。阎锡山乘机冲出山西，冯玉祥在克服了后方的叛乱后也挥军北上，展开反攻。奉系集团的形势越来越不妙了。

五 对日忍让，绕道北伐

日本在山东保有巨大权益。国民革命军北伐后，日本政府即积极谋划出兵山东，阻挠国民革命军北伐。4月19日，田中义一通过驻上海总领事转告蒋介石："如果在济南附近发生战争，日本便会出兵。"[1] 21日，日本首批部队到达济南。5月3日，日军在济南悍然开枪射击中国军民，惨杀中国外交官员蔡公时等17人，制造了震惊中外的济南惨案。随后，日军又提出苛刻的带侮辱性的条件，强迫蒋介石在12小时内接受。

面对日本的挑衅，白崇禧主张采取强硬态度。4月29日致电蒋介石云：

---

[1] 张群：《我与日本七十年》，第36页，台北，1981。

"日本出兵，意图妨碍北伐，我军应继续进攻，勿为所慑。若存投鼠忌器之心，则不但延残余军阀之生命，且纵邻邦之野心。"对此电，蒋介石答称："日本出兵，不足妨碍北伐之进展，决无因外兵中止革命之理也。"[1]

蒋介石不愿影响既定的北伐目标，事件发生前，即决定对日军的挑衅不加抵抗。5月2日，他在日记中写道："不屈何以能伸，不予何以能取。犯而不校，圣贤所尚。小不忍而乱大谋。圣贤所戒。"[2]5月4日，蒋介石与第一集团军前敌总指挥朱培德、总参谋长杨杰等会议，决定中国军队大部分退出济南，分五路渡过黄河，绕道北伐。次日，阎锡山致电南京国民政府，强调"非大忍不能大有为"，电称："仍当摆脱一切，迅速北进，攻克京津，则一了百了矣！"[3]同月9日，蒋介石致电在广州的李济深，要他派人到香港，寻求英国当局的援助，电中称自己："含泪忍辱，节节退让，并恐小不忍而乱大谋。"[4]10日，中国军队全部撤离济南。11日，蒋介石致电白崇禧称："国危已极，身受更苦，惟多难兴邦，毫不悲观，只期共同一致，则五年之内，必雪此奇耻也。"[5]

济南事件是蒋介石实行对日妥协的开端，其整个交涉过程虽有过于软弱的一面，但是，其目的在于坚持北伐，有其可以理解的一面，人们对此不应苛责。

5月9日，阎锡山统率的第三集团军东进，占领河北南部重要城市石家庄和正定。10日，蒋介石致电李宗仁，鼓励他从京汉线挥师北上，电云："情势如此，津浦路已难进展，以后作战，全赖京汉一线。务望兄处迅即督师北上，京津果下，日人失却爪牙，或稍敛其侵略之野心。"[6]11日，冯玉祥统率的第二集团军韩复榘部也北上抵达石家庄，与第三集团

---

1 《革命文献拓影》，北伐时期第19册，蒋中正档。
2 古屋奎二：《蒋"总统"秘录》第7册，第26页，台北中央日报社，1976。
3 《上国民政府摆脱济南日军横阻迅速北上电》，《阎伯川先生要电录》，第322页。
4 黄郛文件，美国哥伦比亚大学珍本和手稿图书馆藏。
5 《致白总指挥》，《革命文献拓影》，北伐时期第19册，蒋中正档。
6 《致汉口李总指挥、白总指挥》，《革命文献拓影》，北伐时期第19册，蒋中正档。

军会师。13日，蒋介石指示阎锡山，要求阎督率所部，尽一切可能以最快的速度占领北京。19日，蒋介石又与冯玉祥会商，确定了三个集团军分工合作、进军京津的计划，要求各军主力于5月25日之前集结待命，联合包围奉军。

国民革命军步步进逼，张作霖不得不再度下令总攻，他调动兵力围攻第二集团军，使孤军深入的山西部队一度受挫。不过，阎锡山要求前线部队坚韧抵抗，并调兵增援，终于转危为安。28日，第二集团军迫近保定，离北京只有一二百公里了。

六　军事进攻与政治谈判并行，和平进入北京

1927年"四一二"政变后，中国的政治局面出现了复杂的形势。一方面，蒋介石与张作霖在反共上已经一致。另一方面，由于吴佩孚、孙传芳两大集团已先后被击败，奉系呈现颓势。因此，蒋、奉都萌生了以政治手段解决双方矛盾的意愿，在日本东京、中国大连、北京、南京等地多次谈判。山西阎锡山集团也从中斡旋，劝奉方服从三民主义，改换旗帜，归依南方，共同"讨赤"。不过，奉方虽表示可以接受三民主义，但不肯放弃自己原来的安国军旗帜，企图以长江为界，南北分治[1]。这样，蒋介石就不能不首先对奉系加以军事打击。

发生济南惨案，蒋介石以政治手段解决奉系的意图再度萌动，同时，奉系内部也进一步发生变化。旧派中的常荫槐、国务总理潘复，新派中具有爱国思想的张学良、杨宇霆等都主张"停止内争，一致对外"。[2]连孙传芳都表示："日人欺我太甚，本人受良心之责备，不愿再事内争。"[3]5月9日，张作霖宣布停战，国内政治问题，交给国民公正裁决。16日，派出使节赴南方商谈。

1　《杨丙致蒋介石等密函》，未刊稿，张静江全宗。
2　参见常荫槐与张学良、杨宇霆往来函电，未刊稿，张静江全宗。
3　《孙传芳致潘复电》，1928年5月9日，《申报》1928年5月17日。

形势变化，南京国民政府于11日晚开会讨论，李烈钧等主张"宽大"，"除张作霖外，奉方将领中有觉悟者，愿一视同仁"[1]。远在前线的蒋介石认为，张作霖之所以宣布停战，是由于"精疲力尽"，不能不采取"缓兵之计"，因此，他要求部队继续前进[2]。但是，他也主张利用这一形势，离间奉系和日本的关系，同时，唤起北方将领的爱国觉悟。他指示吴忠信和北方南来的使节谈判，先后提出的条件是：1. 同心救国，奉军退出关外，巩固东北国防；2. 允许奉方参加国民会议，一切国事交国民会议解决；3. 张作霖下野。[3]同时，蒋介石又指示阎锡山派人作为国民政府的代表在北京和张学良等磋商。5月28日，南京北伐军根据蒋介石部署开始总攻，进抵北京周围，形成大军压城之势。

除山东外，日本在东北也拥有巨大权益。在北伐军节节胜利的情况下，日本政府决定以逼迫奉系退回关外为条件，阻挡北伐军进军东北。5月17日，日本驻北京公使芳泽谦吉向张作霖提交备忘录，要求奉军撤回东北。张作霖内外交困，不得不于同月30日下总退却令。6月3日，日本关东军在沈阳附近炸毁了张作霖乘坐的列车，张作霖不治身亡。此前，国民政府的代表和张学良之间的谈判曾出现僵局，但因张作霖的暴亡，奉军全线撤退。

在北伐的四个集团军中，第一、第二、第三都有资格接收北京，但蒋介石考虑到阎锡山与日本和奉系的关系都较好，由阎执行和平接收京津的使命，可望得到日本及奉方的谅解与合作。6月8日，第三集团军波澜不惊，和平地进入北京，长达16年的北洋军阀统治由此结束。

1928年12月，蒋介石又通过谈判，顺利促使张学良改悬青天白日旗，实现了全国统一。

战争是政治的继续。当政治冲突无法以通常的方式解决时，双方往

---

1 《赵丕廉日本迫晋和奉张作霖通电求和》，《阎伯川先生要电录》，第324页。

2 《蒋介石致阎锡山电》，1928年5月12日，《民国阎伯川先生锡山年谱长编初稿》（三），第965页，台北商务印书馆，1990。

3 《蒋介石致谭延闿电》，1928年5月12日，《中华民国重要史料初编——对日抗战时期》绪编（一），第195页，台北，1981；《蒋介石致阎锡山电》，1928年5月14、15日，《民国阎伯川先生锡山年谱长编初稿》（三），第968页。

往诉求于战争。但是，在一定的条件下，又可以用非战争的方式达到预期目的。中国古代有所谓"不战而屈人之兵"的说法，视为解决军事对抗的最理想的境界。在二次北伐中，蒋介石交替使用军事打击和政治谈判，最后以政治谈判解决了和奉系的矛盾，应该说，其处理是成功的、圆满的。

七　战后格局

辛亥革命后，中国的统治为北洋军阀所接替。前期北伐和二次北伐打倒北洋军阀，实现全国统一，完成了辛亥革命的未竟之业，在近代中国的发展史上是有意义的。

为进行二次北伐，蒋介石团结了冯、阎、桂三大派系；在战争过程中，也比较好地处理了和这些派系的关系。但是，这些派系都在战争中发展起来了，不久，就因权力分配等原因，和蒋介石发生利益冲突，并进一步发展为中原大战，中国再度陷入军阀混战的痛苦中。

奉蒋谈判与奉系出关

北伐开始时，张作霖、吴佩孚、孙传芳三大军阀集团在中国北方和东南地区鼎足而立。奉系为了扩张实力，消灭吴佩孚集团，和北伐的国民革命军取联络姿势。吴佩孚和孙传芳遭到北伐军重创后，奉系一派独大。1927年4月，蒋介石在南京成立国民政府，双方一面军事对抗，同时也通过各种渠道进行谈判，但始终未能谈拢。1928年4月，蒋介石发动二次北伐，奉系在军事上受到沉重打击，又受到济南惨案影响，激于民族大义，与南京国民政府重开和谈，终于在重重复杂因素影响下，达成协议，退往关外。

一 公开喊话与秘密谈判

奉系与蒋介石之间的谈判始于1926年8月间杨丙和蒋作宾的先后使奉。当时，奉蒋之间有着消灭吴佩孚集团的共同目的。谈判中，双方虽有利益冲突，但大体和谐。同年11月，孙传芳投靠张作霖，山东军阀张宗昌则企图借援孙的名义南下，因此，奉系和蒋介石之间的矛盾有所发展，但是，双方仍须合力反对吴佩孚，谈判不得不断续进行。

1927年初，奉系观察到蒋介石和中共以及苏联顾问之间存在着矛盾，便想借此分化国民革命阵营，张作霖密电蒋介石称："赤俄党人，亟宜驱逐，共产分子只许其存在，不许其发展。如能容纳斯意，则南北可以停战，协商和平统一办法。"[1]同月7日，奉军总参议杨宇霆发表谈话，将张作霖在密电中提出的条件公之于世，声称只要南方改变其"赤化"与"联俄"两项政策，便可达成妥协。他说："奉方所反对者，不过为其赤化政策，与俄人干涉内政两事耳！如南方幡然弃此二事，而允纳吾人意见，则妥协固可能也。"[2]当时，蒋介石与鲍罗廷的矛盾已初步显露，杨宇霆估计蒋有可能改变，声称"现时蒋介石一派，与俄人在相互利用之中，在或〔某〕时期以后，想蒋介石亦能自弃上述政策也"。

杨宇霆谈话后，国民革命阵营的内部矛盾进一步发展。3月16日，奉军参谋长于国翰发表谈话称："奉方对于南北妥协，并无绝对赞否之意。只要党军果能驱逐共产分子，不再依赖俄人解决中国之争，未始不可与之协力，以谋中国之发展。否则奉方纵至仅留一兵一卒，亦必与之周旋。"这一段话与前引杨宇霆所述基本一致，但对蒋介石的反共要求更高。

这一时期，盛传蒋介石派魏邦平到北京洽商，在北方的王宠惠、郑洪年南下[3]，均无确据。但是，3月中旬，确有人自南昌到北京和奉系当局接触。此人当月初曾在南昌和蒋介石晤谈，"劝其以稳健谋进步，可完全学土耳其革命成功者之基马耳氏"，蒋表示同意，嘱咐此人到北京调查奉系"对于国事前途之真正态度"。这则消息透露出，蒋介石也在试图摸清奉系的底牌[4]。

"四一二"政变改变了中国的政治组合，奉系提出的条件已不成问题。在此情况下，奉系通过喊话，肯定蒋介石的转向，要求他进一步表明诚意。5月2日，杨宇霆在沈阳发表谈话称："中国非资本主义国，三民主义之精神，虽在安国军方面，亦非所反对。蒋介石最近之倾向与安国军之主义主张一致之意味，殊深其感。惟历史的国民革命军与安国军归

---

[1] 《温寿泉等报告张作霖与蒋介石洽合作电》，《阎伯川先生要电录》，第230页，台北阎伯川先生纪念会1996年编印。

[2] 《杨宇霆对时局之谈话》，《晨报》1927年1月8日。

[3] 《于国翰之谈话》，《晨报》1927年3月17日。

[4] 《南北妥协可能性》，《晨报》1927年6月30日。

于一致，或为至难，然吾人以完成共通理想之意味，名称如何，姑作别论。"[1]接着，又陆续发表谈话，声称："就历史上言之，奉军与南军虽极相反，而两者均为爱国之政党，则为不能否认之事实。"[2]杨宇霆表示不反对"三民主义"，承认国民党是"爱国之政党"，表明奉系在努力向国民党人示好[3]。

在历史上，奉系和国民党之间确实有一段关系不错。1922年，孙中山曾派伍朝枢到沈阳，约定双方会师武汉，以后又曾共同组成粤、皖、奉三角同盟，反对直系。5月15日，《晨报》发表《奉方要人谈话》，追叙旧情，强调要看蒋介石的"真正态度"。谈话称："关于南北妥协问题，雨帅（指张作霖——笔者）对于国民党素无恶感，其前此曾与孙中山合作，从可证明，惟深恶赤化之祸国耳。妥协问题，只看蒋介石之真正态度如何。"

公开喊话曲折地反映出双方秘密谈判的状况。1927年5月上旬，蒋介石的代表与杨宇霆在大连初步会晤[4]。同月，蒋介石派蒋方震访日，张作霖也派航空署督办张厚琬到东京。双方会谈后一致同意：1. 负责在各自势力范围内消灭共产党；2. 由各方代表召开政治会议，然后再召集国民会议，实现统一。但是，蒋方要求以陇海铁路为线划分势力范围，奉方则要求以长江为界，而且反对将来的统一政府以三民主义为纲领及实行一党制。双方争执不下，未能达成协议[5]。奉系虽然声称不反对三民主义，但是，并不愿意奉为自己的纲领。

---

1 《杨宇霆在沈阳之谈话》，《晨报》1927年5月6日。

2 《时事新报》1927年5月18日。

3 《杨宇霆昨日在京谈话》，《晨报》1927年5月18日。

4 1927年5月10日李庆芳致阎锡山电云："探闻蒋代表赴大连与邻葛会晤蒋方震赴日亦与奉宁妥协有关。"见《民国阎伯川先生锡山年谱长编初稿》，第747页。

5 《研究俄国对华问题的几点主要考虑》，1927年6月10日；《松井少将关于中国时局的演讲纲要》，1927年6月13日。均见《日本外务省档案》（缩微）S16136。《张厚琬由日返国》："航空署督办张厚琬前赴日本，视察日本民间航空……19日返国，21日抵大连，日内即可抵京。"《晨报》1927年5月24日。

二　阎锡山出面斡旋，企图组织奉宁晋三角同盟

日本政府关注中国政局，希望在中国出现南北两个政府，以便分而治之。日方人士一面促进宁奉直接谈判，一面积极动员阎锡山出面斡旋。5月上旬，日本驻华使馆武官本庄繁将奉蒋大连谈判情况面告山西在北京的代表潘连茹："奉宁妥协事，现正进行中。奉方只有两个条件，一、铲除共党；二、与俄脱离关系。如宁方能事行此二条件，津浦战事立即停止。杨宇霆返奉，即为此事。大约妥协步骤先停战，以长江为界，成立南北两政府，然后徐图统一政府。"他表示：日本"不愿受干涉之嫌疑"，"百帅（指阎锡山——笔者）对南无恶感，对北关系又深，俟相当时机，百帅能为一言，实中国前途之福"[1]。同月底，日本老牌特务坂西利八郎由东京经大连回北京，也发表谈话称："余对于中国时局，以为南北两方，均宜放弃武力主义，而讲求收拾之策。""北方标明之主义为讨赤，而南方蒋介石亦实行扑灭共产党，张、蒋主义既无不同，战争亦难有结果，故余之意见，以为此时促进张、蒋之妥协，分地而治，实为当务之急。"[2]

当时，日本有关方面还准备了第二套计划：支持蒋介石统一关内，命奉系退出关外，华北地区改由晋系接管。5月20日，田中首相致电驻华公使芳泽谦吉："一、如蒋派仍持近来之态度，我方将予以精神上之支援，助其达成政治上之企图。二、目前，张在其势力范围内，应迅速收买人心，维系众望，制订利国福民之策。"[3]同月25日，日本武官土肥原密告潘连茹等：奉军将退出关外，北方政局，由山西维持。他表示，希望山西方面出面斡旋南北，"早息战争，以免再现宁、汉等地之骚乱，而

---

[1] 1927年5月10日潘连茹致阎锡山电，《民国阎伯川先生锡山年谱长编初稿》，第748页。

[2] 《坂西利八郎谈话》，《晨报》1927年6月1日。

[3] 《日本外务省档案》（缩微）PVM41。

杜赤俄之阴谋"[1]。土肥原并偕阎锡山的妹夫薄永济到太原活动。后来，在"分地而治"的计划破产后，土肥原的"以晋代奉"计划逐渐为日本政府和军方所采纳。

蒋介石也看中了阎锡山。阎虽是国民党元老，但孤悬北方，标榜"保境安民"，和奉系保持不即不离的关系。北伐开始后，阎逐渐倾向南方。4月5日，阎锡山宣布山西全省服从三民主义。南京国民政府成立后，蒋介石即派何澄（亚农）到山西，动员阎锡山出面做张作霖的工作。蒋指示阎称："奉天若以主义为依归，政治解决，非不可能。"当时，孙传芳、张宗昌的残余势力正盘踞于苏皖北部，构成对南京的直接威胁，蒋希望通过谈判减轻压力，电阎称："非使孙、张完全退出苏、皖境外，有事实之表示，无以见合作之诚。先决问题，似即在是。"[2]

当年3月，张作霖发现阎锡山不稳，曾先后派张学良、韩麟春、于国翰到山西，劝阎和奉系合作，"共挽狂澜"[3]，阎则反劝奉系和南方合作[4]。4月7日，阎的驻京代表李庆芳受命向张作霖进言："莫若利用民党以制共产。以多数制少数，以好办法代坏办法。"[5]南京国民政府成立后，李再次面晤张作霖，建议他"联蒋讨共"。张表示，接受阎的意见，已分电张宗昌与孙传芳，对蒋勿再进攻[6]。阎见事有可为，于5月11日复电李庆芳，要求张接受三民主义，电称："民族、民权、民生为共和国自然之趋势，雨帅何妨标此旗帜，以团结各方，共同讨赤？"[7]同日，再电李庆芳称："雨帅既赞成联蒋，请联合各方成立一'讨共大同盟'，一致讨共，根本铲除共党，为国除害。"[8]

最初，阎锡山的斡旋颇为顺利。6月1日，杨宇霆、李庆芳、于国翰

---

1 《苏体仁致阎锡山电》，《民国阎伯川先生锡山年谱长编初稿》，第750页。
2 《民国阎伯川先生锡山年谱长编初稿》，第756页。
3 《张作霖派于国翰来洽电》，《阎伯川先生要电录》，第244页。
4 《国民革命军北方军作战纪略》，《阎伯川先生要电录》，第299页。
5 《李芬圅劝奉与国民党结合电》，《阎伯川先生要电录》，第246页。
6 《民国阎伯川先生锡山年谱长编初稿》，第747页。
7 《民国阎伯川先生锡山年谱长编初稿》，第749页。
8 《民国阎伯川先生锡山年谱长编初稿》，第747页。

等人集议,确定"保持北方大局,进行国家统一"的办法四条:1.讨伐共产,组织讨共同盟军;2.赞成三民主义,以免阶级斗争;3.政治统一问题,由国民会议解决;4.一致对外,解除国际束缚[1]。6月5日,阎锡山致电蒋介石,报告说:"此间日来力说奉方服从三民主义,更换旗帜,颇有进展。"[2] 8日,阎锡山特派政务处长兼警察厅长南桂馨为议和专使抵京,偕同李庆芳拜访杨宇霆。南桂馨提出,宁奉合作的先决条件是奉方易帜,除赞同三民主义外,应悬挂青天白日旗,改称国民革命军[3]。接着,又拜见张作霖,劝奉方采纳三民主义,组织奉、宁、晋三角联盟[4]。阎的打算是,和奉系谈妥后,南桂馨即离京南下,向蒋介石通报。

阎锡山的估计显然过于乐观了。奉系虽然欢迎阎出面调停,但对蒋介石是否能切实反共还存有疑虑,要看一看;同时,奉系当时还保有强大的军事力量,不肯轻易按蒋介石的条件就范。6月6日,奉军外交处长吴晋发表谈话,将阎锡山出面调停一事公之于世,并将蒋介石的变化说成是对张作霖主张的依归。他说:"此次奉方讨赤,原在消灭过激之共产党,并非与国民党为难。""现蒋介石既反对共产党,并对过激党徒极力取缔,是其主张已与雨帅主张相同。阎百川现既出任调停,而蒋介石在最近又有与雨帅合作之表示,雨帅自无不赞成。"在作了上述一番表态后,吴晋话锋一转说:"现在共产党之根据地,为武汉与湖南,则消灭过激党,肃清武汉与湖南之责,雨帅任之也可,阎百川任之亦可,即蒋介石任之亦无不可。"[5]吴晋的这一段话表明,奉系当时还保持着向南扩张的强烈兴趣。

阎锡山要奉系改挂青天白日旗,张作霖却要国民党下旗。6月8日,

---

1 《杨宇霆等时局主张四项电》,《阎伯川先生要电录》,第254页。

2 《民国阎伯川先生锡山年谱长编初稿》,第756页。

3 《南桂馨与电通社记者谈话》,《世界日报》1927年6月10日。又,1927年7月17日《晨报》所载《晋方某要人谈话》云:"宁方托晋方转达条件……1.服从三民主义;2.改换旗帜;3.军队更名;4.某某两项。"据此,这三条,其实是蒋介石托晋方转达的条件。

4 《晨报》1927年6月10日。

5 《晨报》1927年6月7日。

张作霖招待日本记者团，发表谈话说："夫蒋果真反对共产主义，何故现尚揭扬青天白日旗？"他要蒋明确立场，彻头彻尾、表里如一地反对共产主义，声称："若三民主义真以国利民福为宗旨，则予亦自赞成。若徒以国利民福为假面具，而实质上仍行共产主义，则予辈固将竭力以声讨排斥之也。"他表示："须蒋真能反对共产主义，且能将俄人逐尽，并完全脱离过激赤化主义，而后不辞对蒋妥协。"[1]

南桂馨到达北京后，奉军要人随即举行会议，研究对策，决定对蒋持宽容态度，声称"蒋中正先时虽与安国军有敌对行为，但蒋果能以诚心讨伐共产之目标，来与安国军妥协，安国军自可容纳，而友好之。"[2]会议决定对三民主义不持反对，但先决问题是"共同讨赤"。晋方既主张奉晋宁三角同盟，应先由三方面摊派队伍，"会剿赤化军"；至于国家大局，俟赤化平定后，召开国民会议从长计议[3]。会议还给阎锡山出了个难题：希望晋方将开入直隶境内的军队，即日移向黄河北岸。10日，张作相对记者发表谈话，声称三民主义彼亦赞成，但不能即悬青天白日旗。奉军有百余团可战[4]。奉系的这种强硬态度自然使南桂馨不悦，双方发生"言辞冲突"，南桂馨只得折返太原。

从不反对三民主义到"彼亦赞成"，显示出奉系头领在继续作出让步，但是，奉系终究不甘心将国民党人的政治纲领全盘接过来。6月14日，吴晋发表谈话，传达张作霖的意旨：在三民主义之外，再加上"民德主义"。他说："三民主义为建设国家之基础，自无不可。惟中国为礼义之邦，自来对道德异常重视。现在人心不古，道德沦亡，即以军人而言，倒戈等事，层见叠出。雨帅拟于三民之外，增加民德一项，共成四民，以维国本。"[5]张作霖毕竟是封建军阀，他所关心的是利用传统道德，防止军人"倒戈"。同日，张作霖宴请应召北上的张宗昌、孙传芳

---

[1] 《晨报》1927年6月9日。

[2] 《世界日报》1927年6月11日。

[3] 《张作相昨对新闻记者谈话》，《晨报》1927年6月11日。

[4] 《时报》1927年6月11日；参见《晨报》1927年6月11日，《世界日报》1927年6月10、11日。

[5] 同注4。

及吴俊升、张作相、张学良、韩麟春、杨宇霆、潘复等人，席上，张宗昌、孙传芳坚决反对与蒋妥协。张称："鲁南防务险固，士气壮尚堪一战。"[1]孙称："以党治国，绝对不能同意。"会后，吴晋发表了更为强硬的谈话："易帜一层，雨帅绝不能承认……不但于法律上无所据，具有一党包办之嫌。"[2]

从1920年挥师入关之日起，张作霖的野心就不断膨胀。1926年11月，在天津被推为"全国讨赤联合军总司令"。这时，正准备在北京成立安国军政府，升任"大元帅"，以便为进一步晋升"总统"作好铺垫[3]。6月16日，张作霖通电表示："此后海内各将帅，不论何党何系，但以讨赤为标题，即属救亡之同志。不特从前之敌，此时已成为友，即现在之敌，将来亦可为友。"又称："一切主义，但于国利民福不相冲突，尽可共策进行。"[4]张作霖的想法是，在"讨赤"的旗帜下尽可能将各派力量收容过来。

6月初，南桂馨在京说和不成，怏怏而归。6月18日，安国军政府在北京成立，但阎锡山保持沉默，并且电嘱李庆芳不参加军政府下设的内阁。张作霖"登基"时，李庆芳仅"随同参观，并未持柬致贺"[5]。28日，奉方派遣卫戍司令邢士廉为特使赶赴太原，企图拉住晋方。邢特别声明，此行是由于"前次晋方代表来京。言语上曾有些冲突，双方感情，不无误会，亦当前往当面解释"[6]。为了保证邢此行成功，张作霖特别致电阎锡山，声称"非停战不可以救民，非议和不足以歼赤"。他亲热

---

1 《奉派之同床异梦》，《时事新报》1927年6月13日。

2 《晨报》1927年6月15日。

3 张作霖本来是想当总统的，但是，阎锡山首先反对。1927年5月6日阎锡山致李庆芳电云："雨帅正位，我意为国家计，亦为雨帅自计，宜俟时机，方为稳妥。"见《阎伯川先生要电录》，第249页。这里所说的"正位"应指出任总统，而非如该书编者拟题时所称"就任大元帅"。稍后，张学良解释说："大元帅之所以不作临时总统，而改就大元帅职，则表示其为临时底位置，而拟俟至将来国民会议中，再行解决全部问题。"见《张学良谓断然反对以一党党旗代国旗》，《世界日报》1927年7月20日。

4 《晨报》1927年6月17日。

5 《李庆芳张作霖就职未贺未晋谒电》，《阎伯川先生要电录》，第260~261页。

6 《邢士廉对新闻记者谈话》，《晨报》1927年7月6日。

地对阎表示："我兄既谋斡旋南北，议和罢兵，作霖仍本初衷，总以利国利民福为前提，决不因一己之私，置人民于不顾也。"[1]同时，张学良也电阎解释，前次南桂馨来京受挫，乃系奉方内部"有一二人未明世界潮流趋势"所致。电称："现征得各方同意，甚愿息事宁人。"[2]

6月29日，邢士廉抵达太原，但阎锡山托病不见，指派其总参议赵戴文等代为接待。阎通过赵等表示：1. 希望北京政府依照三民主义彻底改革一切；2. 希望雨帅从速与宁蒋妥协。邢既不肯允诺以"悬挂青天白日旗及改称国民革命军"为先决条件，也不答应进行"彻底改革"，只表示："雨帅此时对于妥协之具体意见，在先停战，一切纠纷，待召集开国民大会解决。"[3]

三 张学良是奉蒋联合的促进派

对南北妥协，张学良态度最为积极。

早在1926年7月，张学良就主动向国民党北京政治分会建议，广东国民政府方面应采取"远交近攻"之计，与奉方联合[4]。1927年1月，汉口发生群众占领英租界事件，张学良对英国驻华公使兰普森说："中国南北之事，不过国人对内政见未能一致，因起战端。古诗有言，兄弟阋于墙，外御其侮。对外卫国，决不因对内不一致而发生影响。"[5]同年3月下旬，国民革命军占领南京，混乱中发生抢劫、杀害外侨，导致外舰开炮射击事件。4月3日，国闻社记者访问由前线返京的张学良询问他"何不息内

---

1 《晨报》1927年6月30日。又据山西代表称："前此南君来京，未承接纳，而徐州会议因之成功，张雨帅事后颇为追悔，派邢士廉赴晋问病。"《晨报》1927年7月29日。

2 《新闻报》1927年6月30日。

3 《邢士廉对新闻记者谈话》，《晨报》1927年7月6日。

4 《陆山致畏公（谭延闿）密函》，中国第二历史档案馆藏。

5 《与兰普森谈汉浔案》，《张学良文集》，第33页，香港（中国）市场信息出版社，1991。

争而一致对外"时,张答云:"无论如何,绝不能因一党一派之利害,而危及国家。如彼方抛弃过激之一切运动,及鲍罗廷之操纵,为国家事,没有什么不可商量。"[1]两天后,他与韩麟春联名通电称:"果诸公有救时之良策,爱国之真诚,同是国人,一致对外,千难万难,又何敢辞!"[2]张学良的这些表态并非官样文章,而是发自内心的真诚呼吁。这一点,从他稍后致张学铭的私电可知。该电云:"一念同是同种,自相残杀,心中又怏怏焉。如有对外争战,在兄马革裹尸,虽死无恨也。"[3]

阎锡山出面斡旋后,张学良、韩麟春派人持亲笔函赴山西,向阎锡山表示"赞成三民主义"[4]。当时,阎复电建议:取消安国军,将奉军改组为河北(泛指黄河以北——笔者)国民革命军。电称:"彼方所恃以号召者,在国民革命,我亦以国民革命为旗帜,在敌人无的可射,敌情自然和缓。"又称:"行政在合民,凡可以结合民众之名义,即当采取。盖处国家,当以利害计得失,不当为虚面子所困也。"[5]6月3日,张、韩电阎,表示赞成这一计划。电称:"良等素抱平民主义,决无军阀野心,但期利国福民,一切均可不计。对于改组河北九区国民革命军一节,既于北方全局有利,良等深表赞同,无论有何阻碍,亦必毅然进行。"[6]但是,张、韩二人又有种种顾虑,询问阎锡山:1.奉军中思想陈旧的部分将领反对,有断绝饷械之虞时,山西能否予以补充?2.直鲁军反对时,山西是否能予以兵力援助?3.奉军向后撤兵时,山西能否承担守备河北的责任?4.南方诸同志是否谅解及容纳,有无何种保证?此函流露出张学良、韩麟春当时已有撤兵北返的打算。6月4日,阎锡山复电表示:他的计划是组织"北方国民委员政府",推张作霖为领袖,1、2、3各条均可

---

[1] 《张学良之谈话》,《晨报》1927年4月4日。

[2] 《致各部院、各省区等通电》,《张学良文集》,第36页;《晨报》1927年4月8日。

[3] 《张学良文集》,第40页。

[4] 上海《民国日报》1927年6月5日。

[5] 《致张学良改为国民革命军电》,《阎伯川先生要电录》,第253页。

[6] 《张学良、韩春致阎锡山电》,《民国阎伯川先生锡山年谱长编初稿》,第754~755页。

不必顾虑；北方组织就绪后，即联络南京及各方，组织"讨共大同盟"，国民党方面当然同意。阎在电中保证："两兄此后有何困难之处，弟必尽力帮助。"[1]

除与阎锡山磋商外，张学良又积极与蒋介石、冯玉祥等建立联系。"四一二"政变后，张学良两次派参谋葛光庭赴南京会见蒋介石，说明"双方必须合作讨赤之理由"[2]。其间，张学良与杨宇霆还曾联名致函上海张某，内称："弟等信仰三民主义，已非一日。讨贿之役，兄与其事，当知其详。国际风云，日趋险恶，吾人惟有一致服从先总理三民主义，同心协力，以救中国之危亡。蒋总司令忠信勤勇，千古一人，心折已久，还希再将鄙意转达，藉求谅解。"[3]同年7月，张学良致函冯玉祥，表示"服从三民主义"之意，甚至表示愿"让出关内"[4]。多年来，奉系一直积极向关内扩张，势力所至，一度跨过长江。张学良提出"让出关内"，在奉系中是第一人。

然而，张学良主张和蒋介石妥协又是有条件的。7月19日张学良招待日本记者团，声称张作霖确实希望"对蒋妥协"，但他同时表示："国旗乃属代表国家之物，故断然反对以一党之党旗，代易国旗。"对召集国民会议一事，张表示："此事自可赞成。"他说："国民会议，非一党一派之会议，必须为网罗全国各党派之全民会议始可。故吾侪力排一党政治。何以故？以其等于以一党专制，代替个人专制也。"[5]

张学良的和平努力获得蒋介石的响应。蒋在接见葛光庭时提出两点希望：1.政治上服从三民主义；2.军事愿以诚恳态度，促成奉方从新的方面做去。蒋称："中国之事须以中国国民之意见解决之，如果北方能脱去旧军阀帽子，则宁方不但津浦线愿意无条件停战，即进一步让出蚌

1　《阎伯川先生要电录》，第255页。

2　《葛光庭对新闻记者谈话》，《晨报》1927年8月4日。

3　《时事新报》1927年6月13日。

4　《洛阳孔祥熙寒日来电》（1927年7月14日），又，《洛阳冯玉祥来电》，1927年7月18日，均见《蒋介石收各方电稿》，抄本；参见《葛光庭谈话》，《世界日报》1927年7月27日。

5　《张学良谓断然反对以一党党旗代国旗》，《世界日报》1927年7月20日。

埠、浦口，亦未尝不可。"[1]

四　南方来使与和谈中断

邢士廉的山西之行虽然没有具体收获，但他在太原见到了蒋介石派到山西的常驻代表何澄。何与杨宇霆、韩麟春、邢士廉都是日本士官学校的同学，他向邢提出几条解决时局意见，邢回京后向杨、韩报告，杨、韩认为"有可妥协之余地"，邀请何澄入京[2]。

7月15日，何澄抵达北京，第一日即会晤杨宇霆、张学良、韩麟春三人，开出三剂药方：第一剂，北方政治根本改造，与宁、晋在同一旗帜之下，共同奋斗；第二剂，现制之名义如欲保存，则须移地，惟可留一部愿与宁、晋合作者，在北方共同维持大局，根本办法，则待以后国民会议解决；第三剂，除新行之政制应行取消外，其他则略为改变，自行采用与宁、晋相同之制度，暂维现状，后事归国民会议解决[3]。何的这三剂药方，其核心仍是要奉系实行"政治改革"，奉系中虽有杨宇霆等少数新派具有革新思想，但旧派势力深厚，自然难于接受上述条件。7月23日，何澄访问张作相与吴晋，张、吴相继表示，"大致谓政治之事，由大元帅主持"，"我辈军人以服从为主，惟军事政治分期解决，较为适当"[4]。谈判中，奉方主张"先军事，后政治"，何澄与返京任山西代表的南桂馨则希望"先政治，后军事"[5]。双方无法谈拢。7月25日，南桂馨发表谈话，声称"奉天内部个人的意见尚多，一时不易一致"，委婉地承认

1　《蒋提出妥协两要点》，《世界日报》1927年7月27日。
2　《晋阎代表南桂馨谈话》，《晨报》1927年7月20日。
3　《晨报》1927年7月23日。
4　《何澄昨访张、吴》，《晨报》1927年7月24日。
5　《葛光庭对新闻记者谈话》，《晨报》1927年8月8日；又，《晋阎代表南桂馨谈话》："与杨宇霆见，杨：一、政治缓期研究；二、军事先期解决。"见《晨报》1927年7月20日。

谈判失败[1]。

继何澄之后，何成濬于7月29日到京。

何成濬此行本受蒋介石委派前往山西，途经北京时和张学良、杨宇霆会谈。杨提出奉方与国民党各自成一团体，在国家大致上合作，内部之事则各自为政。国民党不必自居于中华民国正统，奉方亦不以中央自居。杨宇霆同时表示：先军事后政治。第一步商停战办法，第二步商合作方案[2]。何不愿对此表态，建议"撇开政治专谈军事"。当时，徐州已为孙传芳和张宗昌的直鲁联军攻陷，南京北伐军全线动摇，纷纷自鲁南撤退，武汉的汪精卫、唐生智等人又在积极准备东征，因此，蒋介石急于稳定苏、皖形势。31日，何成濬发表谈话："宁方之意，只要主义相同。凡事皆可有商量余地。""南方对津浦军事，不主急进，故鲁南已撤兵。徐州以北，不拟积极发展。惟以地理关系，徐州以南，亦绝不能放弃。只要奉军无南攻意，南军当然亦不愿对北为军事上行动。"[3] 8月1日，何成濬转赴太原。同日，邢士廉对新闻记者谈话，声称拟以解决军事为先，使津浦线早日停战，宁方得以全力应付武汉方面的进攻。关于"内部问题"，邢称："仍由各自主持改革，很可不必互相干涉。"他表示，直鲁军的南下，"不过一时之现象。妥协果成功，南军退江南可，鲁军退徐北亦可"[4]。其后，苏、皖境内的南京部队继续溃退。8月7日，葛光庭等电催何成濬返京，企图先行解决停战问题，但何成濬返京时，蒋介石已因兵败，在桂系的压迫下于13日辞职。

当苏皖前线军情紧急之际，曾于1926年奉命使奉的杨丙再次到北京活动。8月12日，他在和杨宇霆会谈后密报蒋介石说："顷晤邻葛兄，据谓父老苦兵久矣。奉对我公，确以诚意谋和，先行停战，其军事区域，以现时地点为限。奉方由邻兄负全责签字，公方须有负责代表签字。双方一经签字，此间即下停战令。至政治一切问题，统由国民会议解决。"

1　《晨报》1927年7月26日。

2　《晨报》1927年8月8日。

3　《何成濬对人谈话》，《晨报》1927年8月1日。

4　《晨报》1927年8月3日。

不久，直鲁联军在皖北大胜，奉方又提出，以长江为界，划江分治。27日，杨丙再次密报蒋介石等称：孙传芳的军队"虽云前进，未始不可划江分守，只要南方负责有人，迅速直接协商"云云。9月1日，杨丙密函报告奉方状况，认为和议进行，"其结果终不外平等的联合及财力公平分配而已"。3日，又密报称："奉方本意在平定河南，划江而守，与南对等议和，以国民会议解决时局。抑深知轻入长江，即令一时得意，亦不能守。此次孙氏南攻，特恐南军不肯休战，故为得寸进尺之谋。苟南北两方能得一确实保证，以江为界，两不相侵，则奉方未尝不可令孙氏改图河南，以满其地盘之愿。"[1]不过，当时蒋介石已经下野，杨丙的这些密报没有发生作用，奉蒋和谈因此中断。

蒋介石下野后，晋奉之间于10月间发生战事。当时，蒋介石正在日本访问。他指示阎锡山暂时与奉系妥协，保存实力，答应在日代为活动；日本政府也向蒋表示，可以负责促使张作霖退兵[2]。11月5日，阎锡山致电张作霖，声称"苟有解决途径，仍当开诚相与"[3]。16日，张学良派董英斌向山西方面"谋和"[4]，未有结果，晋奉两军陷入长期对峙中。

五　济南惨案发生，民族大义推动和谈再起

1928年初，蒋介石再次上台，不久即发动二次北伐。5月3日，日军出兵山东，制造"济南惨案"，向蒋介石及南京国民政府示威。事件发生后，南京国民政府和北京安国军政府分别向日方提出抗议，国内各阶层普遍呼吁双方就此息争，合力对外。5月6日，上海总商会致电张作霖、张学良等，认为南北政府同时抗议，表明"对内政见，虽稍有歧异，对外仍表示一致"。电称："当此国难已临，计惟停息内争，集合全力，以御

1　《杨丙致蒋介石等密函》，中国第二历史档案馆藏，以下同。

2　《蒋主张暂与奉妥协电》《蒋以宁无望某难靠盼暂妥协电》，《阎伯川先生要电录》，第277、280页。

3　《致张作霖革故鼎新盼善择之电》，《阎伯川先生要电录》，第282页。

4　《民国阎伯川先生锡山年谱长编初稿》，第852页。

外侮，庶彼方无机可乘，然后付诸公论，以求最后解决。"[1] 5月9日，驻欧全体公使致电外交部："日本启衅山东，屯兵调舰，居心叵测，大祸当前，南北两方，同时抗议。对外既能一致，内争奚啻燃萁！应请当局速决嫌怨，立息战争，同御外侮，以纾国难。"[2] 在此情况下，蒋介石以政治手段解决奉系的意图再度萌动，同时，奉系内部也进一步发生变化。

5月5日，日本驻华使馆武官建川美次会见安国军政府军事部次长于国翰，要求奉军不得反攻济南，此事激起奉系骨干常荫槐的愤慨。同日，常致电在石家庄的张学良和杨宇霆，内称："似此无理干涉，既对南军宣战，又来北方牵制。国内政争，致外人乘隙，辱我孰甚！"他要求张、杨二人电请张作霖"速息内争，一致对外"。6日，张、杨回电常荫槐，对济南事件表示愤慨，声称："弟等虽属军人，究亦同为国民，岂敢后上，且事关国家荣辱，讵容漠视不问！"但二人表示，身为统兵大员，不宜轻易表态，要常荫槐相机向张作霖"陈明"。常荫槐向张作霖建议时，张有采纳之意，但遭到"一二人反对"后，又改变主意。7日，常荫槐再次致电张、杨，要求二人回京，"会同极谏，务期达到目的，免为后世唾骂"[3]。

5月9日凌晨，张学良、杨宇霆由保定入京，向张作霖进言并参加奉系首脑会议。与会者受到民族大义感染，普遍认为"国内苦战，外侮乘虚而至，亟应止息内争，以救国家"。同日，张作霖接受常、张、杨等人意见，通电宣布停战。电称："国内政见歧异，竟至波及外人。长此不已，不特无以对全国，抑且无以对友邦。作霖有鉴于此，特将彰德、正太战胜之兵停止攻击。"电报同时表示："所有国内政治问题，但期国民有公正之裁决，断不作无谓之坚持。公是公非，听诸舆论。"[4] 张电发表后，形势遂急转直下。奉系领导人不断发表言论，表示和解意图。5月10日，张学良复北京礼制馆朱启钤电云："济南事变，复为外人借口。邦

1　《晨报》1928年5月8日。
2　《晨报》1928年5月12日。
3　以上常、张、杨各电，均为中国第二历史档案馆所藏，未刊。
4　《晨报》1928年5月10日。

人诸友，莫肯念乱，言之痛心。"电称："但能息争救国，无不遵从。"[1]5月11日，他与韩麟春、杨宇霆联名《复上海总商会电》云："南北一家，彼果无弯弓而射之成心，我确有免胄寻盟之真意。"[2]5月11日，张作霖对孙传芳、褚玉璞称："济南之变，关系国本"，"故特退避三舍，与党军以回旋之地，俾可从容交涉，并可以表示息争御外之决心"[3]。同日，他对公使团领袖荷兰公使欧登科称："此次撤兵，一为国事艰难，不得不加体谅，一为示和议决心，促各方觉悟。"[4]

二次北伐开始后，蒋介石亲率的第一集团军和冯玉祥的第二集团军在山东的胜利沉重地打击了安国军。5月9日，阎锡山统率的第三集团军东进占领石家庄、正定。11日，第二集团军韩复榘都也北上抵达石家庄，两军会师。奉系首领之所以急转弯，固由于军事上已处于逆势，但济南惨案所激起的民族感情的上扬也是重要原因。

六　不无遗憾的结局

蒋介石决定利用济南惨案后的新形势。5月12日，蒋介石连发三电。致阎锡山电称：奉张宣布停战，其原因"精疲力尽，不能抵抗我师"，必须迅速前进，决不可中其缓兵之计，但他同时提出，"我似宜利用之，以离间奉天与日本之关系。更乘此机会，唤起北方将士之觉悟，勿为日人之伥"[5]。致吴忠信电称："国难方殷，彼此均应同心救国，如彼方自动出关，一切国事国民会议解决。"致谭延闿电称："北方宣布停战，如其果确，则中正以为可允其全部集结关外，以固东北国防。至一切国是，当俟国民会议解决，并允奉方参加国民会议。即惟一条件，要求奉鲁军退

---

[1]　《晨报》1928年5月14日。

[2]　同注1。

[3]　同注1。

[4]　《晨报》1928年5月12日。

[5]　《民国阎伯川先生锡山年谱长编初稿》，第966页。

出关外。"[1]

和平有望,蒋介石却保持着充分警惕。5月15日,蒋介石致电阎锡山称:"弟意如张作霖能下野,另由新派军人接统军队,自可相当容纳。倘张仍作恋栈之势,在其所谓合力对外者,必不可恃。而我与元恶言和,将无以慰将士与国民之望。惟有明白答复,以张去职为停战第一条件而已。"[2]

日本田中内阁发现奉系败局已定,加紧逼迫张作霖退回关外。5月15日至16日,内阁会议决定:1. 在国民革命军未到达京津地方之前,准许张作霖撤回满洲,同时阻止国民革命军进入山海关以北;2. 如张作霖在与国民革命军交战或接触后向东北退却则不准南北两军任何一方进入满洲[3]。会议结束后,田中立即电告芳泽,要他命张作霖"立即返回满洲"[4]。5月17日深夜,芳泽谦吉访问张作霖,劝他立即将北京和平地让与北伐军[5]。18日,正式照会张作霖及南京国民政府:"目前战乱情形将波及京津地方,而满洲地方亦将有蒙受其影响之虞","当战乱波及满洲时,帝国政府为维持治安,将采取适当而有效的措施"[6]。

日方一面向张作霖施压,一面和晋系代表南桂馨在天津会谈。1927年10月阎奉之间发生战事后,南桂馨即离京避居天津,与段祺瑞及日本华北驻屯军司令新井龟太郎等人来往[7]。当时,冯玉祥的第二集团军和阎锡山的第三集团军都有资格占领京津。但是,日本方面拒冯而表示欢迎晋军,向南桂馨表示:冯军到京津附近,必挑衅;晋军单独到此,极欢迎。段祺瑞在1926年下野后即蛰居天津,待机再起。他与南桂馨约

---

[1] 《中华民国重要史料初编——对日抗战时期》绪编(一),第195页。
[2] 《民国阎伯川先生锡山年谱长编初稿》,第968页。
[3] 白井胜美:《中国きめぐる近代日本の外交》,第223~224页,筑摩书房,1983。
[4] 《日本外务省档案》(缩微),S1615~31。
[5] 《芳泽谦吉自传》,第103页,东京时事通讯社,昭和39年。
[6] 《国民政府近三年来外交经过纪要》,第29页,外交部1929年印。
[7] 鲁墨庭等:《张作霖与阎、冯、蒋、李战争纪略》,《中华文史资料文库》第2卷,第845页,中国文史出版社,1996;参见南桂馨《1927~1928接收京津之经过》,《山西文史资料》第4辑,第103~113页;赵瑞:《阎锡山通敌叛国罪行纪要》,《文史资料选辑》第29辑,第164页,文史资料出版社,1980。

定：1.日方由芳泽谦吉出面，劝告奉张于最短期内退出关外。2.奉张将中央政权及近畿维持秩序各事交段负责，由段征求各方意见解决国事。3.奉军撤退后，无论何方军队，不得侵入马场、任丘、大城、保定一线，并由山西约同宁方劝止各军前进；如冯玉祥部不听劝止时，山西及宁方军队概不参加北进。4.山西设法约同各方赞成段解决国是电[1]。段的意图是由他出面组织临时政府，对此，阎、蒋都未加理睬。22日，蒋介石决定，限奉军一星期内全部退出关外，京津由山西方面和平接收。同时，又致电冯玉祥，命他赞成这一方案，以使"敌人无从离间，加强内部团结"[2]。

奉系在宣布停战后，决定派直隶省省长孙世伟赴南方谈判。5月16日，潘复电召孙世伟入京。孙入京后，潘复、张学良、杨宇霆等均称："南蒋既有意与我携手，无论事之成否，总须前往一行，并可察其内容，徐图应付。"5月24日，孙世伟乘轮赴沪。其时，张学良所派代表已在上海。

1928年3、4月间，张学良、杨宇霆再派葛光庭赴沪，访问何成濬等，商洽和平。济案发生后，又派尹扶一到沪，通过何成濬等向李烈钧、蒋介石等陈述，达成妥协条件："奉张出关，并希望奉方加入政府，共定中原，藉以解决外交。"[3]议决之后，由葛光庭急电张、杨，张、杨认为可以磋商，但须选派正式代表来京，负责研究。

5月30日，国民政府代表孔繁蔚、尹扶一抵京，会见张学良、杨宇霆、孙传芳、张作相等人。杨表示："内事不已，牵动外交，倘因此不国，将何颜以对国人！"他并称："急愿息争，一致团结，苟利国家，敢存私见！倘不践言，愿自刎以谢诸兄。"张学良等人的意见与杨大体相同，声称"雨帅出关，确能办到，但须以和缓手段，使彼自动"，其他问题，

1　《天津南桂馨奉军出关四条件电》，《阎伯川先生要电录》，第331~332页。电中所称"伟民"，隐指段祺瑞。关于此点，笔者另有考证。

2　《蒋介石致冯玉祥电》，1928年5月22日，《阎伯川先生要电录》，第201页。

3　《孔繁蔚随员谈话》，《晨报》1928年6月4日。

俟停战后交代表会议或国民会议解决[1]。同日夜，张作霖下令"总退却"。5月31日，孔、尹致电南京国府，要求对等停止军事行动。6月1日，谭延闿复电，提出办法三项：第一，奉军应撤至京东一带，由奉军长官负责整理；第二，北京已派阎锡山接收，希望奉方妥为交代；第三，北京政务善后事宜，由国民政府处理，奉方要人务须加入，共策进行。张、杨表示，一、二条可以让步，第三条需要考虑[2]。

国民政府代表孔繁蔚与奉方代表张学良、杨宇霆在北京议定：奉军撤离北京，退往榆关；成立以北洋元老王士珍为首的临时治安会，维持北京政局。6月1日，谭延闿批准双方所议条件。3日，张作霖乘专列离京。4日，国奉谈判再次举行。张学良等同意阎锡山的第三集团军进入北京，双方和平交接，但张因直鲁联军纪律败坏，不愿带回东北，提出要以天津以东永、遵等10县为张宗昌、褚玉璞、孙传芳的屯兵区域。孔繁蔚则提出：1. 东三省必须悬挂青天白日旗；2. 服从国民政府命令；3. 直鲁联军及孙传芳残部必须接受改编。双方发生争执。当夜，张学良获悉其父噩耗，匆促出京，同时按孔繁蔚要求，下令部队向滦河撤退，僵局遂自动化解。

6月5日，南京国民政府任命阎锡山为京津卫戍总司令。8日，晋军和平进入北京。11日，张宗昌、褚玉璞派代表与晋方代表南桂馨谈判，达成协议，决定直鲁军自动退出天津，交晋军维持治安[3]。12日晨，张宗昌、褚玉璞率直鲁联军残部撤离天津。同日，晋系的傅作义宣布就任天津警备司令。

至此，二次北伐成功，辛亥以来北洋军阀长期统治中国的历史终于结束。它是国民党人的一个重大胜利，但是，也是土肥原"以晋代奉"计划的胜利。这是一个不无遗憾的结局。

---

1 《孔繁蔚、尹扶一呈谭主席及蒋总司令电》，《革命文献拓影》，北伐时期第17册，蒋中正档。

2 《孔繁蔚随员谈话》，《晨报》1928年6月4日。

3 《阎锡山致南京国民政府军事委员会及蒋介石电》，中华民国史事纪要编辑委员会编《中华民国史事纪要》1928年1~6月卷，第1084~1085页，台北，1978。

约法之争与蒋介石软禁胡汉民事件

一　南京政坛的一次强震

自1931年2月上旬起，蒋介石日记中逐渐出现对胡汉民的强烈不满和攻击之词。

2月9日日记云："见人面目，即受刺激，小人不可与共事也。纪念周时几欲饮泣，而又耐止，何人而知我痛苦至此耶！"[1]这里，蒋介石仅用了"小人"一词，没有点名，但是，这位"小人"在第二天的日记中就登场了。10日日记云："胡专欲人为其傀儡而自出主张，感情用事，颠倒是非，欺罔民众，图谋不轨，危害党国，投机取巧，毁灭廉耻，诚小人之尤者也。余性暴气躁，切齿胡某，几忘其身矣，奈何弗戒！"从这一段日记可以看出，蒋介石认为，"胡某"也者，罪大恶极，他使得蒋介石"性暴气躁"，"切齿"痛恨。

其后，蒋介石在日记中对"胡某"的攻击就接连不断；13日日记指责其"挑拨内部，诋毁政治，曲解遗教，欺惑民众"。15日日记指责其"破坏党国，阻碍革命"，"以'司大令'（斯大林）自居，而视人为'托

---

[1] 《蒋介石日记类抄·党政》，未刊，中国第二历史档案馆藏，以下所引，除个别地方根据日记原稿本外，均同，不一一注明。

尔斯基'（托洛茨基）"。25日日记则称："今日之胡汉民，即昔日之鲍尔廷（鲍罗廷）。余前后遇此二大奸，一生倒霉不尽。鲍尔廷使国民党徒受恶名，而共产党沾其实惠。今胡则使国民党受害，而彼自取利。鲍尔廷使国民党革命破坏而不能建设，胡则使国民党革命阻碍而不能进取。"十几天之中，由"小人"，而"胡某"，而直书"胡汉民"，标志着蒋介石怨愤的迅速加深和增强。

这一时期，胡汉民问题使得蒋介石性情乖戾，难以自制。18日日记云："近日性躁异常，恐将偾事。"25日日记云："为胡事又发暴怒。"26日日记云："在汤山俱乐部痛述某之罪状，几为发指。"当日中午，蒋介石与邵力子谈起胡汉民的"罪状"时，再次动情，日记云："心为之碎，自知失态。"

也就在25日，蒋介石制订了一个处理胡汉民的14点计划。前4项对胡本人：1.请胡私邸；2.派监视护兵；3.令警察监视胡的寓所；4.请孙科往见，在"公开审判"和"自行辞职"两者中问胡自愿；同时要胡保荐立法院正副院长，并要胡函慰立法院各委员，使其安心供职；最后将胡迁往中山陵。其他10项为善后，其内容为：明告中央委员；开国民党中央临时政治会议；开中央常务会议，推任立法院院长；由监察委员提起弹劾，令国府紧急处分，严重监视；监察院提起政治弹劾；通告各地党部与各军队等。当然，蒋介石也没有忘记控制新闻，"令各报不准登载中央未发表之消息"。其中还包括"请立法委员组长明午吃饭"一条，考虑得相当周密。

28日晚，蒋介石以宴客为名，邀请胡汉民到自己的住所晚餐。胡汉民到后，便从首都警察厅长吴思豫手里得到了一封蒋介石列数其"罪状"并有其亲笔修改手迹的信件[1]，又从邵元冲口里得知："蒋先生想请胡先生辞立法院院长。"胡汉民坚决要求蒋介石出面，蒋出面后，两人激烈辩论到深夜。第二天，胡汉民具书"辞职"。当日，移送汤山软禁。3月8日，移回南京，仍然处于软禁状态中。

---

[1]《蒋介石致胡展堂书》，原件，胡汉民全宗，中国第二历史档案馆藏，以下行文，简称《蒋致胡函》或《致胡函》，不一一注明出处。

这就是20世纪30年代初著名的胡汉民"被囚"事件。早在同盟会时期，胡汉民就追随孙中山，献身革命，长期充任孙的助手，堪称"党国元老"。他当时任国民党中央常务委员、南京国民政府委员、立法院长。"事发以后，举世骇然"[1]。他的被软禁无疑是南京政坛上的一次强震。

二 20年代末期至30年代初期的"党治"与"法治"之争

要了解蒋胡之争，首先必须了解孙中山的有关思想和蒋胡之争的历史环境。

孙中山是伟大的民主主义革命家，他的目标一开始就定位在将中国建设为世界上的头等民主国家。但是，他又认为，这个境界不可能一蹴而就，必须循序渐进。还在同盟会时期，孙中山和他的战友们即将中国实现民主和法治的进程分为军政、训政、宪政三个阶段。军政时期适用于革命军初起之时，军民共同受治于军法。训政时期适用于三年之后，各县军政府将地方自治权归之于当地人民，由人民选举地方议会议员及地方行政官员，同时制订约法，规定军政府和人民之间各自的权利和义务。宪政时期适用于全国实行约法六年之后，其特征为制定宪法，由国民公举大总统，公举议员，组织国会，一切国事，均依宪法而行。此后，孙中山对他的"三阶段论"作过多次说明，其大原则虽始终如一，但也出现了某些相异或模糊之处。

辛亥革命后，南京临时参议院迅速制定了相当于宪法的《临时约法》，它规定了前此中国从未出现过的一系列民主原则。但是，曾几何时，《临时约法》即被袁世凯和北洋军阀扔进了字纸篓。为了捍卫《临时约法》，孙中山曾多次发起护法运动，但是，也均一无所成，护法的旗号反而为曹锟、吴佩孚辈所利用。这种情况，其主要原因在于，中国社会源远流长和根深蒂固的封建传统和当时社会中强大的封建势力。但是，晚

---

[1] 《第四次全国代表大会与中国国民党之复兴》，国民党中央执监委员非常会议印行，1931年9月。

年的孙中山总结经验,却认为其原因在于人民没有经过必要的训练,"未经军政、训政两期,而即入于宪政",他说:"不经训政时代,则大多数之人民久经束缚,虽骤被解放,初不了知其活动之方式,非墨守其放弃责任之故习,即为人利用陷于反革命而不自知。"他甚至说:"辛亥之役,汲汲于制订《临时约法》,以为可以奠民国之基础,而不知乃适得其反。"[1]这一时期,他接受苏俄经验,比较多地强调"以党治国",即所谓"党治"。1924年1月,孙中山起草《建国大纲》时仅云:"(训政时期)得选举县官以执行一县之事,得选举议员以议立一县之法律",没有出现"约法"二字。[2]这就为后来滋生论争留下了缝隙。

1928年6月,蒋介石、冯玉祥、阎锡山等人所率领的国民革命军和平占领北京和天津,奉系军阀退出关外。至此,虽有东北和新疆的易帜问题有待解决,但大体上完成了全国统一。1928年8月,国民党召开二届五中全会,宣称军事告终,训政开始。会议决议,遵照孙中山"遗教",迅速起草并颁布约法[3]。10月3日,国民党中央常务会议通过胡汉民、孙科提出的《训政纲领》。该纲领规定:训政期间,以中国国民党全国代表大会为国家最高权力机关,代表国民大会行使政权;平日则将政权付托国民党中央执行委员会,由该委员会中的政治会议指导国民政府施行重大国务。同日,通过胡汉民等提出的《中华民国国民政府组织法》,规定国民政府设行政、立法、司法、考试、监察五院,其正副院长均由国民党中央执行委员会选任。这样,国民党就提出了一个完整的以一党专政为特征的政治体制。胡汉民的《训政大纲提案说明书》将这一点表述得很清楚,很坦率:"一切权力皆由党集中,由党发施。"[4]次年的有关决议甚至说:"中国国民党独负全责。"[5]

1929年3月13日,国民党第三次全国代表大会召开。胡汉民在开幕词中声称:"总理给我们的遗教,关于党的,关于政的,已非常完全,

---

1 《制定建国大纲宣言》,《孙中山全集》第11卷,第102页,中华书局,1986。
2 《国民政府建国大纲》,《孙中山全集》第9卷,第127页。
3 《中国国民党历次代表大会及中央全会资料》(上),第534、543页。
4 胡汉民:《革命理论与革命工作》,第416页,上海民智印刷所,1932。
5 《革命文献》第76辑,第82页,台北中国国民党党史会,1978。

而且事实上都已条理毕具。我们只要去奉行，只要摸着纲领，遵循着做，不要在总理所给的遗教之外，自己再有什么创作。"[1]在这一思想指导下，会议"确定总理所著《三民主义》、《五权宪法》、《建国方略》、《建国大纲》和《地方自治开始实行法》为训政时期中华民国最高之根本法"[2]。这样，孙中山思想就被凝固化、绝对化、法律化，而不能允许有任何发展和匡正。会议并就此作出说明，声称民国元年的《临时约法》当时就"不惬总理之本意"，所以后来总理即"不复以约法为言"[3]，这就明确否定了训政时期有制定"约法"的必要，也否定了二届五中全会的决议。

胡汉民、蒋介石等推行的"党治"受到了自由知识分子和国民党内的非主流派以及部分地方实力派的反对。

早在1928年8月，上海48个商业团体就曾组织请愿团，向国民党中央党部提出10项要求，其第一项即是"颁布约法"[4]。1929年5月，胡适发表《人权与约法》，批评当时中国社会严重缺乏人权的现象：无论什么人，只需贴上"反动分子"、"土豪劣绅"、"反革命"、"共党嫌疑"等招牌，就可以任意侮辱其身体，剥夺其自由，宰制其财产；无论什么书报，只需贴上"反动刊物"的字样，就可以禁止。他要求制订宪法，至少，也应该制订训政时期约法，用以"规定政府的权限"和"人民的'身体、自由及财产'的保障"[5]。7月20日，胡适进一步发表《我们什么时候才可有宪法》，对孙中山手拟的《建国大纲》提出疑问。该文认为，民国13年（1924）的孙中山"简直是完全取消他以前所主张的'约法之治'"。该文由此进一步地批评孙中山"根本不信任中国人民的参政能力"，其言论中有"根本性大错误"。文称："民国十几年的政治失败，不是骤行宪政之过，乃是始终不曾实行宪政之过；不是不经军政、训政两时期而遽行宪

---

[1] 《国闻周报》第6卷第11期。
[2] 《中国国民党历次代表大会及中央全会资料》，第654页。
[3] 《中国国民党历次代表大会及中央全会资料》（上），第655页。
[4] 《商业请愿团请愿书》，上海钱业公会档案，卷66。
[5] 《人权论集》，欧阳哲生编《胡适文集》（5），第529页，北京大学出版社，1998。

政,乃是始终不曾脱离扰乱时期之过。"胡适明确地要求迅速制订宪法。他说:"我们不相信无宪法可以训政;无宪法的训政只是专制。"[1]

胡适的呼吁受到他的朋友罗隆基、马君武、张元济等人的支持。罗隆基称:"人权破产是中国目前不可掩盖的事实。"他尖锐地提出:"明火打劫的强盗,执枪杀人的绑匪",其"蹂躏人权"的危害,"远不如某个人,某家庭,或某团体霸占了政府的地位,打着政府的招牌,同时不受任何法律的拘束的可怕"[2]。同年12月,胡适将他自己和朋友们的文章编辑为《人权论集》。

胡适、罗隆基等人的批评锋芒直指国民党的"党治",在当时的思想界掀起了要求民主、人权和法治的波澜。继胡适等人之后,国民党内的非主流派和地方实力派相结合,进一步掀起批判独裁,要求实行民主和法治的潮流。

国民党三大之后,以蒋介石、胡汉民为代表的国民党主流派掌握中枢,权倾一时,但是,以汪精卫为首的改组派和以邹鲁为代表的西山会议派则处于失势地位。他们以反对蒋介石的"专制"、"独裁",要求"民主"、"法治"为名,积极进行反蒋活动。和他们站在一起的有晋系阎锡山、西北军冯玉祥、桂系李宗仁等地方实力派。1929年1月编遣会议后,他们的利益、权力、地盘受到损害,因此,力图武力倒蒋。

1930年2月10日,阎锡山首先发难,提出"礼让为国",要求蒋介石与自己同时下野。3月15日,冯玉祥部鹿钟麟等人通电,拥护阎锡山为陆海空军总司令。自然,南京国民政府视此为叛逆,下令通缉阎锡山,并于5月1日发布讨伐令,持续6个月的中原大战由此展开。同年7月13日,反蒋各派在北京联合成立国民党中央党部扩大会议。汪精卫等在《联名宣言》中指责蒋介石:"背叛党义,篡窃政权",将民主集中制变为个人独裁。宣言称:"本党目的在扶植民主政治,蒋则托名训政以行专制。人民公私权利剥夺无余,甚至生命财产自由一无保障。"[3] 8月7日,再次发表

---

1 《我们什么时候才可有宪法》,《人权论集》,《胡适文集》(5),第539页。

2 《人权论集》,《胡适文集》(5),第548页。

3 《联名宣言》,《中国国民党历次代表大会及中央全会资料》(上),第839页。

宣言，指责蒋介石借党治名义实行独裁，"号称训政，于今三年，而约法一字亦未颁布"。宣言称："吾党提出民主政治四十余年，民国成立亦已十九年，而仍滞于极端专制之境，此诚吾党之大耻，而国民之大不幸。"宣言表示，决于最短期内按照孙中山遗教筹备召集国民会议，制订约法[1]。汪精卫为此特别说明，孙中山晚年所批评的是民初制定的"实际即是宪法"的《临时约法》，至于《孙文学说》中所说"训政时期的约法"，其目的在于确定政府对人民的关系，限制政府对于人民的权利的干涉程度，仍为革命时代所必要[2]。汪精卫不是胡适，他不敢对孙中山稍有批评，只能在其学说的范围之内做文章。

9月1日，"扩大会议"诸人在北平成立以阎锡山为主席的"国民政府"。15日，成立包括罗文干、周鲠生等6名法学家在内的约法起草委员会，负责起草约法并向全国征询意见。其间，曾计划聘请胡适为起草委员，胡也认真地和罗作过讨论，意见"大致相投"[3]。

在南北两个"国民政府"兵戎相见的关键时刻，张学良支持蒋介石，率兵入关。阎锡山被迫退回山西。汪精卫、邹鲁等眼看失败在即，决定抓紧时间演出最后一幕，向南京政权作一次"悲壮"的宣传战。10月27日，"扩大会议"在太原继续开会，通过约法起草委员会所拟《中华民国约法草案》，用以作为"宪法未颁布以前的根本大法"。该草案所规定的人民人身、财产、居住、集会、结社、言论等"私权"和选举、罢官、创制、复决等"公权"，在相当程度上体现出现代民主思想，与胡适等人权派的观点一致，而与南京国民政府一党专政下的情况迥然相反。《大公报》曾评之为"从理论言，此项草案实有许多优点"，"极合人权法理"，"比较任何国家现行宪法为周密"[4]。同日会议即将草案公布，"征求全国人民真实意见及正当评判"[5]。次日，汪精卫等人离开太原，转到

1　《中国国民党历次代表大会及中央全会资料》（上），第843、844、845页。

2　《起草约法的意义》，《中国国民党历次代表大会及中央全会资料》（上），第881页。

3　《胡适的日记》，1930年9月12日、10月11日，台北远流出版公司影印本。

4　《大公报》社评，1930年11月1日。

5　《中国国民党历次代表大会及中央全会资料》（1），第849页。

天津、上海等地活动。

"扩大会议"的组成人员很复杂，其中大部分人员并不是民主派，其反蒋目的也并不都很纯洁，但是，他们是非主流派或在野派，在和主流派斗争时，有可能看到主流派所不可能看到或不愿意承认的现实，为争取民心，他们所批判的，所用以作为旗帜的，也可能反映出人民的某些要求或愿望。民主和法治是现代国家的基本特征。应该承认，"扩大会议"诸人对南京国民政府以"党治"为名而专制、独裁为实的批判，对民主和法治的呼喊，以及太原"约法"的起草等，都在不同程度上曲折地反映出近代中国的历史发展要求。

胡适等人权派的出现，中原大战的爆发，"扩大会议"的召开，这一切表明，在当时的中国，要求制订约法不仅已经形成一股思潮，而且形成了一股势力，威胁着南京国民政府的统治地位。

三 蒋胡在制订"约法"问题上的分歧与冲突

面对自由派知识分子和"扩大会议"派的"法治"要求。国民党主流派内出现了两种不同的态度。蒋介石企图接过胡适等人的口号，召集国民会议，制订约法，而胡汉民则坚持一贯主张，反对在当时召开国民会议，制订约法。

胡适要求制订宪法，批评孙中山的文章发表后，招来了国民党对自己的一场颇具声势的"围剿"，极端分子甚至要求将胡适逮捕法办。但是，蒋介石特予"优容"，没有采取任何措施。1930年10月3日，蒋介石所率领的南京"讨逆军"克复开封，阎锡山、冯玉祥、汪精卫等人的失败已成定局。同日，蒋介石致电南京国民政府，前所未有地首先作出自我批评，声称"中正自维凉德，诚信未孚，对人处事，每多过误"。电报建议，在军事大定之后，赦免陈炯明、阎锡山之外的所有军事、政治上的"罪犯"，"取消通缉，复其自由"。电报甚至提出，共产党员个人如能"悔过自新"，"得有切实保证人"，可以"暂予缓刑"，三年之后，实无

"犯罪行为"时，得确定赦免之。[1]同日另电国民党中央，要求在最短期内召集四中全会，讨论提前召开国民党第四次全国代表大会，以便进一步讨论召集国民会议，起草宪法，"准备以国家政权奉还于全国国民"等问题。蒋并提出，在宪法未颁布以前，先行制订训政时期适用的约法，"使《训政纲领》所规定，与《第一次全国代表大会宣言》中之《政纲》，益能为全国人民所了解"。[2]上述两电，通常称为"江电"。10月10日，蒋介石发表文告，进一步作出革新姿态，声称"负责建国之中央，则尤必于讨逆胜利之后，紧接之以政治之刷新"[3]。

蒋介石的"江电"受到部分舆论赞许，视为"制度上之重要改革"，"开政治的解决之端"[4]。但是，却遭到胡汉民的顽强抵制。胡面谕中央通讯社负责人，"要等到中央常委会讨论决定后才能公开"[5]。该电到10月8日方见之于《中央日报》。11月13日，国民党中央委员会三届四中全会开幕，蒋介石的提议虽被列为主席团提案，但在会前审查时，由于胡汉民力持异议，作了很多修改。15日，张群等人提案，支持蒋介石，要求采纳"扩大会议"等"反对者的意见"，立即召开国民会议，制订约法。提案称："今日通称党国，固非党高于国，或党即国之解释；党与国的机关，不能混合。"又称：召开国民会议，可以密切国民党和人民的关系，增进与人民的团结。该提案还对三全大会将孙中山遗教定为"最高之根本法"的有关决议明确地提出异议，认为孙中山的遗著"不含法律性质者亦复不少"[6]。但是，该案遭到胡汉民的强烈反对，胡称：该案已经三全大会决定，不必讨论。他并称：孙中山所指约法，乃是军政时期，对军政府而言；民元时期的"约法"就是宪法，"非我们之约法"。"总理在

1　《中央日报》1930年10月3日。

2　《中央日报》1930年10月8日。

3　秦孝仪：《"总统"蒋公大事长编初稿》卷2，第331页，台北，1978。

4　社评《蒋请开国民会议之江电》，胡适存剪报，见《胡适的日记》，1931年10月7日。

5　程思远：《政坛回忆》，第43页，广西人民出版社，1983。

6　国民党三届四中全会速记录，转引自蒋永敬《胡汉民先生年谱》，第493～494页，台北商务印书馆，1981；参见《中国国民党第三届中央委员会第四次全体会议记录》，中央执行委员会秘书处编印，第19页。

《建国大纲》内,就没有提到约法两个字,而单讲训政了"。[1]

胡汉民在国民党三届四中全会的有关发言不是偶然的。早在1928年,他就在《训政大纲提案说明书》和有关演说中批判民初制订《临时约法》的举措,强调必须坚持孙中山设计的"训政程序",反对"躐等而上"[2]。1929年9月23日,他在一天中两次发表演说,重申孙中山晚年的观点,指责民初制定《临时约法》,"不遵守总理训政方案,已误国家"。他说:人民必须首先受训练,"到了能运用自治民权,方能有宪法";如果"人民不知如何运用参政权,宪法岂不是假的"。他并以三全大会的决议为依据,不点名地批评胡适等人,声称"总理的一切遗教就是成文的宪法","如再要另外一个宪法,岂非怪事!"[3]1930年1月,南京国民政府法制委员会委员长焦易堂提出《人权法原则草案》13条,拟作为"实质约法"的一部分,但是,在胡汉民主持召开的国民党中常会上,此案也以上文同样的理由被决定"缓议"[4]。对于"扩大会议"诸人提出的制订约法的主张,胡汉民更斥之为"胡闹",再次强调,孙中山的"主要遗教"已被定为"效力等于约法的根本大法",不应将之"一齐搁开,另寻一个所谓约法!"[5]

由于胡汉民的反对,国民党三届四中全会未能就是否制订约法一事作出决定,仅议决于次年5月5日召开国民会议。会议通过的蒋介石有关提案也是模糊的。这次会议,蒋虽被加推为行政院长,但"江电"所提召开国民党四全大会等意见,或被否定,或被搁置。

三届四中全会结束后,蒋介石加紧筹备召开国民会议。1930年12月末,国民党中央常务委员会通过国民会议代表选举法,次年1月,成立国民会议代表选举总事务所,以戴季陶为主任,孙科为副主任。2月15日,加派陈立夫为总干事。

---

1 《胡汉民先生年谱》,第496页。
2 胡汉民:《革命理论与革命工作》,第411、403页。
3 《中央日报》1929年9月24日;参见胡汉民《从党义研究说到知难行易》,《革命理论与革命工作》,第132~133页。
4 《胡适的日记》,1930年1月29日附存资料。
5 《国家统一与国民会议之召集》,《中央周报》第124期。

按蒋介石的意思，这个国民会议仍然要制订约法。但是，胡汉民继续持反对态度。1月5日，胡汉民在立法院演讲，列述孙中山的有关主张，而不及约法二字。他说："关于国民会议的一切，无论是会议前的召集，会议中的讨论，必须完全遵依总理的遗教。"[1]他表示，希望大家"能深识国民会议的性质、组织效能，避免许多无谓的误解"[2]。话虽含蓄，意思是明确无误的。2月24日，胡汉民、戴季陶、吴稚晖、张群等在蒋介石处聚会，商讨约法问题。张群力主"立宪救国"，受到胡汉民的强烈批驳。胡称自己是"真的为约法宪法而奋斗者"，但他坚持当时条件不够，"各项法律案还没有完备"，"军权高于一切"，"约法这件东西，寒不能为衣，饥不能为食，有而不能行，或行而枉之，只于人民有害"[3]。同日，《中央日报》记者访问胡汉民，征询胡对于国民会议的意见。胡称："我追随总理数十年，总理之重要著作，我亦曾参加若干意见，从未闻总理提及'国民会议应讨论约法'一语。"他提出，国民会议的议题只应限于孙中山手定的三项：谋中国之统一；谋中国之建设；废除一切不平等条约。[4]这就将他反对国民会议讨论约法的态度彻底公开了。

胡汉民的态度使蒋极为愤怒。2月25日胡汉民谈话见报的当天，蒋介石即在日记中写道："彼坚不欲有约法，思以立法院任意毁法、乱法，以便其私图，而置党国安危于不顾。又言国民会议是为求中国之统一与建设，而不言约法，试问无约法何能言建设！"28日，他在《致胡汉民函》中尖锐地责问说："遍查各国历史，在革命政府成立而统一亟须巩固之时期，是否均有一全国国民公守之大法？今即退一步而政府不提出训政时期之约法案于国民会议，亦必由国民会议自身决定应否议及约法，乃先生必欲剥夺国民会议提及约法之权，是直欲限制国民会议，压迫国民会议，使国民会议之真意全失，仅预为捣乱者再留一为约法而战之题目而已。"[5]

1　《遵依总理遗教开国民会议》，《中央日报》1931年1月13日。
2　《遵循总理遗教开国民会议》，《中央日报》1931年1月21日。
3　《胡汉民自传续编》，《近代史资料》1983年第2期，第54页。
4　《胡院长谈国民会议意义》，《中央日报》1931年2月25日。
5　《蒋介石致胡展堂书》。

蒋介石高度评价约法的作用，称之为"本党与中国生死存亡之最大关键"[1]。他认为，孙中山晚年并无不要"约法"的主张。《日记》称："总理革命，主张严弃民国元年参议院之约法，而重定训政时期之约法，是审正革命之约法，而非不欲有约法也。"[2]他和汪精卫一样，也只能在孙中山思想的范围内做文章。

蒋介石虽然早年就参加辛亥革命，但始终并无多少民主思想。他此际之所以重视约法，主要是中原大战和北平扩大会议的刺激。《致胡函》称：他的"江"电是"积数十万将士之鲜血、战地无数人民之牺牲，疮痍满目，痛定思痛，惩前毖后，滴滴血泪之所成"。这段话虽不无美化自己之嫌，但道出了他的"政治刷新"主张和中原大战之间的关系。同函又称："两年以来，党国多敌，叛变纷起"，"不能不为拔本塞源之计，以求战祸之永不复行。"这段话比较真实地道出了问题的实质。中原大战是国民党统一中国后第一次大规模的军阀混战。双方动员兵力高达160万人，其中"逆军"伤亡20万，"讨逆军"伤亡近10万。它不仅造成了人民生命财产的巨大损失，也严重威胁着以蒋介石为首的南京国民政府的统治。在这种情况下，蒋介石不得不接过政敌的口号来，力图以此争取人心，剥夺反对派的借口，从而稳固自己的统治。

这一时期，蒋介石思想中确有某些"刷新"的念头。除赦免军事、政治犯、制订约法外，废除国民党代表大会的指定和圈选制度亦是一例。

国民党采用指定或圈选制由来已久。第三次全国代表大会共有代表406人，其中指定者211人，圈定者122人，选出者仅73人，当时就受到不少地方党部的反对。三全大会甫经闭幕，所谓"护党救国第一方面军"等反蒋力量即乘时而起。北平扩大会议宣言更称："本党组织为民主集中制，蒋则变为个人独裁。伪三次代表大会指派圈定之代表数在百分之八十以上。"[3]针对这种情况，蒋介石曾在日记中写道：今后"各省党部选举绝对自由，不再圈定，而一切议案亦绝对公开"。他还表示，即将召

---

1 《蒋介石关于胡议民辞职的报告》，中国第二历史档案馆藏。
2 《蒋介石日记类抄·党政》，1931年2月25日。
3 《中国国民党历次代表大会及中央全会资料》，第839页。

开的国民会议"必须自由提案,自由决议,不加限制"[1]。尽管蒋介石的目的是"阏绝乱源",巩固统治,但是,赦免军事、政治犯,制定约法,自由选举,自由提案,议案公开,等等,毕竟是在向着现代民主和法治前进。他在"江电"中重提曾作为国共合作基础的《国民党第一次全国代表大会宣言》,也颇有耐人寻味之处,无奈蒋介石专制、独裁成性,一遇到反对意见,他就又用起老套路来了。

四 蒋胡矛盾的其他方面

除了约法之争,蒋胡矛盾还有其他一些方面:

(一)胡汉民多次批评国民党、国民政府行政院和蒋介石本人。南京国民政府成立后,即以"造成廉洁政府"相号召。2月16日,胡汉民发表演讲,指出四年中不曾检举过一个贪官污吏。他质问道:"我们能相信今日之政府,是真实廉洁了吗?政府之下的公务人员,是真实都奉公守法了吗?不待言,是一个绝大的疑问。"[2]同日,又在国民党中央党部发表演讲称:"目前我们党的生气,似乎一天一天在那里消沉了。""从前国民党包办一切,不许人家来染指,现在则包而不办,形成了一个特殊的阶级。"[3]胡汉民当时此类言论很多,其最尖锐者为批评南京国民政府"政不成政,教不成教",这使蒋大为不满,指责其"诽谤行政院","漫肆讥评","若必欲使中央信用丧失,革命无由完成而后快者"[4]。在国民党历史上,胡汉民是老资格,而蒋介石只是后生小辈,因此,胡汉民对蒋介石批评、教训起来也常常不留余地,蒋介石对此尤为恼火,指责其"以政治一切罪恶推于中正一人之身,而以军人不懂政治之诽谤,诋之于中外人士之前"[5]。

---

1 《蒋介石日记类抄·党政》,1931年2月15日。
2 《监察权意义及其运用》,《中央日报》1931年2月20日。
3 《党的训练问题》,《中央日报》1931年2月23、14日。
4 《蒋介石日记类抄·党政》,1931年2月25日;《蒋介石致胡展堂书》。
5 《蒋介石关于胡汉民辞职的报告》。

（二）胡汉民反对召开国民党第四次全国代表大会，要求蒋介石辞退国民党中央组织部长一职。"江电"中，蒋要求提前召开国民党四全大会，胡反对；及至法定时间已到，胡仍然反对。其原因，据蒋称，是由于胡要求蒋辞退国民党中央组织部长一职未能如愿。《致胡函》称："先生尝对中正等自诩政治手腕，惟史太林差可比拟，其不欲第四次代表大会早为召集，是否以强迫中正辞退组织部未遂所欲，乃致先生之个人布置未周妥，所以模仿史太林者尚须逐渐准备？"

（三）胡汉民企图以立法院牵制以蒋介石为首的行政院。胡汉民认为："立法者只该忠于党，忠于国，忠于由法律案所产生的政治设施。"[1]他企图以立法来限制行政，补救行政的过失。对此，蒋介石指责其为"阻碍革命，破坏《建国大纲》之精神"[2]。《致胡函》称："今先生对于政制之应单纯简捷者，必使之复杂纷纠，以致一切政治皆东牵西制，不能运用自如。""必欲以五院院长牵制行政，且皆欲以立法院主张是从，而以立法院为国民政府之重心。"

（四）立法院搁置《邮政储金法》。1930年，行政院交通部曾将《邮政储金法》交立法院审议，但胡汉民认为，邮政储金关系国家财政的周转和挹注，因此持审慎态度，该案始终未获通过。对此，蒋介石指责说："行政院要案，有搁置一年之久不得通过者。"[3]

（五）立法院对《中日关税协定》提出质疑。南京国民政府统一全国后，即推行"改订新约"运动，企图修改鸦片战争以来列强陆续加在中国身上的不平等条约。其内容之一是改订关税条约，实现关税自主。但是，南京国民政府的这一正当要求却遭到了日本政府的蛮横拒绝。经过艰难谈判，直到1930年5月，日本才在列强中最后一个与中方签署协定。中方承诺每年从海关税收中提取500万元，用以偿还北洋政府向日方的借款，同时允诺三年内不提高日本对中国出口的主要货物的关税率；

1　《胡汉民自传续编》，《近代史资料》1983年第2期，第56页。
2　同注1。
3　《蒋介石致胡展堂书》。

日本则承认中国的关税自主权[1]。由于让步较大，立法院提出质问，蒋介石当时在前方，命人询问胡汉民："军情紧急，胡先生这样干，是不是想推翻政府？"[2]胡对来人答称："签订法律案，不经立法院认可，是违法。"他指责主持谈判的外交部长王正廷"昏聩糊涂，擅签协定"，建议撤职查办[3]。对此，蒋介石指责为"反对外交，妨碍税法"[4]。

（六）胡汉民反对以官职为手段拉拢东北将领。1930年，为了动员张学良出兵攻打"扩大会议"诸人，蒋介石曾于当年6月提名以张为陆海空军副司令。中原大战结束后，张学良于同年11月调到南京，蒋介石又准备简拔张的部属为国府委员及部长，对胡表示："要与汉卿合作，非这样办不可。"但胡立即驳蒋说："在一个政府的立场，不应该用这种拉拢凑合的卑劣手段"，"合作并不在分配官职，国家的名器也不应该这么滥给人，而且既然是一个中央政府，在'中央'的意义之下，对于国内的任何个人，都谈不到什么'合作'"[5]。对此，蒋介石指责为"阻碍和平，破坏统一"。《致胡函》称："当统一告成，东北竭诚拥护中央，我中央正宜开诚相与，示以大公，使各省心悦诚服，怀德知威、不致再启纠纷，贻祸党国，使我人民得有休养生息之机。乃先生褊狭怀疑，必曰东北无诚意，严防固拒，屏诸化外，凡有提议东北之人与东北之事者，先生必从中阻挠，竭力反对。推先生之意，若必欲使中央失信于东北，引起东北对中央之恶感，使中央原定之和平政策不能实现，军政不能统一，党国永无安宁之日，诚不知先生是何居心也？"

（七）反对蒋介石提出的"赦免军事、政治犯"的方案。胡汉民认为，蒋的方案过于宽大，在制订《政治犯大赦条例》时没有完全采纳其意见。对此，蒋介石指责说："其对于赦免政治、军事犯亦多不赞成，今《大赦条例》与余'江电'条例相左甚多，以胡同志要主张如此，故中

1　王铁崖编《中外旧约章汇编》第3册，第798~805页。
2　《胡汉民自传续编》，《近代史资料》1983年第2期，第49页。
3　同注2。
4　《蒋介石日记类抄·党政》，1931年2月25日。
5　《胡汉民自传续编》，《近代史资料》1983年第2期，第47页。

央同志亦无所异议。"[1]

蒋介石对胡汉民的指责尚多，如"任意破坏财政"，包庇援引廖仲恺案的嫌疑分子，引用许崇智，接济曾计划谋害蒋介石的陈群、温建纲等。或无事实，或非事实，本文不拟一一列举。

南京国民政府成立后，蒋胡之间曾经有过一段密切的合作时期，也逐渐积累了若干矛盾，涉及许多方面。但是，在各项矛盾中，胡对蒋的批评和牵制则是招致蒋不满的主要原因。一直到1934年，蒋还在日记中恨恨地写道："五院制乃总统集权制之下，方得实行。否则未得五权分立之效，而必起五院斗争之端；未得五权互助相成之效，而反生五院牵制纠纷之病。胡汉民不明此理，专以私心自用，竟至党国衰败而无法建立健全之中央，其肉岂足食乎！"[2] 蒋是个独裁主义者，追求、神往的是大权在握、个人专断的"总统集权制"，岂能容得别人的批评、牵制和反对呢！

五　软禁胡汉民事件的影响

软禁胡汉民的当晚，国民党中央执行委员全体到蒋宅赴宴，得知胡汉民的"罪状"后，相顾失色，"皆噤不作一言"[3]。蒋称："诸同志既认展堂举动不对，应即请其辞职。"他提议于明日召集中常会，推举林森继任立法院长，邵元冲继任国民政府委员兼立法院副院长。诸人仍不敢开口。蒋称："诸同志既一致同意，明日即照此办吧！"[4]

陈立夫依仗他和蒋多年的密切关系，客散后拉着叶楚伧去见蒋，叶仍然一句话不说，陈也不敢提出相反意见，只劝蒋"就此罢手，千万不要走极端"，"再予监禁是不妥的"。但蒋一不做，二不休，盛气表示："已经

1　《蒋介石关于胡汉民辞职的报告》；参见《香翰屏揭破蒋中正挑拨离间电》，《为什么讨伐蒋中正》，国民党广东省党部执行委员会宣传科编印，第66页，1931年6月15日。

2　《蒋介石日记》（原稿本），1934年6月9日。

3　《邵元冲日记》，1931年2月28日，上海人民出版社，1990。

4　同注3。

做了，就没有办法再掩饰了。"[1] 3月2日，蒋介石在国民政府纪念周报告，"面带怒容"[2]，指责胡汉民"在中央未有具体决议以前，徒凭个人见解，发为国民会议不当议及约法之言论"[3]。蒋报告后，国民党中央随即召开临时常务会议，通过蒋介石、戴季陶、于右任、蔡元培、孙科等12人提议，决定召集国民会议，"排除一切困难与谬见"，确立约法，推吴稚晖、王宠惠等11人为约法起草委员。会议同时通过决议，声称"胡汉民同志因积劳多病"，"不足膺重要繁剧之任"，辞去本兼各职[4]。据孙科回忆，会议情况是："半句钟之久，无一发言，后蒋作默认，糊涂通过。"[5] 3月9日，蒋介石再次在国民政府纪念周报告，一方面继续用"辞职"说掩盖暴力软禁的真相，一面大肆鼓吹"党员、官吏无自由"论，声称："革命的党和革命的政府，因为革命的需要"，"随时可以限制党员与官吏各人的自由"，"所以胡同志的行动是否自由，不是什么重大的问题"，云云[6]。

软禁胡汉民是中国30年代初期的一次典型政治事件，国民党的一党专政进一步发展为个人独裁。自此，南京国民党中央和国民政府仅存的一点民主气氛扫地以尽。国民党元老们记取教训，"咸袖手结舌，莫敢一言"[7]。

然而，任何独裁统治的力量又都是有限的。人们在辇毂之下的南京无法吭声，但是，在蒋介石鞭长莫及的地方就无所顾忌了。

从3月3日起，属于改组派系统的上海《华东日报》连续发表评论，抨击蒋介石的"独断专行"，认为"欲谋解放，除彻底反对个人独裁，实现民主政治外，绝无他道可循"[8]。天津《大公报》也发表评论，认为

---

1 《陈立夫回忆录》，第174页，台北正中书局，1994。

2 《国闻周报》第8卷第9期。

3 《蒋主席报告约法问题》，《中央日报》1931年3月4日。

4 《国民党中央执行委员会第130次常会议记录》，油印本，台北国民党党史会藏；参见《中央日报》1931年3月3日。

5 《胡展堂先生被扣事件发生之经过》，《为什么讨伐蒋中正》，第100页。

6 《反蒋运动史》，第260～261页，台北李敖出版社，1991。

7 孙科：《致蒋介石电》，《反蒋运动史》，第300页；参见《陈立夫回忆录》，第175页。

8 《华东日报》1931年3月16日。

"政治意见既不能无争,要当以言论为工具,以多数决从违","轨道内之论争,无论党治、法治之国家胥应允许。盖不如此,则政治必腐化,国家必退步"[1]。8日,上海各省公团驻沪联合办事处通电指出:"专制民主,誓不两立",要求南京各院长,各部长,"去职远引","勿为一姓之走狗"[2]。同月底,中国国民党党权运动总同盟发表《讨蒋宣言》,要求开除蒋介石党籍,撤销其本兼各职[3]。

古应芬是胡派重要人物,软禁事件发生后,他最早致电蒋介石表示不满,旋即在广东联络陈济棠、邓泽如、萧佛成等人组织"策划机关",研究救胡及组织"西南政府"方案[4]。4月30日,邓泽如、林森、萧佛成、古应芬等四人以国民党中央监察委员会委员身份联名通电,弹劾蒋介石有"违法叛党"等六大罪状、5月3日,陈济棠以第八路总指挥的名义,率领所部陆海空各军将领联名通电,要求蒋介石"引退"。11日,桂系李宗仁、白崇禧率张发奎等全体将领通电,声援陈济棠等,声称"本军业经下令动员",愿与各方袍泽"趁时奋起,会师长江,底定金陵"。

"扩大会议"诸人自离开太原后,反蒋活动的重点转入舆论宣传方面。汪精卫于3月14日发表宣言,指责蒋介石"一面摆酒请客,一面拔枪捉人,以国民政府主席,而出于强盗绑架之行径"[5]。其后,连续发表文电,以"颠覆个人独裁,树立民主政治"及"恢复民主集权制"相号召,呼吁各反蒋派系联合起来[6]。他探悉粤方酝酿反蒋后,即积极表示愿意参加。广东方面秘密征询胡汉民的意见,胡表示同意[7]。

南京国民政府内部此际也发生分化。孙科原是蒋倒胡依靠的人物,但他由于看不惯蒋的作为,离宁赴沪,消极抗议。5月5日,致电蒋介石

---

1 《政治之正轨与常道》,《大公报》1931年3月5日。
2 《反蒋运动史》,第274页。
3 《反蒋运动史》,第273页。
4 《程天固回忆录》,第226页,香港龙门书局,1978。
5 《反蒋运动史》,第282页。
6 《反蒋运动史》,第297、314页。
7 《程天固回忆录》,第231页。

称："历代各国元首罪己，事本平常"，要蒋"自讼自劾"[1]。21日，孙科秘密偕唐绍仪、许崇智、陈友仁离沪赴港，和汪精卫、白崇禧等会面，讨论两广合作讨蒋问题。此后，他即成为西南反蒋阵线中最激烈的人物，演说中有云："蒋不是寻常老鼠，是一个疫鼠，传染甚速，倘我们不忍些痛，急扑杀之，则全国皆亡不可！"[2]

联络既有端绪，唐绍仪、邓泽如、古应芬、林森、萧佛成、汪精卫、孙科、陈济棠、许崇智、李宗仁、陈友仁等于25日联署，通电要求蒋介石在48小时之内下野。27日，汪精卫、孙科、邹鲁等在广州召开"国民党中央执、监委非常会议"，成立"国民政府"。除了原北平扩大会议的人马之外，又新增了一批反蒋分子，形成国民党内非主流派系的更大联盟。一个北平，一个广州，前后两个反蒋的"国民政府"，用以号召的旗帜都是"民主"与"法治"。

由于"九一八"事变的爆发，广州非常会议所成立的"国民政府"虽然很快撤销了，但是，宁粤对立的局面却一直延续到1936年，长达5年之久。

六　余论

"民主"与"法治"是国家现代化的重要内容，也是现代历史的基本走向。法律不是万能的，但是，在现代社会生活中，法律又是极为重要的。其中，约法、宪法等"根本大法"规定国家和社会生活的基本民主原则，规范执政者和人民彼此的权利义务，就尤为必要而不可缺。在强权统治下，法律有时会成为具文，但是，它提供了人民保护自己、揭露强权的武器，还是比无法好。因此，20年代末期，胡适等人要求在国民党统治下制订约法或宪法，保障人权，虽有其局限，但却是中国现代化进程中的合理要求。扩大会议承继这一要求，以之作为反蒋口号，正

---

[1] 《反蒋运动史》，第301页。

[2] 《为什么讨伐蒋中正》，第102页。

是看到了这一不可逆转的历史趋势。蒋介石将这一口号接过来也是看到了这一不可逆转的趋势，但是，中国长期处于专制统治之下，个人专断和独裁已经成了一种思维定式和行为定式。当蒋介石与胡汉民发生政见分歧时，既不能诉诸民主的协商和讨论，又不能诉诸辩论与表决，而是无限上纲，暴力软禁。原本是追求民主和法治的努力（虽然是表面上的和形式上的）却变为反民主、反法治的演示。这一事件深刻地说明了现代中国民主进程的长期性和复杂性。

胡汉民与蒋介石的矛盾不仅是复杂的，而且是多重交叉的。就胡汉民将孙中山"遗教"绝对化，反对在当时制订约法来说，他不懂得现代的民主和法治，但是，他又企图运用现代的多权分立制度来反对蒋介石的个人独裁；就蒋介石来说，他准备召开国民会议，制订训政时期约法，显示出他企图迈上民主和法治的道路，或者说，他企图以民主和法治来装点门面，但是，当他遭到牵制，面临反对意见时，他又用粗暴的办法践踏了现代民主的原则。

胡汉民的军事倒蒋密谋及胡蒋和解
——读美国哈佛燕京学社所藏胡汉民档案

1990年7月，我访问美国哈佛大学哈佛燕京学社，承图书馆吴文津馆长、善本室主任戴廉先生热情接待，惠允披阅该馆珍藏胡汉民晚年往来函电。这批函电分订数十巨册，或系原件，或系抄稿。不少函电字迹潦草，未署时间，或所署不完整，而且大量使用隐语、化名，例如四工、工、延、福、门、门神、蒋门神、阿门、容甫、水云、远、马、马鸣、衣、力、黄梅、秋梦、不、不孤、跛、跛哥、桂矮、矮仔、某兄、爵、马二先生、香山后人、渔洋后人、八字脚等。但是，一旦突破这些困难，人们就会从中发现大量30年代中国政坛内幕，特别是一个迄今尚不为人所知的秘密——胡汉民晚年，基于抗日和反对独裁的需要，曾经广为联络，组织力量，一再准备以军事行动推翻以蒋介石为代表的南京政权。

笔者在哈佛访问时间仅两周，匆匆披阅，匆匆摘录，以下所述，系对这批资料进行初步研究后的一点收获。

一 逼迫蒋介石下野

1931年初，因制订"训政时期约法"问题，胡汉民与蒋介石之间的矛盾尖锐化。2月28日，胡汉民被蒋介石软禁于南京汤山。胡汉民是国民党元老，时任立法院长。蒋介石的这一蛮横做法立即激起了巨大政潮。4月30日，国民党中央监委邓泽如、林森、萧佛成、古应芬等于广州联名通电，弹劾蒋介石，诘责其"违法叛党"，"究以何职权而得逮捕监禁中央大员"。5月27日，汪精卫、孙科、邹鲁、陈济棠、邓泽如、萧佛成、古应芬、李宗仁等在广州成立国民政府，形成宁粤两个政权对立的局面。同年，"九一八"事变发生，东北大片国土沦于日本侵略者之手。蒋介石在举国震撼，呼吁团结对外声中，派蔡元培、张继、陈铭枢赴香港与汪精卫会谈，决定两个国民政府同时取消，召开和平会议，产生统一的国民政府。10月13日，蒋介石迫于粤方压力，释放胡汉民。

1927年蒋介石"清共"之后，胡蒋之间有过一段比较密切的合作关系。汤山被囚使胡汉民既愤怒又沉痛。释放后，胡即决意反蒋。他在一封密札中说：

> 门与门系为中国致命一大毒疮，能请西医割去，是一治法，否则用中医拔毒（什么内托外消）、打消方剂，亦或见效。除却二者便无是处也。[1]

这里的"门"，和其他密札中的"门神"、"蒋门神"，均指蒋介石，盖取《水浒》中"武松醉打蒋门神"之义。这封信道出了胡汉民对蒋介石的认识，也道出了他晚年政治活动的根本目的及其策略、手段。

10月14日，胡汉民抵达上海；15日，致电非常会议委员汪精卫、陈济棠、李宗仁等，认为外患急迫，为甲午战争以来所未有，其原因在于"党内纠纷迭乘，政治举措失当，人每欲扶党内之一部力量为己有"。他鼓励非常会议的委员们"彻底觉悟，力图团结"，改正过去种种错误[2]。16日，对报界发表谈话，批评南京政府"以无办法、无责任、无抵抗之三

---

[1] 《胡先生亲笔函电及批注》，哈佛燕京学社图书馆藏。本文凡未注明出处的未刊函电，均藏该馆，不一一注明。

[2] 《致粤非常会议各委员电》。

无主义,为应付日本之惟一方针,则必至国亡种灭而后已"[1]。25日,又致函广东省市党部,认为国民党已到了非进行彻底改革不可的时候;不改革,不但无以对国民,而且等于自掘坟墓。函称:

> 自袁世凯以来,军阀不一,其始莫不骄横一时,而其罪恶既显,终莫不相继仆灭。历史可信,公理不诬。[2]

胡汉民这里明骂袁世凯等,暗斥蒋介石。他要求粤省国民党人"不为利诱,不为威胁",警惕"阴谋分拆手段"。上述电函及谈话表明,胡汉民甫经释出,立即高揭抗日旗帜,准备团结广东国民党人的力量,与蒋介石周旋。

"九一八"以后,冯玉祥忧心国事,派代表到上海与胡汉民接洽。10月27日,胡汉民复函冯玉祥,认为"辽吉事起,知非举国一致,无以御外侮"。当时,宁粤双方代表正在上海召开和平统一会议。胡汉民称:"结果如何,似难预料,惟默察形势,则暗礁孔多。"[3]同月28日,古应芬逝世。30日,胡汉民致电在广州的妻兄陈融(协之),请其转告陈济棠、李宗仁、白崇禧、萧佛成诸人:

> 一、此间决坚持不挠,以继湘翁之志;二、无论如何,弟与汪决不入京;三、迫某辞职,并促制度上限制个人权力,打破独裁。[4]

湘翁,指古应芬,他是广东方面的反蒋中坚。某,指蒋介石。"弟与汪决不入京"云云,表明胡汉民正和汪精卫联盟,摆开和蒋决战的阵势,力图迫蒋辞职,并对国民党的体制进行重大改革。此电可以看作是粤方代表参加和平统一会议的斗争纲领。会上,粤方代表攻势激烈,以致宁方代表

---

1 《亡国之三无主义》,《胡汉民先生政论选编》,存粹学社编《胡汉民事迹资料汇辑》第5册,香港大东图书公司,1980。

2 《致粤省市党部函》。

3 《致冯玉祥》。

4 《致粤中央》。

蔡元培等人不得不一再以私人资格表示："蒋下野不成问题，要盼广东同志不要相迫太紧，不要给他面子太难过。"[1]在党政改革案中，粤方代表提出军人不能担任政府主席，不得为五院院长，废除陆海空军总司令职位等建议，显然都体现着胡汉民的意图，其矛头直指蒋介石。

宁粤和平统一会议经过激烈争吵，确定分别召开国民党第四次全国代表大会，选出同等数量的中央委员，进而谋求合作。在广州"四大"上，要求蒋介石下野仍然是重要议题。胡汉民除主张"精诚团结，共赴国难"外，又提出"推倒独裁，实行民主政治"的口号。12月5日，会议选出的中央委员由胡汉民领衔通电，催促蒋介石下野，解除兵权，否则，决不到京参加四届一中全会。

国难深重，加上蒋介石软禁胡汉民的做法极为不得人心，各方吹起了强烈的反蒋风。在粤方的坚持下，蒋介石于12月15日通电辞去国民政府主席、行政院长、陆海空军总司令等本兼各职，胡汉民的"迫某辞职"计划取得胜利。

二 广泛联络，组织反蒋力量

蒋介石下野后，国民党随即召开四届一中全会，通过中央政治制度改革案，选举林森为国民政府主席，孙科为行政院长，蒋介石、汪精卫、胡汉民三人为中央政治会议常委。1932年1月1日，胡汉民等通电取消广州国民政府，成立中央执行委员会西南执行部、西南政务委员会。自此，胡汉民即留居香港，成为西南方面的精神领袖。

孙科内阁虽然成立了，但这个内阁既无权，又无钱。1月2日，日军占领锦州，孙科无奈，电邀蒋介石重返南京，并于25日辞职，由蒋介石重掌大权。28日，汪精卫背弃了"决不入京"的诺言，应蒋介石之邀出任行政院长，从而形成蒋汪合作局面。

---

[1] 孙科：《广州中国国民党第四次全国代表大会开幕词》，《中国国民党历次代表大会及中央全会资料》(下)，第83页。

汪精卫出任行政院长的当夜，日本军队进攻上海闸北，十九路军在陈铭枢、蔡廷锴、蒋光鼐等指挥下，奋起抗战。30日，孙科密电胡汉民云：

> 宁方对十九路抗日事，最初主退缩，避免冲突。战事起后，则硬责将领，不得违背命令，擅起战端。嗣知军民一致，不可遏抑，乃表示抵抗，然仍令十九路将领只准抵抗，不必扩大云。预料日方援军日间必到，如京方仍无彻底决心，十九路必为牺牲。闻日方计划摧毁长江一带军事势力，结果南京中央必然崩溃，届时南方若无相当组织，中国将成无政府之局，望公与粤中筹继续存亡，以维民族生机。[1]

南京国民政府对淞沪抗战的爆发完全没有准备，缺乏坚决抗击侵略的决心和勇气，孙科对此有清晰的了解。他估计，南京政府将会崩溃，建议胡汉民在南方建立"相当组织"。但是，胡汉民却比较冷静，他考虑到南京国民政府已经宣布迁都洛阳，准备抵抗，特别是对十九路军是否继续支援等情况尚不清楚，"我方如决裂过早，反使其有所藉口"，主张"暂时审察"[2]。

尽管胡汉民一时还不准备在广州另立政府，但是，他却在广泛联络，组织力量，待机倒蒋。其联络重点，一是湖南与西南各省，一是华北，一是海外。

当时，湖南与西南各省分别为何键、刘文辉、刘湘、邓锡侯、王家烈、龙云等实力派所统治，矛盾重重，各自割据。胡汉民企图将他们统一起来，形成一支和南京政府抗衡的力量。2月2日，胡汉民致函何键，试探其态度。函称：

> 幸十九路军持正不屈，上海得不为辽沈之续，而政府当道未闻筹战守之策，遽以迁都洛阳闻。国难益迫，陆沉无日，丁兹时会，

---

1 《广州转上海来电》。
2 展：《跋广州转上海来电》。

不识先生将何以教之?

十九路军由于得不到南京国民政府的有力支援,在腹背受敌的情况下被迫于3月初撤离上海。5月,中日《淞沪停战协定》签字,胡汉民派杨芷泉携函西行,联络刘文辉、王家烈。函称:

> 今宁中当局所以谋分拆我西南者,其惟一方策在以西南制西南;弟则反之,以为惟有以西南结西南,始足以确实齐一西南各省之步骤,以自保此干净土,亦即为来日推进大局地。

在此前后,胡汉民又致函龙云称:

> 弟以为今后欲复兴革命,推展大局,首在党务之整理,次则为政治上之改革,而西南之精诚团结,力谋建设,尤为当务之急。

自1932年起,胡汉民还曾派出使者会见刘湘、邓锡侯、田颂尧等人,目的都在于调解各实力派之间的矛盾,结成西南反蒋联盟。

华北方面,胡汉民的主要联络对象是冯玉祥。1932年3月,冯玉祥得知南京政府正在上海与日本侵略者谈判,准备签订密约,非常悲愤,命部属张允荣密函胡汉民,告以北方情况,要求西南方面联络闽、赣、湘、鄂等省,合谋举兵。函称:

> 蒋氏谋粤之急,已自胡宗南等入浙可睹。惟奸憝毒计,对粤亦将对北,韩遂当其冲。向方亦心愤于沪败与东北之亡,颇思及时举义,因请焕公于适当时间入鲁主持北方局面。至将来与事诸军,宋、梁等部已有约定,他在〔者〕尚在协商。设西南能呼应于闽、赣、湘、鄂,因对日之失,动全国之听,蒋氏可倒也。[1]

---

[1] 张允荣:《致展堂先生函》,1932年3月18日。

向方，指韩复榘；宋，指宋哲元；梁，指梁冠英。中原大战后，冯玉祥隐居汾阳峪道河，北方反蒋势力暂时蛰伏。此际，由于不满南京政府对日妥协，又企图乘时发动。此函写于3月18日。24日，冯玉祥自徐州到达泰山，隐居普照寺。过去，人们只知道是为了养病、读书，"努力充实学问"。此函说明，冯玉祥此行是应韩复榘之请，目的在于准备北方起义。

对于冯玉祥的反蒋计划，胡汉民自然是支持的。5月5日，胡汉民复函称："过去四五年，只见有个人，而不见有党"，"凡所措施，无不出于个人私意"。他表示希望知道得更具体一些：

> 亦欲稍闻方略，俾得先事预图，南方同志精神团结，意志不移，遇有举措，必竭诚襄助也。[1]

自此，冯、胡二人声息相通，联系日益密切。当年9月，冯玉祥决定以张家口为抗日基地。胡汉民派曹四勿赴泰山，发展冯加入新国民党，并提供经费100万元[2]。

冯玉祥之外，胡汉民与张学良、韩复榘、阎锡山、孙殿英、石友三等人之间也均有信使往还。11月13日，胡汉民致函孙殿英，首称："今日党国外遭于方张之寇，内劫于独裁之魁，前途危险之极。"次称："南北当一致而不当分歧，在动作上，南北当互相促进，而不当各存观望。"可以看出，胡汉民期望，一旦举事，能够出现一个南北并起的局面。

华侨历来是革命党人的支柱，因此，胡汉民十分重视对国民党海外支部的工作。1932年，他致函美国总支部，指责蒋介石为"劫持本党之军阀"。函称：

> 过去所施行者，实为民国以前相承一贯之军阀之治，而非本党之党治。盖在事实上，本党以军阀为梗之故，实未尝一日得行

---

[1] 《致冯玉祥》。
[2] 曹四勿回忆，引自谢幼田《谢慧生先生事迹纪传》，台北近代中国出版社，1991。其具体时间则据曹四勿先生向本文作者面述情况考定。

是政策也。

同年，他再次致函美国总支部，指责蒋介石等对日妥协。他说："苟政府当局甘冒天下之大不韪，而实行屈辱，则为党为国，必须严重反对。盖我人可一致于抗日，不能一致于降日也。"胡汉民的这些观点，符合海外华侨的民主、抗日要求，因此日益赢得美国、加拿大、日本、南洋等地国民党组织的支持。

当时，国内出现不少抗日或反蒋组织。公开的如东北民众抗日救国会、东北民众讨倭军，秘密的如黄埔革命同学会、浙江革命同志互助社、中华民族自救会、励进社、青年军人社等，胡汉民均一一联系，予以支持。

胡汉民一贯标榜党治，在广泛联络各地反蒋力量的同时，便着手组建新国民党。他在复蒋振函中说："所列重建本党之十问题，弟亦表同意，刻正分途进行，务以严明之纪律，团结同志，恢复民十三年以前一种自动革命之精神。"该组织秘密活动，以胡汉民为主席，邹鲁为书记长，"只要反蒋最坚决的人"[1]，入党须宣誓，有自己的中央和地方组织。中央领导机构称为"中央干部"，地方领导机构称为"地方干部"。其建立时间大体在1932年初，当年4月29日，邹鲁致胡汉民函云："（一）观民兄已入党，请示以方针。（二）冯处各事，托观民兄进行，请示以机宜。（三）津部各事并嘱观民兄同裴、蒋诸同志共负责。"[2]可见，当时新国民党已发展到一定规模，并在天津设立了分支组织。

新国民党中央设于广州。上海及天津等地设有"地方干部"。上海"地方干部"由陈嘉祐、熊克武、柏文蔚、程潜、刘芦隐任"干部委员"，以刘芦隐为书记长，其工作范围为苏、浙、皖、赣、湘、鄂、川7省，每省再设分部，设"分部委员"若干人。不设分部的省份则设有特派员。它虽建立在国民党的基础上，但事实上是一个独立的新组织。

---

1 曹四勿回忆，引自谢幼田《谢慧生先生事迹纪传》。
2 邹鲁：《致展兄函》。函中所称观民，指熊观民；冯，指冯玉祥；裴，指裴鸣宇；蒋，指蒋景瑞。

三 派遣部队北上，"以抗日为倒蒋"

蒋介石的对日妥协政策日益为国人所不满，胡汉民由于主张抗战，逐渐争得国民党内部抗战派的拥护。1932年12月，张学良派秘书陈言赴港，会晤胡汉民。19日，胡汉民复函，鼓励其振作精神，坚决抗日。函称：

> 比月以来，外侮日深，晏处覆巢，宁有完卵。所期兄以决死之精神为民族求生路。桑榆之失，断可收于东隅，至于内政意见及南中同志意，经与陈同志详谈，俱托归报，希深察为幸。

1933年1月1日，日军突袭山海关，3日，山海关及临榆县城失守，张学良命陈言致电胡汉民，表示决心抵抗之意。2月4日，胡汉民因不见张的实际动作，派陈中孚携函北上督促。函中，胡汉民分析日本侵华的特点与中国面临的危险说："弟谓日之于中国，其侵略方式为蚕食而非鲸吞，故经一度之攻城略地，即出之以延宕和缓之手段，巧为解脱。当局受其愚蒙，国联受其欺骗，而日人之计乃大售。苟不能窥破此点，积极抵抗，并进而收复失地，则日人本此政策进行，华北殆将沦亡，中国且为日有。""九一八"事变之后，张学良备受国人指责，有口难言，但他曾将个中情况含蓄地告诉胡汉民。对此，胡汉民表示：

> 兄前以不抵抗而丧失东北，兹又以不抵抗而丧失榆关。长此以往，国将不国。虽示负最终之责任者当别有人在，顾兄身当其任，究何以自解于国人？纵不为个人计，独不为数百万人民之身家性命计耶！

胡汉民称：西南虽主张抗日，但限于地域，效命无所，希望张学良能团结华北将领，振奋一心，抗击日本，自己将力为应援。2月25日，张学良复函胡汉民，表示抗日御侮的坚决意志，希望西南能从精神、物质两方面给予鼎助。函称：

> 良以不才，遭值多难，只思少裨艰局，庸敢计及一身，御侮决心，誓当不二。

然而，事情并不决定于张学良个人。3月4日，日军占领热河省会承德，进迫长城脚下。7日，张学良致电国民党中央，引咎辞职，不久出洋。

当时，蒋介石专注于"剿共"。但是，他不能不顾及华北的危急局势。3月8日，蒋介石抵达石家庄。胡汉民认为蒋介石的北上将加强对华北的控制，危及将领间已经秘密形成的联合局面。同月，胡汉民致函陈济棠、萧佛成、邹鲁、李宗仁、邓泽如、刘芦隐等6人称："某为不抵抗主义者，华北为某所有，则抗战之希望已成灭绝。在此时对内对外，非设法打破某在华北之阴谋必无以策善后。"他提出四项对策：

1. 选派军队北上，参加抗日。胡称这一行动的目的在于："一以示西南抗日之诚，一以作华北将领之气，亦以戢某对日妥协之谋。"胡并指示："此项部队对内对外必须与华北将领取同一之态度。"

2. 成立华北军事组织。西南方面除同情赞助外，还须调遣人才，接济经费，作实际促进。

3. 华北军事组织必须"以抗日救国为名"，并须笼罩鹿钟麟、韩复榘、阎锡山、冯玉祥及东北各旧部，西南方面亦应选派军事人员参加。

4. 在北方成立西南统一办事机构，委派富有资望、能力的同志前往主持，统筹外交、政治、党务、军事各方面的工作。

函末，胡汉民表示："万不能更持徘徊观望之态度"，"惟有投袂奋起，知其不可而为之"[1]。

《淞沪停战协定》签字后，十九路军被调往福建"剿共"，但蒋光鼐、蔡廷锴等不忘抗日，逐渐与胡汉民等结合。1933年1月下旬，李宗

---

[1] 《致伯南、佛成、海滨、德邻、泽如、芦隐》。

仁、白崇禧、蔡廷锴等聚集广州，议定于2月2日成立包括广东、广西、福建三方的国防委员会，以陈济棠、李宗仁、白崇禧、蒋光鼐、蔡廷锴、林云陔为委员，电邀四川、湖南、云南、贵州等省加入。同时，经济委员会也在酝酿中。邹鲁对此抱有极大希望，致函胡汉民称："二事妥，则西南局面定矣。以后当按美国旧例，有赞成之省逐一加入，可以不战而定全国。"[1]

西南国防委员会成立后，胡汉民陆续致函冯玉祥、宋哲元、孙殿英、石友三等，建议华北能建立同样的组织，以便"整齐抗日步调，俾南北两方于捍卫国家能互相促进"[2]。3月1日，方振武变卖家产，在山西介休成立抗日救国军，首树义旗，誓师援热。当时，华北将领大多主张抗战，旧西北军方面并推鹿钟麟为总指挥。同月24日，鹿钟麟致电胡汉民、李宗仁等，欢迎西南方面"雄师北指"。电称："此次西南若能从速出兵，督促作战，必能转移局势，确定抗日大计。"[3]鹿自中原大战反蒋失败后即闲居天津。25日，胡汉民复电鹿钟麟，对他的"投袂奋起"表示欣慰，告以西南方面正在选派军队，对于华北将领的"自救救国"行动，愿提供"实际之援助"[4]。

在胡汉民的倡议下，广东、广西、福建迅速筹组西南联军。胡汉民并致函刘湘、王家烈等，要求同时出动。3月下旬，福建援热部队自漳州、龙岩出发，计划经潮汕、东江至粤汉路与粤、桂两省部队会合后通过湖南北上。4月4日，方振武部经过艰苦跋涉，抵达河北邯郸。15日，胡汉民致函陈济棠、李宗仁、蔡廷锴三人，认为联军北上问题，期在必行，但联络北方抗日军队亦不可缓[5]。同月，胡汉民派其女木兰访问程潜，争取支持。当时，正是陈诚进攻中央苏区惨败之后。23日，程潜复函称：

1　《致展兄》，1932年2月1日。

2　《致韩复榘、石友三》。

3　《广州转李德邻先生转季雨农先生》。

4　《致鹿钟麟》。

5　《致伯南、德邻、贤初》。

木兰侄来，敬悉一切。关于各方情况，尽告木兰侄面达。自陈诚失败后，庆父大露恐怖之象，为西南出兵抗日最好时机。若失此机，经彼多方弥缝，将来必更棘手也。[1]

庆父，借指蒋介石。古语云："庆父不死，鲁难未已。"信中，程潜不仅支持西南出兵抗日，而且表达了强烈的反蒋情绪。5月18日，胡汉民复函陈嘉祐、程潜，告以一项绝密计划：

西南抗日军队出发，以贤初为总师之任。渠以抗日为倒○［蒋］，如能师出武汉，北局有变，一切正可相机而动。[2]

胡汉民要求程潜密告湘军将领，"忍受此一关，以静俟大局之推展"，"华北局势必有急变"。贤初，蔡廷锴的字。他于4月12日被推为西南抗日军总指挥。此函表明，胡汉民、蔡廷锴等准备在师出武汉之后，与北方协同动作，掀起反蒋高潮。

由于蒋介石坚持对日妥协，因此，当时不少爱国人士（包括中国共产党人在内）都认为抗日必先倒蒋，胡汉民等人的上述绝密计划，正是这一思想主张的体现。

四 支持华北抗日力量，筹备粤桂闽三省独立

华北果然动作了。

热河省会承德失陷后，中国军队在长城一线进行了英勇的抗战。但是，南京国民政府勇于对内，怯于对外，仍然专注"剿共"，无心对日本侵略作坚决、持久的斗争。5月15日，黄郛受命北上，谈判停战问题。在何应钦支持下，黄郛于22日与日方达成协议。26日，冯玉祥、方振武在

---

[1] 《致展公》，1933年4月13日。
[2] 《致护黄、颂云》。

中国共产党支持下，与吉鸿昌等在张家口成立察哈尔民众抗日同盟军，宣布"结成抗日战线，武装保卫察省，进而收复失地"[1]。

华北既经动作，胡汉民就准备把他的"师出武汉"计划付诸实施。5月29日，胡汉民在《致衮尧》函中说：

> 手书到时，宁府之对日屈辱已成事实。此间同志早经决定，联合华北将领一致反对。焕章同志刻已于26日就任民众抗日同盟军总司令职，统率长城外各路义军及西北军旧部。西南抗日军亦积极北进，同时则大举剿共，使西南兵力推入长江。

胡汉民并准备在适当时期回到国内，宣布讨蒋，主持一切。同函又称：

> 须察省外交、军事、财政各事准备完竣，然后对误国、卖国之奸徒声罪致讨，方易收旋转乾坤之效。弟现正努力为根本之规画，诸事就绪，自必返国亲行主持一切也。

31日，塘沽协定签字，事实上承认日本占领东三省与热河，胡汉民极为愤怒，立即向察哈尔民众抗日同盟军拨款，并密电冯玉祥云：

> 请公立振义师，先就北平擒拿经手订立妥协之何〇〇、黄〇〇，即行讨蒋以抗日……此间当即一致动作。刻拨充〇〇元。[2]

末署"延、马、远、衣"。"延"为胡汉民，"马"为萧佛成，远为邓泽如，"衣"为邹鲁[3]。电稿中所称"何〇〇"、"黄〇〇"，当指何应钦与

1　《冯玉祥就任民众抗日同盟军总司令通电》，《国闻周报》第10卷第32期。

2　《致焕公》。

3　延为胡汉民自署；马，马鸣，萧佛成化名，取佛教中马鸣菩萨之义；远，邓泽如化名，邓字远秋；衣，邹鲁化名，取邹、鲁为衣冠文物之邦之义。

黄郛（膺白）。

福建援热部队出发之后，广东派出了独立第四师，广西派出了第二十四师，准备联袂北上，何键并电令沿途各县妥为招待，但是，《塘沽协定》签字之后，蒋介石电令蔡廷锴，命援热部队火速回闽。当时，福建援热部队已经抵达湖南郴州、耒阳一带，不得已忍痛回师。6月1日，方振武所派代表到粤，通报称，冯玉祥的计划已得韩复榘等北方将领支持，变化在即。同日，邹鲁致电蒋光鼐，报告此讯，电云：

> 蒋、日妥协，我抗日军正应挺进，以表民族正气。况焕章已起于北，盼我军呼应正切……奈何撤回抗日之师，以阻全国之气耶！必不得已，亦请屯师原地，俟真如、贤初二兄到粤，商定大计后再定行止。千万千万！

邹鲁等一面阻止三省联军回撤，一面积极做陈济棠的工作。当时，在粤、桂、闽三省实力派中，李宗仁、白崇禧、蔡廷锴、蒋光鼐、陈铭枢等对抗日讨蒋都持积极态度，只有陈济棠犹疑不定，因此，南方要一致动作，必须首先说服陈济棠。6月3日，萧佛成致电胡汉民云：

> 昨与爵密谈约三小时之久。弟反复开陈，谓讨蒋不但可以救国，亦且可以巩固其个人地位。[1]

爵，指陈济棠。对于陈济棠来说，最重要的是巩固他已经取得的地盘和"南天王"的地位，要他参加抗日讨蒋，不是一件容易的事。在萧佛成反复开导之下，"爵似大觉悟"，表示了讨伐蒋、汪的决心，但同时声称，必须待蔡廷锴、陈铭枢、李宗仁、白崇禧等来粤共商。7日，陈铭枢、蒋光鼐、李宗仁、李品仙等抵达广州，萧佛成再度与陈济棠商谈，提出：1. 西南独立，与南京脱离关系；福建公开加入西南；若福建出兵浙江，军饷由粤担任；2. 华北、华中各将领仍须派员与之联络，若

---

[1] 《广州来电》。

能先由彼方发动为佳。当日下午，萧佛成、邹鲁、邓泽如、唐绍仪、李宗仁等会谈。邹鲁问李宗仁，如果三省独立，粤不出兵而闽出兵，桂当何如？李宗仁初时感到难以回答，继而慷慨表示说："不惟牺牲我们，且牺牲全省人民之利益以从其后。"[1]在此期间，邹鲁、萧佛成、陈融等与陈铭枢也进行了紧张的会谈。陈铭枢称："抗日、剿共必要倒门神"，"门神现时虽未倒而等于倒，倒之后，应如何办法，我们应极注意"。陈并再三声明，他自己并未组织社会民主党。邹鲁等人对陈铭枢的态度很满意。6月10日，陈融致函胡汉民报告说："跛兄连日所谈，均甚接近。"[2]1931年陈铭枢在香港时，所住旅馆失火，从窗口跳下，足部受伤，自此不良于行，胡汉民等因此在密札中称之为"跛兄"或"跛哥"。

蔡部回闽，胡汉民的师出武汉计划便遭到挫折，但他仍积极活动，力图把握时机。6月17日，派程天固东行，探询对美外交；23日，派曾伯兴北上，联络阎锡山；7月3日，致函叶夏声，建议将各方捐赠援热部队的款项移赠方振武部。29日，致电海外国民党人黄滋、陈雨亭、李白俦云：

> 今两粤业已一致，福建方面尚有饷项问题未能解决。如磋商完善然后正式揭露，一面树立党政中枢，号召全国，一面组织联军，北出长江。长江、华北各军半有接洽，推倒国贼，指顾间也。

可见这时候，胡汉民还在准备"北出长江"，并准备"树立党政中枢"，"推倒国贼"，公然和南京政府对着干。电中说明："福建方面尚有饷项问题未能解决"，显然包含着向海外募捐的意思在内。

在粤、桂、闽三省实力派中，粤方最富，桂、闽比较拮据。倘使陈济棠不肯拿出钱来，桂、闽二省很难长期支持一场对蒋介石的恶战。据蒋光鼐复邹鲁电云：

> 所示办法，本无不可，但未审已否商得桂方同意？本军穷饿，

1　陈融：《致福兄电》。
2　《黄梅致福兄》（陈融致胡汉民）。

倘无两月积粮，不敢轻动……乞予一次先拨百万，以资应付。[1]

末署"光。文。"文为12日。此电虽未署确切月份，但所述内容可与上述胡汉民电相印证，其时间当不会相距很远。

有几天，财政问题似乎不大了。8月1日，胡汉民致函陈嘉祐云：

今财政问题粗告解决，惟西南军事动作如何进求一致，财政问题如何筹划挹注，俾达粤、桂、闽三省联军分出长江之目的，仍在详密规画之中。

然而，胡汉民乐观得太早了，财政问题不是轻易可以解决的。果然，8月18日，胡汉民《复衮尧》电又云：

此间一切仍在计划推进中，粤将领所视为困难者厥为财政，故一切措施，遂未能放手做去。至内部意见，虽有小小不同，然于倒某救国一点固甚一致也。

电中所称"粤将领"，当指陈济棠，这位财神爷不肯拿钱，其他种种，当然无法"放手做去"。

正当胡汉民在南方为财政和内部"小小不同意见"而苦恼之际，北方却风云突变。冯玉祥成立察哈尔民众抗日同盟军后，浴血苦战，迅速收复察北大片失地，进而准备规复东北四省。然而南京政府一面组织大军"围剿"，一面分化瓦解，同盟军的境况日益艰难。8月5日，冯玉祥通电收束军事，交出察省军政大权，随即回泰山隐居。冯的失败给了胡汉民巨大打击。24日，胡汉民电冯云："左右入鲁，抗日工作亦由此告一段落。观察大势，时局更新，似尚有待。"30日，致电柏文蔚，除了希望他继续维系"长江军事"外，特别说明，"广东方面推动不易，今方别寻途径"[2]。可见胡汉

---

[1] 《秋梦致福兄函》（陈融致胡汉民）。

[2] 《致烈武》。

民对陈济棠已经很失望了。

冯玉祥退入泰山以后,中共河北"前委"决定支持冯部方振武、吉鸿昌两军继续奋斗。方、吉将抗日同盟军易名抗日讨贼军,明确揭起反蒋旗帜,准备沿热察边境,经十三陵、小汤山等地,东进冀东[1]。9月20日,方、吉两军进入河北。23日,方部进占牛栏山,作袭击北平准备。对抗日讨贼军,胡汉民曾力图予以支援。9月25日,致电萧佛成等,声称方部"且进取密云,当不忍其给养之不给,坐视其覆亡"。29日,方振武致电胡汉民,宣称"在钧座指导下抗日讨贼","即令牺牲万有,亦所不辞"。方并称,华北外交关系重要,要求胡选派干员,常驻天津主持一切[2]。10月5日,方振武致电胡汉民,报告在南口、昌平、小汤山一带的胜利,声称计日可达北平城郊,要求胡汉民"推动各方火速出兵,以收南北夹击之速效"[3]。6日,再电胡汉民:

不日直捣北平,务希火速推动,群起讨贼,国家幸甚!倚戈陈词。[4]

方振武的崛起再一次燃起了胡汉民的希望。他致电陈融说:"假如其遂能入北平,或可造一与西南同样局面,为联军会议制以待各方之进展耳。"[5] 6日,胡汉民决定以广东后援会名义一次拨给方部军费3万元至5万元[6],但是,这笔款项未及寄出,方军即因孤立无援失败。

尽管冯玉祥、方振武先后失败,但是,胡汉民仍然认为,华北是具有潜力的地区。10月19日,胡汉民任命何子佩为华北军事联络专员,要求他代为慰问华北同志,说明胡的内政、外交主张以及对于全国的规画。胡汉民为其规定的工作方针为:

---

1 《吉鸿昌将军牺牲五十周年纪念辑》,第50页,河南人民出版社,1984。
2 《天津来电》。
3 《广州来电》。
4 同注3。
5 《致力兄》。
6 胡汉民:《致陈济棠》。

1. 切实团结华北革命将领，通电讨贼，并肃清盘踞北平之反动势力，树立华北之中心救国组织。

2. 以相等于政务委员会、军事委员会之组织为最宜。华北将领之通电发出，组织成立，西南即树立党政中枢，正式宣告与卖国政府断绝关系，并领导华北及长江之革命力量，声讨独夫，从事抗日。

3. 为外交上之运用计，不妨暂以安定华北为主张，而不以抗日为标榜，但华北将领之通电必须痛数独夫罪状，示与卖国政府绝缘，无复有妥协余地。

4. 华北将领通电发出、组织成立后，此间即派遣大员北来，规划一切。其财政外交上之责任，纯由西南革命政府负之，但华北将领必须于抗日目标下切实坚持并接受西南革命政府之领导，完成讨贼抗日之全功。[1]

在派出何子佩的同时，胡汉民又分函阎锡山、冯玉祥。致阎函总结前数月失败的经验教训，认为"不独南北未能一致，即北与北间亦多隔阂"，要求阎"领导群伦，使华北力量团结，与西南为一致"[2]。致冯函则通报南方情况，说明"此间主旨，仍在团结粤、桂、闽诸省，相时而动"[3]。

五　福建事变期间

胡汉民计划中的西南独立，由于陈济棠迁延犹豫等原因，终于未能发动，然而福建方面却终于等不及了。

十九路军调福建"剿共"后，陈铭枢遭到蒋介石、汪精卫的压迫，无法在南京立足，1933年1月，愤而赴欧洲考察，同年回国，活动于香港、福建之间，联络李济深、蒋光鼐、蔡廷锴等人，计划反蒋，同时派人与中国共产党联系，讨论合作问题。9月，与红军订立抗日反蒋协定。10月陈铭枢、李济深等在香港聚会，决定在福州成立反蒋抗日的人民革

---

[1] 胡汉民：《致何子佩》，1933年10月19日。

[2] 《致阎锡山》，1933年11月2日。

[3] 《致冯玉祥》。

命政府。11月16日，李济深派其弟李济汶持函面见胡汉民，函称：

> 深南归，已历一载，本意在追随吾师之后，团结西南各省，共同讨贼救国。顾蹉跎一载，数失良机，而有实力之当局者持重如故，循此而往，势不至任国贼断送国家不止。而十九路军以处境较困，责任较明，有义无反顾，迫不及待之势。连日得其函电，促往商讨讨贼大计，照连日报章上所载情形，亦似有即行发动讨贼之趋势。故深决定即行前往观察督促，进行一切。

李济深要求胡汉民"督促西南各省同时响应，共同讨贼"，并对闽中各事随时加以指导。18日，李济深与陈友仁、徐谦等到达福州。20日，召开中国人民临时代表大会，议决废除中华民国年号，成立中华共和国人民革命政府。21日，李济深等通电脱离国民党，旋即组织生产人民党。同日，陈铭枢、李济深、蒋光鼐、蔡廷锴4人联名致电胡汉民、萧佛成等，指斥蒋介石独裁祸国，媚日残民，追述三省近年来共谋反蒋的历史。电报以"陈涉发难于先"自喻，以"沛公继起于后"喻胡，要求胡汉民等"本历来之主张，为一致之行动"[1]。

三省联合倒蒋本来是胡汉民梦寐以求的事。但是，福建方面改国号，造新党，特别是联合共产党等做法，都超出了胡汉民所允许的范围。因此，最初他颇为迟疑，不知道应该如何答复陈铭枢等人的来电："措词太硬，则宁方得意，桂方怀疑；太软则虑跛等有以藉口为反宣传，发生其他之不利。"[2]经过反复考虑，他决定了如下对策：

对宁闽——两罪两责而偏于责宁。11月27日，胡汉民致电冯玉祥称："大致对宁对闽，今后将同在我人反对之列。"同日，又致电杨虎城称："闽中之变，亦实南京卖国政策激之使然，否则何至铤而走险，自弃其抗日剿共之历史至于此极，故我人固宜罪闽，然尤当罪宁也。"当时，广东有人主张蒋介石下野，胡汉民赞成这一主张，认为这样可以：1. 示天

---

1 《陈铭枢等来电》，《胡汉民先生政论选编》。

2 《致力兄》。

下以公道；2. 消释十九友（指十九路军——笔者）一部分之热愤；3. 使桂方及其他反蒋者同情于我[1]。西南执行部和西南政务委员会根据胡汉民的意见，曾经发电要求蒋介石、汪精卫"避路让贤"，电称："推寻祸始，不能不深咎于独裁政局之罪深恶极也。"

对粤桂——"救正调和"。陈济棠和陈铭枢有矛盾，因此，他的兴趣一在于防闽，二在于防共；李宗仁则急于反蒋，福建事变后立即致电陈济棠等，建议三省合兵，开府广州，树立中枢[2]。胡汉民对这两种态度都不满意，他曾在一封信中说："爵专心对闽，故反蒋不敢太着力；不专心对蒋，几欲与闽附和而忘却共匪之为祸。"[3]这里说的"不"以及其他密札中的"不孤"，均指李宗仁。11月下旬，广西方面两次派人会晤胡汉民，催促行动。第一次，胡汉民答以"派人与各方接洽，为召集各省代表一致反蒋之预备"；第二次，胡汉民答以"讨蒋以桂为前方，粤为后方；防共以粤为前方，桂为后方"[4]。

尽管胡汉民对福建方面的做法不满意，但是，事变的发生毕竟造成了一种形势，使他觉得有机可乘，因此，一度考虑过组建政府问题。11月30日，他致函陈融说：

> 开府地点是一问题，而第一步似以广西为适当，其理由有五：人心信仰，无复怀疑一也；素无财富之名，则不必铺排，而各方来者易于应付二也；因湘鄂吃紧易于联络应援三也；外交较易应付，不遽为红毛、矮子之威胁四也；敌用飞机袭击及闽中大军之使用俱不便五也。[5]

胡汉民并告诉陈融，闽变初起时，他曾就此和李宗仁商量过，如

---

1 《致力兄》。

2 《致福兄》。

3 《致力兄》。按，李宗仁，字德邻。《论语·里仁》有"德不孤，必有邻"的说法，故胡汉民等以"不孤"、"不"作为李宗仁的代名。

4 《致力兄》。

5 《致力翁》。

果现在陈济棠仍以先发为难，不愿意在广州开府，则不如选择广西。12月中旬，他又致电在上海的陈群、孙科、何世桢等人称："前此欲以组府号召天下讨蒋，今则当促动与联合反蒋之战线进行，至蒋势穷蹙，然后组府。"[1] 18日，致驻美国三藩市总干部电称："组府一事，尚非今兹所可实行。"显然，胡汉民的"组府"计划碰到困难，不得不向后推延了。

福建事变后，南京政府企图拉拢胡汉民及西南实力派。12月11日，张继等到港，与胡汉民会谈，呼吁团结，邀其入京。胡汉民答称："你们请我到南京，我想请你们出南京，何以故？因为要你们认清自身的地位，尊重自身的人格，不附和军阀去叛党卖国。"他提出，南京当局是导致事变的"罪魁"，必须实行政治和党务的根本改革[2]。15日，胡汉民发表《对时局宣言》，提出解决国是的八项主张，声称："今日中国政治之现象，一绝对的军阀统治之现象也。枪之所在，即权之所寄。"《宣言》提出："独裁卖国之南京军权统治，叛党联共之福建统治，必同时清除之，以组织一真能代表国家人民利益之政府。"[3]《宣言》并提出"带兵者绝对不得干预政事"、"中央与地方实行均权制度"等主张。22日，张继等访问粤、桂后回港，再次与胡汉民会谈。关于此次会谈内容，胡汉民密告陈融说：

> 弟见渊时，已劝以闽事无论如何必先赤化而终落倭人之手，倭得闽则两广亦将为其他之某国之染指，故此时粤桂难以坐视，而桂尤不能久忍，故惟有政治解决之一途。[4]

渊，指张继[5]。所谓"政治解决"，胡汉民概括为"蒋汪下野，福建回头"八字。当时，南京政府积极准备对闽用兵，胡汉民担心此举会使

---

1 《工致力翁》（胡汉民致陈融）。
2 胡汉民：《政治上之责任问题》，《三民主义月刊》第3卷第1期。
3 《胡汉民先生政论选编》。
4 《工致松兄》（胡汉民致陈融）。
5 《礼记·中庸》："溥溥渊泉，而时出之。"张继，字溥泉，故以渊代指。

十九路军与共产党的关系进一步加深，竭力加以反对。他说：

> 如此，不论胜负，闽军与八字脚之结合必愈深而无从自拔矣。彭德怀、朱德附八字〈脚〉后已使门神办不了，假如十九号赤化……走险愈深，岂易收拾耶！[1]

同月28日，胡汉民在《复袁冠新等》函中又说：

> 人民生计垂绝，国脉危于累卵，凡可以循和平轨道以贯革命之主张者，皆当遵从。总之，南京统治弟以为实不足定。

此函表明，在军事倒蒋屡屡失败之后，胡汉民"政治解决"的意识再度萌生了。

福建事变领导人之间一开始就存在着矛盾。12月中旬，十九路军将领致电胡汉民，声称"事先未明真相，全为一二野心家包办，致铸此错"[2]，要求胡派人前往指示办法。胡旋即派黄河鲤〔澧〕前往，指示以"复国徽、复党籍为先决，捕八字脚为贡献"[3]。所谓"复国徽、复党籍"，即要求废止中华共和国称号，恢复国民党党籍；所谓"捕八字脚"，即反共。1934年1月，南京政府对十九路军发动"讨伐"，福建人民政府日益危急，李济深、陈铭枢电告胡汉民，表示愿按其办法，"取消一切组织，回十九路军本来，连属西南"[4]。胡旋即致电在上海的程天固，请其迅速与孙科商量，设法使蒋军停止进攻[5]。但是，十九路军已呈土崩瓦解之势。1月21日，沈光汉、毛维寿等通电"脱离人民政府，拥护中央"。其后，胡汉民曾为保护十九路军的残余力量做过一些工作。24日，胡汉民致电阎锡山云：

1　《工致松兄》。
2　转引自胡汉民《致驻三藩市总干部》，1933年12月18日。
3　《工致力翁》。
4　《致力、海》(致陈融、邹鲁)。
5　《致力、海》；参见邹鲁《致展兄》，1932年12月21日。

现闽中荒谬之政党组织已无形解体，故于善后一切，正督促各方进行，务使此抗日讨贼之力量得以保护。

2月2日，陈济棠派人至龙岩会晤蔡廷锴，接洽收编十九路军残部，得到蔡的同意。该部旋即改编为粤军独立第三旅。

六　再次联络张学良

胡汉民一直将东北军视为重要的抗日反蒋力量。1933年3月，张学良决定下野出洋，12日，抵达上海。25日，胡汉民派何世桢（思毅）持函劝阻，函称：

自热河沦陷，吾兄去职，华北局面，日趋混沌。兄典军东北，久历岁时，今为人所乘，有怀莫白。闻将有远适异国之志，弟以为个人权力为轻，党国安危为重，悒然远行，似非其时。即不得已而行，亦须力策善后，挽回危局。是非所在，天下不乏同情，此间同志正具决心为兄后盾也。

4月8日，张学良复函，对胡汉民的关怀表示感谢，声言绝不敢抛弃救国责任。函称：

良乍息薪劳，闭门自讼，乃蒙远垂记注，勖以方来，高谊殷隆，曷胜感奋。抚时多艰，耻痛毋忘，苟图少补涓尘，敢委匹夫之责。

但是对于胡汉民的建议，张学良却完全没有任何答复，仅说："尚祈时锡教言，俾其待罪之身，多叨宏益。"

福建事变爆发，张学良得到来自国内秘书的电报："现在有一种动向在拉我们加入反对蒋介石的派系,务请立即返回。"[1]于是,张学良决定东归。他一面派陈博生赴闽表示支持,同时电派陈言赴港向胡汉民致意。12月23日,胡汉民派刘震寰(显丞)迎接张学良,报告国内政情及胡的意图。1934年1月6日,张学良、胡汉民在香港会晤。8日,张学良抵达上海。12日,陈言北返,邀刘显丞同行。胡汉民委托二人再次向张学良陈述自己的意图,劝张"彻底做去",函称:

> 至对大局主张,亦断不以环境之转变而有所移易也。国事至此,有救亡之责者,不当狃于目前之小利,惟宜彻底做去,则中国庶有可为,想存亡绝续之间,先生必能熟之。

刘震寰抵沪后,张学良为了躲避特务的注意,于深夜在一个外国人的家里约见刘。张称:"已下决心为将来北方之主动,目前则仍与汪蒋敷衍,免其猜忌。"张并称该计划"须与两广互为呼应",嘱刘震寰回港报告,如西南方面主张仍前不变,则东北当密派军事代表来粤切商。[2]胡汉民得到刘震寰的报告后,即致函陈融,命其与陈济棠密商。函称:"弟意我人此时宜厚结广西而密与北方联络,沉机观变。如伯兄意亦谓然,弟当令刘秘密上省,以备伯兄面询一切。"[3] 3月1日,张学良就任豫、鄂、皖三省"剿匪"总司令部副总司令,胡汉民认为此事"利害各半",再次致函陈融说:

> 我已嘱刘显丞可即与小张切商军事之联络,小张就"剿匪"职,其部队将来必调长江上下游,此点利害各半,利在与南方联络,而害在易被分割、分化也。[4]

---

[1] 傅虹霖:《张学良的政治生涯》,第98页,辽宁大学出版社,1988。
[2] 《四工致松兄》(胡汉民致陈融)。
[3] 《四工致松兄》。
[4] 《致力翁》。

同月27日，陈济棠在广州召开国民党西南执行部、西南政务会联席会议，李宗仁自桂前来出席，他积极赞成联络张学良的方针。会后，陈融致函胡汉民说："此间联小张，亦政策之一变，此事不孤亦甚著力，言非合南北之力以挟门神不可。"[1]西南的反蒋派们一直渴望着能演出《水浒》中"武松醉打蒋门神"的痛快淋漓的场面，张学良的归来使他们增添了几分希望。

哈佛所藏胡汉民档案中没有胡、张之间进一步联系的资料，看来是张学良逐渐怀疑"反蒋抗日"而倾向于"拥蒋抗日"了。

七 开府西北与军事倒蒋梦想的破灭

福建事变失败后，胡汉民一面联络张学良，一面将目光注视到西北。

胡汉民和阎锡山之间信使往来频繁，和杨虎城也早有联系。1933年6月7日电杨，希望他"内除奸凶，外抗暴日"。8月26日，再电云："望团结各同志，密为策进。"11月27日，三电云："尚希一致奋起，共为主义效力。"同日，致电吉鸿昌云：

> 今后救国大计，厥惟归本主义，致力于西南、西北之联络。今平津各地势为暴日所必争，曷若萃我主力，树军事力量于西北？[2]

此电表明，胡汉民的目光在向西北转移了。

1934年1月，孙殿英率部西进宁夏，准备就任青海西区督办一职。在1933年的长城抗战中，孙殿英部曾在赤峰英勇阻击日军，得到舆论好评，因此，中国共产党派南汉宸、常黎夫等人随孙部工作，准备在适当时机，会同红军与杨虎城的西北军，摧毁宁夏、青海的回军，通电反蒋

---

[1] 《致延兄》。
[2] 《致世五总指挥》。

抗日[1]。胡汉民不了解上述情况，但他也企图依靠孙殿英，联络阎锡山、杨虎城，开府西北。1934年2月10日，胡汉民致电孙殿英，指示其"巩固宁夏，进图甘肃。倘有可为，宜图进取；否则保存实力，期为后此之抗争"。同月15日，胡汉民致函陈融说：

孙殿英势力似不可侮，晋阎为助，已成公开之秘密。局面展开，或有如梯云所云，晋、陕、桂联合倒府、组府之望。[2]

梯云，指伍朝枢。"晋、陕、桂倒府、组府之望"云云，反映出胡汉民等屡遭失败之后的新寻求。

然而，胡汉民过于乐观了。宁夏、青海一直是马家天下，南京政府命令孙部西进，一是为阻止孙部和冯玉祥等抗日力量结合，一是为了借刀杀人。孙军一进入宁夏，即与马鸿逵部交火，屡战不利。同年2月，何应钦下令对孙部实行围剿，孙殿英饷尽弹缺，一再致电胡汉民、陈济棠呼吁援助。陈济棠本已答应资助数万元，但不见行动，口惠而实不至。20日，胡汉民再函陈融，要求由总部拨借20万元。函称：

孙之成败，实与南北大局攸关。未审伯南兄前许之数万元已汇去否？弟意此时牵制门神，不使即以全力对我者惟此一路，且可因此牵动晋、陕抗△〔蒋〕，最低限，阎、韩、杨、孙亦不能不因此团结自保。[3]

21日，胡汉民致电李自立，提出孙部给养断绝，希望杨虎城与晋绥当局予以实际援助。3月7日，胡汉民再电孙殿英，指示团结西北陕、绥、晋诸友军，"逐渐酝酿，形成一革命集团"。

在西北各种军事力量中，杨虎城是愿意援助孙军的。孙、杨之间约

---

1 米暂沉：《杨虎城传》，第56~57页，陕西人民出版社，1979。
2 《四工致松翁》。
3 《四工致松兄》。

定，共同通电，呼吁抗日反蒋，稿子已经拟好并经孙殿英签字，未及发出，孙殿英就失败了[1]。20日，孙殿英通电下野，离开部队。

在旧中国，完全缺乏从事公开的民主政治活动的条件，各派政治力量的角逐最后都不得不取决于军事。胡汉民是一介文人，他所依靠的主要是各地军阀和地方实力派。这些实力派，各有山头，各有利益所在。他们往往把保存自己放在第一位，很难形成一股统一的力量。

抗日讨贼军失败后，方振武南逃香港，吉鸿昌隐居天津，但二人都斗志弥坚。方振武草拟了一份在黄河、长江流域的军事工作计划，经胡汉民、邹鲁等同意后，自动申请去广西、湖南边境活动[2]。吉鸿昌则与南汉宸等组织中国人民反法西斯大同盟，积极联络各地抗日反蒋力量。胡汉民一度派熊克武去天津活动，准备在当地建立"北方军事委员会"[3]。1934年9月，又派刘少南北行，联络于学忠、吉鸿昌等[4]。11月9日，吉鸿昌等在天津国民饭店研究工作，被国民党特务包围，刘少南当场牺牲[5]。

在一次次的失败之后，胡汉民的军事倒蒋梦想终于破灭。

八　抵制五全大会

西南实力派拥戴胡汉民为精神领袖，不仅长期维持着半独立状态，而且在党务上，也接受胡的指导，对南京国民党当局采取不合作政策，尽力抵制各种会议。

还在1932年3月，国民党在洛阳召开四届二中全会，胡汉民即以"政见不同"为理由，拒绝参加[6]。1933年3月，国民党中常会筹议于7月1日召开临时全国代表大会。同月20日，胡汉民致电阎锡山说：

1　米暂沉：《杨虎城传》，第57页。

2　胡汉民：《致邹鲁函》，1934年5月16日、6月2日；《致佛成、海滨》，1934年6月。

3　胡汉民：《致萧佛成》，1934年1月4日。

4　胡汉民：《致于学忠函》，1934年9月21日。

5　《吉鸿昌将军牺牲五十周年纪念专辑》，第59页。

6　《对十九路军以接绝撤退淞沪之谈话》，《远东日报》1932年3月4日。

今日当局对日既出于不和、不战、不守、不走之一途。大势所趋，惟归屈辱，欲嫁其屈辱之罪责，则必力求为分谤计，故召开临时全国代表大会之说，遂为南京党部所决议。西南同志于宁中此议，固持反对，如反对不成，则惟有为对抗会议之筹备。

4月4日，唐绍仪、胡汉民等通电反对，认为召集全国临时代表大会"不独无此必要，且不当行"，迫使南京方面取消此议。

根据国民党党章，第五次全国代表大会应于1933年11月召开。当年8月，唐绍仪、萧佛成、陈济棠即致电国民党中央反对，迫使南京方面不得不宣布展期一年。

1934年1月20日，国民党在南京召开四届四中全会。会前，胡汉民、邹鲁等策划了一项"倒汪"计划，企图由邓泽如出面提出弹劾汪精卫的议案。邹鲁致胡汉民函云："事虽对容甫，实意仍在沛公。"[1]可见，该计划虽以弹劾汪精卫为名，而实际矛头仍在蒋介石。不过，邓泽如的弹劾案未能提交会议讨论，而萧佛成等26人提出的"改革政治"案则得以修改通过。该案第二条称："对于东北四省领土仍未恢复，本党应引以自责，更应精诚团结，集中国力，充实中央，共救危亡。"第三条称："政府之目的在努力维护国权，解放民权。故对外必须抵抗帝国主义之侵略，以保障国家之独立；对内应依法确实保护人民言论、出版、集会、结社一切自由，同时遵依《建国大纲》，实行地方自治，使人民有参与政治之机缘及其能力。"这些地方，显然反映出西南派政治主张的部分胜利。

1934年7月，胡汉民鉴于五全大会召开期近，于23日致电陈雨、李白俦说：

关于五全会问题，海外支部不妨准备参加。倘西南发动能早，不参加固无问题，否则亦可运动各方拟具重要提案，根据党纲，就现状抨击其殆〔贻〕误党国。

---

[1] 邹鲁《致展兄函》，1934年1月21日。

8月12日，南京方面宣布将于11月12日召开五全大会，讨论召集国民大会、修改党纲总章、推进党务、确定施政方针等四项议题。胡汉民仍然反对召集这样一次会议。24日他致电李烈钧等，表示将"从根本上破坏"宁方计划，但如来不及，也准备派人参加，提出西南方面的根本主张。9月8日，胡汉民、陈济棠、李宗仁等21人致电国民党中央，认为南京方面所提议题，"空洞落漠"，"无一及于当前救亡之大计"。胡等自提议案四项，要求"整饬政治风纪，惩戒丧权辱国之军政当局"，"确立外交方针并国防计划，以维护国家之生存"[1]。该电通称"齐电"，发出后，南京方面"置而不议，受而不答"，严禁各地报纸登载。25日，胡汉民等29人再电国民党中央，提出两项要求：1.履行本党"人民有言论出版自由权"之党纲，容许一般人民对于政治、外交之建议及批评；2.厉行本党民主集权制，予中央委员及海内外各级党部、党员对于党务、政治、军事、外交应有充分建议及批评之完全自由。胡汉民等激烈地批评南京方面"党同伐异自为派系，钳制同志，变本加厉"。电称："苟不能恢复党员对于时政之建议、讨论、批评之自由，则此种大会断不足以代表全党之意志，徒为少数人所把持，以施展其僭窃本党之阴谋。"胡汉民等并要求，给予党员以选举代表之完全自由权。该电通称"有"电[2]。10月17日，胡汉民发表《为五全大会告同志》，声称五全大会"只是军权统治的五全大会"，不是中国国民党的五全大会[3]。胡汉民作了宁方不接受齐、有两电的充分思想准备，计划在必要时单独召开代表大会，宣布蒋介石、汪精卫等"叛党、卖国罪状，开除其党籍"，同时，建立新的党的"中枢"[4]。

对于胡汉民等人的做法，南京方面自然很恼火。但是胡汉民在国民党内拥有很高的威望，他的周围又团聚着一批老国民党人和地方实力

---

1 《齐电》，《三民主义月刊》第4卷第4期。

2 同注1。

3 《三民主义月刊》第4卷第4期。

4 《致南洋英属总支部整理委员会函》，1934年9月25日；《致邹鲁等函》，1934年9月30日。

派。南京方面不能无视这一股力量。为了促进宁粤合作，10月8日，南京方面推孔祥熙出面致函胡汉民，声称五全大会开幕在即，邀请胡"早日命驾来京，主持一切"。10月中旬，王宠惠携孔函南下，面见胡汉民、萧佛成等。王称："此来只以第三者之资格，作双方意见之传达，绝非代表北方任何人或任何方面。"[1]又称："南京中央同志很盼望和平，希望西南同志对于南京种种举动，予以谅解。"[2]王并称：汪对胡展堂先生毫无恶意，蒋则力促余迅速南下，征求西南对时局意见，以使合作问题得以早日解决[3]。10月28日，胡汉民对法国报纸记者发表谈话，对王宠惠此行表示不满。胡称："当道诸人仅于口头上希望余等对彼所实行之政策予以谅解，忽略事实及国家之危机，而趋重私人之情感方面，以求私人间之谅解。此种态度，恰与余历来对事不对人的主张相反，极为余所不取。"胡并进一步指责："南京政府之上，尚有一南昌之太上政府，彼以一军事领袖，在行政而可以擅自发号施令，并擅自召集各级文官训话，又可以组织蓝衣党，企图以法西斯主义代替三民主义。"[4]

自1933年1月起，胡汉民即在香港创办《三民主义月刊》，作为反蒋舆论机关。王宠惠南来前后，胡汉民多次致函《三民主义月刊》和邹鲁等人，要求加强对法西斯主义的研究与批判。10月18日函提出"就时局现状及本党主义、历史，总论南京军阀蓝化中国政策之荒谬"，同时指定《三民主义月刊》第4卷第5期为"反蓝专号"。胡汉民并亲为该刊撰写《武汉统治者的法西斯蒂运动》，指责蒋介石"保存着中国国民党的招牌，变更中国国民党的实质"，"以三民主义为标榜，而实际推行的，乃是武力统治的独裁专制主义"。

召开五全大会本来是汪精卫的主张，蒋介石的兴趣并不很大，西南方面既然强烈反对，蒋介石也就主张从缓，指示南京方面宣布五全大会延期，于12月10日先行召开四届五中全会，以便腾出时间，继续做胡汉

1　《萧佛成先生关于宁粤合作之谈话》，《三民主义月刊》第4卷第5期。
2　《和平运动》，《三民主义月刊》第4卷第5期。
3　《萧佛成先生关于宁粤合作之谈话》，《三民主义月刊》第4卷第5期。
4　《胡先生为宁粤合作对法报记者之谈话》，《三民主义月刊》第4卷第5期。

民等人的工作。

胡汉民再次胜了一个回合。

九　王宠惠、孙科说合与蒋、胡通信

胡汉民既不肯入京，又不同意召开五全大会，蒋介石只好作让步的准备：一是部分采纳胡汉民的"均权"方案，一是设法使对日妥协、名声不好的汪精卫下台。

胡汉民被释后，即积极提倡"均权"。1931年11月，他从上海到广州，在非常会议和国民政府联合纪念周上发表演说称："满清以集权而亡，袁世凯以集权而死，今之人以集权而乱。"[1]广州"四大"中，胡汉民又与孙科、陈济棠、李宗仁、伍朝枢共同提出"实行均权以求共治案"。1934年2月至3月，他连续发表《论均权制度》、《再论均权制度》等文，提出具体方案，同时指责南京方面标榜集权，实为"集权于南京军阀"。胡汉民声称："实行均权制度，是中国今日惟一的需要。"

同年11月，蒋介石、汪精卫拟订了一项中央与地方"均权"的方案，提出：法制方面，中央规定政治原则，地方制定实施办法；用人方面，地方可选择保荐，由中央任命等。该方案于27日由蒋、汪以联名通电的形式发布。同月末，蒋介石派王宠惠、孙科再次赴港，会晤胡汉民。王、孙携有蒋介石及蒋介石、汪精卫、居正、叶楚伧、陈果夫、于右任等中央常委的函件。蒋函云：

> 兹请亮畴、哲生两同志代谒左右，商承党国大计，祈与详洽一切，并恳早日命驾莅沪，俾得面罄所怀。

蒋介石等六人函云：

1　《论均权制度》，《三民主义月刊》第3卷第2期。

> 党国大计，亟待解决，深盼先生驾临京沪，无任跂祷。

12月3日，王、孙到港，次日会谈。王、孙"郑重"代表蒋介石要求胡汉民等人谅解，并称：蒋介石已认为内政外交确有改革必要。王、孙特别谈到蒋汪27日通电系由蒋定稿，汪副署，声称其所以要求与胡见面，乃是为了"当面决定一切方案，期于施行适当"。胡汉民则批评27日通电不是"根本办法"。王、孙又称：蒋介石的意思是："不只局部问题可以改造，即全个问题亦可改造，对水云不成问题。"水云，宋代词人汪元量的号，这里借指汪精卫；"不成问题"云云，暗示汪精卫可以下台。对此，胡汉民表示说："我向来对事不对人，但以为如此可使一切事情圆滑易行，则我亦不反对。"[1] 在多年的矛盾冲突之后，蒋介石采取主动，派人道歉，胡汉民感到了某种满足，因此会谈气氛"和好"。

在此后的会谈中，胡汉民提出治本与治标两个方案。所谓治本，即要求蒋介石接受1931年粤方提出的党政改革案和齐、有两电；所谓治标，即开放人民言论集会之自由，确定入川"剿共"，不作大兵压境之威胁，对于此间朋友同志，不得敌视，而猖獗杀人之组织须即解散[2]。孙科和胡汉民有联盟反蒋的历史。某日下午，他和胡汉民作了一次深谈，孙称："先去水云，终是一手段，且此时不须西南说话，只作为改用比较可以接纳西南政府之人，则两方接触，不致急剧。"孙并称，他本人无意重作冯妇，建议推孔祥熙出任行政院长，他说："门之诚意，尚不可知什么院长滋味，我亦不愿再尝，不如再用门之所昵，如庸之者。"胡汉民认为倒阁一类运动不足以救亡，撤去汪的院长，换汤不换药，也不足以求谅解，因此表示说："此事我不反对，然亦不能说是赞同，至于门无诚意，则我看得甚为清楚。"[3]

12月8日，孙科先行北返，行前，孙科问胡汉民还有什么具体意见，胡称："须先确定今后之政治基础为军权统治，抑为民权统治"，把这个问

---

1 胡汉民：《致松兄》。
2 胡汉民：《致松兄》，1934年12月17日。
3 《工致力兄》。

题解决了,和平便有了途径,协作也有了头绪[1]。他托孙科带一封信给蒋介石:

> 自民二十年后,久阙音问。亮俦、哲生两兄来,藉获手书,甚感关注。弟三年养疴海隅,而时受风寒侵袭,血压久治未低。闻尊体近日亦不能无小病,视以前精力稍逊,诚为兄系念不已。国家大计,弟以为总理已垂示甚周,故数年来仍悉心体认而莫敢外。此次与亮、哲两兄所谈,亦惟此旨,即托其一一面达,其间亦非片楮所能尽也。

这封信有原则,有礼貌,冷淡中略露几分情谊,显示了胡汉民对宁方的合作要求既不接受,又不拒绝的态度,留有充分的伸缩余地。

但是,在其他场合,胡汉民对蒋介石的攻击火力并未减弱。12月15日,胡汉民发表文章指责南京方面"剽窃总理之均权主张,希望在军权统治之下实行其均权制度"[2]。然而,这不过是一种姿态。1935年1月20日,王宠惠分访蒋介石、汪精卫,商谈迎胡入京及合作问题。28日,胡汉民派李晓生北行,与王宠惠、孙科会谈。2月初,蒋介石接见李晓生,11日,蒋介石致函胡汉民称:

> 弟决入川剿赤,以后道途日远,关山间隔,徒切想念。党国危急,四顾茫茫,甚盼后方同志,无间彼此,以谋团结,以挽垂危之局,弟所望者惟此而已。晓生同志转述厚意,故人情殷,敢不心领,亦望先生为国珍重。

表示"入川剿赤",算是答应了胡汉民的一项条件,"故人情殷"云云,算是表达了重修旧好的愿望。

本来,在王宠惠等开始说合之际,胡汉民密告何世桢等称:"必须掀起更大的风潮,形成分裂、对抗,乃有效果。"现在,经过王、孙说合之

---

1 《和平协作之真伪》,《三民主义月刊》第5卷第1期。
2 《军权与均权》,《三民主义月刊》第4卷第6期。

后，胡汉民的态度变化了。3月5日他复电李晓生说：

入川剿赤与对日坚持，皆与我人意见上已渐趋近，而彻底改革一切错误政策更为必要，惟有暂以分工为合作。[1]

虽然还强调"分工"，但毕竟出现"合作"的字眼了。

十　拒绝日本侵略者的引诱

中国的分裂状态有利于日本侵略，因此，日本帝国主义者使用各种手段，力图加深并扩大中国的分裂。福建事变后，日本方面不断派人拉拢胡汉民，表示愿意提供武器和金钱的支援，甚至以支持胡汉民当总统相饵。胡汉民的原则是，坚决要求收复东三省，可以接受日方援助，但不接受任何附加条件。

1934年2月，日本有几个武官到港，"问候"并探询胡汉民对中日前途等问题的主张，胡答称：

日本是侵略国，中国是被侵略国，中日两国要恢复友好关系，惟一的办法只有日本自动交还东三省给中国。

日本武官诡称："日本并没有侵略满洲，满洲独立，是三千万满洲国人民的愿望，这种民治精神，日本不能干预。"这几句话引起胡汉民的厌恶，他立即正颜厉色地斥责说：

你们来是拜候我的吗？来拜候我，是应该讲实话的，不讲实话，就请你们出外去。我不知道甚么是"满洲国"人民的民治精神，只知道东三省是中华民国的领土。你们做这种假戏来欺骗世

---

[1]《四工致晓兄》。

界，还把这假戏来向我巧辩吗？[1]

其后，胡汉民即发表文章，阐明孙中山"联合世界上以平等待我之民族共同奋斗"的思想。他宣称：中国的外交政策，应当确立于"保障中国领土主权完整"这一基点上。"凡能帮助中国达到这个目的的，德谟克拉西的国际也好，希〔布〕尔什维克的组织也好。我们不妨同情协作"[2]。还在1933年，胡汉民就鼓励西南方面与苏联发展贸易关系，并派陈群赴沪致力此事。这里，联俄制日的思想就更加明确了。

日本武官的初次探询失败。同年4月8日，又由萱野长知出面致函胡汉民，鼓励中国实行"不战"政策。函称：

> 今东四省已成独立，而外蒙、伊犁、青海、新疆、康藏等处，亦归英俄竞夺之区。云南一角，忽成英国势力范围，东亚危机实不堪寒心也。弟以为保全中国之道，惟有不战二字而已。

同函并称：救国之大策，在于继承犬养毅与孙中山的遗教，实行"日华和平的合作"。萱野说：

> 世界大和平者，即在国境之撤废，在世界大同，是吾人之最终理想也。但现在缔结日华两国关税互惠条约，为平等资格而实行木堂、中山两先辈之遗志，打世界的大和平之先手，长江南北皆可望风合流无疑也，则是和平统一之初步。

萱野声称：如胡汉民赞成此意，"即应宣布西南独立，进就总统之职，弟必行积极之援助，亦运动敝国迅速承认西南政府"。他表示，将于5月上旬来华接洽。[3]

---

1 胡汉民：《国际现势观察远东问题》，《三民主义月刊》第3卷第3期。

2 同注1。

3 此函仅署4月8日，年代据内容及萱野行踪考定。

293

萱野是孙中山的老朋友，同盟会时代曾积极支援中国革命。胡汉民的复信称：

> 手教诵悉，言及孙总理平生之主张，尤令人感慨不已。盖现实之状态，去之益远，其责任果谁负耶！

言外之意是，蒋介石和南京当局违背了孙中山的主张，中国现状和孙中山的遗愿相距甚远。胡汉民表示："足下能来一游，至所欢迎。"

同年，日本特务土肥原贤二策划在中秋节前实现"华北自治"，疆域包括长江以北各省及山西、陕西、甘肃、青海、新疆、察哈尔、绥远与宁夏等地，由吴景濂负责政治，吴佩孚负责军事。计划确定后派唐宝锷赴粤，与邹鲁商谈，声称如粤方军队讨伐蒋介石，可提供军械，并借款5000万[1]。此事胡汉民未予理睬。

这一时期，到广东活动的还有日本特务和知鹰二，由曾任广州市市长的刘纪文接谈。胡汉民指示说：

> 弟处无论如何仍抱定收复失地之议，而地方局部之接洽，纪文等既已进行，则其无条件而可为物质之大助者，自不妨与之斟酌也。[2]

一方面反帝，一方面又希望从帝国主义得到援助，这是胡汉民的悲剧，也是近代中国不少爱国人士的悲剧。

对于日方的拉拢和引诱，胡汉民一概采取"推而远之"的应付办法，他曾在一封信中说：

> 去年以来，矮子之侪，多方求门路，弟皆推而远之，与谈三民主义，与谈日本立国之精神，与言反对军国主义，反对法西斯蒂[3]。

---

1 《力致福兄》。
2 胡汉民手迹，未署年月。
3 胡汉民手迹，末署：工，十六日。

1935年3月2日，土肥原亲自到香港会见胡汉民，标榜"中日提携"，企图挑动两广出兵倒蒋，以便日本出兵华北；胡汉民则阐明孙中山的"中日亲善"思想，"实以中日平等为基础"，要求日本改变侵华政策[1]。土肥原密询日俄交战时，中国孰为左右袒，胡称："须交还满洲。"福建事变时，陈铭枢等和日本方面有联系，胡汉民告诫亲信说：

> 福建信使往还，门神乃详知之以为口实，而跛哥等则未食羊肉，先惹一身臊也。故外交无定则，惟视本身利害如何而定，不可遽失政治之立场一也；不可上当如跛哥二也；粤与英密切，不使猜疑而敌视三也。[2]

胡汉民是个有操守的政治家，他在和日本方面的交往中，确实不曾丧失民族立场。

十一　出国与归来

塘沽协定后，日本帝国主义加紧侵略华北，"精诚团结，共赴国难"日益成为全国人民，包括国民党内爱国分子的迫切要求。同时，由于形势逼迫和各方推动，蒋介石也在作抗日准备。1935年春，邹鲁向胡汉民建议，改变西南与中央的关系，帮助蒋介石抗日[3]。胡汉民接受邹鲁的建议，于6月9日离港赴欧。行前，发表谈话，声称此行目的在于"易地疗养"，"外间传言种种，殊非事实"，"余之主张政策，亦不以时地为转移而有所变易"[4]。

1　胡汉民：《论所谓"中日提携"》，《三民主义月刊》第5卷第3期。
2　胡汉民手迹，末署：工，十六日。
3　邹鲁：《回顾录》，《邹鲁全集》（二），第454页，台北三民书局版。
4　《出国谈话》，《三民主义月刊》第5卷第6期。

在国外期间，胡汉民和国内始终保持密切联系。8月8日，邹鲁致函胡汉民，报告各方动态。当时，日本军国主义者正在唆使华北实力派"讨蒋"，借以分裂中国，邹鲁则针锋相对地提出一项旨在"实质抗日"，联络"各省各方"的大团结计划，函称：

> 蒋之问题，系政治好坏问题；日之问题，系民族存亡问题。况今之华北讨蒋皆受日指挥或迫胁，靡论不能成。即成亦成日人世界也。

邹鲁的这封信，将民族利益置于派系利益之上，预示着国内各派政治力量与蒋介石和解，共同抗日的前景。

要抗日，就必须坚决反对南京妥协派的主要代表汪精卫。自1934年1月国民党四届四中全会起，胡汉民、邹鲁、邓泽如、萧佛成等人即谋划倒汪。此事得到南京方面不少国民党元老的呼应。1935年9月12日，黄季陆致胡汉民函云：

> 陆定明日启程赴沪一行，目的在对时局有较深之观察，以便应付，同时颇欲乘宁方倒汪失败之后，对宁渐呈离心之势力者必多，能乘时利用，或于吾人之进展不无裨益也。陆之所虑者为宁方对日外交似渐有头绪，若待其成而后反对，不利殊甚。今次所定之计划，惟一目的即在鼓动政潮，明显对立，一面造成汪精卫卖国政权之不稳，同时即所以使其屈辱外交之不易进行也。

当年6月19日，蔡元培在中央政治会议上率先向汪精卫发难，质问其"对日外交究持何策"。吴稚晖、于右任、戴季陶、孙科等继起响应。30日，汪精卫称病休养。7月24日，中央政治会议决定，由孔祥熙代理院务。但是，日本方面随即施加压力，蒋介石不得已，只好请汪精卫复职。函中所称"宁方倒汪失败"指此。从此函可以看出，汪精卫复职后，西南方面决定继续斗争，掀起更大的政潮。16日，萧佛成、陈济棠、李宗仁致电国民党中央，旧话重提，要求将1934年9月8日齐电所列

"惩戒丧权辱国之军政当局"等案列入五全大会议题，但南京方面仍然以种种理由加以推拒。其后，西南方面又要求重选代表，并提出："党的精诚团结，当团结于大会合法进行之下；不当团结于一二人玩弄党权之下；国家之精诚团结，当团结于有效救国方针之下，不当团结于一二人丧权辱国之下。"[1] 11月1日，国民党召开四届六中全会，汪精卫在致开幕词后即遇刺，妥协派遭到一次打击。会议通过了冯玉祥、李烈钧等22人提出的救亡大计案，国民党的内外政策开始发生变化。

为了打开僵局，蒋介石于11月4日派戴季陶、马超俊飞赴广州，会晤陈济棠、李宗仁、萧佛成等，敦促留粤中委参加五全大会，一面派王宠惠的亲信魏道明赴欧，邀请胡汉民归国，共同主政。戴、马之行大致顺利，魏道明则碰到较多困难。胡汉民态度强硬，不忘旧嫌。他委托程天固与魏会谈，程提出："倘胡先生在党的地位得到解决，其他一切问题便可迎刃而解。"又称："（胡先生）现在主张以抗日救国为惟一主旨，故一切政治措施应以军事之准备为至要，而负此责任者，他早已认定非蒋氏莫属。党与军之责，各有攸关。其他问题，自易商量。我信党军分负责任一点，为蒋胡归好之先决问题，不得不先向蒋氏说明，并须得其同意之确实表示。"[2] 魏立即致电蒋介石请示，蒋复电赞成。11月12日，五全大会开幕，蒋介石声称："绝对不订立侵害我们领土主权的协定，并绝对不容忍任何侵害我们领土主权的事实。"[3] 12月7日，五届一中全会选举胡汉民为中央常务委员会主席，蒋介石为军事委员会委员长兼行政院长。胡汉民听到这一消息时，"面有悦色"，随即与程天固等草拟改组中枢计划，拟以王宠惠为行政院长，颜惠庆为外交部长[4]。

在蒋介石及有关方面的一再电催之下，胡汉民于12月27日自法国启程回国。1936年1月6日，蒋介石派魏道明先期至新加坡迎接。其致胡汉民函云：

---

[1]《西南中央根据齐有两电主张向五全大会从新提出议题之铣、巧、东、文四电》，《三民主义月刊》第6卷第5期。

[2]《程天固回忆录》，第284~287页，香港龙门书店，1978。

[3]《先"总统"蒋公思想言论总集》第14卷，第381页，台北。

[4]《程天固回忆录》，第287~288页。

尊驾返国，欣感之怀，非言可喻。兹先请伯聪兄专程代表来新迎接，并候长途起居之劳，无任想念。务请即日莅临京中，共济时艰。伫候之诚，不尽缕缕，伯聪兄必能代致一切也。

1月15日，胡汉民抵港，在书面谈话中要求："党应恢复为有主义、有精神之党，力除过去灭裂涣散之错误"；"政府应改造为有责任、有能力之政府，力矫过去畏葸苟安之错误"[1]。25日抵广州，多次发表谈话，批评南京国民政府"对于人民多务压抑，不务领导"[2]。他说："余今日之工作，为如何促进政府之觉悟，并如何团结全国抗战之力量，俾中华民族最后之自救。"[3]从主张反蒋抗日，推翻南京政府，到主张"促进政府之觉悟"，"团结全国抗战之力量"，反映出胡汉民思想的巨大变化，也曲折地反映出近代中国历史即将进入一个重要的转折时期。

5月12日，胡汉民因突发脑溢血于广州逝世。

1　《抵港时书面谈话》，《三民主义月刊》第7卷第2期。
2　《在广东各界欢迎大会中之演说词》，《三民主义月刊》第7卷第2期。
3　《胡汉民先生对国事之谈话》，1936年2月22日，《胡汉民先生归国后之言论》（二），广州先导社，1936。

"九一八"事变后的蒋介石
——读蒋介石未刊日记

"九一八"事变后，日本帝国主义迅速占领东北全境，蒋介石的对日政策受到普遍责难。同年12月15日，蒋介石被迫第二次下野。这是蒋介石一生中极为困难的时期，也是他开始调整国内外政策的起点。

一　痛愤于日本侵略，但下不了抗战决心

"九一八"事变发生时，蒋介石正乘舰自南京赴江西"剿共"。他迅速感到了事变的严重性。9月19日日记云：

> 昨晚倭寇无故攻击我沈阳兵工厂，并占领我营房。顷又闻已占领我沈阳与长春，并占领牛庄消息，是其欲乘此粤逆叛变，内部分裂之机会，据有我之东三省矣！内乱不止，叛逆毫无悔祸之心，国民亦无爱国之心，社会无组织，政府不健全，如此民族，以情理而论，决无能存立于今日世界之道，而况天灾匪祸，相逼而来，速我危亡乎！余所恃者，惟此一片血诚。明知危亡在即，亦惟有鞠躬尽

瘁，死而后已。[1]

20日日记云：

> 闻沈阳、长春、营口被倭寇强占以后，心神不宁，如丧考妣。苟为吾祖吾宗之子孙，则不收回东北，永无人格矣！小子勉之！内乱平定不遑，故对外交太不努力。卧薪尝胆，生聚教训，勾践因之霸越，此正我今日之时也。

这里，蒋介石除了表示收复失地的决心外，同时也对自己忙于"安内"，"外交太不努力"的状况作了初步检讨。21日，蒋介石回到南京，确定了"团结内部，统一中国，抵御倭寇，注重外交，唤醒国民，还我东北"的方针。这一方针成为蒋介石调整国内外政策的起点。当日召开干部会议，蒋介石提出，首先提交国际联盟与1928年《非战公约》签字国，"以求公理之战胜，一面则团结国内，共赴国难，忍耐至相当程度，以出自卫最后之行动"。22日，南京市国民党员举行抗日救国大会，蒋介石在会上发表演说，声称"国存与存，国亡与亡"。他并追述1928年北伐为日军所阻的情况："我在日本炮火之中，不止一次。倭寇在济南炮击机射，余身实倭炮中遗留不死之物。"日记云："众乃益悲，因知爱国者多，而甘亡国者少，国事尚可为也。"

同日，国际联盟决议中日两国停止战事行动，双方军队退回原防，听候联盟派员调查裁判，蒋介石认为这是外交的转机，也是对内统一的好机会。23日，张学良派万福麟等到南京，要求蒋介石早日与日本交涉，通过外交解决东北问题，引起蒋的不快。蒋认为张学良"不问国际地位与国际形势，以及将来单独讲和之丧辱"。当日，蒋介石与万福麟谈话，认为"与其单独交涉而签丧土辱国之约，急求速了，不如委之国际仲裁，尚有根本胜利之望，否则亦不恤与倭寇一战以决存亡也"。

---

[1] 本文所引蒋介石未刊日记，均据《蒋介石日记类抄·党政》，中国第二历史档案馆藏，不一一注明。

蒋介石依赖国联，寄希望于"国际仲裁"，但是，日本帝国主义却不把国联放在眼里。24日，日本政府复函国联，蛮横地拒绝调查，声称"满洲事件"不容国联及第三国置喙，主张中日直接交涉，国联态度因之软化，转而赞成日本主张。25日，蒋介石获悉有关讯息后，曾有主战的念头。当日日记云："如果直接交涉或地方交涉，则必无良果。我不能任其鸱张，决与之死战，以定最后之存亡。与其不战而亡，不如战而亡，以存我中华民族之人格。"他准备将首都迁到西北，同时集中主力于陇海路。28日，蒋介石写下遗嘱：

> 持此复仇之志，奋吾吞虏之气。兄弟阋墙，外御其侮。愿我同胞团结一致，在中国国民党领导指挥之下。坚忍刻苦，生聚教训，严守秩序，服从纪律，期于十年之内，湔雪今日无上之耻辱，完成国民革命之大业。

10月3日，蒋介石与熊式辉商量备战计划。蒋介石认为，无论和与战，西北实为政府第二根据地。如南京陷落，即迁都洛阳。同日日记云："倭寇威胁之行，迄未杀止，实不知余为何如人也。可笑！"

日本帝国主义的侵略激起了中国人民的巨大愤怒，各地抗日救国运动迅速高涨。为了对中国人民施加压力，10月2日，日本军舰在南京下关示威。5日，日本政府决议对南京国民政府提出严重警告，同时扬言将派五十余艘军舰到长江举行大示威。次日，日舰四艘即开入黄浦江。蒋介石估计日军有"上陆、入城"甚至开战的可能，准备届时通告《非战公约》签字国各国元首，提请他们注意保守《公约》之责任。日记称："余决心与倭寇一战，此心反觉安定无事也。"10月11日，英国外交部致电其驻华公使，要他劝中国不要坚持以撤兵为交涉之条件。蒋介石感到非常"骇异"，日记云："余决心既定，不论各国态度与国际联会结果如何，为保障国土与公理计，任何牺牲在所不惜，且非与日本决战，中国断难完成革命也。"11月17日，蒋介石更在日记中明确地写道："余决心统师北上抗日。"

蒋介石早年即具有民族主义思想，同情五四和五卅爱国运动。

301

"九一八"时期，痛愤于日本侵略，有准备北上抗日的打算，这是他后来之所以能坚持长期抗战的思想原因。但是，在很长时期内，蒋介石又怯于和日本作战。10月7日日记云："国民固有之勇气、之决心，早已丧失，徒凭一时之奋兴，不惟于国无益，而且徒速其亡，故无可恃也。而所恃者，惟在我一己之良心与人格，以及革命之精神与主义而已。"由于日本肆无忌惮的侵略，中国人民中出现了爱国救亡的热潮，但是，这在蒋介石看来，却只是"一时之奋兴"，"不惟于国无益，而且徒速其亡"。蒋介石靠什么呢？"惟在我一己之精神与力量"。当然，蒋介石不会认为他个人可以打赢日本，因此，他必然是悲观论者。日记云："成败利钝，自不能顾，惟有牺牲一己，表示国家之人格与发扬民族之精神，不能不与倭寇决一死战。明知战无幸胜，但国家至此，亦无可再弱，决不至比诸现在再恶也。"11月24日日记又云："余不下野，则必北进与倭寇决战。虽无战胜之理，然留民族人格与革命精神于历史，以期引起太平洋之战争，而谋国家之复兴。"

蒋介石爱惜"民族人格"，准备与倭寇决一死战，并预留遗嘱，其抗战决心可以说是壮烈的，但又是虚弱无力的。

这一时期，蒋介石的主要努力仍然放在外交上。

9月25日，蒋介石组织外交顾问会。30日，组织外交特种委员会，任命施肇基为外交部长。10月3日，先后召见顾维钧与颜惠庆，预定顾为国际联盟会代表，派颜赴北平与各国公使接洽。4日，蒋介石在南京北极阁祷告，向中国基督教领袖余日章提出三项要求：1. 以国民外交名义，联络各国国民，与日本国民主持公道。2. 嘱各国新闻记者往东三省监察各委员公平报告。3. 嘱太平洋协会各国有力者督促其政府注意日本之暴行[1]。8日，蒋介石与张群谈话，表示"备战不屈之决心"同时，希望外交方面有所进步。12日，蒋介石在军校、国府纪念周报告，声称"以坚强不挠之气概吞压强虏，以牺牲无畏之精神维护公理，尽国际一分子之责任"。当日日记云"英美二国对余拥护公理抗御强权之训词皆甚耸动"。当时，日本政府为了掩饰其侵略行为，欺骗国际舆论，拟订了一份所谓

1　《蒋介石日记类抄·党政》。

《中日和平基本大纲》，表面上声称"尊重中国领土之完整"，同时则赤裸裸地要求"尊重在满洲之日本既成条约"[1]。10月15日，蒋介石决定坚决拒绝日方的这一大纲，他和戴季陶及外交委员会商量之后，决定另提《东亚和平基本大纲》以为对抗。《大纲》明确说明东三省是中国领土，但实行"门户开放，机会均等"政策，"共同开发经济"，企图利用矛盾，吸引列强反对日本[2]。17日，蒋介石与各国公使谈话，表示对日抵抗，不签丧辱条约之决心。19日，再见各国公使，嘱其电告出席日内瓦国联会议的本国代表及其政府：如国联失败，则东方与中国之前途不可预料，望其切实注意。

国联会议几经曲折。10月23日，法国外长白里安向国联理事会提出解决满洲问题决议草案，限日军在1月16日以前完全撤兵。24日表决，13票赞成，仅日本1票反对。中国在外交上打了一个胜仗，日本代表芳泽对新闻记者称："今日为余有生以来最痛苦之一日。"[3] 25日，蒋介石日记云："国际联合会决议，倭寇虽未承认，但公理与正义已表显于世界。白里安之才能究为可佩，以决议方式甚为得体也。"

通过国联，进行外交斗争，广泛团结世界上一切反战国家，在道义和舆论上最大限度地孤立日本，蒋介石的这一策略并非没有可取之处，但是，国联的决议并不能约束日本，对侵略者，必须还之以反侵略战争，才能制止凶焰，维护民族利益和世界和平。

"九一八"事变后，蒋介石曾称："事在自强，而不在人助。"[4] 但是，他还是过分相信并依赖了国联。

---

1 《蒋作宾日记》，1931年10月26日，江苏古籍出版社，1990。
2 《蒋介石日记类抄·党政》。
3 王芸生：《六十年来的中国与日本》第8卷，第268页，三联书店，1982。
4 《蒋介石日记类抄·党政》，1931年10月14日。

二　与粤方和解

1931年2月底，蒋介石软禁胡汉民。5月，汪精卫、孙科、邹鲁、陈济棠、李宗仁等在广州成立国民政府，形成宁粤两个政权。"九一八"事变后，蒋介石意识到这种分裂的局面必须迅速结束。9月20日日记云：

> 日本侵略东北，已成事实，无法补救。如我国内能从此团结，未始非转祸为福之机也。故内部先当力谋统一。

21日，他在南京干部会议上即提出："对广东以诚挚求其合作"，同时表示：1.令粤方觉悟，速来南京，加入政府；2.南京中央干部均可退让，只要粤方能负统一之责，来南京组织政府；3.胡、汪、蒋合作亦可[1]。当日会议并决定："抽调部队北上助防，并将讨粤及剿共计划，悉予停缓。"[2] 22日，蒋介石约见吴稚晖、戴季陶等，表示愿交出政权，与胡、汪合作。当日，戴季陶即受蒋之命，前往汤山，劝胡汉民重新视事。23日，蒋介石又派蔡元培、张继、陈铭枢到香港与汪精卫、李宗仁、孙科等会谈。双方在29日决定：1.广州国民政府与南京国民政府同时通电取消；2.双方组织统一会议，产生统一国民政府[3]。30日，蒋介石接到汪精卫所拟通电稿，认为"多诬辱之词"，极为恼怒，但他决定暂时忍耐。日记云：

> 当此横逆纷乘，既要余屈服，又要余负责。而若辈不顾大局，一意捣乱，而又无能力来组织政府，徒乘此外侮之机，勾结敌国，动摇国本，能不痛心！此时只有逆来顺受，忍辱负重，以求万一之

1　《蒋介石日记类抄·党政》，1931年9月21日。
2　秦孝仪：《"总统"蒋公大事长编初稿》卷2，第129页，台北，1978。
3　《粤事已有解决》，《申报》1931年9月30日。

补救。

10月1日，蒋介石电复粤方，表示在港、粤所定条件须斟酌修改，同时表示，随时可以恢复胡汉民、李济深的自由；本人去留问题，俟和平会议时讨论。他要求粤方到南京召开统一会议。10月2日，陈铭枢、蔡元培向蒋介石转达了粤方的意见，要求蒋先行通电表示，准备下野，蒋介石极为恼火，日记云：

> 是直等于儿戏耳！国事危急至此，而若辈尚以敌对态度要胁不止。对国内与中央则肆行压迫，对倭寇则勾结迁就，是诚全无心肝矣！

当年7月，广州国民政府外交部长陈友仁等赴日活动，企图在粤派与日本之间建立"中日同盟"[1]。据日本外相币原喜重郎密告南京国民政府驻日公使蒋作宾称：陈友仁表示，将以"满洲利权"换取日本对粤方的援助[2]。因此，蒋介石一直认为，日本出兵东三省，源于粤方"卖国"。本日日记所称"（粤方）对倭寇则勾结迁就"，指此。

10月12日，陈铭枢回到南京，向蒋介石报告赴粤和谈经过，声称粤方坚持须先恢复胡汉民自由，然后再谈和议。13日，蒋介石、胡汉民在中山陵会见，蒋介石同意胡汉民次日去上海。14日，蒋介石访问胡汉民，表示"过去之是非曲直，皆归一人任之，并自承错误"。日记云，胡汉民"亦颇感动"。当日，胡汉民赴沪。不过，这以后蒋介石对粤方的态度并未好转。16日日记云："晚，以粤方与展堂为梗，对内迫于对外，殊堪慨叹！"18日日记云："晚，商粤方要求事与胡汉民之态度，可慨可怜又可笑也。"21日，蔡元培、张继偕同粤方代表汪精卫、孙科、李文范、伍朝枢、邹鲁、陈友仁等6人到达上海。22日，蒋介石与宋美龄飞抵上海，与汪精卫、胡汉民等会谈，议定外交方面先求得一致，以利共赴国难；

1　币原喜重郎：《外交五十年》，第146～150页，东京读卖新闻社，1951。
2　《蒋作宾日记》，1931年9月22日。

党政军诸方面问题，留待以后会议详商。蒋介石当日日记云：

> 各报所载粤方所谓代表者，谈话诋毁讥讪，未改旧态，为之骇异。与各中委相见，乃知对方提推倒中央现有组织，否认根本法纪，是胡汉民有意捣乱，使余进退两难，而若辈既不敢负此重责，又不愿知难而退，更不愿置之不问，可痛、可鄙、可恶、可嗤、可怜，莫甚于此，而反以为得计，不仅壁上观火，下井推石，必欲使一切罪恶责任归之一身，置党国败亡于不顾，立待国家纷乱而后快，此种卑劣政客，既陷害总理于前，今且毁卖党国，不顾一切，胡奸之罪，是在灭绝党国于其一人之手也。

对孙科，蒋介石也很不满，日记云："以阿科为最不争气，甚为总理叹惜也。"当日，蒋介石回京。23日，粤方托蔡元培、张继携带汪精卫、孙科等联名函件赴宁，提出7项要求：1. 为共赴国难，先谋外交一致行动；2. 关于党国诸疑难问题，请宁方派代表赴沪共商；3. 党国根本问题在于集权于党，完成民主政治乃根本原则；4. 召集一、二、三届中央委员会议产生健全的第四次全国代表大会；5. 国民政府主席拟仿法、德总统制，以年高德劭者任之，现役军人不宜当选；6. 拟废除陆海空军总司令一职；7. 在统一会议决定以前，彼此应尽之责，双方应照常担负[1]。这7条的矛头所向是蒋介石已经掌握的权力与地位，因此，蒋介石极为反感，日记云：

> （粤方）以为中央已无办法，故提此苛刻无理之要求。倭人借粤方捣乱之机以逼迫中国，粤寇借倭奴之力以倒中国，而且其推出代表全为粤人，是广东俨然化省为国，与倭夷攻守同盟以倾中央。形势至此，殊为我中华民族羞。对此叛逆，不可再以理谕，惟有负责坚持，死报党国，岂有退步之余地乎！

---

1 《粤代表致蒋介石函》，《申报》1931年10月27日。

根据这一认识，蒋介石一面于复函中表示"事关内部，无不可以开诚相见，从容商谈"[1]，一面则决定略加反击。10月27日，宁粤双方代表在上海举行预备会议。28日，蒋介石复电粤方各代表，"指明其无诚意之真相"。当日日记云：

> 胡汉民之捣乱，阴谋不法行动，不特置余个人于死地，且必欲毁坏党国，将总理革命至今艰苦奋斗所得之历史一举勾销。小人不可与同群，有如是夫！

30日日记云：

> 粤方全为胡汉民一人所霸阻，而汪、孙则愿来合作，以不欲与胡破脸，故不敢明白表示，当使之有回旋余地。对粤应决定方针：一、如其愿就范，不破裂，则暂维统一之局面，固于对外有益也；二、如其不愿就范，必欲破裂，则避免内部纠纷，使之回粤自扰。胡汉民已成过去，而其过去历史，为阻碍总理，反抗总理，今则欲灭亡本党，叛乱革命，无足计较也。

尽管蒋介石对胡汉民满腔怒火，但是，还是决定忍耐。31日日记云：

> 此时中央实处于内外夹攻之中，各报舆论皆为反动派所把持，是非不明，人心不定，此国家之所以乱也。吾人惟有忍辱负重，以尽职责，虽举世非之而不能动摇我坚定之志。

11月2日，蒋介石发表演讲，声称：只要团结能早日实现，任何委屈痛苦，都能忍受[2]。此后，蒋介石一让再让。3日，蒋介石召开干部会议，

1　《蒋介石复粤代表函》，《申报》1931年10月27日。
2　秦孝仪：《"总统"蒋公大事长编初稿》卷2，第145页。

决定与粤方"无条件合开"国民党第四次全国代表大会,解决党内争端。当晚再议,决定"在中央合开,或京粤两处分开,皆随粤方之便"。11月5日,张继会见蒋介石,传达粤方意见,要求分别开会,蒋介石虽然不赞成,但决定"顺其意迁就"。7日,上海会议决定,在南京、广州分别召开第四次全国代表大会,双方各自选出24人,成立统一的中央执行委员会。这样,分裂、对峙的双方就找到了团结统一的途径。

11月12日,南京方面以"团结内部,抵御外侮"为主题,先行召开国民党第四次全国代表大会。17日,蒋介石决定统兵北上抗日,以此表示"对内退让,又欲使本党挽救对民众之信仰,非使代表放弃选举竞争,诚意与粤方合作不可"。当日,蒋介石派陈铭枢赴上海邀请汪精卫来京主持会议。11月19日,蒋介石召集中央干部会议,决定全部接受粤方所拟中执、中监委员136人名单,蒋介石的这一意见为四全大会第五次会议通过。21日,会议通过"追认恢复党籍案",承认在不同时期开除的李宗仁、李济深、白崇禧、冯玉祥、顾孟余、汪精卫、阎锡山等314人的党籍[1]。蒋介石作了一个前所未有的高风格的发言。他说:"以前党员之叛变,使党国益陷于艰危,皆非为中央与政府,而独为中正一人之故。故从前一切错误,皆由余一人任之。"22日,会议闭幕,蒋介石自觉度过了对内的一个"难关",日记云:"增加奋斗勇气不少,令人发生对党国无穷之希望也。"

冰冻三尺,非一日之寒,蒋介石与粤方矛盾已深,缓和与化解都需要时间,蒋介石11月22日的日记显然过于乐观了。

民族利益高于一切。在外敌入侵时,必须抛弃旧日的嫌隙与纠纷,一致对外。"九一八"事变前,蒋介石曾宣称:"不先剿灭共匪","则不能御侮";"不先削平粤逆","则不能攘外"[2]。"九一八"事变后,蒋介石力谋与粤方和解,后来又进一步发展为与共产党和解,从而导致全民抗战局面出现,这是顺乎潮流、合于人心的举措。

---

1 荣孟源主编《中国国民党历次代表大会及中央全会资料》(下),第45~47页,光明日报出版社,1985。

2 《蒋"总统"秘录》第7册,第185页,台北"中央日报社",1976。

三　学生运动的困扰

中国学生富于爱国传统,"九一八"事变发生,东北大片国土沦陷,学生们不能不奋起抗争。这本来是一件好事,但蒋介石却感到烦恼。9月24日,上海各大学抗日救国会代表到南京请愿,蒋介石日记中即有"上海学生狂激"之语。28日,南京中央大学学生一千余人到国民党中央党部请愿,其后,又到外交部请愿。外交部部长王正廷避而不见,引起学生愤怒,冲入王的办公室,殴伤王的头部。同日,上海复旦大学学生八百余人到达南京,会同中央大学、金陵大学等校学生到国民政府请愿。当日蒋介石日记云:

> 今日中央大学学生哄闹外交部,打破王部长头额。上海学生来请愿者簇队络绎不绝,其必为反动派所主使,显有政治作用。时局严重已极,内忧外患,相逼至此,人心之浮动好乱,国亡无日矣!

29日,蒋介石接见上海第二次进京请愿学生5000人,训话1小时余。蒋称:"本席亦抱定与国民共同生死之决心"。又称:请愿分散政府精力,要求学生返校读书;如愿从军,可编入义勇队训练。当日,学生大批返沪。这使蒋介石略感安慰,日记云:"青年爱国,知守法纪,岂非一最好现象耶!"

其后,蒋介石日记中不断出现关于学生运动的记载:

11月17日,南京召开国民党第四次全国代表大会期间,中央大学学生向会议请愿,要求迅速出兵东北,收复失地。蒋介石在对学生训话后自觉"火气过甚"。

18日,蒋介石出席会议途中,见到学生集合请愿,"心甚嫌恶"。

11月23日,蒋介石对杭州来京请愿学生七百余人训话,"以诸葛孔明出师兴汉、岳武穆尽忠报国自况",日记云:"听者动容。"

11月25日日记云:"下午,各方学生为反动派所鼓惑,来京请愿北上,故意捣乱,破坏政府,勾结日本、广东,人格丧失殆尽,而余处境之悲惨,亦未有如今日之盛者也。胡逆汉民,其亡国之妖孽乎?"

11月26日,蒋介石与上海中学生谈话。下午,学生千余人聚集国府,要求蒋介石亲书誓师词。日记云:"国民程度若此,殊为大局危也。共产与粤派必欲毁灭国府,败坏国家,灭亡民族而后快,可叹亦可恨也。"

不过,这一时期蒋介石尽管讨厌学生运动,并且怀疑背后有人操纵,但总的来说,还是有耐心的。11月27日日记云:"数日以来,对各地来京之学生接见训话者约二万人,可谓用尽精力以应之。幸未发生事故,且受〔收〕几分好影响,是乃对内最难最险之关头得以平稳过去,岂非至诚足以动人乎!"日记又云:"对日困难,而对内更难。倭事乃由国内卖国者所发动,胡展堂、陈友仁之肉,不足食矣!"

国难危急,蒋介石的空言保证自然平息不了学生们的请愿热潮。面对方兴未艾的学生运动,蒋介石的憎恶之情日渐增加。11月30日,对上海工人代表及北平国民大学生训话。日记云:"可惜而最可痛者,乃一般盲从幼稚之青年,令之安心求学以尽救国之道则不听,煽以浮躁怠荒则乐从。国无纪律,人不道德,时事纷乱如此,作俑者胡、汪、孙也。"12月2日,蒋介石接见北平及徐州各校学生请愿团,表示接受请愿各点,并表示中央全会之后,即当北上抗日。日记云:"(学生)无理取闹,殊可矜怜。国事泯棼,教育破产,未知党部所为何事,竟使一般群众皆为邪说所诱惑,反动派所操纵,而与政府为难,此皆余用人不当之疚,而于他人乎何尤!"

尽管蒋介石一再接见学生,表示抗战决心,但是,由于不见实际行动,学生们对南京国民政府和蒋介石的态度日趋激烈。12月4日,北平大学生示威团到达南京。蒋介石日记云:"闻其名辄为诧叹,不向敌国示威,而向政府示威,此中国之所以被辱也,设法制止之。"当日下午,蒋介石对北平各校代表及各处大学生1200人作长时间训话。次日,北大南下示威团在南京游行示威,呼喊"反对政府出卖东三省"、"打倒卖国政府"等口号,南国民政府即采取镇压措施,蒋介石日记云:"北平大学生示威团在京暴动，殴辱军警，乃即拘捕百余人，惟禁止军警开枪。"

南京国民政府的镇压措施进一步激起了学生的反对。济南、北平、上海学生大批在车站候车，准备到南京请愿。12月7日，蒋介石接见武汉大学及南京抗日会学生，日记云："青年之无智无礼，殊为民族寒心也。"8日日记云："中大学生枭张已甚，各处学生亦为少数共产党所操纵。"这时，蒋介石已决定进一步镇压：日记云："于此危急之际，若惮杀戮惨痛，若不准备最大牺牲，何能达此目的。如能幸免流血，则为党国之福；否则，惟有以菩萨心肠而发雷霆天怒，有何畏忌哉！"所谓"雷霆天怒"，自然是超乎拘禁以上的手段了。但是，蒋介石的主张受到部分人的反对。12月9日日记云："一般书生对万恶反动盲从之学生仍主放任，不事制裁。呜呼！天下事皆误于若辈之手！"同日，上海各校学生五千多人赴市府请愿，要求惩办市公安局长及市党部工作人员，释放被绑架学生。下午5时，学生三百余人到市党部请愿，因无人接见，将市党部办公室捣毁。10日，蒋介石与有关人员商量对付办法，决定"姑以缓和办法应付之"。当晚，会商镇压办法，何应钦态度犹疑，引起蒋介石不满。日记云："敬之到紧要关头，彼必毫不负责，而且怨恨无权，此最可恨之事也。"15日，北平南下抗日救国示威团五百余人赴外交部示威，将各办公室捣毁，续赴中央党部，将蔡元培、陈铭枢殴伤，架出门外。警察鸣枪，夺回蔡、陈二人。日记云："学生暴横至此，而先辈犹主宽柔，竟使全国秩序不安。如此无政府放任主义，何以能完成革命立国之责任也？"17日，南京、上海、北平、江苏、安徽等地学生万余人在南京举行总示威，砸毁国民党中央党部党徽。下午，因抗议对运动的不真实报道，捣毁《中央日报》。南京国民政府当局出动军警镇压，重伤30余人，拘捕63人[1]。日记云："无法已极，若再不制裁，诚欲败坏学风，无可纠药。灭亡种族，近在眉睫矣！"

不过，蒋介石这时还坚持接见学生。12日，接见济南学生三千余人，在冻天立谈2小时。日记称："几受侮辱"，"余现身说法，至少四分之三以上之学生能受理解感化，而极少数之学生亦无如彼何也？"14日日记

---

1 《申报》1931年11月18、19日。

云:"对请愿学生代表解释详尽。青年有理性者居多数,而少数败类,横行无忌,罔知礼义,殊为国家悲痛也。"

学生年轻热情,有时不免有过激举动,但是只要南京国民政府改对日妥协为对日抵抗,学生们的爱国热情就会转化为爱国的巨大力量,对政府的态度也会随之相应改变。蒋介石只看到学生运动"分散政府精力"以及反对政府的一面,这就走进了误区。

12月4日,蒋介石总结失败原因,认为其一是"对于学者及知识阶级太不接近,各地党部成为各地学者之敌,所以学生运动全为反动派操纵,而党部无法解铃,反助长之"。应该说,蒋介石的这一总结没有抓到关键。

四　下野及其反思

在内外交迫的情况下,蒋介石不得不考虑自己的进退问题。

为了化解与粤方的冲突,蒋介石在"九一八"事变之前就有召开四中全会,本人"引咎辞职"的考虑。"九一八"事变后不久,蒋介石又与吴稚晖、戴季陶谈话,表示愿"交出政权,胡、汪合作"。但是,蒋介石内心矛盾,犹豫不决。

10月15日,蒋介石与戴季陶商量,决定电告粤方:"统一会议开始之日,即为中正辞职之时;或粤方委员能允担任中央政治,则中正以付托有人,即当退避贤路。"这是决定退了。然而,10月27日日记云:"当此国难,决心负责到底,任何诽谤,在所不计。"31日日记又云:"吾人惟有忍辱负重,以尽职责,虽举世非之,而亦不能动摇我坚定之志。"这就是又决定不退了。

这一时期,蒋介石不断与李石曾、吴稚晖等人商量,意见不一。11月23日,蒋介石与熊式辉商量,声称:"将以国家利益为前提,如果余下野之后,国家能统一,外交能解决,则余之下野不失为革命者之立场。"12月6日,蒋介石设想了一个解决矛盾的办法。日记云:"此时对国事只有进退二途。进则积极负责，对内开国民大会，解决国事，对外在国联公证之下解决交涉，成败毁誉，皆由余一人任之，以待后世之公论。"同月7日，蒋介石与干部们谈话，表示要召开国民大会，"以本党政权提早奉还国民"，但吴稚晖认为"此着太险，现在只有以静制动，待其安静"。

吴稚晖是蒋介石的智囊。蒋介石觉得吴的"以静制动"说很有道理，准备接受。但是，广东方面却不让蒋介石安静，始终坚持以其下野为合作条件。不仅孙科等如此，连这时还站在南京方面的陈铭枢也如此。12月11日，蒋介石日记云：

> 闻真如之言，乃知哲生等必欲强余辞职而后始快，真如亦受彼等之咮，而未深思，国家大计以余之领袖，而坚强之干部动以退让为得计，内部异心，责任难负。然而余不能用人，而干部左右又不能容人，此国家之所以不宁也。余近以政治哲学得二语曰："政者进也，贪者退也。"领袖欲进而干部欲退，虽有大力，无以推动何！

12日，蒋介石再次与干部们商量进退问题。李石曾、吴稚晖、戴季陶、吴铁城不主张蒋介石下野，何应钦、陈铭枢则希望蒋介石尽快下野。蒋对李石曾等称：

> 此时救国，惟有余不退之一法，而欲余不退，惟有改为军事时期，一切政治皆受军事支配，而听命余一人，则国始能救。否则，如现在情形，群言庞杂，筑室道谋，不许余主持一切，彼此互相牵制徒以无责任、无意识、无政府之心理，利用领袖为傀儡，则国必愈乱而身败名裂，个人无论如何牺牲，亦不能救国于万一也。

召开"国民大会"，是以民主的办法解决矛盾；"改为军事时期"，"听命余一人"，是以独裁的办法解决矛盾。然而这两点当时都不可能做到，蒋介石想来想去，只有下野了。

13日，蒋介石与吴铁城谈话，表示决不能将权力让给孙科。日记云：

> 与铁城谈哲生不肖。总理一生历史为其所卖。彼到结果，不惟卖党，而且卖国。余追念总理，良心上实不敢主张哲生当政，乃爱之以德也。

同日，蒋介石与陈铭枢谈话，声称如粤方16日尚不来，则以后不再与之调和；如16日以前能来，则自己可早一日退让。12月14日，蒋介石决心辞职，邀请各干部会商办法。15日，蒋介石向中央常务会议提出辞呈，声称"国事至此"，必须"从速实现团结"，要求辞去国民政府主席、行政院长、陆海空军总司令各职[1]。会上，"众口纷哓"，蒋介石觉得极度凄酸，日记云：

> 以手造之国家，辛劳八年，死伤部下三十余万，犹亲生扶长之子，欲使一旦放弃，不能相见。经国赴俄不归，民国犹在孩提。今日又为先母六十八岁诞辰。呜呼！于国于党为不忠，于母为不孝，于子为不慈，自觉愧怍无地，未知以后如何为人以报答亲恩与党国也。

16日，蒋介石到国民政府办理交代。17日，孙科等5代表到蒋介石寓所见面。18日，蒋介石与汪精卫、陈璧君、陈公博谈话。汪精卫要求蒋介石出任监察院长，蒋介石表示同意，他对孙科出任行政院长表示疑问，认为外交部长一职，陈友仁不如伍朝枢。19日，蒋介石参加中央执行委员会谈话会，日记云：

> 汪派在沪选举十人，与粤方争持，始则粤方与中央之争，今则粤又自争，此种攥权夺利之政客，毫无革命精神。

汪精卫本来与胡汉民合作反蒋，11月18日，在广州共同召开另一个

---

1 《"总统"蒋公大事长编初稿》卷2，第160页。

国民党第四次全国代表大会，但不久即闹翻，汪派改到上海，举行又一个国民党第四次全国代表大会。12月20日，蒋介石与陈布雷商量后，决定不参加党务。21日日记云："明日开一中全会，腐化、恶化分子，济济一堂，诚所谓一丘之貉也。"22日，蒋介石出席在南京召开的宁、粤、沪等各方合流的国民党四届一中全会，见到了他所憎恶，以及曾被他打倒过的许多人，大受刺激。日记云：

  腐恶败类，凡为余之仇敌，而为余所打倒者，今皆蝇集一块，刺入心目。余对彼等，惟有可怜、可笑、可咄、可憎，而毫无芥蒂之嫌。眇兹群丑，皆不值余一蹴也。

蒋介石既然认为这帮人不值得"一蹴"，自然也就认为不值得与之"同群"。同日，蒋介石不顾出任监察院长的许诺，乘机离宁。

蒋介石返里后，曾进行反思，12月24日日记云：

  今次革命失败，是由于余不能自主。始误于老者，对俄对左，皆不能贯彻本人主张，一意迁就，以误大局；再误于本党之历史，容纳胡汉民、孙科，一意迁就，乃至于不可收拾；而本人无干部、无组织、无侦探，以致外交派唐绍仪、陈友仁、伍朝枢、孙科勾结倭寇以卖国，而先事未能察觉。陈济棠勾结左桂各派，古应芬利用陈逆，皆未能预为防制，乃遂陷于内外夹攻之环境，此皆无人扶翼之所致也。

"老者"，应指孙中山。蒋介石这一则日记批评了包括孙中山在内的许多人，而且将"革命失败"的原因归结为"余不能自主"，这是一句反映蒋介石个人思想的高度性格化的语言，不过，这并不是他"失败"的真正原因。前文曾谈到，"九一八"事变后，蒋介石有开始调整国内外政策的动向。这一则日记说明，他的思想认识还远远落后于现实。真正将国内外政策转轨到对日抗战上来，还是几年以后的事。

蒋介石拒绝以牛兰夫妇交换蒋经国

蒋介石1931年12月16日日记云：

> 苏俄共产党东方部长，其罪状已甚彰明。孙夫人欲强余释放而以经国遣归相诱。余宁使经国投荒，或任苏俄残杀，而决不愿以害国之罪犯以换亲儿。绝种亡国，天也，余何敢妄希幸免！但求法不由我毁，国不为我所卖，以保全我父母之令名，无忝此生则几矣。区区嗣胤，不足撄吾怀也。

这一则日记涉及当时的一项重大事件。

20世纪20年代，国共合作之际，苏俄和共产国际曾向中国派出过许多顾问，参与中国革命，加伦将军、鲍罗廷、罗易就是其中的重要代表。1927年，国共两党关系破裂，苏俄顾问回国。其后，苏俄即通过其在华使馆和各地的领事馆继续予中共以支持。1927年12月，因苏俄驻广州副领事哈西斯在幕后指挥中共在广州暴动，国民党军冲进领事馆，将其捕杀。南京国民政府随即宣布断绝与苏联的关系。此后，共产国际陆续召回了它在中国的代表。

1928年6月，中共在莫斯科召开第六次代表大会，向斯大林提出，要求共产国际继续向中国派出其代表。1929年2月，共产国际东方部在上海成立远东局，借此帮助中共中央工作，同时，负责联络东方各国共产党。远东局下设政治部与联络部。联络部主任为阿布拉莫夫（Abramov），其手下工作人员有牛兰（Hilaire Naulen）夫妇等。牛兰，原名雅科·然德尼科，又名保罗·鲁埃格（Paul Ruegg），原籍波兰，曾在共产国际南洋局工作，1930年3月奉调来华，在阿布拉莫夫手下当联络员，负责管理秘密电台、交通及经费等事项，同时兼任红色工会国际分支机构泛太平洋产业同盟秘书处秘书。1931年6月15日，牛兰夫妇在上海四川路235号寓所内被公共租界巡捕房逮捕。8月9日，在上海高等法院第二法院受审。14日，由上海警备司令部移解南京。

牛兰夫妇被捕后，国民党当局以为抓到了一个大人物。他的职务被说成为共产国际远东局负责人，不仅指挥中共南方局，而且指挥中共长江局及北方局，就连印度、菲律宾、马来亚、朝鲜、安南、日本等地的共产党，也均在其管辖之下，每年活动经费有50亿元之巨。上引蒋介石日记所称"苏俄共产党东方部长"，即指牛兰。

为了营救牛兰夫妇，中共保卫部门和苏联红军总参谋部上海站迅速共同制订了计划，由潘汉年和该站工作人员里哈尔德，左尔格共同负责。此后，宋庆龄即与他们密切配合，为营救牛兰夫妇做了许多工作。

宋庆龄于1931年7月因母丧自德国回国，8月13日到达上海。没过几天，即接到德国著名作家德莱塞、劳动妇女领袖蔡特金以及珂勒惠支教授等多人来电，要求她设法营救牛兰夫妇。蔡特金在电报中说："因为您是伟大的孙逸仙理想的真实的承继者，我希望你会热心努力的救援泛太平洋产业同盟秘书局的工作人员。"蒋介石日记表明，宋庆龄曾于当年12月到南京，面见蒋介石，提出以遣返蒋经国作为释放牛兰夫妇的交换条件。

蒋经国为毛氏所生，蒋纬国为戴季陶与日女重松金子所生。在这两个孩子中，蒋纬国由于活泼天真，更多地赢得蒋介石的疼爱，但是，蒋经国是蒋介石的亲骨肉，因此，蒋介石对他的希望最大，教育也抓得最紧。不妨摘录蒋介石日记及其部分家信：

1920年2月7日："下午，与枕琴先生定经儿课表。"

1920年3月4日："下午，定经儿课表。"

1920年4月2日:"写示经儿函。"

1920年8月30日:"经儿在江天轮次谒省,其言语举止,颇为明亮着重,心甚爱焉。"

1920年11月30日:"下午,谈起教育经儿事,母言陈腐,此儿恐为所害,言之心痛。"

1922年3月3日:"经儿已考入万竹小学四年级,颇为喜慰。"当日,致函蒋经国,要他每日印写楷书一二百字,并用心学习英文。

1922年9月13日,寄函蒋经国,要他勤奋读书、习字,熟读《论语》、《孟子》等"四书"以及《左传》、《庄子》、《离骚》等书。函称:"目今学问,以中文、英文、算学三者为最要,你只要能精通这三者,亦自易渐渐长进了。"

1923年2月24日:"经儿去沪就学。"

1923年8月10日:"复谕经儿。近日经儿学业颇有进步,可慰。"

1923年11月27日:"致经儿长幅书。"函称:"凡是所学的东西,总要能够应用才好。如其单是牢记其方法成句,而不能应用,那学问也就枉然了。"

1924年5月1日,寄函蒋经国,询问其"曾看曾文正家训否"。

1924年5月30日,寄函蒋经国。函称:"曾文正公言办事、读书、写字,皆要眼到、心到、口到、手到、耳到,此言做事时,眼、心、口、手、耳皆要齐来,专心一志,方能做好。"

1925年8月13日:"经儿今日与汪婴侄等去沪,北上就学。"

1925年10月1日:"复谕经儿,准其赴俄留学。"

蒋经国于赴苏后,进入莫斯科孙中山大学留学,时年16岁。次年,他曾写信报告学习情况,蒋介石很高兴,6月13日日记云:"接经儿禀,文理甚有进步,递与静江兄阅之。"1928年,蒋经国进入列宁格勒[1]苏联红军军政大学学习,1930年毕业。1931年,因与驻共产国际中共代表王明对立,被送至莫斯科郊外的石可夫农场劳动。次年,又被送到西伯利亚。至此,蒋经国离开中国已经五六年了。

---

1 今称圣彼得堡。

尽管1927年"四一二"政变后，蒋经国曾痛骂蒋介石，宣布与其断绝父子关系，但是，蒋介石还是怀念这个儿子的。

1931年1月25日日记云："余少年未闻君子大道，自修不力，卒至不顺于亲，不慈于子，迄今悔已难追。"

同年11月28日日记云："迩来甚念经儿。中正不孝之罪，于此增重，心甚不安。"

又，12月3日日记云："近日思母萦切，念儿亦甚。中正死后，实无颜以见双亲也。"

又，12月14日日记云："晚间，以心甚悲伤，明日又是阴历十一月初七先妣诞辰，夜梦昏沉，对母痛哭二次。醒后更念，不孝罪大。国乱身孤，痛楚而已。"

又，12月15日日记云："余心剧度凄酸，以手造之国家，辛劳八年，死伤部下三十余万，犹亲生扶长之子，欲使一旦放弃，不能相见。经国赴俄不归，民国犹在孩提。今日又为先母六十八岁诞辰。呜呼！于国于党为不忠，于母为不孝，于子为不慈，自觉愧怍无地，未知以后如何为人以报答亲恩与党国也。"

又，12月27日日记云："尝思传世在德行与勋业，而不在子孙。前代史传中圣贤豪杰、忠臣烈士每多无后，而其精神事迹，卓绝千秋，余为先人而独念及此，其志鄙甚。经国如未为俄寇所害，在余虽不能生见其面，迨余死后，终必有归乡之一日，如此，则余愿早死，以安先人之魂魄。"

又，12月31日日记云："心绪纷乱，自忖对国不能尽忠，对亲不能尽孝，对子不能尽慈，枉在人世间，忝余所生，能不心伤乎！"

这一段，大概是蒋介石一生中最倒霉的时期之一。由于软禁胡汉民，汪精卫、孙科等在广州造反，另立国民政府；由于采取不抵抗政策，日寇轻易地占领了东三省。因此，蒋介石不得不引咎辞职。正像他在日记中所述，心情极度悲凉。他不仅痛惜失去了民国的元首宝座，也想起了留俄不归的儿子。古语云："夫不孝有三，无后为大。"蒋介石是儒学伦理的尊奉者，他担心拒绝宋庆龄的建议，会导致苏方加害于蒋经国，使自己陷于"无后"境地。不过，尽管如此，他还是坚决拒绝以蒋经国交换牛兰夫妇，显示了他坚决反共和性格中的倔强一面。

以蒋经国交换牛兰夫妇，这一主意显然来自莫斯科。牛兰夫妇被捕后，莫斯科不仅动员了许多国际知名人士出面营救，而且愿意以蒋经国交换，这一事实说明牛兰夫妇在共产国际中有相当重要的地位。同时，这一条件通过宋庆龄提出，也显示出宋和莫斯科方面的密切关系。

蒋介石虽然拒绝了宋庆龄交换的建议，但是，他还是希望蒋经国能够回来，也相信能够回来。1934年2月13日日记云："今日者母亡家破，子散国危。若不奋勉，何以对先人？何以见后嗣，勉之！"同年7月7日，和宋美龄谈到自己死后的家事，立下遗嘱说："余死后经国与纬国两儿皆须听从其母美龄之教训。凡认余为父者，只能认余爱妻美龄为母，不能有第二人为母也。"8月15日日记云："近日病中，想念两儿更切，甚望其能继余之业也。"可见，蒋介石虽然作了蒋经国在苏联被杀的最坏思想准备，但并不相信苏联会这么做。当时，在日本帝国主义者的威胁下，中苏开始接近。蒋介石一面指令颜惠庆、顾维钧、王宠惠等与苏联谈判，企图恢复邦交，一面通过外交途径争取让蒋经国回归。1934年9月2日日记云："与颜、顾、王等谈外交方针渐定，彼等或较谅解。经国回家事，亦正式交涉。此二事能得一结果，则努力之效渐见。"同月9日，蒋介石与宋美龄游览江西石钟山，想起当年苏轼携带儿子苏迈同游的情景，不禁感叹经国、纬国的不能随游。同年12月，蒋介石从苏方得到消息，蒋经国不愿回国，蒋介石一面感叹"俄寇之诈伪未已"，一面则自觉"泰然自若"。他在日记中写道："当此家难，能以一笑置之，自以为有进步也。"1937年3月，随着中苏关系的进一步缓解与和好，蒋经国终于携妻儿返国。

蒋经国回来了，牛兰夫妇却仍然关在国民党的监狱里。

1932年7月1日，南京国民政府以"危害民国"罪审讯牛兰。7月2日，牛兰以绝食相抗。11日，宋庆龄偕同牛兰夫妇的辩护律师陈瑛意到江宁地方法院看守所探视牛兰夫妇，劝他们进食。同日，与蔡元培、杨杏佛、斯诺等组织牛兰夫妇上海营救委员会，宋庆龄任主席。其英文宣言称："吾侪与欧美各国之著作家、医学家、法学家、科学家、艺术家、教育家及政治家，凡关心牛兰案者，共同联络，为人道正义及不可侵犯之政治自由权，而请求应准牛兰夫妇之请求，将案移沪，或将其全部释放。此种请求须立时应允。今日为牛兰夫妇在南京绝食之第十日，世界最高思想所系之二人之生命，国民政府视之如儿戏；牛兰夫妇果因绝食而死，任何歉意，任何理解，皆不能涤此污点。吾侪欣然与世界营救总会合作，以达成功。"12日，宋庆龄亲自找汪精卫和南京国民政府司法部长罗文翰交涉。17日，由宋庆龄、蔡元培具保，国民党司法当局允许牛兰夫妇到南京鼓楼医院就医，牛兰夫妇同意停止绝食。8月19日，江苏高等法院判处牛兰夫妇死刑，不久改判无期徒刑。1933年4月5日，宋庆龄与杨杏佛、沈钧儒等到江苏第一监狱，探望牛兰夫妇，询问在狱中生活情形。12月，牛兰夫妇再次绝食，30日，宋庆龄致电汪精卫、居正、罗文翰等，要求立即释放牛兰夫妇。次年1月12日，因坚持绝食的牛兰夫妇已濒临死亡边缘，宋庆龄再次致电汪精卫等，重申前项要求。电称："君等若始终不欲牛兰夫妇复食，不应允渠等之要求，则全世界革命舆论、自由主义舆论皆将指牛兰夫妇之死为国民党所预谋杀害，皆将指此种谋杀仅与希特勒式之野蛮残酷差可比拟。"电发，没有任何反应。同年3月，鲁迅在《关于中国的两三件事》一文中感叹说："牛兰夫妇，作为赤化宣传者而关在南京的监狱里，也绝食了三四回了，可是什么效力也没有。"直到1937年12月，日本侵略军占领南京，牛兰夫妇才得以乘乱越狱。可见，蒋介石始终没有同意莫斯科方面通过宋庆龄提出的以蒋经国作为交换的条件。

"卢沟桥事变"前蒋介石的对日谋略
——以蒋氏日记为中心所作的考察

1933年1月1日，蒋介石打开日记，写下了两行字：

雪耻之记，已足五年，今年不再自欺乎？
倭寇警报日急，望自奋勉，毋负所生也。[1]

1928年5月，蒋介石率兵北伐，在济南受辱，立志雪耻，至此大体5年。回首既往，蒋介石对自己的抗日表现很不满意，希望新的一年不再"自欺"，有所作为。鉴于日记常常最能反映一个人的真实思想和内心活动，本文将以蒋介石的日记为主，结合其他相关文献，考察他在"卢沟桥事变"前的对日谋略，检查他是如何对待自己的誓言的。

蒋氏30年代的日记至今尚未公布。台湾所存深藏不露，大陆所存只有3年：1931年为毛思诚摘抄本；1933年仅存1～2月；1934年为全年。由于1931年的日记我已在《"九一八"事变后的蒋介石》一文中利用过，故本文以利用后两种资料为主。它们均为蒋介石日记原稿的仿抄本，未经任何改动，史料价值较高。其他年份，则依据《"总统"蒋公大事长编初稿》所引。它们虽然片段、零碎，并有删节和改动，但从可以对照的部分看，

---

[1] 《蒋介石日记》（仿抄本），中国第二历史档案馆藏。

此类删改大多属于文字加工，因此，在目前情况下，仍有使用价值。

一 避免决战，以"和平"为推迟战争的手段

"九一八"事变后，蒋介石曾下过北上抗战的决心，并曾为此预立遗嘱[1]。但是，没有实行。旋即下野。此后直至"卢沟桥事变"爆发，南京国民政府的部队和日军只进行过两次大的较量。一是1932年的淞沪抗战，一是1933年的长城抗战。

1932年1月28日，日军突袭上海，以蒋光鼐、蔡廷锴为首的第十九路军奋起抗战。当时，蒋介石尚未正式恢复公职，事变发生后，被任命为军事委员，3月18日，又被任命为军事委员长兼参谋长。他曾有过"决一死战"的想法[2]，决定迁都洛阳，划分全国为4个防区，电令集结兵力，号召全军将士"为国家争人格，为民族求生存，为革命尽责任，抱宁为玉碎，毋为瓦全之决心，以与此破坏和平、蔑弃信义之暴日相周旋"[3]。但是，事实上，蒋介石采取的是一面抵抗、一面交涉的方针。他既派中央警卫部队组成第五军，驰沪增援，并曾准备亲上前线指挥；同时则寄希望于英美两国驻沪总领事的调停，不愿采取"强硬"态度。2月13日，他与何应钦研究决定：十九路军已获胜十余日，"趁此收手，避免再与决战"[4]。20日，吴稚晖受张静江等委托，自上海到南京，劝说何应钦"积极"辅助蒋介石指挥作战，何不听；吴随后见蒋，声称十九路军既已鲁莽作战，"今日之局，有如背水为阵，惟有前进，退无余地者也。既已无

---

[1] 《蒋介石日记类抄·党政》，1931年9月28日、11月17日。参见本书《"九一八"事变后的蒋介石》。

[2] 蒋介石日记，转引自《"总统"蒋公大事长编初稿》卷2，第168页。

[3] 《蒋委员中正告全国将士书》，1932年1月30日，《中央周报》第191期。

[4] 《何应钦致蒋光鼐、蔡廷锴、吴铁城、宋子文之急电》，中国第二历史档案馆藏；参见《陈铭枢、何应钦、罗文幹致蒋光鼐电》，《中华民国重要史料初编——对日抗战时期》，《绪编》（一），第513页，台北"中央文物供应社"，1981。

端而为义和团，大家止〔只〕有从井救人，盲目而共为义和团"[1]。但是，蒋不以吴的见解为然。5月5日，中日双方签订停战协定，中国方面失去了在淞沪地区驻兵的权利。

1932年12月，蒋介石估计，日军即将侵略热河，致电张学良，要他照预定计划火速布置，声称"今日之事，惟有决战，可以挽回民心，虽败犹可图存"[2]。次年1月3日，蒋介石得到日军进攻山海关的消息。还没有等他反应过来，就又得悉山海关失守。蒋介石估计，日军的下一个目标将是平津，准备亲自北上一战。日记云："余决心北上，与倭一战，以尽我心。至于成败利钝，则听之。"[3]其后，他发现日军占领临榆县城后，未再进攻，估计日军有两个可能，一是恼羞成怒，进一步扰乱华北；一是见机而止，了结战事。他决定坚决要求日军退出山海关，不再迁就，同时以"兵来将挡，水来土掩"的态度积极备战，开始筹划调集部队北上作战。日记云："无论倭寇再攻与否，我军必如预计，急进以备其来。"但是，即使在这一情况下，他仍然寄希望于各国公使的干涉，拟以中国军队不愿在平津地区作战为理由，要求各国公使出面，设法保全平津[4]。

日军在山海关得手后，继续进攻热河。最初，蒋介石估计日军如不从国内调动五师以上兵力，不会轻易进攻[5]，但他仍决定派兵入热，认真一战，然后再与日方谈判。日记云："今日前方部队已开进将毕，乃为接洽之时乎？抑待战争结果再与其接洽乎？然非与之一战，则对内对倭皆不能解决也。故决与之一战，未必果败也。"[6]这则日记最清楚不过地道出了蒋介石决定"一战"的目的：不战而和吧，日方可能提出很高的

1　吴稚晖：《在南京建设委员会招待所留别蒋介石先生书》（手迹），吴稚晖档案，台北中国国民党党史会藏。
2　《蒋委员长致张学良主任电》，《中华民国重要史料初编——对日抗战时期》，《绪编》（一），第563页。
3　《蒋介石日记》（仿抄本），1933年1月5日。
4　《蒋介石日记》（仿抄本），1933年1月8日。
5　《蒋介石日记》（仿抄本），1933年1月16日。
6　《蒋介石日记》（仿抄本），1933年1月7日。

条件，国内各阶层人民也会责难，于是决定"一战"，打完仗再与日方交涉。这里，蒋介石的策略是以战求和，重点仍在交涉，并不想认真地、长期地打下去。

尽管如此，蒋介石仍然觉得局部战胜也并无把握，所以迅速决定以"固守"为主。1月18日日记云："此战既不能克，则当专心准备，以待其来攻可也。"3月4日，热河省会承德失守以后，蒋介石曾要求宋哲元、万福麟等部反攻，但在大多数情况下，蒋介石均指示中国军队，选择阵地，采取固守模式。后来，他甚至严厉规定，有关将领不得轻易出击[1]。

2月下旬，蒋介石在江西完成"剿共"布置，在各方呼吁下，开始作北上准备。他给自己规定的任务是：支持现在战局；收拾败后残局；部署华北继起之战局。同时提出，今后对日作战，"以运用外交为中心"，蒋介石称之为"使倭寇时受精神上之打击"[2]。3月6日，蒋介石秘密离开"剿共"指挥中心南昌，9日进抵保定。13日，胡适从北平前来问策，蒋介石表示，中国方面须有三个月的准备才能作战，而且还只能"在几处地方用精兵死守，不许一个人生存而退却"，"叫世界人知道我们不是怕死的"[3]。此时，长城各口的防务虽因中央军队的北来而得到加强，在喜峰口等处取得过局部胜利，但主帅是这种精神状态，自难指挥部队取得全局性的胜利。3月25日，蒋介石因江西"剿共"前线战事失利，匆匆南返，决定对"寇患"，"取守势"；对"匪祸"，"应准备速剿"[4]。4月4日，蒋介石由南京赴赣，继续"剿共"。同年5月5日，蒋介石决定"先行缓和华北之局势"，将中国军队从长城沿线后撤，并将古北口至山海关等地划

---

[1] 蒋介石1933年5月6日致何应钦、黄绍竑电称："我军实力不充，只能妥择阵地抵抗，此种战略既经择定，宜使全线一体恪遵，怯者固不得擅退，勇者尤不许轻进，论者每持以攻为守之说，欲乘敌人薄弱之点，贪图小利，轻于突击，徒为局部一时之快意耳，固于事无济，且最易牵动全线。"见《"总统"蒋公大事长编初稿》卷2，第308页。

[2] 蒋介石日记，1933年2月26日，转引自《"总统"蒋公大事长编初稿》卷2，第273页。

[3] 《胡适的日记》，1933年3月13日，台湾远流出版公司1990年影印原本。

[4] 蒋介石日记，1933年2月28日，转引自《"总统"蒋公大事长编初稿》卷2，第288页。

为"缓冲"地带[1]。31日，中日签订《塘沽停战协定》。

"九一八事"变时，南京国民政府和张学良都持不抵抗态度，受到国人诟责。此后，日军进攻上海和长城各口时，蒋介石自然不能毫无抵抗，但是，他又并不真正想打，特别不愿意调动全部力量，与日军决战。其原因，一由于他的兴奋中心在"剿共"，关于此点，下文将要论及；另一原因则在于蒋介石对日本的军事实力估计过高。他认为：日本已是现代化国家，日军武器精良，技术高明，中国在短时期绝对无法弥补这两大缺点。因此，在他看来，中国军队"有败无胜，自在意中"[2]。他甚至估计，日军在三天内就可以占领中国沿江、沿海的要害地区，切断军事、交通、金融等各项命脉，从而灭亡中国[3]。

基于上述认识，蒋介石反对孤注一掷的作战方法，强调对日作战是一场长时期持久的战斗，必须"以时间为基础，与敌相持，在久而不在一时"[4]。因此，在战略上，他反对"一线配备"与"一次决战"，认为那样做，一败之后，将永无复兴之望。他说："我们现在对于日本，只有一个法子，就是作长期不断的抵抗，他把我们第一线部队打败之后，我们再〔还〕有第二、第三线的部队去补充，把我们第一线阵地突破以后，我们还有第二第三各线阵地来抵抗"，"越能持久，越是有利"[5]。

《塘沽协定》签字之后，日本军国主义者暂时停止了对中国的军事进攻，转而支持地方实力派，企图在中国建立所谓"华北国"、"华南

---

1 蒋介石日记，1933年5月5日，转引自《"总统"蒋公大事长编初稿》卷2，第307页；参见蒋介石复何应钦电，同上书，第309页。

2 《电复陈济棠总司令》，《"总统"蒋公大事长编初稿》卷2，第312页。

3 《东北问题与对日方针》，《中华民国重要史料初编——对日抗战时期》，《绪编》（一），第317页；又见《抵御外侮与复兴民族》，《先"总统"蒋公全集》第2册，第878页。

4 蒋介石日记，转引自《"总统"蒋公大事长编初稿》卷2，第340页。

5 《国家兴亡责在军人》，《"总统"蒋公大事长编初稿》卷2，第294页；参见同书第259页。抗战胜利后，吴稚晖曾称："二十六年抗战，蒋如在宁沪皆孤注一掷，不惟无本钱莅渝，而倭寇早据有全华，则以后局势，恐英、美、苏亦受德、日之优势相压，世界且不似今日之局面矣。"见《〈在南京建设委员会招待所留别蒋介石先生书〉题跋》（手迹），吴稚晖档案，台北中国国民党党史会藏。

国"、"蒙古国",蒋介石也相应地改变了"一面抵抗,一面交涉"的方针,转而"为和平之最大努力"。

"九一八"事变后,国内、包括国民党内部都有一部分人主张对日本"绝交宣战",蒋介石认为,在内无准备的情况下,绝交是危险的做法[1]。在此后的几年内,他尽力维持、改善和日本的关系,并且几度想将这种关系向前推进,企图以此来消除交战危险,在两国间谋取和平。1934年12月20日,蒋介石以徐道邻的名义发表《敌乎？友乎？》,说明中日两国犹如"唇齿辅车",要求日方悬崖勒马,及此回头,和中国友好。1935年2月,蒋介石派王宠惠访问东京,以私人身份向广田外相传递"善邻"希望,要求日方解决东北问题,取消不平等条约,维持两国间的真正友谊。同年6月,发布《睦邻敦交令》,禁止中国人民组织抗日团体,发表抗日言论。9月,又命驻日大使蒋作宾与广田交涉,提出基本原则三项,要求恢复中日邦交的正常轨道,用和平外交手段解决今后一切事件。11月19日,蒋介石在国民党第五次全国代表大会上提出对外关系报告,声称:"和平未到完全绝望时期,决不放弃和平;牺牲未到最后关头,亦决不轻言牺牲。"他表示:"抱定最后牺牲之决心,而为和平最大之努力。"[2]

蒋介石的"和平"努力反映出他争取改善中日关系的愿望,有其幻想的一面,同时,也是一种策略手段。他在日记中多次表示,对日作战必须长期准备。如1932年6月16日日记云:"倭寇咄咄逼人,战祸终不能免,然必有相当之准备时期,始得应付裕如。"[3] 1936年6月,蒋介石对英国人李滋罗斯说:"对日抗战是不能避免的。由于中国的力量尚不足以击退日本的进攻,我将尽量使之拖延。"[4]同年10月,张群与日本驻华大使川越茂会谈期间,蒋介石与何应钦讨论对日交涉时,曾明确表示:"如假

---

[1] 《"总统"蒋公大事长编初稿》卷2,第163页。

[2] 《"总统"蒋公大事长编初稿》卷3,第248页。

[3] 蒋介石日记,转引自《"总统"蒋公大事长编初稿》卷2,第203页。

[4] Frederic Leith-Ross: *Money Talk-Fifty Years of International Finance*, London, p.221.

我一年之准备时机，则国防更有基础矣。"[1]显然，蒋介石的"和平"努力具有拖延时间，推迟战争，以便作好应战准备的目的。

中日间的差距是事实，战争需要准备也是事实，蒋介石主张进行不断的、有后续力的持久战斗也是正确的。但是，蒋介石对日军实力估计过高，对战争中武器、技术的作用也估计过高，相反，对中国的抗战力量则估计过低。他战略战术呆板，只知道打阵地战、固守战，不懂得集中优势兵力攻敌一点的战略战术，也完全不懂得人民战争和敌后战争，这是他长期畏战、避战的原因。

二 企图效法勾践，忍辱负重，卧薪尝胆

蒋介石是浙江人，熟悉越王勾践卧薪尝胆，发愤图强，终于灭亡吴国的故事。在处理对日关系上，他时时以这一故事自励。"九一八"事变发生后的第二天，他就在日记中写道："卧薪尝胆，生聚教训，勾践因之霸越，此正我今日之时也。"[2]此后，他的日记中多见有关记载。1934年1月30日，蒋介石会见日本武官铃木美通，日记云："其藐视之意，溢于眉目，非卧薪尝胆，何以复国？"史载：越军战败，勾践被围时，范蠡曾对勾践说："节事者以地，卑词厚礼以遗之。"[3]蒋介石特别将这两句话抄在日记里。对"节事者以地"这句话，前人的解释为："时不至，不可强生；事不究，不可强成。"蒋介石特别欣赏这一解释，也将它同时抄下[4]。又，史载：勾践作为俘虏入吴后，系犊鼻（围裙），戴樵头（粗布头巾），为吴王夫差养马，"三年不愠怒，面无恨色"。在吴王夫差生病时，勾践为了取悦夫差，表示忠心，竟饮其尿，尝其粪[5]。对此，蒋介石极为欣赏，

---

[1] 《"总统"蒋公大事长编初稿》卷3，第334页。
[2] 《蒋介石日记类抄·党政》，1931年9月20日。
[3] 《越王勾践世家》，《史记》卷41，第1740页，中华书局，1959。
[4] 蒋介石记忆有误，抄成"时未至不可强生事"。见其日记（仿抄本）1934年2月14日。
[5] 《勾践入臣外传》，《吴越春秋》卷7。

在日记中写道:"勾践入臣,不惟卧薪尝胆,而且饮溲尝粪,较之今日之我,其耐苦忍辱,不知过我几倍矣!"[1]

中国古代哲学家老子主张"欲取先予"。这一策略思想也为蒋介石所欣赏。1936年1月6日日记云:"对外,未到其时,惟有先其所爱,微与之期,以保吾国。"[2]话说得虽含蓄,但意思很清楚。这就是,日本侵略者"爱"什么,可以隐约地答应,同月20日记云:"雪耻。将欲取之,必先与之。"显然,目前的"与"并不是永远的舍弃,而是为了未来的"取";一时的让步只是为了最终的"雪耻"。

中国古代的"以退为进"、"以柔克刚"一类思想也为蒋介石所采纳。1934年4月23日日记云:"倭寇侮辱,非可以愤激制之,当知以柔克刚之道也。"同年11月10日,蒋介石在山西,阎锡山向他建议,对日不必准备武力,"免日仇忌,使倭对我无法可施,而后我乃有法对倭"。对于阎锡山的这番话,蒋介石在日记中评论说:"此其专重黄老之说也。"蒋介石虽没有接受阎锡山放弃准备武力的意见,但是却部分地接受了他的影响。当日日记云:"如何与倭寇避免正面冲突,使其无法可施耶?"此后几天的日记内,即有"对倭暂睦"的记载。他准备派何应钦赴日,甚至有过自身"暂时退隐"的考虑[3]。11月21日,他在日记中明确地写下了对日"应取缓和"的字样。

基于以上思想,蒋介石主张对日"忍耐",甚至进一步主张"忍辱"。如:

1933年8月8日日记云:"九一八以后,国际均势既破,国家人民命脉之所以不绝如缕者,惟此忍辱与谨慎,乃能保此一时也。"

1934年4月5日日记云:"倭寇欲以河北强作昔日之东北,并欲以1936

1　《蒋介石日记》(仿抄本),1934年2月15、16日。

2　再版订正:本文引蒋介石1936年1月6日日记:"对外,未到其时,惟有先其所爱,微与之期,以保吾国。"其中,"先其所爱,微与之期",见于《孙子兵法·九地》。"微"字,作"无"字解:"期",指约期交战。二句意为:"首先要夺取敌人最关紧要的地方,而不要同敌人约期交战。"(参见中国人民解放军军事科学院战争理论研究部《孙子兵法新注》,中华书局1977年版,第123～124页)

3　《蒋介石日记》(仿抄本),1934年11月14、19、20日。

年以前毁灭我政府，解决中国问题，是乃痴人说梦，但此时仍须以忍耐出之。"

检阅这一时期蒋介石的日记和有关文献，可以发现，类似的词语比比皆是。蒋介石经常提醒自己："当为最大之忍耐"，要能"受人之所不能受，忍人之所不能忍"，"非至最后之时，不与决裂"[1]。

在忍辱哲学的指导下，日军占据东三省，他忍了；进攻上海和山海关等长城要塞，他忍了；要求中央军和国民党党部、特务机关撤离平津、河北，以至成立汉奸政权"冀东防共自治政府"和具有分离倾向的冀察政务委员会，他也忍了。直至"卢沟桥事变"爆发，他才忍无可忍，奋起抗战。在这方面，蒋介石表现出少见的忍耐力。这不能不和勾践的影响有关。

应该指出，勾践的忍辱是在抵抗失败、国家灭亡之后，而蒋介石的忍辱则是在国家尚在、事犹可为的时候。蒋介石的忍辱反映了他在民族敌人面前的软弱一面，其结果是使国家权益一再受到损害。但是，也应该指出：有两种忍辱，一种是为了苟且偷安，另一种是为了积蓄力量、待机反攻。蒋介石的忍辱显然属于后一种。

蒋介石早年即具有民族主义思想，30年代亦然。蒋氏1934年5月11日日记云："自道光廿二年鸦片战争中英白门和约起，及袁世凯接受廿一条，乃至华盛顿九国公约止，中华民族之人格与国家主权皆为此九国公约所埋葬。"于此不难看出近百年来民族灾难对他的影响。蒋介石和日本军国主义者之间不仅有公仇，而且有私恨。1928年在济南发生的"五三惨案"使他常存刻骨铭心之痛。日记曾云："身受之耻，以今五三为第一。倭寇与中华民族结不解之仇，亦由此而始也。"[2]

从蒋氏日记可见，他时常勉励自己，奋发努力，洗雪百年来的民族耻辱。1933年1月4日日记云："自今日起，每日记雪耻一则，总使倭寇敉平，国耻湔雪也。"1934年5月11日日记云："中正负此传统之污辱与重任，岂仅以本人不签丧辱条约而得了乎！如何洗雪，勉之！"为此，他有

---

[1] 《"总统"蒋公大事长编初稿》卷3，第205、207、208、248页。
[2] 《蒋介石日记》(仿抄本)，1934年5月3日。

过率领中华健儿与日本侵略者长期周旋，在十年之内恢复东北失地的想法[1]。也有过收复台湾等地，"恢复汉唐固有领土"的念头[2]。1935年8月，他曾估计，日本军国主义的失败"当在十年之内"[3]。

在某些时候，蒋介石甚至主张，利用矛盾，助长日本军阀的骄横气焰，使其孤立。1933年1月19日日记云："倭寇之弱点安在？彼军阀对国际与国内皆为所厌恶。今养成其骄横，使无忌惮。"次年5月5日日记云：对倭则"张其骄焰，多其外敌"。某次，他接见日本武官喜多诚一，对其骄横不可一世的态度感到难以忍受，日记云："骄者必败，敌寇之骄，即吾人之胜，何愤激之为哉！"[4]这里，虽然多少有点阿Q精神，但也显示出他对"物极必反"这一中国古代哲学命题的理解。

蒋介石也曾考虑过利用日本统治阶层的内部矛盾，日记云："此后更应注重日本内部文武两派之胜败谁属，当使文派抬头以制军阀，抑使军阀横行，以促其孤立乎？"[5]但是，在"卢沟桥事变"以前，这一策略尚未形成。

无可讳言，"九一八"至"卢沟桥事变"之前，蒋介石的对日外交是"妥协外交"，但是，这是一种暂时的"雌伏"，目的是为了他日的"雄起"，用他自己的话来说就是："我们现在要忍受暂时的退屈，来谋将来最大的进展。"[6]这是和献媚外敌，一味屈膝投降并不相同的。

三　广结盟国，寄希望于国际环境的变化

1933年3月，蒋介石在保定接见胡适，表示战无胜利把握，交涉不

1　《蒋介石日记》(仿抄本)，1932年9月13日。

2　《蒋介石日记》(仿抄本)，1934年3月23日。

3　蒋介石日记，1935年8月21日，转引自《"总统"蒋公大事长编初稿》卷3，第218页。

4　蒋介石日记，1937年3月15日，转引自《"总统"蒋公大事长编初稿》卷4（上），第22页。

5　《蒋介石日记》(仿抄本)，1934年11月27日。

6　《政府与人民共同救国之道》，《"总统"蒋公大事长编初稿》卷3，第272页。

会有效,要胡适"想想外交的问题"。蒋的这一意见,并非出于偶然的灵感,而是"九一八"事变以来的既定方针。从那个时期以后,外交运用在蒋介石的对日谋略中即占有极为重要的位置。

"以夷制夷"是中国的老传统。1927年4月,蒋介石在上海发动政变之后,外交上转向英美,将苏俄看成敌人。1929年发生中东路事件,苏联宣布与中国绝交,两国外交关系中断。然而,日本军国主义者加紧侵华,得寸进尺。这样,尽管蒋介石仍将苏俄视为中国的"最后、最大之敌"[1],但已不得不优先处理对日问题。1934年2月11日日记云:"外交先日后俄。"这说明,在蒋介石此时的心目中,对日,比对俄更为紧迫。此后,与苏联的关系逐渐改善。

蒋介石将和苏联邦交关系的改善视作对日本军国主义者的打击,1932年12月,颜惠庆受命与苏联外长李维诺夫在日内瓦谈判,决定恢复邦交。13日,蒋介石在日记中写道:"与俄复交,足使倭人胆怯,而于我雪耻复国之基,更增强一层矣。"[2] 1933年1月,蒋介石派兵进入热河,视之为对日本军国主义的第二打击,而将"对俄复交"视之为"第一打击"[3],可见,在蒋介石的心目中,外交运用较军事布置更加重要。

20世纪30以至40年代,"北进攻苏"一直是日本军方的重要方略。蒋介石总结20世纪初年日俄在中国东北开战,俄国惨败的经验,幻想在第二次日俄战争中俄国人能先动手,出动空军轰炸日本及其在中国东北的基地。1934年4月,他和汪精卫、黄郛研究形势时曾说:

> 余料第二次日俄之战,如倭寇内部之文武主张不能一致,则一年之后,俄必先取攻势,以空军作战。如不先下手,则其海孙威与伯力先为倭寇轰炸毁灭,乃俄寇东方根据地全失,不能不退贝嘉湖以西,则成持久之局,此俄所不为也。故俄先必轰毁日本与东北倭寇之根据地,以行先着。且第一次日俄之战,日乃不宣而战,故俄

---

1 《蒋介石日记》(仿抄本),1934年3月7日。
2 蒋介石日记,转引自《"总统"蒋公大事长编初稿》卷2,第245页。
3 《蒋介石日记》(仿抄本),1933年1月17日。

国东方海军全灭,为日所算,而此次开战,则俄决不肯蹈此覆辙而坐以待倭也。[1]

基于对日俄必战的估计,蒋介石希望利用苏俄的力量制衡日本。同年1月4日日记云:

> 倭寇既得伪满,其意本足,惟惧大战将起,恐我乘势报复,故急欲强我屈服为与国,共防苏俄,而其又惧苏俄报复,与我联合,故更求急进,使制服我也。敌之所畏惧者,即我之所最上者;敌之所欲急者,即我之所欲缓也。

"敌之所畏惧者",指的是中苏联合;"敌之所欲急者",指的是日本企图强迫中国结为与国。蒋介石企图以中苏联合抵御日本的压制。同年1月27日,蒋介石亲自会见苏联大使后,判断苏联有接近中国的愿望[2]。不久,蒋介石也相应决定"对俄则联络其感情"[3]。

蒋介石希望在日俄开战时,中国能保持中立,他最担心的是日本强迫中国卷入战争。"卢沟桥事变"前,日本曾多次以协助中国取消不平等条约为诱饵,要求与中国建立"攻守同盟",共同防俄[4]。蒋介石对此一度忧心忡忡。1934年9月12日日记云:"倭寇与俄开战时,是否敢强问我态度与不许我中立,是否其不顾列强与国联之联带关系而强我加入其东亚战线,此皆应研究明晰。"日记中,蒋介石设计过几种拒绝日方要求的理由,但特别注明:"切勿与之说明不能参战之情理。"[5]为了避免被日方强迫参战,蒋介石又决定对日实行谅解、和缓,从而促进日俄冲突。11月27日日记云:"应急与倭寇乘机谅解,以促进倭俄之冲突。"蒋介石当时的目的是:既不得罪苏俄,又不得罪日本,让他们两方火拼,中国得免于难。

---

1 《蒋介石日记》(仿抄本),1934年4月12日。
2 《蒋介石日记》(仿抄本),1934年1月27、28日。
3 《蒋介石日记》(仿抄本),1934年5月5日。
4 参见《"总统"蒋公大事长编初稿》卷3,第167、190、212页。
5 《蒋介石日记》(仿抄本),1934年8月14日。

1925年前后，蒋介石曾将英国看成头号敌人，日记中有大量与"英夷"不共戴天的誓言。其后，英国逐步从远东退却，对中国的威胁日渐减少，蒋介石遂决定联英，将联英作为南京国民政府的外交重点。1934年1月12日日记云："外交如非与英有切实合作之可能，则无成功之希望。"4月9日日记云："如何乃能联英？"5月5日日记云："对英则确切合作。"当年12月，蒋介石曾计划于次年去英国访问，并在考虑以"中英经济合作"，给予"商务特惠"作为和英国的"交换条件"[1]。

对美国，蒋介石态度摇摆，最初曾寄以希望。1932年11月9日日记云："世界各国外交政策，有正义而不变者，唯美国而已。"他认为，美国政府的政策建筑在最重视民众舆论的基础上，准备唤起美国国民，使美国成为"中国最友爱之友邦"[2]。因此，有1933年派宋子文访美之举。宋子文先是与罗斯福共同发表保障远东和平的声明，后是签订中美棉麦贷款，中美关系有所发展。但是，蒋介石仍然不很信任美国。1934年2月，传说美国将承认伪满洲国，蒋介石虽认为无此可能，但他表示"美于国际信用实无价值"。这一时期，他和宋子文的关系恶化，因此，对宋的联美主张持批评态度，日记云："子文信从欧美以制倭，而不能自强，抑何愚耶！"[3]同年3月25日，蒋氏在日记中指斥美国外交家"利己损人"，善于玩弄阴谋，提醒自己："弱国如吾，能不察乎？"10月8日，蒋介石在接见美国武官时，又当面"痛斥美国态度之不正"[4]。但是此后不久，蒋介石就逐渐改变其"重英轻美"观念，形成"联美制日"的策略，并且使之分量越来越重。11月27日日记云："英美形势已联合对日，乃为中国存亡之转机。"同年底，蒋介石确定了"运用英美"的总原则将它们视为中国抗日的同盟力量。

"九一八"事变后，蒋介石也加强了和德国的联系。1933年孔祥熙、宋子文先后访德。1934年6月10日，蒋氏日记中有"催订德厂合同"

1　《蒋介石日记》（仿抄本），1934年12月23～26日。

2　蒋介石日记，1932年11月9日，转引自《"总统"蒋公大事长编初稿》卷2，第242页。

3　《蒋介石日记》（仿抄本），1934年2月26日。

4　《蒋介石日记》（仿抄本），1934年10月8日。

的记载。当时，中国正计划与德方共建飞机制造厂，所谓催订合同，应指此事。在蒋介石的催促下，该项合同于同年9月签订。这一时期，德国军事顾问团积极介入中国的国防建设，参与制订国防计划大纲[1]。1937年5月，孔祥熙再次访德，购买军火，及时运回，得以满足几个月后的对日抗战需要。当时，苏联、美国、英国对中国的援助尚未开始，德国军火成了中国部队的重要补给来源。

蒋介石懂得：一个国家，首先必须自强、自助、自求[2]，在发展和各个国家的关系时，要坚持自主[3]，用人而不为人用。他分析当时国际错综复杂的关系，认为"如能运用得当，以求生存，用人而不为人用，则未始无复兴之机"[4]。30年代，列强间正在形成新的组合，蒋介石相信："假以时日，国际环境当有转机"[5]，"东方战争胜负之分，必在欧战决定之后，最后欧洲与世界必联合处置日军，以解决东方问题"[6]。证以后来的历史，蒋介石的这一估计是正确的。

1934年，蒋介石以图表形式制订过一份《救国方略》，分"安内"与"攘外"两部分，其"攘外"部分如下：

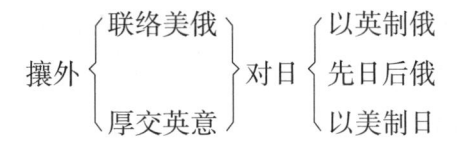

$$\text{攘外}\begin{cases}\text{联络美俄}\\\text{厚交英意}\end{cases}\text{对日}\begin{cases}\text{以英制俄}\\\text{先日后俄}\\\text{以美制日}\end{cases}$$

从上表可以看出，"九一八"事变之后，对日已经成了蒋介石外交

1　《国民政府军事机关档案》第25分档，第1161号，中国第二历史档案馆藏。

2　《五全大会对外关系报告》，《"总统"蒋公大事长编初稿》卷3，第247页。

3　蒋介石日记，1936年11月7日，转引自《"总统"蒋公大事长编初稿》卷3，第351页。

4　蒋介石日记，1932年8月8日，转引自《"总统"蒋公大事长编初稿》卷2，第348页。

5　《电复陈济棠总司令》，《"总统"蒋公大事长编初稿》卷2，第312页；又，蒋介石1933年4月2日演讲云："若是能抵抗三年、五年，我预料国际上总有新的发展。"见《"总统"蒋公大事长编初稿》卷2，第294~295页。

6　蒋介石日记，1936年3月14日，转引自《"总统"蒋公大事长编初稿》卷3，第281页。

策略的核心，也是其"攘外"的唯一内容。为了对日，他在国际上广交朋友，联络友邦，借以制衡日本。对此，日方曾一再表示不满和抗议。1934年4月，日本外务省情报部部长天羽英二声明："如果中国采取利用其他国家排斥日本"，"或者采取以夷制夷的排外政策，日本就不得不加以反对"[1]。日本外相广田弘毅也认为，中国企图"利用外国的影响来束缚日本的双手"[2]，于1935年10月，向中国驻日大使蒋作宾提出，中国须绝对放弃"以夷制夷"政策[3]。这些地方都说明，蒋介石的这一时期的外交策略打中了日本军国主义者的痛处。

四　从"安内"为重到"攘外"为重

30年代，中国危机重重，蒋介石面临诸多问题，其中最尖锐、最突出的是日本的侵华威胁和中共的"红色割据"。蒋介石在二者之间，常常感到焦头烂额，应付为难。1931年秋，蒋介石对江西苏区实行第三次"围剿"，不久，"九一八"事变发生，部分军队抽调北上，"围歼之功，亏于一篑"[4]，使蒋介石极感惋惜。此外，还有各地割据或半割据的地方实力派，如广东陈济棠、广西李宗仁、白崇禧、华北冯玉祥、山东韩复榘、山西阎锡山、陕西杨虎城、西北孙殿英、新疆盛世才等，都使蒋介石悬心吊胆，难以安枕[5]。怎样处理安内和攘外的关系，尖锐地摆到蒋介石和南京国民政府的面前。

蒋介石以图表形式制订的《救国方略》，其"安内"部分如下：

1　《日本帝国主义对外侵略史料选编（1931～1945）》，第157页，上海人民出版社，1975。

2　FRUS, Japan, 1931～1941, Vol. 1, p.230.

3　《"总统"蒋公大事长编初稿》卷3，第230页。

4　《"总统"蒋公大事长编初稿》卷2，第203页。

5　蒋介石1934年1月28日日记（仿抄本）云："宁夏孙匪，新疆盛阎，必为国家大患。"又1934年2月17日日记云："西北孙匪，广西李、白，粤陈，鲁韩，晋阎，陕杨诸人，亦为边藩之第二，可不慎乎？"

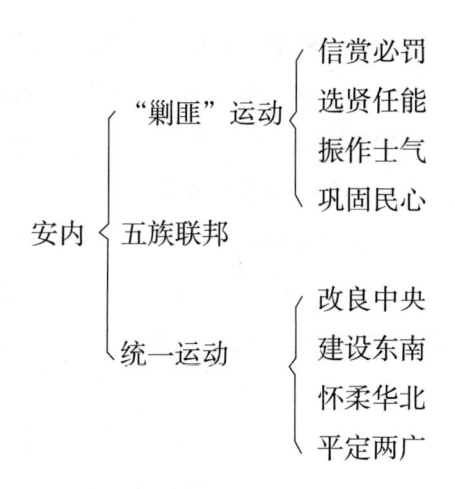

$$\text{安内}\begin{cases}\text{"剿匪"运动}\begin{cases}\text{信赏必罚}\\\text{选贤任能}\\\text{振作士气}\\\text{巩固民心}\end{cases}\\\text{五族联邦}\\\text{统一运动}\begin{cases}\text{改良中央}\\\text{建设东南}\\\text{怀柔华北}\\\text{平定两广}\end{cases}\end{cases}$$

从上表可以看出，蒋介石的"安内"所要解决的问题分三方面：1. 以武力"剿灭"中共。这是蒋介石的兴奋中心，所以列了"信赏必罚"等4条措施，期于收到实效。2. 组成汉、满、蒙、回、藏五族联邦。30年代，中国边疆处于多事之秋。东北溥仪"称帝"，内蒙古德王勾结日本，新疆苏联渗透，西藏英国觊觎。这些，使蒋介石感到，几年之后有可能"尽失边疆"[1]。因此，蒋介石有过"以民族平等为原则，组织五族联邦制度"的想法[2]，也曾准备于十年内在满、蒙、藏等地进行"自治试验"。3. 解决和地方实力派的关系，实现国家统一。为此，蒋介石认为首先要"改良中央"、"建设东南"，在此基础上，对华北派"怀柔"，对两广派以武力平定。

蒋介石最初主张，将安内放在优先位置。1931年7月23日，蒋介石发表文告称："准攘外必先安内，去腐乃能防蠹。"[3]这是他对于二者关系的第一次明确表述。同文中，蒋介石并称："不先消灭赤匪，恢复民族之元气，则不能御侮；不先削平粤逆，完成国家之统一，则不能攘外。"1934年8月20日日记云："非平粤桂，无以安内攘外。"可见，蒋介石所称安内，既指中共，又指胡汉民、陈济棠、李宗仁等地方实力派。

对地方实力派，在大多数场合，蒋介石采取怀柔、笼络策略。对两

---

1 《蒋介石日记》（仿抄本），1934年5月6日。
2 《蒋介石日记》（仿抄本），1934年3月7日。
3 《先"总统"蒋公思想言论总集》卷30，书告，第15页，台北中国国民党党史会，1984。

广，则主意不定，策略变化较多：有时主张"武力平定"，认为"粤非速征不可"[1]；有时主张拉一派，打一派，"联桂制粤"，或联湘制粤；有时主张调和汪精卫与胡汉民的矛盾，举胡为总统[2]。经过反复思考，蒋介石主要采取了两项对策，一是分化广东内部。1934年3月16日，蒋介石日记即有"与粤空军联络"的记载。这一策略在1936年的两广事变中收到了实效。一是"缓和"[3]。1934年11月27日，蒋介石发表《划分中央与地方权责宣言》，提出"和平统一"及"国内问题取决于政治，不取决于武力"等主张。《宣言》称："今日救国之道，莫要于统一，而实现统一，端在乎和平。吾人当此历史上空前未有之困难，若非举国一致，精诚团结，避免武力为解决内政之工具，消弭隔阂，促成全国真正之和平统一，实无以充实国力，树立安内攘外之根基。"[4]蒋介石对这一宣言很重视，视为"政治新阶段"[5]。当时，日本军国主义者正在积极支持华北、山西、山东、华南等地方实力派和南京政府对立，企图建立所谓"华北国"与"华南国"。《宣言》所提出的"和平统一"方针是对日本侵略者分裂阴谋的打击。1月28日，蒋介石会见王宠惠、罗文幹、孔祥熙等，决定"对胡妥协"，同时决定派孙科赴粤，与"西南派"和解。11月29日，蒋介石起草致胡汉民函，日记称："既决心妥协，则当以至诚出之，故文句尊重如故也。"此后，至1936年胡汉民去世前，蒋介石对"西南派"采取的都是"和解"方针[6]。

蒋介石在提出"和平统一"方针的同时，也应允对国内政治进行部分改革。1933年，他有过"开放政治，以政治奉还于民"的一系列想法，但仅限于想法[7]。到了1934年1月发表《划分中央与地方权责宣言》时，他就公开提出，要保障人民依法享有言论结社自由，声称"不愿徒

---

1 《蒋介石日记》（仿抄本），1934年7月7日。
2 《蒋介石日记》（仿抄本），1934年4月3、5日。
3 《蒋介石日记》（仿抄本），1934年11月21日。
4 《"总统"蒋公大事长编初稿》卷3，第130页。
5 《蒋介石日记》（仿抄本），1934年12月1日。
6 参见本书《胡汉民的军事倒蒋密谋及胡蒋和解》篇。
7 蒋介石日记，1933年3月20日，转引自《"总统"蒋公大事长编初稿》卷2，第285页。

袭一党专政之虚名，强为形式上之整齐划一"。这些主张，显然是对国内爱国民主人士和地方实力派的让步。

蒋介石最不能容忍的是中共的"红色割据"，在"九一八"事变以后，他仍然坚持"围剿"方针，企图在最短期间，以最快的速度"剿平"中共，然后再从事抗战。自1932年7月至1934年10月，他先后组织了对"苏区"和红军的第四、第五两次"围剿"，必欲除之而后快。但是，其间他也有动摇的时候。1933年1月20日日记云：

> 近日甚思赤匪与倭寇，二者必舍其一而对其一。如专对倭寇，则恐明末之匪乱以至覆亡，或如苏俄之克伦斯基及土耳其之青年党，画虎不成，贻笑中外。惟以天理与人情推之，则今日之事，应先倭寇而后赤匪也。

蒋介石认识到，在"剿匪"和抗日之间，只能二者择一。全力抗日吧？蒋介石担心共产党的力量会发展起来，自己的统治最终会被推翻；全力"剿匪"吧？又不合于"天理与人情"。从这段日记看，蒋介石已经认识到，抗日是民族大义所在，必须"攘外"第一，"先倭寇而后赤匪"。1934年11月15日，他也曾在日记中写道："救国之道，惟在免除内战。"可见，上述观点，并非偶然灵感，而是经过较长时期思考的。蒋介石之所以坚持"剿共"方针，阻碍他做出正确决定的是对南京国民政府和自身命运的忧虑。

正是出于这种忧虑，在相当长的时间内，蒋介石认为内忧重于外患，视中共为头号敌人。1933年4月6日，他从河北保定匆匆赶回江西，即在抚州发布命令称："外寇不足虑，而内匪实为心腹之患。"[1]同月11日，他在南昌军事整理会议上发表讲话称："中国存亡之关键，不在外患，而在内忧，不在步步侵入的日本帝国主义，而在盘据国内为国家心腹之祸的土匪，目前我们只要能安内，则攘外就不成问题，把匪剿清以后，来对付日

---

[1] 《蒋委员长告各将领先清内匪再言抗日电》，《中华民国重要史料初编——对日抗战时期》，《绪编》（三），第35页。

本帝国主义。"[1]有时，他甚至把中共看成"惟一之大患"[2]。当时，国内许多部队纷纷要求北上抗日，广东、广西、福建三省曾准备组织联军，北上参战，但都遭到蒋介石的阻止和拒绝。4月15日，他致电陈济棠说："赣匪殊不可轻视，似不如先其所急，分工合作，南中倾全力以剿共，华北负专责以御侮。"[3]21日，再电陈济棠称，共产党一旦突围成功，必然"国本动摇，立蹈明末覆辙，虽有善计，亦无法收拾，为祸之烈，或较日寇侵略而有加"[4]。当时的国民党和中共之间有巨大的政治分歧，但无论如何，总是"兄弟阋于墙"，在民族敌人面前属于内部矛盾。蒋介石视中共为"心腹大患"，视日本侵华为"皮肤小病"[5]，将中共看成远比日本军国主义者更为危险的敌人，这就颠倒了内外矛盾之间的关系，违背了国人团结御侮的普遍愿望，一系列的错误也就由此而生了。

要抵抗外敌，必须以国家统一，国内安定团结为条件。这一点，对于弱国尤为重要。蒋介石1933年3月20日日记云："今日欲言抗战到底，则非举全国国民之心力汇集于一点，并统一全国之内政、财政、兵力，听命于中央，不能有效。"这段话说得并非全无道理。问题是，怎样才能实现统一？是以武力削平异己力量呢，还是求同存异，团结对外？遗憾的是，蒋介石在很长时期内采取的是前者。他置日益严重的民族危机于不顾，将本应对外的枪口首先用以对内，这就必然引起普遍的反对和抗议，最终迫使蒋介石不得不放弃这一政策。1934年底，蒋介石指派陈果夫、陈立夫兄弟着手解决中共问题。次年6月，双方代表在香港会见，开始了国共两党间的艰难谈判[6]。这一举措，反映出蒋介石从安内为重到攘外为重的策略转变。

1　《"总统"蒋公大事长编初稿》卷2，第293页。

2　蒋介石日记，转引自《总统蒋公大事长编初稿》卷2，第302页。

3　《"总统"蒋公大事长编初稿》卷2，第296页。

4　《"总统"蒋公大事长编初稿》卷2，第299页。

5　《革命军的责任是安内与攘外》(1933年5月8日)，《中华民国重要史料初编——对日抗战时期》，《绪编》(三)，第36页。

6　参见拙作《陈立夫与国共谈判》，《海外访史录》，第395～401页，社会科学文献出版社，1998。

蒋介石的改变根源于多方面的因素。一是日本军国主义者对中国侵略行为的不断加深，一是国内各阶层救亡图存呼声的加强。但是，他改变的并非攘外必先安内的政策，而是安内的方法，从"围剿"共产党改变为承认共产党，从而实现了在抗日旗帜下的国内大团结。

五　秘密准备，以"剿共"为抗日之掩护，经营西南根据地

30年代，日本军国主义者对中国的侵略得寸进尺，民族危机日益严重，蒋介石不得不作抗战准备。1933年初，蒋介石在日记中写下了几则短语："东南国防计划。购炮雷弹计划。备油避机计划。"[1]反映出他在思考国防建设问题。这以后，他不断下达备战指示：

2月，指示在长江沿岸马当、田家镇、武穴等要塞构筑防御工事。

3月，指示在江苏、安徽、江西、湖北等省江岸分散布置潜伏炮兵，以扼制敌舰行动。

4月，指示参谋本部次长贺耀组迅速修建南京附近各地要塞联络道路。

6月，限令军政部于1936年底前建立江防、航空、通信、新兵工厂的独立生产基础。

进入1934年之后，蒋介石对国防建设要求加快。当年2月，蒋介石致电贺耀组，限于当月制订完成东南国防、以南京为中心的防空以及东南空军作战等计划，同时要求勘定江防、海防各要塞附近的步兵阵地，绘成地图。自此，各地国防工程全面启动。至1937年2月，全国各地已筑成机关枪掩体、小炮掩体、观测所、掩蔽部等各类工事3374个[2]。这一切说明，蒋介石在认真地准备对日抗战了。

东南国防计划的目的是为了防御，但是，既然对日战争是一场长期

---

[1]　《蒋介石日记》（仿抄本），1934年1月27日。

[2]　据《何应钦部长对五届三中全会军事报告》统计，《中华民国重要史料初编——对日抗战时期》，《绪编》（三），第355～361页。

战争，就必须有后方，有根据地。1932年11月，蒋介石等提议，切实进行长安陪都、洛阳行都的建设[1]。1933年8月，他和戴季陶议事，再次讨论迁都西安问题[2]。次年1月24日日记云："国防据点，分东北与西北两部乎？"建设东北据点，目的仍在防御，但建设西北据点，则是为了加强后方。此际，国民党正在召开四届四中全会。会议期间，蒋介石决定将国民经济中心逐渐西移。为此，他提出：国家及私人大工业今后避免集中海口；开辟道路、航路，完成西向干线；建设不受海上敌国封锁的出入口；于经济中心区附近不受外国兵力威胁之地区，确立国防军事中心地；全国大工厂、铁路及电线等项建设，均应以国防军事计划及国民经济计划为纲领等等。该会在宣言中并提出"救亡图存大计"，要求集中国力、充实国力、巩固国家统一、完成一切建设，以立御侮之根本[3]。1934年10月18日，蒋介石飞抵兰州，日记云："黄河形势雄壮，西北物产之丰，倭俄虽侵略备至，如我能自强则无如我何也，极思经营西北，以为复兴之基地。"次年，他下令在河南进行军事演习，构筑永久工事。此后，他又陆续下令建筑武汉、青岛、济南等地的要塞工程。

在更多情况下，蒋介石倾向于以西南为根据地。1934年初，他在日记中为自己列出了多项任务，其第34项为"决不任总统与行政院长，专心建设西南"[4]。同年10月，中国工农红军撤离苏区，开始长征。蒋介石决定经营四川，11月23日日记云："如经营四川，应注重驻地，以对倭、俄寇与两广皆能顾到为要也。"

兵不厌诈。战争中要讲究虚虚实实，借以迷惑敌人，备战也同样如此。蒋介石1933年8月17日日记云："大战未起之前，如何掩护准备，使敌不加注意，其惟经营西北与四川乎！"次年12月29日日记云："若为对倭计，以剿匪为掩护抗日之原则言之，避免内战，使倭无隙可乘，并可得众同情，乃仍以亲剿川、黔残匪以为经营西南根据地之张本，亦未始非

---

1 《中华民国重要史料初编——对日抗战时期》，《绪编》（一），第549~550页。
2 《"总统"蒋公大事长编初稿》卷2，第347页。
3 《"总统"蒋公大事长编初稿》卷3，第6~7页。
4 《蒋介石日记》（仿抄本），1934年卷首。

策也。当再熟筹之！"这则日记透露出，蒋氏企图在"追剿"红军的掩护下大力建设西南，以之作为日后抗战的根据地。

此后，蒋介石即一面在西南地区追击长征中的红军，一面加紧建设西南，统一四川、云南、贵州三省。1935年2月4日，蒋介石在庐山规划国防工业方案，电令赶筑西南各省公路。次月，蒋介石亲自入川，在重庆发表演讲，提出"四川应为复兴民族之根据地"。当时，四川政治、经济混乱，蒋特别致电孔祥熙。告以日军在华北"似有箭在弦上之势力"，同时告以"我方军事与政治中心全在四川"，要他从速确定四川金融政策[1]。接着，蒋介石又陆续巡视贵州、云南等地，直到当年10月，才回到南京。1936年1月，蒋介石报告称：日本之所以在华北挑衅，就是因为害怕四川、云南、贵州三省的统一，成为中国复兴基地，因此千方百计干扰，而他"看穿日本的诡计，无论如何，驻在四川不动"[2]。日本军国主义者在华北挑衅的原因，未必如蒋介石所云，但他看出，统一西南三省，"国家民族的生存，才有最后的保障"，这是不错的。

以驻节四川、巡视云贵为起点，蒋介石积极整理三省的政治、经济，加强工业建设，发展交通，种种举措，对于后来的抗战都起了重要作用。1936年6月，蒋介石在和李滋罗斯谈话时还说过："当战争来临时，我将在沿海地区做可能的最强烈的抵抗，然后逐步向内陆撤退，继续抵抗。最后，我们将在西部某省，可能是四川，维持一个自由中国，以待英美的参战，共同抵抗侵略者。"[3]可见，他在当时已经料到了后来战事的发展进程并为此作了准备。

中国现代军事学家蒋方震极为强调空军在战争中的作用，蒋介石接受了他的影响。1932年7月，蒋介石决定自任杭州中央航空学校校长。1934年决定将航空署改为航空委员会，自兼委员长。他在为航空学校书

---

1 《蒋委员长致孔祥熙电》，《中华民国重要史料初编——对日抗战时期》，《绪编》（三），第335页。

2 《对全国中等以上学校校长与学生讲话》，《中华民国重要史料初编——对日抗战时期》，《绪编》（一），第745~746页。

3 Frederic Leith-Ross: *Money Talk-Fifty Years of International Finance*, London, p. 221.

写《训教》时，特别提出"空军救国"的口号。凡此，都可见他对空军的重视。这一时期，他积极倡议购买飞机，派员出国考察飞机制造工业，在国内兴建飞机制造厂，建设机场，实行防空训练，为重要铁路枢纽及黄河铁桥配置防空设备，使中国空军和防空力量得到一定加强。1936年10月，蒋介石到杭州主持航空学校第五、第六届毕业典礼，对中国空军的发展感到满意，曾在日记中写道："五年之内，期赶上倭国空军则可以保我国之安全矣！"[1]

六　结语

"九一八"事变中，中国军队未作任何抵抗就丢掉了东北大片江山，蒋介石和南京国民政府因此受到了国人最严厉的批评和指责。此后，蒋介石和南京国民政府有所改变，其表现是：在淞沪地区和长城各口抗击来犯日军；在谈判桌上，南京国民政府也进行过若干抗争。但是，就其总体考察，这一时期，蒋介石和南京国民政府的对日外交仍以妥协和退让为特征。蒋介石实行这一政策，有其错误的、应予批评、谴责的方面，也有弱国面对强国时的无奈与不得已。它是一种政策，也是一种谋略。蒋介石在对日步步退让的同时，又以勾践卧薪尝胆的精神激励自己，进行抗战准备：对内，调整政策，比较妥善地解决了和地方实力派以及和中共的矛盾，同时，建设西南基地；对外，广交朋友，联络盟国。这些，都为后来的抗战胜利打下了基础。

---

[1] 蒋介石日记，转引自《"总统"蒋公大事长编初稿》卷3，第337页。

抗战前期日本"民间人士"和蒋介石集团的秘密谈判

抗战期间，日本帝国主义曾多次和蒋介石集团进行所谓"和平"谈判，这些谈判的策划者和出面者大多是日本军方或政府人员，但也有以"民间人士"身份出现的，例如萱野长知、小川平吉、头山满、秋山定辅等。他们都曾是孙中山的友人，有过支持中国革命的历史，同时，又和日本政府有着密切的联系，自称虽非代表，却是"代表以上之人"[1]。

萱野长知（1873～1947），号凤梨，日本高知县人，1895年与孙中山订交，先后加入兴中会、同盟会。1907年被任命为东军顾问，负责购置并运送枪械。1911年武昌起义爆发，萱野应黄兴之邀赴汉阳参战。1915年，再次被孙中山任命为中华革命军顾问，协助居正在山东起义反袁。1931年"九一八"事变后，曾受首相犬养毅派遣，秘密来华商谈日本撤兵问题，因军部反对，不久即被召回[2]。

小川平吉（1869～1942），号射山，日本长野县人。1892年毕业于东京帝国大学。1898年加入东亚同文会。1903年当选为众议院议员。武昌起义爆发，与头山满、内田良平、犬养毅等人组织有邻会，援助中国革命。1912年初在南京访问孙中山、黄兴，商议两国"提携"方针问题。

1　《小川平吉致蒋介石电》，1939年5月29日。《小川平吉关系文书》（2），第632页，东京みすず书房，1973。

2　《犬养密史·萱野长知の日志》，《中央公论》第690号，1946年8月1日。

1914年出任东亚同文会干事长。同年11月,日军攻陷青岛,小川曾向内阁建议,缔结日中两国同盟条约,使南满洲、内蒙成为两国共同统治区域。1925年任司法大臣。同年发刊《日本新闻》,标榜"纯正日本主义"。1927年任铁道大臣。1931年"九一八"事变后,参与筹建伪满洲国。1936年因铁道大臣任内受贿案下狱,次年6月近卫文麿组阁后被保释。

头山满(1855~1944),号立云,日本九州福冈县人。浪人首领,右翼组织玄洋社的头目,煤矿资本家。1911年12月来华,与犬养毅一起劝说孙中山与岑春煊合作,共同对付袁世凯。1913年4月,与犬养毅、萱野长知、宫崎滔天等组织日华国民会,宣称以"增进两国国民永远的福祉"为目的。二次革命失败后,孙中山流亡日本,头山满曾积极予以帮助。1924年孙中山北上,途经日本,头山满曾到神户与孙中山会谈,要求保障日本在满蒙的特殊权益。1931年组织满鲜问题同盟会,鼓吹以武力解决满蒙问题。1938年1月致函孔祥熙,表示将竭平生力使两国复归于好,要求蒋介石集团"速改旧图,更新其策"[1]。

秋山定辅(1868~1950),日本冈山县人。1890年毕业于东京帝国大学。1893年创办《二六新报》。1899年经宫崎滔天介绍认识孙中山,得到信赖。此后一再劝说日本财团向中国革命党人提供借款。1927年会见访日的蒋介石与张群。1936年派实川时治郎来华,要求蒋介石承认伪满洲国[2]。"卢沟桥事变"爆发,又商得近卫文麿同意,派宫崎滔天之子宫崎龙介来华谈判,但龙介离日时突遭宪兵队逮捕,未能成行。

由于上述历史渊源,蒋介石集团极为重视和萱野等人的谈判。初期通过孔祥熙,后来直接控制,由亲信柳云龙、杜石山[3]等在香港会谈,宋美龄亲到当地指导。自1938年春至1941年夏,在各次日蒋谈判中历时最长。蒋介石多次指示:无论如何,必须"保留此线交谊"[4]。因此,研究

---

[1] 《头山翁致孔氏电报》,日本外务省档案:《支那事变善后措置》,A-1-1-0号。

[2] 《对支政策觉书》,《秋山定辅关系资料》,第157页,《秋山定辅传》第3卷,樱田俱乐部,1982。

[3] 柳云龙,陈诚书记官,日方资料或称为蒋介石外甥,或称为蒋介石母妹之子;杜石山,亦作杜石珊,蒋介石设在香港的秘密办事处负责人。二人真实身份待考。

[4] 《杜氏笔记》,《小川平吉关系文书》(2),第634页。

这一条谈判线索，有着特殊重要性。

一　萱野长知和孔祥熙之间

1937年8月13日，日本侵略军进攻上海，中国军队奋起抗战。同月，萱野长知来到中国，在上海景林巷公寓设立机关。开始找寻和蒋介石政权接触的机会。同年12月13日，日军攻陷南京，国民政府迁移汉口。次年1月，孔祥熙就任行政院长后，即努力开辟渠道，和日方进行和平谈判。23日，孔祥熙致电头山满，希望他"主持正义，力挽狂澜，设法〈使〉贵国军人早日醒悟"[1]。3月末，萱野长知的助手松本藏次和孔祥熙的亲信行政院代理秘书贾存德在上海中国旅社秘密见面。贾称："如果任凭中日两国同归于尽的话，将给整个亚洲招来不幸，必须设法讲求和平之道。"[2] 4月20日，双方在同一旅馆第二次会见。松本传达了萱野提出的和平条件，要求中国政府承认"满洲国"独立，承认日本关于内蒙的立场；贾存德则要求日本全面撤兵。其后，在松本的安排下，萱野与贾存德见面，萱野声称："我和孙先生是朋友，中日是兄弟之邦，不应以兵戎相见。"[3] 他要贾存德转信给孔祥熙，大意为：中日交战犹如萁豆相煎，如孔有意出面解决阋墙之争，化干戈为玉帛，他愿意为此奔走。5月，贾存德携该函赴港，与宋霭龄同机飞抵汉口。同月，贾存德携孔祥熙复函返回上海。其内容，据贾存德回忆，孔祥熙对萱野肯出面斡旋表示感谢，声称解铃系铃还在日本当局，如果萱野能以百年利益说动日本当局早悟犯华之非，则孔祥熙当共襄此举[4]。据松本回忆，孔祥熙并提出了和

---

[1] 《支那事变善后处置》，日本外务省档案：A-1-1-0号。

[2] 松本藏次回忆，见三田村武夫《战争と共产主义》，第170页，日本民主制度普及会，1958。

[3] 贾存德：《孔祥熙与日寇勾结活动的片断》，《文史资料选辑》第29辑，第68页。

[4] 贾存德：《孔祥熙与日寇勾结活动的片断》，《文史资料选辑》第29辑，第70页。

平条件：1.中日双方即刻同时停战；2.日本尊重中国主权，声明撤兵；3.日本方面要求解决满蒙问题，中国方面原则上同意，具体问题待中日两国商谈[1]。孔祥熙另有一函复头山满，要求头山对日本军人"责以大义，晓以利害"，使之"幡然改悔"[2]。

萱野收到孔祥熙的回信后，于6月9日回国，向小川平吉汇报。萱野声称：和贾存德、宋霭龄等孔祥熙、汪精卫的代表反复会见，结果孔祥熙等人的媾和决心愈加确定，准备不通过第三国，直接进行谈判，促使蒋介石下野。萱野期待在媾和之后，解散国民政府，与北京、南京的新政府合作（指"中华民国临时政府"与"中华民国维新政府"两个汉奸政权——笔者），建设新政府。当时，中日两国已经断交，小川对萱野打开了和国民政府的谈判通道表示高兴，但他声称：关键时刻必须取得蒋介石的同意和谅解，本人近来主张以蒋介石为对手进行和谈，不依靠蒋介石的力量而想驱逐共产党是困难的[3]。10日，小川访问新任外相宇垣一成。当晚，与萱野一起访问首相近卫文麿，萱野向近卫呈交了孔祥熙复头山满函副本等文件。11日，萱野单独会见了宇垣。

1937年11月，日本政府曾通过德国驻华大使陶德曼对蒋介石集团进行诱降，谈判迁延到1938年1月。中国政府未按日本规定的期限作出答复，日本首相近卫于同月16日发表声明："帝国政府今后不以国民政府为对手，而期望真能与帝国合作之中国新政权的建立与发展，并将与之调整两国邦交。"[4]小川平吉主张以蒋介石为对手进行和谈，这就和近卫声明发生矛盾。在会见宇垣时，小川提出：既要求蒋介石下野，又以蒋介石为对手进行谈判不也可以吗？[5]目的在于调和这一矛盾。

在日本政府中，宇垣的观点与小川接近。他就任外相时即向近卫提出，"对中国开始和平交涉"，必要时取消1月16日声明[6]，近卫也感到这一

1　《战争与共产主义》，第172页。
2　《支那事变善后处置》，日本外务省档案：A-1-1-0号。
3　《小川平吉日志》（2），1938年6月9日。
4　《日本帝国主义侵华资料长编》（上），第411页，四川人民出版社，1937。
5　《小川平吉日志》（2），1938年6月10日。
6　《宇垣日记》，第314～315页，日本朝日新闻社，1956。

声明是个"大失败"[1]，同意宇垣的意见。因此，他们都支持萱野和孔祥熙之间的谈判。宇垣表示，不必对蒋持坚决排斥态度；近卫则要求萱野将谈判情况及时电告小川，再由小川传达给他[2]。

6月17日，萱野离日赴沪，就蒋介石下野问题与贾存德协商。7月4日，孔祥熙致电萱野，要求日方尽量放宽条件，表示愿承担责任，辞去行政院长一职以代替蒋介石下野。5日，萱野、松本藏次、贾存德等人转移到香港继续谈判。此前，孔祥熙的秘书乔辅三和日本驻香港总领事中村丰一已于6月23日开始会谈[3]。这样，为着同一目的，由孔祥熙牵线，在香港同时进行着两场谈判。为了保证成功，孔祥熙又将萱野的老朋友马伯援和居正夫人派到香港。居正的女儿是萱野的养女，两个家庭之间有着特殊的关系。松本藏次说："二者之间没有日本、中国的区别。居正夫人作为孔祥熙行政院长的代理。一人是生母，一人是养父，分别代表日本和中国，谈判决定两国命运的重大问题。"[4]谈判中，贾存德、马伯援等人表示，共产党正积极发展势力，汉口陷落将导致赤化蔓延，希望日军暂勿进攻汉口。他们提出，由孔祥熙、居正、何应钦、李宗仁出面会谈，并可由战胜者方面的日本提出议案[5]。但是，蒋介石下野这一难题仍然无法解决。7月22日，萱野致电小川说："中国国内形势不允许蒋下野。蒋本人希望尽早结束战争，但周围的状况决不允许如此，担心引起混乱，以后无法收拾。"他表示将离港返国，借助头山满的力量，促使日本政府对要求蒋介石下野问题再作考虑，电称："此点倘能办到，相信时局将急转直下，趋于解决。"[6]

萱野等人赴港之际，国民政府外交部亚洲司司长高宗武正赶赴东京谈判。高宗武和汪精卫、周佛海等人关系密切，是"低调俱乐部"成员之一，"卢沟桥事变"后，受命找寻"对日折冲"的途径。他早有撇开蒋介

1　风见章：《近卫内阁》，第79~80页，日本出版协同会，1951。
2　《小川平吉关系文书》（2），第385~386页。
3　参见《知らわどる宇垣·孔秘密会谈》，《知性》别册，第261~265页。
4　《战争と共产主义》，第173~174页。
5　《小川平吉日志》（2），1938年7月27日。
6　《小川平吉关系文书》（2），第593页。

石，由汪精卫出面实现"和平"的打算。到日后，发现日方正在找寻"蒋介石以外的人"，便迎合日方意图，提出由汪精卫、张群等二三十人协力一致，迫使蒋介石下野[1]。7月12日，日本内阁五相会议根据大本营陆军部的提议，通过《适应时局的对中国谋略》，决定采取"推翻中国现中央政府，使蒋介石垮台"的方针，提出"起用中国第一流人物"，"酝酿建立坚强的新的政权"[2]。日本政府所谓"第一流人物"，即指汪精卫、唐绍仪、吴佩孚等。15日，日本内阁五相会议又通过了《中国新中央政府建立指导方案》，准备在攻占汉口后建立所谓"中国新中央政府"[3]。在这种情况下，萱野要求日本政府改变对蒋介石的态度，自然要碰钉子。

在日本政府内部，陆相板垣征四郎属于强硬派，对蒋介石持坚决排斥态度。他表示："按照原来的估计，双口陷落时，国民政府将无条件投降，日本方面没有必要发表规定撤兵的声明。"[4]宇垣属于柔软派，他仍然支持萱野和孔祥熙之间的谈判，但不敢过于拂逆陆军意志，表示蒋介石可在签订和约之后下野；如孔祥熙等出面会谈，他本人亦可出面[5]。近卫文麿动摇于板垣与宇垣之间。为了争取支持，小川、萱野并动员病中的头山满致书近卫，要求他排除军方的反对，与蒋介石集团媾和。

萱野返日之初，曾致电贾存德，声称如蒋介石决心"铲共亲日，媾和而后有办法"[6]。9月上旬，萱野返沪，继续通过贾存德与孔祥熙联系。8日，萱野致电小川："孔祥熙、蒋介石、居正等密约反共，如提出停战时，可否同意？"同日，小川请示宇垣后复电："规定反共、和平后〈蒋〉下野是必要的，此点首须明确。对方提出停战，军部方面也许会附加麻烦的条件，不如孔祥熙等出面时，外相前往谈判为宜。"[7]次日，小川以书信作了详细补充说明，信称："日本希望蒋介石下野，但已大体

1　《萱野长知致松本藏次》，《战争与共产主义》，第177页。
2　日本外务省档案S491。
3　田琪之译《中国事变陆军作战史》第2卷第1分册，第102页，中华书局，1979。
4　《战争与共产主义》，第175页。
5　《小川平吉关系文书》（1），第400～401页。
6　《小川平吉关系文书》（1），第393页。
7　《小川平吉关系文书》（2），第595页。

谅解到，他在收拾时局之前不可能做到此点，倘蒋能在披沥反共诚意之时，预先作出准备下野的表示，而在和平之后自动实行，当亦无妨。"[1]从以蒋介石下野为和平谈判的先决条件到允许事先"规定反共、和平后下野"，表明日方准备作出某些让步，因此，孔祥熙表示，愿意出面与宇垣谈判。其地点，宇垣提议在长崎附近的云仙，但萱野认为，在云仙谈判，孔祥熙等须在香港、上海、长崎换乘轮船，中途不仅危险，而且易为新闻记者侦悉，不如与海军交涉，在军舰上会面[2]。9月15日，萱野第二次赴港，与贾存德等继续谈判。行前，致函小川，内称："彼等因面子关系，对使蒋介石预先表示，在反共、和平后坚决下野一事颇感困难，以密约办理也感到非常为难，孔祥熙等共同保证，将于事后自动实行。"[3] 23日，宇垣将萱野的信件提交五相会议，要求海相米内派军舰供谈判使用，米内表示同意；同时，宇垣并要求板垣对与孔祥熙等人的会晤不持异议，板垣明确地表示同意。此间，宇垣还曾上奏裕仁天皇，得到秘密批准[4]。这样，近卫内阁"不以国民政府为对手"的主张似乎取消了。25日，马伯援离港，经河内赴重庆，与蒋介石、孔祥熙具体磋谈；重庆方面也派郑介民绕道滇桂，赴港会商。

然而，日本陆军正积极准备进攻汉口，他们热衷于诱降汪精卫，对蒋介石不感兴趣。为了反对宇垣与孔祥熙谈判，他们不仅指使少数人面见近卫，指责宇垣为"国贼"，声言绝对反对和议，而且提出建立兴亚院，在外交一元化的旗号下削弱外务省的对华外交权[5]。近卫顶不住陆军的强大压力，于接见新闻记者时声明："帝国政府不以蒋介石为对手的方针始终不变。"[6]在这一情况下，宇垣于9月29日辞去外相职务，萱野长知等积极为之拉线搭桥的宇垣、孔祥熙会谈也随之流产。

---

1 《小川平吉关系文书》（2），第596页。
2 《小川平吉关系文书》（2），第597页。
3 同注2。
4 《小川平吉日志》（2），1938年9月23日，《小川平吉关系文书》（1），第421页。
5 额田坦：《秘录宇垣一成》，第179页，日本芙蓉书房，1973。
6 同注5。

二　蒋介石直接控制的香港谈判

　　日军侵占南京后，就开始研究进攻汉口和广东的计划。10月21日，日军占领广州；4天后，占领武汉。日本主战派认为战争即将结束，可以在中国建立亲日的新政府。但萱野却认为，战争将长期进行，日本孤军深入，四面皆敌，包袱愈来愈重，前途渺茫，因此，仍然主张与蒋介石进行和谈。在此同时，10月31日，蒋介石发表《为放弃武汉告全国同胞书》，号召全国人民"继续贯彻持久抗战、全面战争、争取主动之一贯方针，勇猛奋进，造成最后之胜利"[1]。但是，蒋方人员又连续致电萱野，表示："我方和平殊不便"，请求给予谅解[2]。11月5日，萱野有一长函致小川，详细分析蒋方形势，告以蒋介石定可派郑介民来港，马伯援将在第二届国民参政会后回港，蒋介石的代表及孔祥熙的代表均在港等待。小川收到此函后，立即转示近卫、新任外相有田八郎、头山满及朝日新闻社主笔绪方竹虎等人。这时，近卫刚刚发表了第二次对华声明，内称："至于国民政府，倘能抛弃从来错误政策，更换人事，改途易辙，参加新秩序的建设，则帝国亦不加拒绝。"[3]这样，就对"不以国民政府为对手"的说法有所修正。因此，小川告诉萱野：我方仍以"收拾大局，确立和平"为活动目的。中国的问题在于有共产党的存在，对蒋的苦心要有充分的谅解，中国的事务"只能慢慢地进行"[4]。

　　在此期间，日汪关系有了迅速发展。11月20日，影佐祯昭、今井武夫与高宗武、梅思平在上海达成"日华协议"，规定日华共同防共，承认伪满洲国，汪精卫与蒋介石断绝关系，俟机成立新政府。12月21日，汪精卫脱离重庆政府，逃到河内。为了表示"小贺之意"，近卫于次日发表

1　《新蜀报》1938年11月1日。

2　《小川平吉关系文书》(2)，第600页。

3　《太平洋战争史》，中译本，第231页。

4　《小川平吉致萱野长知》，1938年11月25日，《小川平吉关系文书》(2)，第602~603页。

第三次对华声明，宣称日本政府决定始终一贯地以武力扫荡抗日的国民政府，同时，将与中国"同感忧虑、具有卓识的人士"合作，实现"相互善邻友好、共同防共和经济合作"[1]。日汪关系的进展和汪精卫的出逃极大地刺激了蒋介石集团，一度停顿的日蒋谈判再度恢复。

1939年1月4日，近卫内阁因内外交困辞职，平沼骐一郎继任首相，陆相、外相等留任。5日，萱野致电小川，告以"和平有望"[2]。次日，萱野返国，向小川汇报，蒋介石正积极布置，准备对付共产党，"和平"之意不变。由于国民党内部派系复杂，决心起用嫡系复兴社人物。除郑介民、柳云龙外，增派杜石山参加和谈。杜是蒋介石在香港的秘密办事处负责人，对蒋可以发挥重大影响[3]。14日，小川、萱野访问有田外相。17日，小川访问平沼首相。在争取到新内阁的支持后，萱野于23日致电杜石山，告以日本方针不变，询问蒋方态度如何。当时蒋方正在召开国民党五届五中全会。会议决定设置国防最高委员会，以蒋介石为委员长，同时，通过所谓《限制异党活动办法》，确定了"溶共、防共、限共、反共"的政策。2月3日，陈诚致电柳云龙，告以设立国防最高委员会的奥秘，电称："参政会与五中全会俱不足以为和平之根据，今组织之国防委员会，网罗朝野人员，置于蒋氏一人之下，时机一至，便可运用和平而无阻。"[4]陈诚要求柳云龙将此电转告杜石山与萱野。2月19日，杜石山致电萱野，内称："柳云龙表示，汪精卫、孔祥熙、何应钦等均有代表与日方接洽，则吾人所商者，更为速于实现。"[5]柳云龙传递的上述信息使日方兴奋异常，连板垣也认为，陈诚握有军事实权，电报大可注目。他和小川一向政见相左，但双方却得出了共同结论：国防最高委员会断然排斥共产党人加入，和平将易于实行，中央军实力强大，打击共军并非难事[6]。头山满则要求小川赴华，和

1　日本外务省编《日本外交年表和主要文书》下卷，《文书》，第407页。

2　《小川平吉关系文书》(2)，第605页。

3　《小川平吉日志》(2)，1939年1月13日，《小川平吉关系文书》(1)，第436~437页。

4　《杜石山致萱野长知》，1939年2月4日，《小川平吉关系文书》(2)，第608页。

5　《杜石山致萱野长知》，1939年2月4日，《小川平吉关系文书》(2)，第608页。

6　《小川平吉日志》(2)，1939年2月19日，《小川平吉关系文书》(1)，第446页。

萱野一起谈判。他表示，倘有必要，自己即便躺在船上，也扶病成行。2月25日，小川致函先期回沪的萱野，声称头山满日益健壮，旅行当无问题，倘蒋介石因周围之事对讲和犹豫不决时，可由头山满代表我等加以劝告[1]。

蒋介石于3月4日致电杜石山云："历次来电暨萱野翁前日来电，均已诵悉。中日事变诚为两国之不幸，萱野翁不辞奔劳，至深感佩。惟和平之基础，必须建立于平等与互让之基础上，尤不能忽视卢沟桥事变前后之中国现实状态。日本方面，究竟有无和平诚意，并有'和平基案'如何，盼向萱野翁切实询明，伫候详复。"[2]甩开孔祥熙，起用嫡系人物，表明蒋介石对谈判的重视，此电则进一步表明，蒋介石直接控制谈判。杜石山接电后，即电邀萱野来港。萱野于7日离沪南行，9日抵达香港。行前，将有关情况电告小川。此后数日内，小川即紧张地访问平沼首相、有田外相、板垣陆相等人，阐述蒋介石的和平诚意。

3月16日，宋美龄以治牙为名到港与萱野进行了非正式的晤谈。17日，萱野、柳云龙、杜石山在香港大酒店350号房间会商，柳云龙提出7条：1.平等互让；2.领土（完整）主权（独立）；3.恢复"卢沟桥事变"前状态；4.（日方）撤兵；5.（签订）防共协定；6.经济提携；7.不追究维新政府、临时政府人员的责任。关于满洲，另议协定[3]。会后，杜石山致电蒋介石，劝他抢在汪精卫之前与日本言和，电文称："且和平之事，当在汪氏等所欲谋者未成熟之前，始克有济，否则夜长梦多，多一纠纷即多一障碍，届时钧座虽欲当机立断，恐亦为事实之所不许也。"19日，得蒋介石电，称："得领土完整、主权独立八字便可，余请商量改删。"[4]

3月24日，小川亲赴香港。30日，在港听取萱野汇报，将备忘录交给萱野，令其转交柳云龙，其要点为：1.日本政府尚未确认蒋委员长有和平诚意，希望派遣要人为代表，此为表示蒋委员长意志之最良方法；2.

---

1 《小川平吉关系文书》（2），第610页。
2 《小川平吉关系文书》（2），第611~612页。
3 《萱野长知电报》，1939年3月18日，《小川平吉关系文书》（2），第614页。
4 《杜氏笔记》，《小川平吉关系文书》（2），第615~616页。

媾和基础条件为近卫声明，五相中至今尚有希望国府改组者，而国府又认此为不可能之事，此点之解决为最先首要之问题。小川声称："予反复思忖，苦心焦虑别得一便案。"[1]关于"便案"的内容，小川故弄玄虚，要求面见蒋介石或其心腹要人"详细谈议"。其实，小川的"便案"很简单，不过是要求蒋介石将"容共抗日"改为"排共亲日"，首先讨伐共产党，实行局部停战。萱野询问杜石山，讨伐共产党是否可能，杜回答可能，同时表示要征询宋美龄的意见。宋的回答是，可用密约办理。此后，杜石山又电询蒋介石，蒋复电同意"用密约办理"。杜对小川称："现已布置了大量嫡系军以对付共产党"，"在议和成功之时，望以日本的先锋队进行讨共"[2]。4月10日，小川致函蒋介石，声称"小生为东亚前途以及中日两国百年大计而来"，要求蒋介石明确表态。13日，蒋介石复电称："小川先生本为余等生平所敬慕，但在此两国战争之中，不能派代表来港致敬，惟托其在港友人马伯援君致意也。"[3]蒋介石要小川和马伯援联系。对马伯援，小川是满意的，认为他是适当的人选，准备通过他摸清蒋介石的本意。但是马伯援却因脑溢血于14日突然去世。

马伯援去世后，小川立即要求重庆方面补派有力人员来港，未见答复。4月25日，陈诚致电杜石山，内称："文日以来各电，俱已译呈委座，惟未得批示，请暂待为要，小川翁等务恳切实联络。"[4]29日，蒋介石原配毛氏夫人之弟返渝，萱野托他带信给蒋，声称与蒋"叨为盟友，谊若弟兄"，劝蒋速决[5]。5月6日，小川和张季鸾会谈。小川提出，日本战争的最大着眼点为排共。张季鸾则称：迄今为止，共产党一直在和蒋介石一起从事抗战，要蒋立即讨伐，难以做到[6]。5月11日，小川致函蒋介石，劝他排除畏难情绪，当机立断，函称："讲和之影响，内外上下，复杂多端，畏其难而不为，是非英雄，则终于难而已矣。惟知其难而为之，当

1　《小川平吉关系文书》(2)，第614~615页。
2　《赴香始末》，《小川平吉关系文书》(1)，第653页。
3　《小川平吉关系文书》(2)，第620页。
4　《小川平吉关系文书》(2)，第621~623页。
5　《小川平吉关系文书》(2)，第621~623页。
6　《赴香始末》，《小川平吉关系文书》(1)，第653页。

此艰局，毅然不惑，如挥快刀而斩乱麻，此诚真英雄豪杰之所为也。"[1] 小川再次要求蒋介石派要员来港，并称愿与萱野共同赴渝，否则即束装归国。16日，重庆方面根据小川要求，派侍从副官贾某乘专机到港携走该函。此前，杜石山也致电蒋介石，声称马伯援已逝世多日，事悬未决，要求蒋介石"迅于电示"[2]。

萱野、小川急于和蒋介石会谈，但蒋介石却于16日致电柳云龙，声称萱野及杜石山连日各电均已收到，"请石山兄暂勿与小川翁往还，但须随时报告小川翁行动"[3]。蒋介石的这一突然变化，杜石山曾根据重庆来人所述，对萱野作过解释，其原因为：1.蒋介石历次宣言，皆肯定抗战，一时不易改口；2.蒋介石已嘱孔祥熙，命张季鸾、原顺伯[4]、贾存德等继续与萱野及小川会晤，然后由孔祥熙根据各人报告，联络重庆元老及握有实力者，向蒋介石要求和平，再由蒋提出国防会议，议决后再派代表来港[5]。尽管如此，小川仍然觉得受到冷淡，便向蒋发出最后通牒，声言将于6月3日离港，14日由上海归国。

香港谈判期间，日军始终采取咄咄逼人姿态。5月，日机多次轰炸重庆。26日，蒋介石派副官张铭新到港，退还小川、萱野原函，对轰炸重庆一事提出质询，认为足以证明"日本军、政二界之不协调"，同时，张透露了蒋不敢轻易言和的心事。张称："蒋自'九一八'后已受国人唾骂，讥为卖国贼、日本走狗"，"今后各事，欲不小心自亦有难为之处，因自己失败，政权即落红军之手，两国前途苦恼更多，所以委曲求全，无非想到彻底处也。"[6]杜石山也向小川说明，蒋介石选派代表，"视为心腹者便可"，选派大人物，易于泄漏，"事无成，且自己失败也。"[7]

张铭新、杜石山的解释多少消融了小川的怨气。29日，小川致函蒋

---

1 《小川平吉关系文书》(2)，第624～625页。
2 《小川平吉关系文书》(2)，第626页。
3 同注2。
4 原顺伯，孔祥熙秘书。
5 《杜石山致萱野长知》，1939年5月20日，《小川平吉关系文书》(2)，第627页。
6 《杜氏笔谈》，《小川平吉关系文书》(2)，第631页。
7 同注6。

介石，对蒋的"苦心"表示谅解，但他仍然表示："如别有便法，至获好机会，未必吝于陈述鄙见也。"[1]该函于6月2日由杜石山用专机送蒋。同时，杜石山、柳云龙也对小川表示挽留。6月4日，副官杨洁自重庆来，进一步说明蒋介石退回函件的原因。杨称："蒋氏将小川翁函提出嫡系干部会议，事为共产党所闻，迫蒋履行西安约言，不得中途妥协，并迫蒋迁都西安。事弄糟了。广西系亦出面反对，说如中途妥协，广西决单独抗战。"杨并称："蒋氏密嘱，无论如何，欲保留此线交谊，并须再作紧密联络，俟时机一至，便可进行。"[2]

杨洁到港前一天，宋美龄再次秘密到港，与柳云龙等会商。当时，正值日本五相会议确定以汪精卫、吴佩孚组成中国"新政府"之后，汪精卫已经到达东京，正在与平沼首相会谈。9日，杜石山对小川说："为中日两国早日结束战局计，以及种种考虑，在汪氏未成立机体组织之前，和平尚可实现。如果汪氏成立政府，深恐将来适如西班牙状况，演变更多，问题更不易收拾。"[3]10日，杜石山会见小川，明确要求小川回日后，阻滞汪精卫成立"新政府"[4]。当夜，宋美龄、柳云龙等密议后，再次由杜石山出面通知小川，已议决要求蒋介石指派人员到此面商和平，蒋"此时已有决心进行，惟内部尚须措置"，希望小川"无论如何，设法阻滞汪氏计划之成功"[5]。

6月11日，小川回日。两个多月前，当他开始中国之行时，曾经踌躇满志地写过一首诗，中云："胸中自有回天策，笑上南溟万里舟。"此次归国，他再也没有这种心情了。

1　《小川平吉致蒋介石》，《小川平吉关系文书》(2)，第632页。
2　《杜氏笔谈》，《小川平吉关系文书》(2)，第634～635页。
3　同注2。
4　《小川平吉日志》(7)，1939年6月10日，《小川平吉关系文书》(1)，第488页。
5　《杜氏笔谈》，《杜柳二氏要求》，《小川平吉关系文书》(2)，第637页。

三 再次谈判的洽商与搁浅

小川回国之后，日、蒋双方都不愿中断已经开始的谈判。1939年6月14日，孔祥熙再度出面，致电萱野，要求在具体方法上给予指导[1]。当时，汕头已被日军攻陷，萱野企图利用这一形势，通过孔祥熙的关系加速谈判进程。与此同时，小川则在东京与平沼首相、有田外相、近卫文麿及板垣陆相等多次交谈。平沼等认为，香港谈判表明，蒋介石缺乏诚意，"已经到了正式决定倾全力于汪精卫的时机"[2]。小川则竭力说明，蒋介石仍有诚意，对汪精卫不可希望过奢。当月，汪精卫自日本到达北平，企图与吴佩孚会晤，磋谈"合作"问题。汪提出在顾维钧住宅见面，吴则坚持"行客拜坐客"，要汪到他的寓所拜见。双方坚持不下，未能达成协议[3]。这使小川感到气氛好转。自7月上旬起，他多次致函萱野，指示和蒋介石集团接触的方法，7月4日函提出甲、乙两案。甲案：日本承认中国的领土完整、主权独立，中国接受排共亲日主张，双方同时停战，以互让妥协的精神开始和平谈判。乙案：订立讨伐共产党的密约，提出局部停战条件。小川表示，希望与蒋方重要人物会谈，并设想，在9月份汪精卫建立新政权之前迫蒋接受"和平"条件[4]。7月7日函强调，先在有力的个人之间进行接触，再向日本政府提出，一气呵成，他认为日本对蒋介石、孔祥熙有抓紧的必要，建议采取前外相宇垣的办法，双方在军舰上会见，"顺势要求解决对日问题"[5]。7月16日函重申个人接触和军舰会谈两种进行方法，认为有田外相与宇垣不同，中途接手，有必要重

1　《萱野长知电报》，1939年6月17日，《小川平吉关系文书》（2），第637页。
2　《小川平吉致萱野长知》，1939年7月16日，《小川平吉关系文书》（2），第642~643页。
3　《吴氏思想表现一束》，《吴佩孚工作档案资料》，第10页，中华书局，北京，1987。
4　《小川平吉关系文书》（2），第640~641页。
5　《小川平吉关系文书》（2），第642页。

新得到蒋介石的承认。他要萱野特别注意，日本方面由于对重庆绝望，在中国北方建立"特殊国家"的意见正在抬头。函末，小川要求萱野将本函秘密示知蒋介石与孔祥熙[1]。13天之内连发三函，显示出小川重新打通与重庆谈判道路的迫切企图。

尽管小川态度积极，但萱野则认为尚非其时。7月7日，蒋介石为抗战两周年发表《告全国军民书》等一系列文告，重申抗战到底的国策不变。18日，萱野致函小川，认为蒋介石受到英国大使的迷惑，正在观望形势，"此时并非我方提出问题的时机"[2]。8月3日，萱野再函小川，告以已遵嘱将7月16日函件出示杜石山、张季鸾、罗集谊、原顺伯等人，并命其致电重庆，促使蒋介石、孔祥熙等反正。他声称，正在研究使重庆方面"不得不下决心的妙计"，其内容有二，一是策动华侨要求"和平"，一是策动江西九宫山地区蒋军倒戈，协助日军攻陷武宁、修水，给予重庆以军事打击[3]。杜石山也赞成萱野这一"妙计"，致函小川说："现在除照旧进行外，并邀集武装同志多人，拟别出计划，以促成和平之早日实现。"[4]杜石山在小川归国之后，对蒋介石也产生了某种怨望。6月15日，蒋介石曾要他"来渝面谈"，但杜却以婴儿病危为由拒不奉命[5]。

除杜石山之外，柳云龙在日、蒋谈判中继续发挥着特殊作用。7月16日，重庆发表军事委员会的组织及人选，规定蒋介石有权实施国民政府组织法第111条的规定——国民政府有与外国宣战、议和及缔结条约的权力。下旬，柳云龙致函杜石山，告以此次军事委员会改组，有极重要的地方：1. 排除共产党人员，不使参加；2. 委员长有宣战、议和之权力的规定；3. 蒋介石力辞大元帅之职而专任委员长职务[6]。8月1日，杜石山致函小川与萱野，摘要报告柳函内容，并称："蒋氏已有与共产党分离之决

1　《小川平吉关系文书》(2)，第643页。
2　《小川平吉关系文书》(2)，第644页。
3　《小川平吉关系文书》(2)，第645页。
4　《小川平吉关系文书》(2)，第649页。
5　《小川平吉关系文书》(2)，第639页。
6　《杜石山致小川平吉、萱野长知》，《小川平吉关系文书》(2)，第648~649页。

心与准备,且已有议和之决心与准备。"[1] 8月初,蒋方派郑介民、王子惠先后赴日。同月20日,蒋介石又派副官张某到港,向杜石山提出,要求见到小川7月16日亲笔信。杜石山建议将原信借出进行拍照,为萱野拒绝,张某于是将信熟读之后归渝[2]。此际,张季鸾曾向萱野表示:"如日本使汪兆铭之运动具体化时,和平将永远无望。"[3]

小川得悉军事委员会改组消息后,也视为蒋介石"对共之准备",立即向当局大臣汇报,并向各相分发杜石山的信件。他向萱野指出:"汪兆铭在双十节前组织国民政府的计划仍在进行中,因此,最好在此前促使停战协议成立。"[4] 8月10日,小川走访近卫文麿,当夜进京,与首相、外相、陆相会谈,此后又提出一项所谓显示"战胜国宽宏大度"的第三方案,即小川携带首相的书信亲自出马与重庆谈判,要求对方派出孔祥熙或者相当于孔祥熙的人物进行预备会谈,其地点可在香港、重庆或其他任何地方。小川表示:"倘此次交涉仍以不顺利告终,我等将断然与重庆绝缘,突飞猛进地建立新政权";同时,"自认推荐和信任蒋介石这种人物的不明智,除向天下认罪之外,别无可言"[5]。

当时,汪精卫的"组府"活动已进入紧锣密鼓阶段。8月28日,汪精卫在上海召开所谓"中国国民党第六次全国代表大会",推举汪精卫为"国民党总裁",议决授权汪精卫组织中央政治会议。同日,柳云龙电告萱野,国民参政会常务委员会开会,委托张君劢提出和平方案,倘使日方不提出蒋介石下野问题,全体可以议定[6]。9月3日,柳云龙飞港谈判,6日返渝。此际,重庆政府得到汪兆铭新政府延期成立的情报,大为高兴。小川后来向日本政府汇报说:重庆方面力谋在新政府成立之前成事,孔祥熙准备以牺牲一身的决心在参政会提出"和平"案。但是,由

---

1 《杜石山致小川平吉、萱野长知》,《小川平吉关系文书》(2),第648~649页。
2 《杜石山致小川平吉》,1939年8月24日,《小川平吉关系文书》(2),第652页。
3 同注2。
4 《小川平吉致萱野长知》,1939年8月16日,《小川平吉关系文书》(2),第649页。
5 《小川平吉致萱野长知》,1939年8月16日,《小川平吉关系文书》(2),第650页。
6 《萱野长知电报》,《小川平吉关系文书》(2),第653页。

于军方的压力，日本政府于9月13日发表声明，将扶植汪精卫成立"中央政府"列为施政方针，重庆方面对此感到疑惧，形势急变，多数意见主张，"宁可将讲和的机会置于新政权的实力试验之后"。9月16日，参政会否决了和平案云云。按，9月9日至18日召开的国民参政会一届四次大会根本不曾讨论过所谓"和平案"，小川得到的显然是柳云龙等人提供的假情报，但有一点是确实的，由于日本政府发表了支持汪精卫的声明，重庆方面改变了与小川等人再开谈判的计划[1]。10月13日，萱野离开香港回国，谈判再次搁浅。

四 尾声

萱野归国之后，小川等人的"和平"工作陷于停顿。

1939年12月2日，萱野会见外相野村吉三郎，陈述重庆方面情况，阐明对汪精卫政权的见解，没有明显成效。1940年1月，米内内阁成立。3月9日，小川致函陆相畑俊六与外相有田八郎，希望在发表政府声明时，避免排斥与重庆政府交涉的言论，以免杜绝收拾战局的通路[2]。同月30日，汪记国民政府在南京成立，小川曾致函汪精卫，劝他和蒋介石合作，函称："民国内地抗战意识今尚颇旺，绥靖招抚之事真非容易。若欲速收战局，举和平统一之实，不如使重庆政府停战讲和。"小川表示："阁下与蒋介石相会之机会必将到来。"[3] 4月30日，时任中国派遣军总参谋长的板垣发表文告，声称"对中国要彻底讨伐"，同时又称，重庆政府"如有悔过之意，可以宽恕"。次日，小川致函板垣，赞许其后一语，认为它将大有助于"收拾残局"[4]。

就在萱野、小川等"静观"之际，蒋介石方面却又积极起来。同年

---

1 《重庆方面关系经过概要》，《小川平吉关系文书》（1），第660页。
2 《小川平吉关系文书》（2），第669页。
3 同注2。
4 《小川平吉关系文书》（2），第670页。

6月，日军占领四川门户宜昌，威逼重庆。19日，汪伪宣传部长林柏生发表广播谈话，声称："蒋介石肯为国家打算，停止战争，实现和平，我们不但可走开，并且可以死。"[1] 21日，蒋介石致电杜石山，要他邀请萱野来港，谈判"和平"。26日，曾政忠再次致电杜石山，声称蒋介石获悉有关经过后，表示后悔，以前之所以不能拜受萱野诚意，其原因在于状况不明和情势不许，现在形势变化，汪精卫宣称，倘实现和平，彼等不仅将引退，即死亦所不辞。这样看来，和平有了可能[2]。杜石山奉命之后，不敢怠慢，连电萱野，告以夜长梦多，要萱野把握机会，乘时进行。

此前，蒋介石已经派特务曾广冒充宋子文之弟宋子良和日方的今井武夫等人在香港、澳门多次磋商，6月6日，双方一致同意，由板垣、蒋介石、汪精卫举行三人会谈。这就是日方所谓的"桐工作"。但是，蒋介石愿意多线进行，又派郑介民、柳云龙等到香港活动，传达蒋介石的"和平"决心，准备恢复与萱野等人的会谈。7月29日，小川致电板垣，告以经慎重研究结果，萱野将于8月2日赴港[3]。不料板垣这时正热衷于"桐工作"，不愿另生枝蔓，要求萱野延期出发[4]。8月上旬，杜石山致函萱野诉苦，声称受到重庆方面"联络欠确实"的责备，要求萱野勿因少数人的阻难而坐失良缘，尽快确定来华日期[5]。10月初，萱野再次准备赴港，但外相松冈洋右正通过银行家钱永铭与重庆联系，仍然不愿另生枝蔓，萱野之行再度受阻[6]。

汪伪政权是在日本卵翼下成立的。举行典礼的当天，日本政府即声明支持，并期待各国承认。有意思的是，日本政府自己却未立即予以外交上的承认。从长期的军事和政治实践中，日本侵略者终于认识到，要如愿以偿地解决中国问题，撇开蒋介石及其政府是不行的。因此，他们不得不留有余地，以便对蒋介石进行诱降，并促进汪、蒋合作。板垣的

1　袁旭等：《第二次中日战争纪事》，第241页，档案出版社，1988。

2　《杜石山致萱野长知》，1940年6月29日，《小川平吉关系文书》（2），第673页。

3　《小川平吉关系文书》（2），第683页。

4　《重庆方面交涉经过概要追加》，《小川平吉关系文书》（1），第664页。

5　《小川平吉关系文书》（1），第687页。

6　《重庆方面交涉经过概要追加》，《小川平吉关系文书》（1），第664页。

"桐工作"，松冈的"钱永铭工作"，目的都在于此。但是，他们也感到，蒋介石不同于汪精卫，不会轻易就范。因此，他们在对重庆开展"和平"工作的同时，又在积极准备承认汪伪政权[1]。9月中旬，"桐工作"失败；继之而起的"钱永铭工作"也困难重重。11月13日，日本御前会议决定承认汪政权。

蒋介石否定了今井武夫、宋子良等人的会谈结果，主要原因在于板垣提出的条件过于"苛细"[2]，但是，他并不拒绝"和谈"。11月1日，杜石山再次致函萱野，说明蒋介石的苦心。函称："蒋公既以石山等与先生有所约，中日和平路线绝对已有维持，故拒绝红军进攻平、津以断日军接济，不准小张（指张学良——笔者）复出而重东北纠纷。"函中，杜石山并通知萱野一项特别消息——美国已"积极备战"，要求日本"鉴于世界大势之安危，临崖勒马，以符永保太平洋之宗旨"[3]。同月上旬，松本藏次和头山满的儿子头山秀三到达澳门，向杜石山传达日本政府即将承认汪政权的信息以及头山满的意见。12日，杜石山返港，急电向蒋介石报告。不久，杜石山得复电，已由何应钦、白崇禧联合签发命令，限红军5天内退驻西北方边区，并拟以孙科为行政院长，缓和苏俄，免为和平之梗[4]。杜石山得电后，派门人林某携电赴澳门，但松本等已返日。杜石山于是通过日本人八谷致电外务省，力陈承认汪精卫政权的利害关系[5]。16日，蒋介石又派侍从副官陈某乘专机飞港，对松本和头山秀三远涉重洋前来报告有关消息表示感谢，同时表示："自七七以还，只是委托石山兄维持立云翁、秋山翁、萱野先生等与中国及国民党以及个人之历史的感情，无论直接间接，未曾选派任何人员，提出任何事件，是以职责攸

---

[1] 参阅《中国事变迅速处理办法》，1940年9月16日，日本外务省档案WT47号；又，《对重庆和平交涉之件》，1940年10月1日，日本外务省档案：S488号。

[2] 《杜石山致头山满、萱野长知》，1940年11月16日，《小川平吉关系文书》（2），第697页。

[3] 《小川平吉关系文书》（2），第696页。

[4] 《杜石山致萱野长知》，1940年12月15日，《小川平吉关系文书》（2），第702页。

[5] 《杜石山致头山满、萱野长知》，1940年12月8日，《小川平吉关系文书》（2），第700页。

关，不得不谨慎也。"[1]然而，不管蒋介石集团如何表示"殷勤"之意，日本政府还是于11月30日承认了南京汪记政权。杜石山于12月15日致函头山满和萱野，满腹牢骚地表示："岂知不数日而承认汪氏之讯至，真如天际巨雷，使弟不知如何解说？"函件同时批评日本政府失策："今以两无准备之局势，而遽予汪氏以承认，故英、美轻之如鸿毛，而以泰山视渝也。"[2] 1941年2月，杜石山派人去上海找寻松本藏次，企图重建联系，结果未能如愿。

还在1938年，日本帝国主义就在《配合华南作战的政务处理要纲》中规定："对华侨方面，配合政治及其他措施，领导他们反蒋亲日"，"同时促进对南洋贸易的发展，以利获得不足资源"[3]。1941年5月5日，萱野为了调查华侨情况，以南方协会顾问身份到达澳门。在此之前，重庆方面已经得知这一消息，派柳云龙及侍从副官一人来港，通过杜石山征询萱野对"和平"的意见，重申蒋介石"绝对维持此线"的主张。5月12日，杜石山抵澳，与萱野相见，萱野提出："可以无条件委托头山翁。"[4] 14日，柳云龙返渝向蒋介石报告。6月，蒋介石秘密召开嫡系干部会议及最高国防会议，决定一切委托头山满办理。会后，蒋介石赠头山满及萱野相片各一张，附言表示："望今后协助处置共产党。"[5] 6月11日，小川通知萱野，当谈判地点决定时，头山将参加[6]。

然而，这时头山对蒋介石集团已经很失望，正在逐渐采取亲汪立场。6月14日，汪精卫访日。在此前后，头山发表连载文章，尖锐地抨击蒋介石："他终竟是傻瓜。对应该提携的日本反戈，以致难免自灭，他现在作最后的挣扎了。他会这样蠢，实在我也是料想不到。"文章又称："于

---

1 《杜石山致头山满、萱野长知》，1940年11月16日，《小川平吉关系文书》(2)，第698页。

2 《小川平吉关系文书》(2)，第701~702页。

3 日本外务省档案：UD49号。

4 《报告书》(第四回)，《小川平吉关系文书》(1)，第665页。

5 《萱野长知致小川平吉》，1941年6月11日，《小川平吉关系文书》(2)，第707页。

6 《小川平吉致萱野长知》，《小川平吉关系文书》(2)，第708页。

兹期待继承孙文遗志的汪精卫的新国民政府活动。"[1]头山文章的发表，宣布了萱野长知、小川平吉等对蒋"和平"工作的破产。此后，双方虽仍有若断若续的联系，但始终无法进行任何实质性的谈判。

萱野长知、小川平吉等人和蒋介石集团的秘密谈判留下了数量可观的历史文献，通过对这些文献的研究可以看出：抗战前期，蒋介石脚踩两条船。他一面进行对日作战，同时又维持谈判，准备妥协。当日军大举进攻，国民党军作战不利时，这种动摇、妥协的倾向表现得尤为突出。蒋介石之所以最终没有接受日方诱降，其原因是多方面的，既和日本政府愚蠢、僵硬的"不以国民政府为对手"的政策有关，也和中国共产党的存在、国民党内部抗日力量的存在有关。蒋介石充分懂得，只要他接受日方条件，甚至只要他和日方谈判的消息泄漏，他就会遭到人民和一切爱国力量的强烈反对，从而导致垮台。香港谈判中，他之所以顾虑重重，其原因即在于此。

通过对文献的研究还可以看出，蒋介石集团和日方的"和谈"并非完全是真心实意的，有些显然具有策略目的。或为了延缓日军进攻，或为了阻挠汪精卫成立伪政权，或为了延缓日本政府对汪伪政权的承认。兵不厌诈。战场上固然虚虚实实，风云诡谲，谈判桌上何尝不是如此！历史是复杂的，任何简单化的看法都将妨碍对事物全貌和本质的认识。

> 附记：收集本专题资料过程中，承日本国会图书馆广濑顺皓先生指点，承京都大学狭间直树教授惠赠大量资料，写作过程中，又承日本冈山大学石田米子教授，寿祝衡、邹念之二位先生，尹俊春、周兴樑二同志帮助，谨此致谢。

1　《中国革命的秘话》，广东《迅报》1941年6月8～18日。

孔祥熙与抗战期间的中日秘密交涉

在孔祥熙与宋子文二人中,蒋介石比较喜欢并信任孔祥熙。1938年1月,南京国民政府为了建立战时体制,任命孔祥熙为行政院长。同年6月,宋子文愤愤地对潘汉年说:"蒋之用孔作行政院长,就是为的准备好与日本谈判和议。"[1]蒋之用孔,原因很多,宋子文的这段话有很大的片面性。但是,中日战争期间,蒋介石确曾通过孔祥熙多次与日方进行秘密交涉。由于除孔祥熙外,他的大儿子孔令侃等人均参与其事,因此,有的人称之为"孔家的和平运动"[2]。

关于抗战时期孔祥熙和日本方面秘密交涉情况,我在前些年曾有所论述[3]。本文将根据近年来新发现的资料,全面探讨孔祥熙与抗战期间中日秘密谈判的关系。前文已详的,本文将从略;海内外其他学者著作已详的,本文也从略[4]。

---

1 《南期(胡鄂公)致孔令侃密函》,孔祥熙全宗,中国第二历史档案馆藏,以下同。

2 梅思平:《和平运动之如是我闻》,《汪精卫集团投敌》,第22页,上海人民出版社,1984。

3 参见本书《抗战前期日本"民间人士"和蒋介石集团的秘密谈判》及《日蒋谈判的重要资料——读孔祥熙档案之二》,《海外访史录》,第523~527页,社会科学文献出版社,1998。

4 参见章伯锋《关于抗日战争时期蒋介石反动集团几次妥协投降活动》,《近代史研究》1979年第2期;彭泽周《中日战争初期的和谈》,台北《传记文学》第54卷第3期。

一　贾存德与萱野长知

1937年12月13日，日军占领南京。同月26日，日本政府通过德使陶德曼，向国民政府行政院副院长孔祥熙面交中日实现和平的基本条件4条。由于中方没有按照日方的规定时间作出答复，骄狂不可一世的近卫内阁于次年1月发表声明，宣称今后"不以国民政府为对手"，从而表示出对蒋介石的决绝态度。但是，这以后，日本军方和"民间"都仍然有一部分人企图做国民政府的工作，诱使蒋介石等人投降。

1938年3月底，孔祥熙的亲信贾存德与旧日一起做过情报工作的日本人松本藏次在上海相遇。松本当时在日本华中派遣军总司令畑俊六大将处任参事，他劝贾出而奔走，早日和平解决中日之间的战争，以免俄、英等国收渔人之利[1]。松本并利用孔、宋之间的矛盾进行挑动，声称"宋子文为未来政权企图计，亦有似此活动。愿君勉为之！"[2]当时，胡鄂公（伯良、南湖）是孔祥熙留在上海的顾问，指示贾提出先决条件：1.介绍畑俊六见面；2.畑俊六亲笔写信给蒋介石或孔祥熙。

日军的下一个进攻目标是武汉，畑俊六企图在此前以"和平"方式解决中国问题。同月4日，畑俊六与贾存德会晤。畑仍然坚持近卫声明，声称："现在日本的对家已不是蒋委员长，而是南京新成立的维新政府。"但他表示了一点灵活的态度：如蒋委员长、孔院长"有所觉悟，亦未〔尝〕不可谈判"[3]。畑俊六旋即介绍萱野长知与贾存德交谈。萱野在辛亥革命前后与中国革命党人有密切关系，当时受日本松井石根大将之命在上海找寻谈判线索。他对贾述说了自己与孙中山、孔祥熙、宋霭龄及国民党当局诸人的交往，声称"中日战争结果，必二者俱伤"，表示愿遵畑俊六之命

---

1 《伯良（胡鄂公）致王良〔梁〕甫电》，1938年4月7日，孔祥熙全宗。
2 《贾存德阳电》，1938年4月7日，孔祥熙全宗。
3 《伯良（胡鄂公）致王梁甫电》，1938年4月7日，孔祥熙全宗。

"写信给蒋委员长和孔院长调和"[1]。

萱野长知当时虽服务于日本军方,但和军部并不一条心,企图另辟议和渠道。5月初,贾携带萱野函件离沪。临行前,萱野对贾称:日本军阀要价过高,要实现中日和平,只有设法使日本和平派抬头[2]。同月6日,贾存德经港飞汉,会见孔祥熙。22日,孔祥熙复函萱野长知,陈述侵华战争对日本的危害,要求萱野做日本"少数军人"的工作。函称:

> 敝国坚持抗战,纯为自卫起见。故解铃系铃,仍在贵国少数军人之手。先生欲自救以救人,必设法使贵国少数军人早日醒悟,必先使其了解此次战事对于贵国之利害。[3]

同时,孔祥熙并致日本浪人首领头山满一函,内容大体与致萱野函同[4]。6月1日,贾存德携带孔祥熙函回到上海,与萱野、松本会谈。贾称:武汉等地"抗战极坚决","人心镇定如昔"。他转达了孔祥熙的意见:要求日方"放下屠刀,使我领土完整,为东亚两大民族千年万年谋真正共存共荣"。"苟能利和平,即敝屣现院长地位,亦愿与二位共同奋斗"。萱野表示:"拟回东京联络同志作后盾,然后分谒内阁、军部、重臣、元老,征求意见,一致以谋和平之早日实现。"他并说:"余老矣,士为知己死,蒙院长不弃,同情管见,余誓以老命报之。"[5]7日,萱野与松本飞返东京,和头山满密议,接着,与近卫首相、宇垣外相会谈。17日返沪,对贾存德称:近卫、宇垣对孔祥熙函件都表示同情。萱野并要求与孔祥熙择地会见[6]。

日方积极,孔祥熙却表现得很冷静。6月25日,孔祥熙的秘书李青选

---

1 《伯良(胡鄂公)致王梁甫电》,1938年4月7日,孔祥熙全宗。
2 《王梁甫致孔令侃函》,1938年5月6日,孔祥熙全宗。
3 《孔祥熙致萱野长知函》,孔祥熙文件,美国哥伦比亚大学珍本和手稿图书馆藏。
4 《支那事变善后措置》,日本外务省档案:A-1-1-0号。
5 《贾存德致孔令侃转李青选电》,1938年6月3、12日,孔祥熙全宗。
6 《贾存德致李青选电》,1938年6月21日,孔祥熙全宗。

（汝秀、毓万）致电贾存德，指示他说话须"慎重"，电称："事关重要，一言可以兴邦，一言可以丧邦，应付失宜，危险至巨。现在彼方既感困难，我方尤须沉着，如过急反以示弱，更难得当也。"其后，李青选一再致电贾存德，声称孔祥熙"不便轻易离汉"，要贾了解日方"切实办法"，并要求萱野长知亲笔开明"真实条件"[1]。

日方一方面宣称条件不高，畑俊六表示："日将领同士兵，除海军一部分外，多已厌战。今次日〔所〕提和平条件，极平正，绝不使孔院长为难。除经济合作、防共产外，无苛求。"[2]一方面则要求解散国民政府，蒋介石下野，由孔祥熙出面组织政府。28日，贾存德再电孔祥熙，告以萱野意见：

> 此事至难而不难。盖双方着重顾全颜面，中国之颜面重在军队退出，领土完整，日本之颜面重在解散抗日政府，老蒋暂行下野，从新组府，任之孔院长。老蒋下野，换汤不换药，故难而不难者，即此之谓也。[3]

萱野认为在上海不便，要求于7月5日与贾存德共同赴港谈判，并要求面见孔祥熙。7月3日，李青选电告贾存德，明确拒绝解散国民政府、蒋介石下野等条件，但表示可以孔祥熙下野作为转圜。电称：

> 彼方果有诚意，当以可能条件与我商洽，否则漫无边际，可不必谈。如军部所提，非惟政府不能因人要求而解散，委座不能因人要求而下野，且全国民众亦不能允许委座下野。
>
> 此等话实使夫子无办法说出。前曾与兄谈及，现在最高行政当局本为夫子，如果彼方以为无法下台，夫子本人情愿牺牲地位，以

---

1 《李汝秀致贾存德电》，1938年6月25、28日，孔祥熙全宗。
2 《贾存德致李选青转孔祥熙电》，1938年6月27日，孔祥熙全宗。
3 《贾存德致李青选转孔祥熙电》，1938年6月28日，孔祥熙全宗。

为彼方转圜面子[1]。

萱野长知等并不十分同意近卫"不以国民政府为对手"的声明，听了孔祥熙愿意牺牲院长地位的表示后，便表示可以不坚持要求蒋介石下野[2]。

7月6日，贾存德、萱野长知、松本藏次等转到香港谈判。此前，孔祥熙的秘书乔甫三和日本驻香港总领事中村丰一的谈判已经开始[3]。谈判中，贾存德等提出，希望日军暂勿进攻汉口。9月上旬，日方声称，蒋介石可以预先作出下野表示，而在和平后自动实行。在此情况下，孔祥熙表示可以出面与日本外相宇垣谈判。但是，日本陆军妄图在当年秋季结束对华战争，正积极准备进攻汉口、广州，同时热衷于诱降汪精卫，对蒋介石不感兴趣。9月29日，宇垣下台，拟议中的孔祥熙、宇垣会谈流产[4]。同年10月25日，武汉陷落。

二　胡鄂公与津田静枝

孔祥熙的对日谈判大量是通过胡鄂公进行的[5]。

孔祥熙一面动员萱野长知等人做日本"少数军人"的工作，一面力

1　《李青选致贾存德电》，1938年7月3日，孔祥熙全宗。

2　《贾存德致李青选转孔祥熙电》，1938年7月6日，孔祥熙全宗。

3　关于这一谈判的情况可参阅杨凡译《日本外交档案中有关孔祥熙与日本"和谈"的记录》，《孔祥熙其人其事》，中国文史出版社，1987；中村丰一《知られざる宇垣・孔秘密会谈》，《秘められた昭和史》，《别册知性》第12期，第261～265页，日本河出书房。

4　参阅本书《抗战前期日本"民间人士"和蒋介石集团的秘密谈判》。

5　胡鄂公一生经历复杂。曾参加辛亥革命北方起义。1913年当选为国会议员。1921年在北京组织马克思主义研究会，发行《今日》杂志。不久，《今日》派的主要骨干被并入共产党。1922年12月，任北京政府教育部次长。1923年11月，中共中央因其有帮助曹锟贿选嫌疑，决定停止其"出席小组会议"。后担任孔祥熙的私人政治、经济顾问。1936年在潘汉年领导下联络西南派，反对蒋介石。抗战期间在上海、香港为国共两党做秘密工作。1945年任孔祥熙系《时事新报》发行人兼总经理。1949年去台湾。1951年在台北病逝。

图和日本军方建立直接联系。1938年6月,孔令侃在香港指示胡鄂公,利用关东军副总参谋长石原莞尔为枢纽,在孔祥熙与日本陆军大臣板垣征四郎之间建立"谅解",胡返沪后,即嘱满铁上海事务所的伊藤武雄、铃江言一二人赴大连与石原商量,石原表示同意[1]。

同年7月,胡鄂公与伊藤武雄等商定,以中日在野名流,用私人资格进行初步谈判。中国方面人物以唐绍仪、吴佩孚为领袖,实际谈判人物为江天铎、汤芗铭、罗家衡、易敦白。伊藤武雄同意这一计划,即联络关东军副参谋长石原莞尔、在陆军参谋部任职的柴山兼四郎,在海军任职的津田静枝中将,以及坂西利八郎中将等,于10月上旬向日本政府提出说帖,得到同意[2]。11月3日,近卫首相发表第二次对华声明,改变原定"不以国民政府为对手"的方针,转为诱使国民政府改变政策,更换人事组织,参加所谓日、"满"、华的合作。于是,日本政府一面命土肥原统一汉奸政权,一面派津田静枝、今井武夫、伊藤武雄等到沪,与国民政府方面进行私人谈判。

11月22日,伊藤与胡鄂公谈话,说明日本转变政策的原因。伊藤称:强硬派原以为攻下武汉、广州后,中国的抗战即可结束,但事实并非如此。强硬派也认为:必须"双方政府直接商议",由"最高责任者在适当地点会见",因此,原来反对宇垣的一派已经在原则上和宇垣的主旨一致。伊藤并称:日本希望以"东亚门罗主义"为和平基础,排除西洋各国的干涉[3]。自11月26日至1939年9月,胡鄂公与津田静枝等共进行了6次会谈,前三次会谈属于一般性会晤。胡鄂公根据孔令侃指示,提出"各原则",据称:"所得结果极好。"[4] 1938年12月,汪精卫等出逃,叛国投敌。日本当局即企图以扶持汪精卫为筹码,要挟重庆国民政府妥协。次年5月3日,胡鄂公与津田第四次会谈。津田探询重庆方面情形。

---

1 《情字第2076号电文》,《档案史料与研究》1991年第3期。

2 《孔令侃于香港转发胡鄂公报告电文》。《档案史料与研究》1991年第1期;参见《伯良(胡鄂公)致孔令侃电》,《近代史研究》1979年第2期。

3 《孔令侃于香港转发胡鄂公报告电文》。

4 《胡鄂公致孔令侃密电》,孔祥熙全宗。关于津田静枝与胡鄂公的会谈,可参阅伊藤武雄为铃江言一所著《孙文传》所作的跋,第551页,东京岩波书店,1977。

胡称：汪精卫离开重庆后，情形更安定，汪精卫"离开全国民意"，不会成功。胡强调：国民政府是目前中日战争的当事者，蒋介石是国民政府和全中国的领导者，建议先在私人间就几个基本纲领达成谅解，然后再在政府间进行直接谈判。胡提出的基本纲领是：1.承认两国间的战争不合理；2.恢复卢沟桥事件以前的状态；3.发展两国合理的经济提携；4.目前不采取防共协定的形式，而在精神上一致[1]。同年9月第六次会谈时，津田提出，希望国民政府与汪精卫合作，胡称：汪精卫已被国民党开除党籍并被国民政府通缉，同时在道德上，是反复无常的小人，日本政府以之为谈判对象，"非常失策"[2]。至此，胡鄂公与津田静枝的会谈告一段落。

三　胡鄂公与船津辰一郎

1939年3月27日，胡鄂公在上海与前日本驻上海领事、上海日本纺织业会长船津辰一郎会晤。胡企图使船津放弃对汪精卫和吴佩孚的工作。胡的谈话大旨为：汪之领导权已丧失，号召力消灭；吴佩孚决不做傀儡；日本欲得真正和平，应以蒋及国民政府为对象[3]。胡要求船津运动日本当局，先行举行中日私人谈判。28日，胡鄂公致电重庆，声称此项工作，"可以阻止汪、吴傀儡之运动复兴"，同时使"日本方面多一主张和平之说客"。胡并称：此项工作与津田方面并无抵触，可收"殊途同归之效"[4]。

4月11日，胡鄂公与易敦白、彭希民约船津聚餐，双方辩论至5小时。其后，船津表示采纳胡鄂公的意见，将向日本军部提出建议。

---

[1]　《情字第396号电文》，《档案史料与研究》1991年第1期。以下所引史料，除注明者外，均见该刊1991第1、2、3及1992年第1各期。

[2]　《情字第1239号电文》。

[3]　《情字第28号电文》。

[4]　同注3。

四　胡鄂公与坂西利八郎

坂西利八郎曾任袁世凯顾问，长期在中国做特务工作。1939年10月5日，胡鄂公与坂西谈话，提出中日和平意见5条。6日，孔令侃复电胡鄂公，认为胡的意见非常"周详"，特别是第五条，由日本邀请美国以第三国立场参加保证一节，办法很好。孔要求胡鄂公以私人立场继续试探对方真意[1]。此后，双方多次会商，胡鄂公始终坚持，必须邀请第三国参加保障，然后停战撤兵[2]。谈判不了了之。

五　樊光与喜多诚一

樊光曾任国民政府外交部常务次长，与孔家关系密切。还在1938年春，樊光就曾与北平日本浪人山本荣治发生关系，为他去汉口向孔祥熙递送"中日和平意见书"[3]。1939年3月下旬，樊光得到消息，日本华北派遣军特务长、兴亚院华北联络部长喜多诚一中将将于4月10日南下，谈判和平。他向孔令侃请示。27日，孔令侃复电，指示以"恢复七七以前原状，先由日皇下诏撤兵"为要旨。喜多要求面见孔祥熙，表示希望在汪精卫登台以前"得到办法"。为此，樊光曾赴重庆报告。同年9月22日，喜多应原上海电话局局长鲍观澄之邀到沪。会谈中，喜多重提蒋介石下野问题，受到樊光驳斥。樊光称：日方所提条件，不外共同防共、经济合作、取消抗日三条。其中经济合作一条，如在平等互惠条件之下，可以商量；防共问题，现在德苏已成同盟，日苏关系亦已妥善，日本真有诚

1　《渝情字第733号电文稿》。

2　《情字第1349号电文》。

3　贾存德：《孔祥熙与日本"和谈"的片断》，全国政协编《文史资料选辑》第29辑，参见谭光《我所知道的孔祥熙》，《孔祥熙其人其事》，第5、68页。

意与中国和平，共党一节不成问题。至于取消抗日问题，只要日本无侵华之举，华人又何所抗？当喜多询问有何办法实现中日和平时，樊光称："中日双方相持下去，日军必至有不能不溃退之一日，国必紊乱，难以收拾。若日皇下诏，撤兵言和，似过便宜日本，然孔院长则以为中日兄弟之邦，彼此牺牲均属可惜，故愿赞成此举，使日方亦能得利也。"[1]对此，喜多表示，兹事体大，非一人所能做主，容回北平后详细商量。

会后，鲍观澄对樊光说：喜多不愿汪政权成立，造成既成事实，使和平多生枝节。如孔院长能与之秘密会晤，彼必出全力做成此事，汪政府即可消灭。24日，樊光将会谈情况报告重庆。10月11日，孔令侃复电称："喜多谈话，全属空泛之词，仍以委座下野为题，而无切实表示，自无诚意可言，显系试探性质。"孔令侃并批评樊光的答话"句句着实，诚如代表院座答复，而反示我方求和心切。万一为彼方灌音，收去留为话柄，如何是好！"孔令侃要樊光以后对外谈话时，多问少答，试探口气，在对方答话中寻觅线索[2]。

六　樊光与今井武夫

1939年4月上旬，原大隈重信亲信、日本《报知新闻》记者、特务机关政务课长百武末义与樊光在上海会谈。百武称：因受平沼首相及参谋本部中国科长今井武夫委托，与国府联络和平，特由东京赶回。当时，报载平沼内阁已与汪精卫结约，樊光据此提出责问。百武称：平沼与汪敷衍则有之，但通过本人说明，已确知汪并无能力。今井并深知联汪拉吴，均已失败，言和只有向蒋及孔祥熙处觅取途径。百武并称：和平沼首相多次畅谈，平沼表示，若能和平停战，撤兵自可办到。共同防共、经济合作及满洲国事，均可不提。这是空前宽松的条件，樊光表示怀

1　《情字第1255号电文》。
2　《渝情字第1728号电文稿》。

疑，百武则"发誓愿负责"[1]。

4月14日，百武再次会见樊光称：过去日本少壮派军人受汪精卫蛊惑，以为蒋完全受共产党包围，因此有不与蒋政权交涉的声明；现在唯一的条件是共党问题，接洽和谈时，"只须蒋先生或孔院长表明，与共产党无关态度"即可。百武并称：只要能让平沼看得出孔祥熙"真有意和平"，今井武夫及平沼代表即可来华。15日，樊光致电孔令侃称："弟意现当汪正在勾敌时，总当设法使彼方对我言和者不失望。"[2]22日电再称："现汪精卫已上当，完全受日人摆布，傀儡登场，不可不速为设法破其奸谋也。"[3]

日方一面积极扶植汪精卫登场，一面引诱国民政府进行"和平"谈判。百武多次表示，只要平沼、今井确信已和国府取得联络，即刻放弃与汪精卫等人的联络活动。5月4日，今井自东京抵沪，要求与孔令侃在港见面。他对樊光表示：本人主张：以蒋先生为对手商停战，以孔院长为对手商和平谈判[4]。今井了解孔祥熙与萱野长知之间的关系，因此特别表示："所言决负责任，非为一般浪人萱野等可以随便说话，毫无实际。如所不成，当出家当和尚。"

今井在上海坐等孔令侃消息，但重庆方面直到5月9日才有回音。11日，樊光约见今井，重庆中央银行秘书姚瑛同时出席。樊光声称：孔令侃公务冗繁，交通阻隔，到港恐来不及。他出示孔祥熙特别指示三条：1.以国民政府为对手进行谈判；2.尊重中国的领土主权；3.由美国出面调停[5]。樊光并补充了三条意见：1.此事由日方主动，当然应由日方提出确实办法；2.须由日方政府作明显表示，予我诺言之保证；3.停止一切分化运动，专诚向国府及蒋先生言和[6]。今井对未能见到孔令侃感到不悦，于12日回日。

1　《情字第135号电文》。

2　《情字第208号电文》。

3　《情字第230号电文》。

4　《情字第332号电文》。

5　《今井武夫回忆录》，第167页，中国文史出版社，1987。

6　《情字第1262号电文》。

同年8月30日，阿部信行内阁成立，今井武夫调任驻华日军总司令部高级参谋兼中国科长，邀请孔令侃到上海谈判。10月6日，百武末义对樊光称："日政府仍望对重庆有办法，如中央确具诚意，能有相当负责代表密行接洽，决即放弃汪事。但如仍无确实办法，则日方于无办法中只好从汪方面进行活动。"[1]此后，日方扶汪活动加紧。10月22日，樊光对今井武夫说："君等既支持汪组织所谓新政权，似不必与我们再谈和平矣！"今井表示：汪为和平而出来，又商谈过很久，不能不予以支持。但汪并无"十二分把握"，因此，日方仍愿与重庆谈判。今井表示，希望重庆来一"负责大员"[2]。

11月6日、7日，樊光与今井武夫连续两次会谈。今井提出，日华两军的停战交涉以蒋介石为对手，实现和平之后，汪蒋合作[3]。其后，樊光声称赴重庆出席国民党五届六中全会，离开上海；今井武夫则在香港找到了所谓"宋子良"的关系，开始"桐工作"。

七　胡鄂公等与和知鹰二

1940年初，日本军部部分人士逐渐感到依赖汪精卫不会结束对华战争，力图在国民政府内部另觅诱降对象。为此，日本华南特务长和知鹰二大佐奔走于香港、两广间，竭力拉拢李宗仁，结果失败。其后，和知便全力投入拉拢重庆方面的工作[4]。

1940年2月，和知调任驻上海机关特务长，晋升少将。同月26日，和知与易敦白谈话，试探性地提出：如日本以蒋为对手谈判，而蒋又拒绝如何？接着，又提出经济提携、反共及满洲三问题。易称：中国共产党已信奉三民主义，政府已不认共产党存在，至少已对其控制；又称：

1　《今井武夫回忆录》，第167页，中国文史出版社，1987。
2　《情字第1321号电文》。
3　《今井武夫回忆录》，第167页。
4　《情字第1777号电文》。

现在解决七七事变，满洲问题待将来别求合理解决。易并称：如果日本真能退出华北、华中、华南，取消不平等条约，废除租界及内河航行特权，则中国"对满洲何尝无壮士断腕可能！"[1]

3月22日，和知与易敦白第二次会晤。当时，汪精卫政权已预定于当月月底成立。和知要易敦白作出估量。易答称：汪精卫等寄食日人，等于消毒，抗战阵容更加彻底坚固，足以争取最后胜利。和知称：日本政府将在一二月内承认汪政权，届时以蒋为对手的谋和计划将无法进行。他询问易敦白：可否在二三月内"办出头绪"？又询问：中国政府最低条件如何？可否提出一具体原则？[2]

会谈后，和知向板垣汇报。板垣时任南京中国派遣军总司令部参谋长，他认为与重庆方面谈判为时尚早。实际原因是，当时与"宋子良"的谈判正在中国南方进行。不久，"桐工作"停滞，板垣便催促和知继续与孔祥熙方面谈判。

4月初，和知与孔祥熙的亲信、院长官邸秘书处第六组负责人盛升颐在香港会晤。和知称：日本元老、重臣及军部一致要求停战，希望由孔祥熙与何应钦主持，开始正式谈判[3]。当时，孔令侃企图利用与和知的谈判"侦查日本意向所在"[4]。同年5月29日，易敦白向和知提出4个问题：1. 日自动撤兵问题；2. 东三省交还问题；3. 美国参加和议及保证问题；4. 汪逆引渡问题。易声称："这也许是蒋先生的真面孔。"和知则列举蒋介石和日本人交往的事实，说明上述4条不一定是他的"真实面孔"。他以"中日两国共同建设亚洲大局"和"防共"等诱引蒋介石，声称："中国要收回安南、缅甸，日本可以协助；要收回外蒙，亦可协助。"关于汪精卫，和知要求不咎既往，予以相当位置，否则，也不必重办[5]。

这一时期，中方雍容自如，而日方则遑急无奈。6月8日，易敦白根据胡鄂公的指示，故意对日本进行和平谈判的诚意表示怀疑，同时表

1　《情字第1760号电文》。

2　《情字第1741号电文》。

3　《1251与和知谈话记录》。

4　《情字第2025号电文》。

5　同注4。

示,中国决心继续进行持久战,无意谈判[1]。板垣为了表示"真意",竟在第二天就亲书委任状,委任和知鹰二为全权代表,令人飞沪转达和知。

胡鄂公分析了和知的谈话后,认为"日方阳假和平之名,阴行政治进攻策略"。重庆方面也指示:"非俟其觉悟自动撤兵时,决不与彼谈判。"[2]但是,谈判实际上仍在继续进行。6月15日,胡鄂公、易敦白、陶菊隐与和知鹰二等在上海虹口会谈。其间,胡鄂公起草了《中日恢复和平之基本原则》7条,主要内容为:1. 中国为领土与主权独立而战,故亦愿为领土与主权独立而谋和。①恢复"卢沟桥事变"以前局面;②改善"卢沟桥事变"以前种种不安状态及不安适事件。2. 中国放弃恢复辽、吉、黑、热"九一八"以前原状的主张,日本放弃承认"满洲国"独立的主张,由中日合组处理满洲问题委员会,共同管理满洲,15年后由满洲人民投票自决,或仍属中国,或独立。3. 中日"满"同盟一事绝无考虑余地,但可商订中日互不侵犯条约或中日友好条约。4. 防共协定非中日当前急需,可商订文化协定。5. 基于平等互惠原则,谋两国之经济利益。6. 双方全权代表会晤后即签订停战协定,召开中日和平会议,合组善后委员会,办理日方撤兵中国接受事宜。7. 邀请第三国参加保证。19日,胡鄂公致电重庆,报告以上内容,同时声称:"设与日本谈判顺利,和平可以实现时,我中央对于共党红军似宜以发动内战、破坏统一抗战之罪名,而用最迅速之手段加以剿灭。"[3]

6月19日,和知飞宁,向板垣汇报,当日返沪,约见易敦白,希望中方早日提出和平基本原则。20日,板垣电话通知和知,此后中日谈判决与胡鄂公接洽,过去日方所有接触关系概行停止。[4] 23日,板垣派其亲信秘书辻政信少佐赴沪,通过和知介绍,与孔祥熙派驻上海的秘密电台负责人沈养吾会谈。辻政信转达板垣的两条原则:1. 承认"满洲国"为日本最低限度要求,希望中国予以谅解,日本可在其他方面给予中国补偿

---

1 《×字第××××号电文》。
2 《情字第2053号电文》。
3 《情字第2073号电文》。
4 《情字第2071号电文》。

或让步。2. 组织东亚联盟,中日两国平等、独立地互商政治、经济、军事等问题。辻政信并要求携带板垣亲笔函件赴渝面见蒋介石,声称"只要能将板垣心情达于委座,即被渝府枪决,本人决死而无怨"[1]。同日,胡鄂公致电重庆,内称:板垣"确认委座为惟一之对象","除承认满洲及建立东亚联盟两原则外,其他均可让步,汪更不成问题。只要委座肯有表示,则彼可负责提出具体方案,彼已委和知为代表,希望渝府能派员出面,则谈判立可开始"[2]。

当时,在阿部信行之后的米内光政内阁又即将倒台,和知声称:日本内阁即将改组,希望在此前讨论胡鄂公所拟中日和平基本原则,并盼能在7月初讨论结束。如双方意见一致,板垣将在同月7日与谈判代表见面,然后回东京与日本政府做最后决定[3]。

日本方面希望在1940年内解决中国问题。板垣为了取得对华"和平工作"的领导权,声称9月底可以实现中日停战。但是,日方在有关策略上,又存在种种分歧。影佐热衷扶持汪政权,今井热衷通过"桐工作"实现重庆与南京的合流,和知则热衷于与重庆的直接谈判。板垣虽声称"对汪已看穿,对影佐已失望",但实际上,对"桐工作"一直寄以希望。汪伪集团为了自身利益,也支持今井的合流方案,而和知鹰二则对今井的工作持怀疑态度。同年7月,近卫第二次组阁。9月底,南京会议认定"桐工作"无望,决定将此事交东京办理[4]。于是,对华"和平工作"便改归外相松冈洋右主持。

八 王子惠与板垣

在和知鹰二之外,板垣还曾通过王子惠、贾存德与孔祥熙发生关系。

---

1 《情特字第×号电文》。
2 《×字第×××号电文》,1940年6月29日。
3 《情字第2071号电文》。
4 《何一之致孔祥熙密函》。

宇垣、孔祥熙会谈流产后，孔祥熙命贾存德通过各种关系，继续议和活动。1939年夏，贾存德将这一任务交给伪南京维新政府实业部长王子惠，并于随后报告孔祥熙。孔同意这一安排，要王辞去部长职务，伺机去东京"团结主和派人物，抵制主战派"。1940年4月，王子惠自东京返沪，声称已将日本主和派闲院宫金子伯爵、头山满等人联络一起，并称军部及在华日军首脑板垣等人希望从速结束对华战争。5月间，王子惠送来板垣亲书的中日和谈五项条件草稿，主要内容为：共同防共；中日经济合作；取消汪精卫政权；休战；撤兵。王称：板垣急于与孔祥熙见面。6月26日，贾存德携带板垣草稿赴重庆向孔祥熙报告。孔祥熙同意板垣提出的条件。7月底，孔祥熙命贾和王子惠派来的蔡森共同起草报告，上报蒋介石。

同年8月，王子惠、贾存德、蔡森在上海与板垣代表岩奇清七会谈。岩奇要求在察哈尔、绥远及平奉线等地驻兵，贾存德拒绝签字。会谈无结果而散[1]。

九　胡鄂公与松本重治

松冈接任外相后，在香港找到了和蒋介石关系密切的浙江银行家钱永铭，因此，在内阁大本营联席会议上夸下海口，保证10月底完成对华议和，实现蒋汪合作。他一面派特使赴香港，一面派原联合通信社上海分社社长松本重治等赴上海。

1940年10月20日，胡鄂公在上海与松本重治、伊藤武雄、铃江言一等会谈。松本称：近卫第二次组阁之后，日本内部已经统一。中日问题，过去由军部主持，负责人为板垣；现则系根据宪法，由松冈外相主持。日本亟愿在年内结束对华事变。22日，二人第二次会谈。松本提出，日本新发展方向为南洋。为实施南进政策并在北方对苏联有充分准备，必先解决对华事变。日方要求：1.驻兵内外蒙一线，必要时驻兵沧

---

[1] 贾存德：《孔祥熙与日本"和谈"的片断》。

州及石家庄等地；2.华北煤矿之开采权；3.日本驻兵各地，铁路与交通线之使用。胡鄂公则表示：中日如谋永久和平，日本必须放弃其优越感及特权要求，中国不能因对日本之和平而支持日本南进政策。关于满洲问题，松本提出，希望中国政府予以承认，或决定承认原则，留待将来实行。胡鄂公对此坚决拒绝。胡称："此问题最好搁置不谈，因为承认满洲国一事，断非中国政府能考虑也。"松本又称：松冈正通过张群、钱永铭（新之），使汪精卫与重庆重归于好，实现渝汪合作。如两个月内无所成就，则日本不能长此忍耐，必出于长期战争之一途，同时，日本将断然承认南京汪精卫政权。松本并邀请胡鄂公赴东京，与近卫、松冈等相见。对此，胡鄂公表示："中国政府对于背叛民族与国家者，不能予以宽容。此为一国之纲纪问题，与外交无关。胡称，松冈外相既然与张群、钱永铭等进行谈判，自己不愿多头进行。胡劝松本暂勿进行，俟其放弃或失败后，再进行未晚。"[1]

十 夏文运赴日与日本"和平工作"的末路

"桐工作"失败后，板垣企图继续利用和知对中国政府进行诱降，但和知不愿与板垣合作。日本政府决定进行"钱新之工作"后，军部决定派和知协助松冈，但和知认为汪蒋合流不会成功，在二人协商时，又认为松冈"蛮横"，"自以为是"，因而不愿合作。1940年10月，和知在香港会见胡鄂公，要求取得孔祥熙的书信，以此作为谋和成绩向军部邀功，遭到胡鄂公拒绝[2]。

11月10日，和知偕夏文运赴日。夏是一个勾挂双方的人物，既为和知做中文翻译，又与孔祥熙通气。到日本后，首先会见日本政界元老秋山定辅，秋山提出，由陆相东条英机、海相及川古志郎、首相近卫、头山满及秋山5人组织小组委员会，由和知出面奔走，建议蒋介石指定负

---

[1] 《胡鄂公与松本第二次谈话记录》。
[2] 《佳764政电》。

责人员，最好由孔祥熙组织同样委员会，交换意见。夏其后又会见浪人领袖头山满、参谋本部参谋总长杉山元、陆军大臣东条英机等。杉山称："取消汪伪及延期承认汪伪一事，系政府分内事，碍难容喙。然中日战争应速停止，此为日本军部所愿望，务期加速进行。"杉山表示，希望重庆派人到东京商量。东条则询问，何不带同重庆代表来日？若然，可打消汪伪承认，和平立可实现。东条称：今后如再无办法结束事变，军部即希望与蒋介石议和。此事不会因承认汪政权而停止[1]。

松冈主持的"钱新之工作"有过一定进展。11月21日，重庆方面要求日本无限延期承认汪政权，同时无条件全面撤兵。22日，日本四相会议决定同意重庆条件。但是，28日的大本营和政府联席会议又决定推翻四相会议的决议，决定承认汪政权。

日本政府虽然承认了汪政权，但仍不愿放松对重庆的诱降。12月2日，日本当局致电和知，命其回东京，商量承认汪政权后的对策，3日，大本营任命和知为部附，并同意恢复其在华所设特务机关（兰机关）[2]。

和知设想的条件是：1. 无条件撤兵，代以对外防御性质的中日军事协定；2. "满洲国"问题暂缓，将来有条件的承认；3. 南进时可得中国协助；4. 经济合作，以平等互惠为原则；5. 中国在华南海岸予日本海军以便利[3]。不过，这以后和知的工作并无多大进展。1941年3月，和知调任台湾军参谋长。12月8日，日军偷袭珍珠港，太平洋战争爆发。9日，重庆国民政府向日本宣战。同日，和知电询中方对于中日问题的意见，胡鄂公答称："中日谈判，若日方不悬崖勒马，此时实难进行，且视明年三四月局势之发展，或有机会。"[4]

和知的工作没有进展，津田静枝等人亦然。1942年6月，津田静枝、伊藤武雄、松本重治等在东京进行和平活动，因日本陆海军意见不一，无结果。同月底，津田邀请胡鄂公赴东京，与海军当局交换个人意见，表示可

---

1 《何一之致孔祥熙密函》。
2 《江777情电》。
3 《何一之致孔祥熙密函》。
4 《情字第477号电文》。

以备军舰迎送。胡答以正患病，不耐舟车之劳[1]。同月下旬，和知在东京会见侍卫长官本庄繁，本庄称：在目前情形下，只要蒋先生对于日本任何要人有书面之表示，则中日问题即有解决办法[2]。不过，这时，蒋介石已经与英、美联盟，看到了胜利的希望，对"和谈"兴趣不大了。

抗战期间，在孔祥熙与日方进行的议和活动还有其他线索，不能一一列述。

十一 孔祥熙主和的思想基础与策略目的

孔祥熙主和，有其思想原因，也有其策略目的。

1937年10月，孔祥熙自欧洲返回南京。11月，德使陶德曼受日本政府之托，向中国政府提出议和条件，孔祥熙力主接受[3]。他在被任命为行政院长后，仍经常对抗战前途表示悲观[4]。1938年6月18日，日本大本营发出准备进攻武汉命令。26日，长江要塞马当失陷，武汉形势日益危急。在7月2日的国防最高会议上，孔祥熙力主与日方妥协[5]。10月24日，统帅部下令放弃武汉。当日，王世杰在汪精卫处参加谈话会。日记云："汪、孔均倾向于和平。"

可见，孔祥熙之主和，有其思想基础，他的议和活动和他的思想状况有其一致性，反映出在日军的锐利攻势下，国民党和国民政府内部一部分人对抗战信心的动摇。

孔祥熙不是一个自作主张的人。1938年4月，他就任行政院长后不久，曾在致蒋介石密函中表示："曹随萧后，自亦不必另有主张，另有政策。"又称："以党治国，一切大计均须取决于党，听命领袖，而抗战

---

1 《情字第726号》。

2 《情字第745号》。

3 《王世杰日记》，1938年10月5日。参阅同书1937年12月2、27日。

4 《王世杰日记》，1938年1月28日、2月20日，一直到1940年7月，王世杰仍认为孔祥熙是"悲观而气馁者"，参见同书1940年7月12日条。

5 《王世杰日记》，1938年7月2日。

时期，最重意志统一，政策一贯，尤不容个人随便发表主张，致涉分歧。"[1]他的议和活动显然得到蒋的默认和支持，有些事，并曾向蒋汇报。因此，孔祥熙的议和活动应该看作蒋介石全盘对日策略中的一招，曲折地反映出蒋介石的内心矛盾和两手策略。蒋介石长期认为中国实力不如日本，与日本作战，中国必败。从"九一八"到"卢沟桥事变"，蒋介石终于走上了抗战的道路，但是，蒋介石思想上的恐日症并未消除，因此，他采取的是一面作战，一面和谈的两手政策，根据不同形势，交互为用，以便进可以战，退可以和，左右逢源。孔祥熙曾说："蒋先生向来的做法，是找一部分前进分子，找一部分落伍分子，听二派的意见，从中采取一点。"[2]蒋介石在抗战期间对和、战两派的利用，与此类似。

在对日策略上，孔祥熙与蒋介石之间有时也有分歧。1938年11月3日，日本近卫内阁发表第二次声明，对"不以国民政府为对手"的僵硬政策有所修改，在此情况下，国民党内主和势力增强[3]。12月9日，王世杰等到重庆黄山官邸议事。蒋介石主张坚持抗战方针，但孔祥熙却表示和议亦当考虑，"并以敌人将由桂攻黔为可惧"[4]。10月中旬，孔祥熙对合众社记者有一次谈话，被外人视为意在请罗斯福出来调停中日战争，引起蒋介石不满。27日，蒋介石在赴南岳召集将领会议之前，约孔祥熙与王宠惠谈话，"嘱勿向美国表示盼其出面调停之意"[5]。孔、王都是主和派，受了批评之后，先后向蒋要求辞职，蒋一度考虑过，接受孔的要求[6]。这些地方说明，蒋介石思想中，抗战成分较孔祥熙为多。不过，将孔祥熙和蒋介石的议和活动完全视为信心不足也未必妥当。

1938年，贾存德与萱野长知谈判期间，曾致电孔令侃下属情报组负

---

[1] 孔祥熙文件，美国哥伦比亚大学珍本和手稿图书馆藏。

[2] 《冯玉祥日记》第5册，第405页。

[3] 参阅《王世杰日记》，1938年12月1日："抗立武为余言，近日国民党中倾向于和议者渐多。"

[4] 《王世杰日记》，1938年12月9日。

[5] 《王世杰日记》，1938年10月19、28日。

[6] 《王世杰日记》，1938年1月18日。

责人王梁甫表示：这种谈判可以"藉机探讨日本真相"[1]。王梁甫在向孔令侃汇报时则称："似不妨虚与委蛇，以分化其国内主战及反战之势力。"[2]后来，胡鄂公也说：谈判可以"促成日本和平派势力成立，俾与主战派对立"，同时可以"破坏日本组织统一伪政〔府〕企图"，并可以"利用中日在野名流私人和平谈判"，团结"国内在野人物"，"争取中国荣誉和平，以达到最后胜利，复兴中国目的"[3]。应该承认，上述云云，证以胡在谈判中的言论，并非完全是虚语。

---

1 《贾存德阳电》，1938年4月7、20日，孔祥熙全宗。
2 《王梁甫致孔令侃函》，1938年5月6日，孔祥熙全宗。
3 《孔令侃于香港转发胡鄂公报告电文》，孔祥熙全宗。

蒋介石与韩国独立运动

中韩两国有长期友好的历史渊源。1910年日本悍然并吞韩国，大批韩国爱国人士流亡中国，开展抗日、复国斗争，成为波澜壮阔的"韩国独立运动"的重要组成部分。在这一运动中，韩国来华流亡人士曾得到中国两大政党国民党和共产党以及各阶层人士的大力支持。本文将考察蒋介石和韩国独立运动的关系，以此为中心，阐述抗战期间中国国民党对这一运动所做出的贡献。

几乎从韩国流亡人士踏上中国国土的那一天开始，两国的爱国者之间就开始来往。20年代，孙中山明确表示，支持韩国独立运动，准备给予援助。孙中山逝世以后，中国国民党人继承了孙中山的这一既定政策。

一 促进在华韩国抗日力量的团结

1931年7月1日，日警在中国吉林万宝山地区开枪射击中国农民。7月3日至9日，日本当局在朝鲜汉城[1]等地煽起排华暴动，旅韩华侨受到袭击。此事引起蒋介石震动。7月24日日记云："余意即应对世界各国宣言及提案国际联盟会，暴露日本政府有组织的杀害侨民之罪恶与其已无统治

---

[1] 今韩国首都首尔。

朝鲜之能力,而朝鲜合并,我国未经承认。中日所订条约,皆认朝鲜为完全独立国。"[1]不久,"九一八"事变爆发,蒋介石开始调整政策,致力于抗日准备,因而,援助来华韩国人士问题也就逐渐受到重视。

韩国流亡中国的爱国者之间分合频繁,派系众多。当时,已发展为两大派。一派领导人为金九,另一派领导人为金若山。金九,1876年生,早年即参加抗日运动,曾三次被捕,1919年来华,先后担任韩国临时政府警务局长、内务总长等职,1927年任国务领(总统),次年组织韩国独立党。金若山,1898年生,1918年来华,在东北组织朝鲜义烈团,任团长。1926年率领部分团员进入黄埔军校第四期受训,曾参加中国的北伐战争,后在北平秘密创办政治学校。据说曾参加韩国共产主义团体——马克思、列宁派。[2]在上述两派中,金九一派成员年龄较大,受韩国传统文化影响较深,而金若山一派则年龄较轻,比较激进,两派思想上有较大差异。其他还有若干小党派,经常发生内讧,无法形成统一的抗日复国力量。在援助韩国独立运动过程中,蒋介石始终注意处理派系关系,促进韩国爱国人士的团结。

1932年,蒋介石命国民党中央组织部部长陈果夫及三民主义力行社书记滕杰分别开展援韩工作[3]。当年4月,力行社成立东方民族复兴运动委员会,确定以"济弱扶倾"精神援助中国周边地区的韩国、越南、印度等被压迫民族。5月,金若山率领朝鲜义烈团干部自北平到南京,向蒋介石提出《中朝合作反日倒满秘密建议书》,蒋介石批交力行社研究办理[4]。同年秋,滕杰等奉命在南京设立朝鲜革命干部学校,培养金若山一派干部。此后,金若山的活动即得到黄埔同学会和国民党军统前身力行社等方面的支持。1933年5月,蒋介石又通过陈果夫约见金九。金九要求中国

---

1 毛思诚摘录本《蒋介石日记类抄·党政》。

2 闵石麟:《韩国各党派概略》,《韩国各党派情报卷》,台北中国国民党党史会藏《中韩关系专档》(十),以下均同,不一一注明。

3 滕杰:《滕杰先生访问记录》,第118页,台北近代中国出版社,1993;参见《总统蒋公大事长编初稿》卷2,第209~230页。

4 金若山:《朝鲜民族革命党之创立与其发展经过》,《韩国民族革命党卷》,《中韩关系专档》(十四)。

资助百万元，保证"两年之内可在日本、朝鲜、满洲方面掀起暴动，切断日本侵略大陆之后路"。此前，金九所领导的韩人爱国团的主要工作是暗杀，先后发生李奉昌在东京谋炸裕仁天皇以及尹奉吉在上海炸死白川大将两起事件，金九的名声因之大增。蒋介石不赞成这一做法，通过陈果夫向金表示："若靠特务工作来杀死天皇，则会另有天皇，杀死大将，也会另有大将。为将来的独立战争着想，须先训练一批武官。"[1]金九同意蒋的意见，双方迅速达成协议，以河南洛阳军官训练学校作为基地，第一期培养军官100名。其后，金九一派有部分人员参加中国国民党中央的对日情报工作[2]。除金九等按月得到中国方面的经费补助外，韩国流亡人士的回国活动费用，也常由陈果夫转请蒋接济[3]。

鉴于当时韩国来华人士中派系分歧的状况，力行社和陈果夫等曾于1933年敦劝各方合作，成立统一的韩国民族革命党。1934年7月，朝鲜革命党、朝鲜义烈团、韩国独立党、新韩独立党、大韩独立党等在南京举行代表大会，合组朝鲜民族革命党，以金若山为总书记，但随后又发生分裂，韩国独立党和朝鲜革命党宣布退出重建。1937年8月，金九领导的韩国国民党与朝鲜革命党、韩国独立党等9个团体在南京联合成立韩国光复运动团体联合会，简称"光复阵线"。11月，朝鲜民族革命党则与朝鲜革命者联盟等组成朝鲜民族战线联盟，简称"民族战线"1938年1月，两派在长沙会谈，磋商统一，未能达成协议。1939年1月，蒋介石不得不分别约见金九与金若山，劝告双方开诚合作，全力对日，争取朝鲜独立。其后，蒋介石即将该项工作交国民党中央组织部长朱家骅办理，命他"负责设法，使其内部统一"[4]。同年5月，金九与金若山发表联合宣言，声称"从目前中华民族为取得最后胜利而实现民族大团结的教训中，痛感我们过去所犯的种种过错"，号召各团体停止各自的活动，不分主义和

---

1 《白凡逸志》，第232～233页，民主与建设出版社，1994。
2 《韩国党派之调查与分布》，《韩国各党派情报卷》，《中韩关系专档》（十）。
3 萧铮：《韩国光复运动之鳞爪》，台北《中央日报》1953年8月25日。
4 朱家骅：《签呈总裁密陈四年来对韩国问题办理经过附具意见伏祈手令饬办》，《国民政府与韩国独立运动史料》，第577页，台北近代史研究所，1988。

党派，把力量集中起来[1]。但是，其后在重庆成立的全国联合阵线协会和在四川綦江召集的七团体会议仍先后失败。1940年1月，朱家骅密呈蒋介石，检讨长期不见成效的原因，认为其关键在于"完全采辅助主义，听任各党自由商讨进行，以致各行所素，不克抛弃成见"。他提出：今后"似应采积极主动之态度，对彼等表示切实具体之主张"[2]。3月30日，蒋介石致函朱家骅，命其邀集在重庆的日本、朝鲜和台湾的革命首领会商，电称："查汪逆傀儡登场在即，我方对倭亟宜加大打击，赞助日本、台湾、朝鲜的各项革命运动，使其鼓动敌国人民群起革命。"[3]朱家骅接函后，即制订方案，首先促使光复阵线三党统一，同时提出，暂时允许光复阵线与民族阵线并存，分区工作，长江以南为朝鲜民族革命党工作区，黄河以南、长江以北为光复阵线工作区。5月8日，韩国国民党、韩国独立党、朝鲜革命党在重庆发表解散宣言，共同组成新的韩国独立党，以金九为委员长。这样，虽然出现了韩国独立党与朝鲜民族革命党并存的局面，但毕竟向着统一方向前进了一步。1941年5月，朝鲜民族革命党举行第五届第七次中央全会，议决参加以独立党为主体、金九为主席的临时政府，这样，韩国来华爱国者的团结就又向前跨进了一步。

二 支持朝鲜义勇队与韩国光复军

滕杰等人在南京举办的朝鲜革命干部学校至1935年10月，先后培训了三期学员。同月，军事委员会政训班在江西星子开学，对部分韩国青年进行特工训练[4]。与此同时，还有部分韩国青年进入南京中央军校学习。1937年8月，朝鲜民族革命党在南京召开代表大会，议决以军校韩籍

---

1 杨昭全等编《关内地区朝鲜人民反日独立运动资料汇编》，第625、628页，辽宁民族出版社，1987。

2 《国民政府与韩国独立运动资料》，第64页。

3 《国民政府与韩国独立运动资料》，第551页。

4 滕杰：《三民主义力行社援助韩国独立运动之经过》，《滕杰先生访问记录》，第121～126页。

学生为基础，组织义勇军，参加中国抗战。次年10月2日，成立朝鲜义勇军指导委员会，以中国军事委员会政治部秘书长贺衷寒为主任，金若山为司令。第二天，决定改名为义勇队。10月10日，朝鲜义勇队在武汉成立，提出三个口号：动员所有在华朝鲜革命力量，参加中国抗战；争取日本广大军民，发动东方各弱小民族，共同打倒日本军阀；推进朝鲜革命运动，争取朝鲜民族的自由解放[1]。该队的主要成员是原军委会政训班韩国学生队的毕业学员，至1940年2月，发展至314人。其工作有对敌宣传、国际宣传、教养俘虏、翻译日方文件等几个方面，部分队员并曾深入河南、北平、天津、上海等地区，分化、争取日军中的韩籍士兵。1940年10月10日，蒋介石为朝鲜义勇队题词："手足相卫"[2]。11月15日，又通过军委政治部转颁嘉慰电文："诸同志本东方革命之精神，共为民族解放运动之精神毅力，欣慰良殷。"[3]

　　1940年3月2日，金九向国民党中统局徐恩曾提出，华北日军中朝鲜籍士兵反正者颇不乏人，倘能在该处成立光复军，构成情报网，则将来于军事上、特务上裨益匪浅。3月2日，朱家骅将有关情况签呈蒋介石，表示"似可于韩国各党统一之前"，支持此事，"酌予补助"。4月11日，蒋介石批示"准予照办"，要朱与何应钦接洽。5月15日，何应钦复函提出：（一）该军编组单位，由金九按现有人数拟定承核；（二）活动区域，俟该军成立后，由负责人按事实需要拟定计划呈军事委员会核夺。9月17日，韩国光复军在重庆举行成立典礼，宋美龄特别捐赠慰劳金10万元。随后，光复军在西安成立总务处，开始活动。

　　光复军的性质是另一个国家的流亡者在中国组建军队，涉及种种复杂问题，何应钦等认为此事既不合于"国际法"，又认为"韩国内部党争分歧"，"如此时在华成立光复军，将来处置必感困难"，因此，始终不肯积极支持，韩国流亡者方面盛传，当年冬天，军委会曾秘密通令取缔光复军。1941年7月8日，朱家骅致函何应钦，认为对韩国光复军，"未宜绳

---

[1] 朴孝三：《两年来本队工作的总结》，《朝鲜义勇队两周年纪念特刊》。
[2] 《朝鲜义勇队两周年纪念特刊》。
[3] 石源华：《韩国独立运动与中国》，第309页，上海人民出版社，1996。

以常例，过求严格"，"似宜于可能范围内特别予以便利"。他并以戴高乐在英国组织"自由法军"，英人并未起而阻挠为例，要求何改变态度[1]。蒋介石支持朱家骅，于7月18日批示："可准成立"，"但应有一限度"，要何应钦交军政部速拟办法[2]。9月30日再次指示说："本党领导东方民族革命及抗日战争，对朝鲜光复军，在原则上应为政治上之运用，不宜为法律问题所拘泥。至朝鲜内部党争，亦毋须过分重视。如系数党，则可为数党之运用，不必固执一党然后援助。至光复军成立时之处置（一）直隶本会，由参谋总长掌握运用并于会内指定专人掌握该军之指挥命令及请款领械等事；（二）原隶政治部之朝鲜义勇队应同时改隶本会，由参谋总长统一运用，以免分歧；（三）限制该军，不得招收中国兵及擅设行政官吏。如欲引用华籍文化工作人员，须呈由参谋总长核准。"[3]

蒋介石既有明确指示，中国方面遂于1941年11月1日颁发《光复军九个行动准绳》，其主要内容为：韩国光复军在抗日作战期间直隶中国军事委员会，由该会参谋总长掌握运用；在该国独立党临时政府未推进韩境以前，仅接受中国最高统帅的命令，与韩国独立党临时政府保留固有名义关系；该军总司令部所在地由军事委员会指定；不得招收我籍之士兵及擅设行政官吏等[4]。上述各条，当时均经韩国临时政府同意。此后，光复军即正式隶属于中国军事委员会。该军以韩国独立党人士李青天为总司令。1942年3月。中国方面任命尹呈辅为韩国光复军总司令部参谋长[5]。5月15日，蒋介石将原属军委会政治部的朝鲜义勇队改编为韩国光复军第一支队，任命原该队队长金若山为光复军副总司令。同年9月17日，光复军成立两周年，李青天致电蒋介石表示敬意，蒋复电赞扬该军"批艰历辛"、"团结精诚"，表示将继续支持，"本扶弱抑强之素志，而竟兴灭继绝

1　《国民政府与韩国独立运动史料》，第330～331页。

2　《国民政府与韩国独立运动史料》，第317页。

3　《陷川侍六代电》，《韩国光复军卷》，《中韩关系专档》（三）。

4　《国民政府与韩国独立运动史料》，第337～342页。

5　《国民政府军事委员会训令》，《尹呈辅先生访问记录》，第56页，台北近代中国出版社，1992年6月。

之全功"[1]。不过,该军发展缓慢,始终规模较小,至1943年5月,军委会点验为止,仅120余人[2]。

光复军佩戴中国的"青天白日"帽徽,指挥权属于中国军委会,政治训练由中国军委会政治部进行,因此,韩国流亡者方面有种种议论,如"非韩国之光复军,乃中国之光复军","失其所可享之权利,得其所不愿之义务","伐齐为名,参战无期",等等。其中,有些人认为《准绳》"有损韩国独立之精神",甚至攻击临时政府主席金九及光复军总司令等人为"丧权辱国的罪人"[3]。1942年10月,韩国临时议政院召开第三十四届会议,秘密决定,责成临时政府与中国方面交涉,废除《准绳》,否则即应引咎辞职,并将临时政府迁往美国[4]。为此,韩国临时政府曾多次向何应钦交涉修改,均被拒绝[5]。1943年2月20日,韩国临时政府外务部部长赵素昂照会重庆国民政府外交部,要求废除《准绳》,另定《中韩互助军事协定》,使光复军"隶属于韩国临时政府","所属人员任免与政治训练由韩国临时政府主持"[6],此后,蒋介石即饬令何应钦签拟办法。同年12月,韩国临时议政院第三十五次会议议决,新任国务员应在三个月内与中国政府交涉修订,如交涉无结果,即自动声明该项条文无效。1944年6月,赵素昂向国民党中央正式提出《中韩互助军事协定草案》。9月8日,蒋决定接受韩国临时政府方面的要求,致函吴铁城称:"韩国光复军自以隶属韩国临时政府为宜,其行动准绳,应即彻底取消,俾无害于中国之安全,并符韩方之希望。至派往各战区工作及通过战区之

---

[1] 石源华:《韩国独立运动与中国》,第391页。

[2] 《军委会点验光复军》,外交部情报司情报,《韩国光复军卷》,《中韩关系专档》(三)。

[3] 闵石麟:《韩国各党派述略》,《韩国各党派情报卷》,《中韩关系专档》(十)。

[4] 《韩国临时政府拟迁往美国》,委员长侍从室致吴铁城函附件,《韩国临时政府情报卷》,《中韩关系专档》(九)。

[5] 《温叔萱呈》,《韩国光复军卷》,《中韩关系专档》(三)。

[6] 《韩国临时政府外务部长赵素昂照会》,《韩国临时政府卷》,《中韩关系专档》(廿一)。

人员，则须经我军委会之同意为宜。"[1] 10月7日，金九致函吴铁城，提出韩方草案[2]。

吴铁城综合蒋介石和韩方意见，于1945年1月4日签报新拟《援助韩国光复军办法草案》，但蒋仍然于17日指示："此事应嘱韩方派员先事洽商，成议后再核。"[3] 1月23日，国民党中央党邑部秘书处温淑萱与韩国临时政府军务部长金若山商谈，确定《办法》5条。其后，金若山将《办法》交韩国临时政府国务委员会讨论，略加修正，从5条增加为8条。2月1日，金九复函吴铁城表示同意。但不久又变卦，对其中第五条"中国军事委员会派参谋团以取联络，并协助光复军工作"强烈表示不满，认为"系不以平等看待"，同时表示，"过去光复军之毫无成就，完全受军委会之牵掣所致"。谈话间，"言词不逊，态度至为傲慢"。这样，中国方面遂决定再次让步，"既不派参谋团，亦不派联络参谋"[4]，从8条又修订为6条。1945年4月20日，金九致函吴铁城，表示同意《援助韩国光复军办法》自5月1日起实施。自此，韩国光复军遂改隶韩国临时政府管辖。

三 确定先于他国首先承认韩国临时政府的原则

1919年4月11日，韩国流亡人士在中国上海成立临时政府和临时议政院，先后由李承晚、朴殷植、李相龙、洪震、金九等担任国务总理或大统领、国务领之职。1940年9月，临时政府迁至重庆。10月8日，韩国临时政府议政院在重庆举行会议，选举金九为国务会议主席。

韩国临时政府虽然长期在中国领土上活动，得到中国方面的积极支持，但是，始终没有得到正式承认。1941年11月、12月，徐恩曾两次致

---

1 《蒋介石致吴铁城函》，军事委员会快邮代电第12349号，《韩国光复军卷》，《中韩关系专档》（三）。

2 《金九致吴铁城》，《韩国光复军卷》，《中韩关系专档》（三）。

3 《蒋介石致吴铁城函》，军事委员会代电第14942号，《韩国光复军卷》，《中韩关系专档》（三）。

4 《张寿贤致吴铁城呈》，(韩国光复军卷)，《中韩关系专档》（三）。

函朱家骅，认为苏联远东军方面有韩籍红军三四万人，日苏一旦开战，即有组织苏维埃政府之可能，建议抢占先机，尽早承认韩国临时政府[1]。次年1月30日，金九向中国当局提出节略，要求中国方面率先正式承认临时政府，并请同盟国一致承认。当时，中国方面已经蒋介石批准，在当年10月10日承认韩国临时政府，并曾通过外交部长郭泰祺对金九及金若山二人作过透露[2]。但是，蒋介石重视美国政府对这一问题的态度，希望尽力和美方保持一致。

金九在被选为韩国国务会议主席之后，曾于1941年3月致电美国总统罗斯福，要求承认临时政府，开始外交关系。但是，罗斯福认为时机还不成熟，要求中国政府斟酌时机，再与美方讨论。4月16日，宋子文致电蒋介石，转告罗斯福的上述意见。5月1日，美国驻华大使高斯正式照会重庆国民政府外交部，表示由于韩人之间既不合作，与国内韩人又无联系，以及美国、苏联西伯利亚存在其他韩人团体等原因，美国方面无意立即承认任何韩国团体。这样，承认韩国临时政府问题就只能仍然处于讨论阶段。

为了加强援韩工作，1942年7月20日，国民党中央常务委员会决定，以戴季陶、何应钦、王宠惠、陈果夫、朱家骅、吴铁城、王世杰等七人为委员，以吴铁城、王宠惠为召集人，组成专门小组，通盘研究援韩问题。同月，军事委员会奉命草拟《对韩国在华革命力量扶助运用指导方案》3项15条。该方案提出：对韩国在华革命力量，须"以热情宽大公正协助之态度出之"；"为多党之运用，不必固执一党，并须使其能协同工作"；"对韩国临时政府，须使其能领导各党派力量，实行民主政治，不采一党我办之政策"，"随时考虑，应合国际情况，适时承认"，等等。8月1日，国民党中央援韩小组举行首次会议，讨论军委会方案，决定：（一）原则上确定先于他国承认韩国临时政府，时机由政府抉择；（二）在承认

---

1 《国民政府与韩国独立运动史料》，第558、562~563页。

2 《会见金若山谈话纪要》，《韩国各党派情报卷》，《中韩关系专档》（十）。关于郭泰祺约见金若山的时间，邵毓麟认为在1942年元月，见其所著《使韩回忆录》，第36页。

韩国临时政府尚未表面化以前，只能承认一个团体为对手方；（三）对韩国在华革命力量的借款，由党出面，以宽大与自由之精神为原则[1]。8月12日，蒋介石致函吴铁城及朱家骅称：中央党部即将召集小组会议讨论朝鲜问题，希即将议决要旨呈报[2]。8月17日，中央援韩小组再次会议，特邀孔祥熙、马超俊、孙科等参加。决定：韩国在华党政军之指导与接洽，除军事方面由军事委员会负责外，党政方面统由中央党都秘书处主持；承认韩国临时政府的时机，由蒋决定；会议同时建议先拨100万元，协助韩国在华革命力量[3]。8月22日，吴铁城将上述意见具报蒋介石。其后，在国民党高层讨论应否承认韩国临时政府问题上，发生分歧意见，何应钦"对弱小民族素无兴趣，迭持异议"，而军委会高级幕僚、国民党中常会，特别是孙科、戴季陶、吴铁城等则坚持承认[4]。10月8日，蒋介石致函吴铁城，对军事委员会所拟《方案要点》提出五项意见：其一，蒋认为党政军事实上不可分离，应予统一运用及指导，可于何应钦之外，再指定一二人参加主持，以后关于朝鲜问题，统由此数人协议办理。其二，确定"先他国而承认韩国临时政府"之原则可照办。其三，所拟"只承认一个团体为对手方"，似不必如此固定。其四，对韩国革命团体之借款不限于临时政府，而以其有革命力量与对我抗战有关之团体为对象。蒋同意由党出面接洽，先拨100万元，以协助其进展。[5]吴铁城接信后即与戴季陶、王宠惠、朱家骅磋商。戴季陶认为"韩国革命团体及人民之自尊心理，应加以重视，文字上宜避免有所刺激，故此次整理，大体均本热诚宽大之意旨"。12月15日，吴等拟订的《扶助朝鲜复国运动指导方案》定稿。该方案分总纲、要旨、方法三大部分。总纲部分提出："本总理三

---

[1] 《商讨朝鲜问题会议记录》，《扶植韩国复国运动卷》，《中韩关系专档》（廿二）。

[2] 国民政府军事委员会快邮代电第6010号，《扶植韩国复国运动卷》，《中韩关系专档》（廿二）。

[3] 《关于扶助朝鲜革命运动一案之会商经过及决定事项》，《扶植韩国复国运动卷》，《中韩关系专档》（廿二）。

[4] 《国民政府与韩国独立运动史料》，第572页。

[5] 国民政府军事委员会快邮代电，1943年10月8日，《扶植韩国复国运动卷》，《中韩关系专档》（廿二）。

民主义扶助弱小民族之遗教，建立东亚永久和平，对朝鲜在华各革命团体予以积极的扶助，期培成其复国力量，重建完整之独立国家。"[1]《要旨》部分提出："本党同志应以亲爱精神与热诚谦和之态度接待朝鲜各团体"，《方法》部分规定："于适当时期，先他国而承认韩国临时政府，其国际法律手续及有利时机之选择，由负责指导人员秉承总裁指示交外交部办理之。"[2] 12月27日，蒋介石致函吴铁城，批准《扶助朝鲜复国运动指导方案》，同时批准由军事委员会参谋总长何应钦、国民党中央组织部长朱家骅、中央党部秘书长吴铁城三人主持援韩工作[3]。

四　推动韩国临时政府改组

对韩国独立运动人士，除了道义上的支持外，中国方面还给予了大量经济上的支持，对金九、金若山等所属党派及韩国临时政府经济上的要求，中国方面几乎是有求必应。有时，蒋介石还特别指示："不必稽核，以免伤及其自尊心。"[4]

1943年春，蒋介石批准临时政府借款100万元。何应钦提出的分配方案是：临时政府60万元，韩国独立党与朝鲜民族革命党各20万元。此项分配，其他小党派无份，韩国独立党方面也不愿与民族革命党平分秋色，因此发生纠纷。3月3日，金九致函吴铁城，要求将此款暂为保存，俟将来需要时再行请领。4月初，赵素昂在韩国国务会议上指责中国方面的分配办法"含有帝国主义分化政策之毒素"[5]。同月，韩国临时政府内

1　《扶助朝鲜复国运动指导方案》，《扶植韩国复国运动卷》，《中韩关系专档》（廿二）。

2　吴铁城：《报告》，《扶植韩国复国运动卷》，《中韩关系专档》（廿二）。

3　国民政府军事委员会快邮代电第6948号，《扶植韩国复国运动卷》，《中韩关系专档》（廿二）。

4　《致何总长辰佳侍秦代电副稿》，《韩国临时政府借款卷》，《中韩关系专档》（廿二）。

5　外交部情报司情报，《韩国临时政府国务会议争辩之内容》，《韩国临时政府情报卷》，《中韩关系专档》（九）。

部发生手枪失窃风波。韩国独立党认为此事和朝鲜民族革命党暗杀金九的阴谋有关，而朝鲜民族革命党则认为这是莫须有的陷害，韩国临时政府内部矛盾进一步激化。7月14日，民族革命党金奎植、金若山等致函吴铁城等，指责金九扣发该党及韩侨补助费。接着，又发布公开文件，指责独立党部分人士侵吞公款，捏造暗杀事件[1]。这样，韩国来华人士刚刚形成的统一战线再次面临分裂的危险。

蒋介石关心韩国在华爱国人士的团结问题。当年4月14日，蒋介石即曾指示："朝鲜民族革命党何以不能合并于临时政府之内"，要求"设法劝解，使其合并"[2]。7月26日，蒋介石接见金九及赵素昂、金奎植、李青天、金若山等韩国两派人士。蒋称："中国革命最后之目的，在扶助朝鲜、泰国之完全独立。此种工作甚为艰巨，希望韩国革命同志能团结一心，努力奋斗，以完成复国运动。"当时，金九和赵素昂向蒋表示："英、美对朝鲜将来之地位，颇有主张采用国际共管方式，希望中国方面不为所惑，贯彻支持独立之主张。"对此，蒋答称："英、美方面确有此论调，将来争执必很多。韩国内部之精诚团结，有工作表现，乃为必要。中国力争，才易着手。"[3] 8月10日，蒋介石致函朱家骅，提出处理韩国各党派统一问题的三项基本原则：（一）党派问题，"不必强求其统一。但宜择优扶植，使能领导独立运动"。蒋同意朱家骅的意见，"目前各党派中以韩国独立党组织较健全，历史亦久，今后应以该党为中心，扶植其领导地位"。（二）政治问题，"兹后有关朝鲜独立运动，应侧重以韩国临时政府为对象，以消弭其内部政争"。（三）军事问题，"调整光复军之高级人事，培植临时政府系统下的军事力量，使其集中意志，灵活指挥"[4]。其

---

1 朝鲜民族革命党中央委员会：《朴精一、赵琬九等反统一派侵吞公款捏造金九等暗杀事件真相》，《韩国杂卷》，《中韩关系专档》（四）。

2 国民政府军事委员会快邮代电第7617号，《蒋总统接见韩领袖卷》，《中韩关系专档》（十六）。

3 《总裁接见韩国领袖谈话纪要》，《蒋"总统"接见韩国领袖卷》，《中韩关系专档》（十六）；参见《韩国民族革命党宣传部长金奎植先生于本年8月5日在重庆对旅美韩侨广播全文》，《韩国民族革命党卷》，《中韩关系专档》（十四）。

4 《国民政府与韩国独立运动史料》，第584~585页。

后，临时政府内部矛盾继续加剧。8月30日，金九等7人甚至一度以"无能维持"为理由向国务委员会提出辞职，直到9月21日，才宣布复职。9月22日，吴铁城接见赵素昂，再次以"希望韩国各革命同志团结统一"相劝[1]。10月1日，金九召集各派代表谈话，宣布"接受各党派意见，力求合作"等四点，作了一个高姿态的表示[2]，然而，风波并未因此停止。

10月9日，临时议政院第三十五届会议开幕，朝鲜民族革命党孙健等人提出弹劾临时政府议案四项[3]。1944年1月5日，议长洪震、副议长崔东旰宣布脱离韩国独立党。其间，又因修改约宪和投票方式发生纠纷，会议延至次年4月15日结束，没有取得任何协议。面对韩国来华爱国力量的再次分裂，蒋介石于1月20日指示何应钦、吴铁城、朱家骅三人称："韩国各党派内部倾轧益甚，如我方不善为排解，使其团结，易为他方所用，希即会商具体办法呈核。"[4] 2月28日，国民党中央秘书处处长温叔萱接见金若山，谈话后向吴铁城提出："本党之对策，自当以促进其内部团结，产生合法政府为前提。两党皆仰赖于中国政府之经济援助而生存，自宜运用经济压力，启导两党相互妥协，并使其在工作上发生竞赛作用，以免各走极端，而致力量分散。"[5]其后，吴铁城等分别邀约韩国两党负责人从中排解，促其团结合作。在中国方面促进下，双方加紧磋商，达成改组临时政府方案[6]。4月20日，韩国临时议政院举行第三十六届会议，将国务委员增至14人。其中，独立党8人，民族革命党4人。金九任主席，副主席由民族革命党主席金奎植担任。会议发表宣言称："联合一致而产

---

1 《韩国临时政府主席金九等辞职经过》，杨昭全等：《关内地区朝鲜人民反日独立运动资料汇编》，第631页。

2 《韩国临时政府现状之调查》，《韩国临时政府情报卷》，《中韩关系专档》（九）。

3 《韩国临时议政院会议陷入僵局之经过》，《关内地区朝鲜人民反日独立运动资料汇编》，第639页。

4 国民政府军事委员会快邮代电第10189号，《有关韩国问题卷》，《中韩关系专档》（廿三）。

5 《会见金若山谈话纪要》，《韩国各党派情报卷》，《中韩关系专档》（十）。

6 温叔萱：《韩国党派纠纷近况报告》，《有关韩国问题卷》，《中韩关系专档》（廿三）。

生了全民族统一战线的政府,这不仅是今次议会的最大成功,而(且)是在我民族运动史上,尤其是在临时政府发展史上开辟了新纪元的大书特记的事实。"[1] 4日,独立党、民族革命党、民族解放同盟、无政府主义者总同盟联合发表宣言,拥护会议修正的临时宪章,拥护金九及全体当选国务委员为"我们民族的最高领导者"[2]。26日,韩国临时政府新任国务委员宣誓就职。这样,韩国独立党和朝鲜民族革命党之间长期积累的矛盾得到缓和,韩国来华爱国者之间实现了前所未有的大团结。28日,吴铁城、朱家骅等首先致函祝贺。5月3日,国民党中央发出祝贺电。6月7日,中共代表林祖涵、董必武等也在重庆设宴招待韩国临时政府国务委员及各部部长。

五 在开罗会议上倡言保证韩国战后独立

当第二次世界大战步入1943年的时候,同盟国的胜利形势已日益明朗,有关各国都在考虑战后世界秩序的重新安排。

蒋介石和重庆国民政府一直主张韩国战后独立。2月25日,宋子文在华盛顿会晤美国国务卿赫尔,强烈表示,中国反对任何国家在战后攫取新土地,同时声明中国支持韩国独立[3]。但是,罗斯福总统却主张在战后将韩国交给美国、中国和其他一两个国家共管[4]。

同年11月,中国方面为准备开罗会议,由国防最高委员会秘书厅拟具《战时军事合作方案》和《战时政治合作方案》,向蒋介石呈报,其中明确提出:"中、美、英、苏立即共同或个别承认朝鲜独立,或发表宣言保证朝鲜战后独立。其他联合国家应请其采取一致步骤。"[5]与此同时,

---

1 《中央日报》1944年4月28日。

2 《韩国各革命党播护第36届议会宣言》,《关内地区朝鲜人民反日独立运动资料汇编》,第606页。

3 石源华:《韩国独立运动与中国》,第416页。

4 石源华:《韩国独立运动与中国》,第421页。

5 《近代中韩关系史资料汇编》第12册,第382页,台北"国史馆",1990。

军事委员会参事室所拟草案也明确主张:"承认朝鲜独立。"[1] 23日,蒋介石和宋美龄在开罗应罗斯福晚宴,蒋向罗口头提出,在日本溃败之后,应使韩国获得自由与独立,得到罗斯福同意。其后,美国方面提出会议公报草案,虽将蒋、罗会谈内容写入草案,但是,却接受了丘吉尔的建议,加进了"于适当时期"的限制性词语[2]。26日,英国再次对公报草案提出修改意见,主张将有关内容修改为"于适当时期,吾人决定使朝鲜脱离日本之统治"。这样,朝鲜的独立就仍然是个不确定的议案。对此,中国代表、国防最高委员会秘书长王宠惠坚决反对,认为提法模糊,易生重大后患,他主张明确规定韩国"将来的自由独立地位"。讨论结果,决定美国维持原案[3]。27日,罗斯福、丘吉尔、蒋介石发表《开罗宣言》,中称:"我三大盟国稔知朝鲜人民所受之奴隶待遇,决定在相当时期,使朝鲜自由与独立。"[4]

《开罗宣言》得到了韩国爱国人士的热烈拥护,蒋介石也因为在会上倡言保障韩国独立而受到韩国人民尊敬。邵毓麟回忆称:当时在华韩人闻讯,欢欣若狂。"[5]又,韩国独立运动元老许宪在汉城发表演说称:"三千万之朝鲜人民,对于蒋主席极为感激。如无蒋主席在开罗会议所提之建议,朝鲜尚不能获得独立。"[6]

---

1 《近代中韩关系史资料汇编》第12册,第386页。

2 邵毓麟:《使韩回忆录》,第54页。

3 《近代中韩关系史资料汇编》第12册,第394~397页。

4 《中华民国重要史料初编——对日抗战时期》第三编,《战时外交》(三),第547页。

5 《使韩回忆录》,第43页。

6 《韩人获解放,感激蒋主席》,《中央日报》1935年9月13日。

六　反对国际共管与南北分割，继续支持韩国临时政府

开罗会议之后，承认韩国临时政府问题再度提上议程。

1944年4月13日，国民党中央决定："今后一切援助，即以临时政府为对象。"6月，吴铁城向蒋介石报告，主张先行承认临时政府。同月19日，韩国临时政府外交部长赵素昂向中、美、英、苏提出承认临时政府的要求。29日，金九向国民党五届十二中全会致送声明书，要求会议通过决议，承认临时政府，予以必要的物质援助。同月，韩国临时政府分别向中、美、英、苏等30余个国家递送备忘录，要求承认。7月3日，金九又直接致函蒋介石，对他在开罗会议上提出保证韩国独立问题表示感谢，要求他"重察情势，始终成全，慨予首先承认敝国临时政府"，同时要求定期赐见[1]。

蒋介石接到金九来函后，于同月10日饬令何应钦、吴铁城、朱家骅会同外交部宋子文核议[2]。宋子文认为，"基于目前韩国临时政府能否代表朝鲜内部人民意见及恐易启苏联误会之两点顾虑，目前仍以稍待为妥"。吴铁城、何应钦等同意宋子文意见，于31日向蒋介石报告，主张"俟至适当时机先他国予以承认"[3]。8月3日，宋子文又单独具呈，作了进一步说明[4]。28日，陈果夫致函宋子文，认为国际政治运作的重要方面是布置战后和平形势，韩国位居中、苏、美、日四国海陆交会之冲，不可不先事筹划。他向宋传达蒋介石的态度，"对韩国政府，颇有积极扶植，即予承认之意"[5]。9月5日，蒋介石约见金九。金九向蒋介石面呈备忘录，内

1　《关内地区朝鲜人民反日独立运动资料》，第682页。

2　《总裁代电》，《有关韩国问题卷》，《中韩问题专档》（廿三）。

3　《吴铁城报告》，《有关韩国问题卷》，《中韩问题专档》（廿三）。

4　《关于韩临时政府请求承认事请核示由》，《韩国临时政府卷》，《中韩关系专档》（廿一）。

5　国民政府外交部档案，318之4-1号，《近代中韩关系史资料汇编》，第379~380页。

称：韩国临时政府在中国境内建立后已经25年，现值此千载难遇之好时机，希望中国政府"予以合法的承认"，"为各盟国倡"。其他要求则有加深援助、拨借活动费5000万元等。接见时，金九又口头提出请指定专任负责接洽人等要求三项。13日，吴铁城约见金九，答称："我国已确定方针，一俟时机成熟，自当率先承认。"关于"加深援助"问题，答以"惟力是视"，同意先行拨借500万元[1]。

当时，美国和英国都积极主张国际共管朝鲜。9月29日，英、美共同提出《研究韩国问题纲要草案》，建议战后在朝鲜成立临时监督机构。10月27日，蒋介石致电宋子文，指示称：切不可放弃中国扶植韩国早日获得独立的一贯政策，尤其不可赞成国际共管[2]。1945年1月太平洋学会第九届会议在美国弗吉尼亚州召开，中国代表蒋梦麟、胡适、邵毓麟等出席。会上，英美代表认为韩国灭亡多年，缺乏行政管理干部，短时期内难以建立统一的独立国家，主张先由盟国共同托管5年，以便教育训练韩人。中国代表认为此一主张违反《开罗宣言》，所谓国际托管实际上是由一个日本帝国主义者的统治，改变为几个强国的共同统治[3]。2月8日，美苏在雅尔塔会谈，秘密决定，以38度线为界由美、苏分别实行军事占领，成立国际监督机构，共同管理韩国。同年5月，美国总统特使霍普金斯访问莫斯科，与斯大林讨论组织韩国托管委员会问题。

1945年2月，韩国临时政府致函中、美、英、苏四国首脑，申请参加在旧金山举行的联合国创立会议。3月13日，赵素昂在重庆举行记者招待会，公开提出这一要求，表示"愿在旧金山会议树立四十五面国旗，共同负责于新世界之立法"[4]。4月2日，蒋介石训令外交部就此事向美国政府提出建议。宋子文考虑到韩国临时政府尚未得到各国承认，不可能以正式代表身份参加，因此，向美国政府探询，能否允许韩国代表以观察员名义出席。但是，美国政府担心流亡伦敦的波兰政府等会援例要求，

---

[1] 吴铁城：《接见韩国金九主席谈话经过情形请转呈备查》，《有关韩国问题卷》，《中韩关系专档》（廿三）。

[2] 邵毓麟：《使韩回忆录》，第39页。

[3] 邵毓麟：《使韩回忆录》，第54页。

[4] 《中央日报》1945年3月14日。

给会议带来纠纷，不肯接受。蒋介石无奈，只好同意宋子文的意见，发给护照，由韩方自行向美国交涉签证[1]。

5月12日，韩国临时政府代表李承晚向联合国会议正式提出出席要求。6月8日，美国代理国务卿格鲁发表声明，声称韩国临时政府及其他朝鲜团体目前尚无足以获得美国承认的资格，美国不能采取行动，"以免于联合国获胜时影响及朝鲜人民选择其理想政府及政府人员之权利"[2]。

蒋介石不放弃保证韩国独立的承诺。5月24日，蒋介石会见美国驻华大使赫尔利，询问美国对于越南、韩国的军政策略，赫尔利只作了一个模糊的回答："须视将来情况如何，再为适当解决。"当时，中国方面曾准备建立东亚民族委员会，主持扶助朝鲜独立的有关工作。美国态度既如此，蒋介石遂于6月27日致函吴铁城，指示其"万不可成立"[3]。7月26日，蒋介石召见韩国两党代表称：纵使中国保证在战后俾予韩国独立的地位，但实际上仍须藉赖韩人自身团结的力量、团结的行动和事实的表现[4]。

8月21日，韩国临时政府驻美代表李承晚急电蒋介石，希望蒋能致电杜鲁门，劝阻其采纳美、苏分割南北韩计划。电称："不予高丽以完全独立之任何计划，高丽人民均不愿予以接受。"[5] 22日，吴铁城与金九在国民党中央党部谈话，吴称："中国政府自当援助在渝之韩国临时政府返回祖国，领导韩国人民，办理选举，产生民选之正式政府。"金则表示："俟韩国临时政府回国后，召集各方领袖，组织新的临时政府，届时请中国政府先予承认。"[6] 24日，蒋介石在国防最高委员会与国民党中央常务委员会临时联席会议上发表讲话，声明国民革命的最重大目标和最迫切的

---

1 《呈复关于韩国临时政府推派代表参加联合国大会事》，《韩国临时政府卷》，《中韩关系专档》（廿一）；参见《军事委员会来电一件》（第1588号）卷宗号同上。

2 《大公报》1945年6月10日。

3 国民政府军事委员会代电，《扶植韩国复国运动卷》，《中韩关系专档》（廿二）。

4 转引自《韩国民族革命党宣传部长金奎植先生于本年8月5日在重庆对旅美韩侨广播全文》，《韩国民族革命党卷》，《中韩关系专档》（十四）。

5 《近代中韩关系史资料汇编》第12册，第401页。

6 《吴秘书长接见韩国临时政府金九主席谈话要点》，《韩国临时政府卷》，《中韩关系专档》（廿一）。

工作有三件：一是恢复东三省的领土主权及行政完整，二是恢复台湾和澎湖的失土，第三件就是"恢复高丽的独立自由"。他说："国民革命推翻满清，反抗日本，不仅为中国本身自由平等而奋斗，亦且为高丽的解放独立而奋斗。今日以后，我们更须本于同样的宗旨，与一切有关的盟邦，共同尊重民族独立平等的原则，永远保障他们应该获得的地位。"[1]

同日，金九向蒋介石提出备忘录，请蒋"向同盟各国再予提议承认敝临时政府"，同时，要求蒋转商美军当局，在最短期间，拨借飞机，运送临时政府人员归国。蒋认为盟国承认韩国临时政府的时机已到，指令驻美大使魏道明探询美方态度，同时指示外交部与美国驻华大使馆交涉。此际，美、英、苏已将中国排斥在外，达成协议，由美方通知中国说：原则上准备将韩国交由四强先行托管，俟详细办法拟定后，再与中国会商。美国驻华大使馆则答称：美国政府对于韩国国外的任何政治团体，都不准备"绝对协助"，但是，奖励他们进入韩境，在军政府范围内工作，可以提供机位。

8月26日，金九致函吴铁城，请其转呈蒋介石，核准拨借法币5000万，以便临时政府成员随盟国回国。9月17日，陈立夫呈请蒋介石，拨借3亿法币，供韩国临时政府归国后活动之用。25日，吴铁城根据蒋介石指示，召集吴国桢、陈立夫、唐纵等座谈，讨论争取国际社会承认临时政府失败后的援韩政策等问题，达成四点意见：（一）对韩国问题，我国应与美、英、苏采取一致行动，但我国应自动提出合理的主张，促使盟邦与我一致；（二）就现势观察，欲期美、英、苏一致承认韩临时政府，实不可能，但我国对该政府，仍应实际上多方予以援助；（三）该政府如不能正式迁回国内，执行政权，我国亦应设法协助该政府中人员回国，参加其国内工作；（四）我国政府应即派员驻汉城，负联络观察之责[2]。当时，金九也感觉到不可能以临时政府名义迁回国内，于26日致函蒋介石，要求蒋与美国政府协商，最少限度默认韩国临时政府为"为非

---

1 《中央日报》1945年8月25日。

2 《韩国、越南、泰国问题座谈会记录》，又，《吴铁城呈蒋介石》，《日本投降后韩国问题卷》，《中韩关系专档》（十九）。

正式革命的过渡政权"[1]。当日,蒋介石接见金九,金九又口头提出五项要求,希望蒋能与美方协商,允许他们回国后与各党派建立临时政府,办理全国选举,成立正式政府,同时提出,在韩国独立党与中国国民党之间订立一项合作密约。蒋答称:前者须与英、美协商;将继续援助独立党,但不必有形式[2]。10月17日,蒋介石指示:韩国临时政府人员以个人资格回朝鲜;派飞机一架送重要人员分期赴上海,再由美军用机送朝鲜;借拨法币1亿元[3]。22日,批准先拨5000万元[4]。24日,国民党中央党部召开会议,欢送韩国临时政府成员归国。18日,蒋介石批复吴铁城呈文,同意除已拨之5000万元外再拨国币5000万元、美元20万元,作为韩国临时政府成员返国及返国后初期工作费用[5]。29日,蒋介石接见金九,"希望韩国同志和衷共济,团结一致"。他说:"中国除非力量不够,不能做到之事,力所能及,一定援助韩国达到独立之目的。这是中国一贯政策。总理在日,即是如此。中国以韩国独立为中国之责任,中国能独立,韩国亦可得到独立。"金九提出:美国不肯承认韩国临时政府,请中国予以解释,蒋答:"慢慢可以好转,不必忧虑。"[6] 11月4日,蒋介石、宋美龄等举行茶会,欢送金九等人归国。蒋称:"朝鲜不能告成独立自由平等,无异中国不能告成独立自由平等","为东亚与世界之和平及东亚各民族之独立与自由计,吾人必须首先使朝鲜告成独立与自由,此为国民党对朝鲜惟一之原则"[7]。次日,金九等29人乘机离渝,经上海返国。

12月5日,蒋介石决定派邵毓麟为军事委员会委员长中将衔代表赴

---

[1] 秋宪树:《韩国独立运动》(一),第467~468页。

[2] 《总裁接见韩国临时政府主席金九记录》,《蒋"总统"接见韩领袖卷》,《中韩关系专档》(十六)。

[3] 《总裁指示》,《韩国临时政府人员返国卷》,《中韩关系专档》(十八)。

[4] 《国民政府代电》,府参(二)字第273号,《韩国临时政府借款卷》,《中韩关系专档》(二十)。

[5] 《国民政府代电》,府参(二)字第383号,《韩国临时政府借款卷》,《中韩关系专档》(二十)。

[6] 《接见韩国临时政府主席金九谈话纪要》,《韩国临时政府人员返国卷》,《中韩关系专档》(十八)。

[7] 潘公昭:《今日的韩国》,第135~136页,中国科学图书仪器公司,1947。

韩，与美苏军方联系，视察韩国实情，同时抚慰中国在韩侨胞。同日，蒋致函吴铁城称："在目前美苏两军分占朝鲜南北现状下，国际上我方除应与美方密切合作外，对于驻韩美、苏军事当局，自应同等联系，俾我在外交上可保持超越立场，作为美、苏桥梁，乃至运用两者关系一方，逐渐培养亲华分子，团结韩方各派。"[1]国民党中央党部秘书处根据蒋介石指示，草拟了一份标有"极密"字样的《韩国问题之对策》，其中提出："调和美苏势力，以消除韩国南北两部之对立，而促进其统一。"又提出：积极与美、苏、英洽商，确定开罗宣言中'于相当时期使朝鲜独立'之'相当时期'之明确标准，并在将来和会中或联合国会议中提出通过，以为将来促使美苏军按时撤退之依据。"[2]但是，12月27日，美、英、苏三国外长于12月27日在莫斯科会议，却决定将朝鲜置于美、英、苏、中四强的5年托管之下，这样，国民党中央党部秘书处所拟《对策》自然成为废案。同月28日、31日，韩国临时政府及韩国临时政府驻华代表团先后发表声明，反对该项托管计划，中国政府未发表声明支持。当时世界的主宰者是美、苏两大国，中国虽跻身"四强"，但实际上是弱者。

韩国独立党、民族革命党、临时政府及相关人员在华期间，其经费均由中国供给。金九等人返国前后，在华韩侨535人准备同时返国，急需冬服、旅资及生活维持等诸项费用。12月28日，蒋介石致函吴铁城，批准发给国币3000万元作为资助[3]。这是蒋介石唯一能做的事情了。

结语

在支援韩国独立运动的中国国民党人中间，有三个关键人物：一是

---

[1]《国民政府代电》，府军（义）字第979号，《日本投降后韩国问题卷》，《中韩关系专档》（十九）。

[2]《日本投降后韩国问题卷》，《中韩关系专档》（十九）。

[3]《国民政府代电》，府交字第1486号，《韩国临时政府借款卷》，《中韩关系专档》（二十）。

陈其美，他和韩国独立运动人士接触较早，是援韩事业的始创者，但因他1916年即被刺身亡，所做事情不多。二是孙中山，他不仅制定了援助弱小民族的原则，而且以南方护法政府首脑的身份和韩国临时政府的代表进行会谈，为国民党人与韩国独立运动人士之间的关系奠定了基础；但是，孙中山当时自身处境困难，没有能力进行实际援助。三是蒋介石，他是20世纪三四十年代中国援韩活动的主要领导者和决策者，时间最长，贡献也最大。

为了共同反对日本帝国主义，中国国民党给予韩国独立运动的援助包括政治、经济、军事、外交、道义等各个方面。在这些援助活动中，蒋介石比较注意尊重韩国独立流亡人士的民族感情，及时调整政策，保持友好关系；在国际舞台上，蒋介石首倡保证朝鲜战后独立，反对国际托管和南北分割，不谋求在该地区的民族私利。这些，都与当时主宰世界的大国强权构成了鲜明对比。

李宗仁的索权逐蒋计划

一 一份"极机密"文件

在美国哥伦比亚大学珍本和手稿图书馆所藏张发奎档案微卷中，有一份标明"极机密"的文件。稍加研究，便可以发现，它是1949年李宗仁任代总统后制订的一份秘密计划。

文件共8页，以毛笔写成，分甲、乙、丙、丁四部分。甲部分为目的，共四条：

（一）统一事权，集中力量；

（二）改革政治，刷新阵容；

（三）建立和稳定革命根据地；

（四）抗拒与肃清腐化与恶化势力。

乙部分为"方针"，分"急进的作法"与"缓进的作法"两项。所谓"急进的作法"共六条：

子　对×表示一明确的态度，务使其将全部资本交出　包括政权、军权、财权及一切金银、外汇、物资、军械等，最好能促其出国。

丑　彻底驱除在粤之一切顽固分子或停止其活动　并改组国民党。

寅　废除以党统政之制度。

卯　改组国防部。

辰　加强两广合作，以两广为中心，树立革命根据地。

巳　改革政治，肃清一切贪污无能自私之分〈子〉，重整革命阵营。

这六条中最重要的是第一条，所谓"对×表示一明确的态度"，其中的×，指的乃是蒋介石。文件接着叙述采取"急进"做法的理由，共五条：

子　×之原则既决不肯轻易放手，不如与之作具体的最后谈判，使之无法推诿。

丑　必须迅速处理一切，才能争取时间。

寅　必须彻底改革，才能争取民心与国际援助。

卯　必须彻底改革，才能肃清内部一切矛盾，达到集中与统一。

辰　必须彻底改革，才能破灭×再起之幻想。

其后，文件叙述"顾虑与困难"，也是五条：

子　与×破裂，无法获取其拥有之资本。

丑　×可能即调兵入粤，以图镇压。

寅　目前军政费无法自给。

卯　立法院顽固分子之势力甚大，仍可能利用立法院牵制政府。

辰　两广兵力不足以应付共军或×军之侵入。

以上各处的×，也均指蒋介石。

文件提出的"缓进的作法"共三条：

子　对×作较温和之表示，仍请其将全部军政权及资财交出，以便统一指挥。

丑　对顽固分子逐渐隔离。

寅　一切改革措施，均采缓进，使力量充实，基础较稳固后再进行上述"急进的"各项办法。

文件的制订者认为，取"缓进的作法"理由如次：

子　希望诱致×交出若干资本。

丑　×或可不至即派兵入粤。

寅　对×不即时决裂，留有斡旋余地。

但是，文件的制订者又认为，这种做法也有其弊端：

子　时机迫切，不容许获得逐渐改善之机会。

丑　由于×之高度警觉性，决不肯交付全部资本　甚至一部分亦不可能。

寅　由于×之高度警觉性，可能仍派兵入粤。

卯　不能即时有所表现，无法争取民心，提高士气。

辰　与×不绝缘，不能获得国际之信赖与援助。

巳　无坚强明朗之态度表现，新的分子不能号召集结，反动分子无法肃清。

文件的制订者在比较权衡之后，认为"急进的作法"可能收到"预期的效果"。

文件最后部分为"一般值得研究的实际问题"，计六条：

1. 两广兵力如何充实，包括肃清土共问题；

2. 财政问题如何解决；

3. 以党统政之制度如何废除，包括非常委员会；

4. 立法委员如何争取；

5. 与×"摊牌"之方式如何；

6. 对中共之战略部署。

文件未署日期，也未说明起草人姓名及有关情况。

二　文件形成的背景及其产生经过

1949年1月，蒋介石宣布"引退"，由李宗仁代行总统职权，但蒋在"引退"之前，即在人事上作了种种布置，同时下令将国库中大量黄金、白银和外汇移存台湾。"引退"后，仍然以国民党总裁身份掌握着种种实权。因此，李宗仁就职后，事事遭到掣肘。他曾命行政院将运往台湾的国库金银及外汇运回一部分备用，但有关人员拒不奉命；他企图改变长江防务布局，撤换指挥将领，但无法执行。这样，李宗仁的左右就经常发牢骚："我们管不了，就交还给蒋吧！总统不过是代理，一走就可以了事的。"[1]张治中见此情况，便动了劝蒋介石出国的念头，以便让李宗仁放手做事。他征得李宗仁等同意后，于3月3日偕吴忠信访问溪口。见蒋后，蒋劈头第一句就说："你们的来意是要劝我出国的，昨天的报纸已经登出来了！"又说："他们逼我下野是可以的，要逼我亡命就不行！下野后我就是普通国民，哪里都可以自由居住，何况是在我的家乡！"[2]说得张治中开不得口。

张、吴溪口之行虽然没有成效，但要求蒋介石出国的呼声却日渐公开化。3月12日，南京《救国日报》居然以《蒋不出国则救国无望》为大字标题，发表评论。当时，南京代表团正在北平与中共代表团进行谈判，李宗仁感到，有蒋在，势难接纳和议。4月9日，李宗仁召集白崇禧、程思远、邱昌渭等人会议，认为蒋、李只能有一人主政，如果蒋不出国，李就应当辞去代总统；维持现状，和战均将无望。4月12日，李宗仁委托居正、阎锡山赴溪口，面交蒋介石一函，声称如蒋不采取步骤，终止目前的混乱局势，则他自己唯有急流勇退，以谢国人。14日，蒋介石通过张群传话，邀请李宗仁、白崇禧赴杭州面谈。

形势发展出人意料地快。4月20日，和谈破裂，华东野战军陈毅所部迅速渡过长江。22日，蒋介石再邀李宗仁及何应钦、白崇禧、张群、吴忠信、王世杰等在杭州会谈。会前，白崇禧对李宗仁说："今后局势，如蒋先生不愿放手，则断无挽回余地。蒋先生既已引退下野，应将人事权、指挥权和财政权全部交出。"[3]李宗仁本已准备在会上与蒋介石"摊牌"，白崇禧的话正合李宗仁的心意。李宗仁完全没有想到，会议却通过了一项提议，在国民党中央常务委员会之下设立非常委员会，以蒋介石为主席，李宗仁为副主席，"凡政府重大政策，先在党中获致协议，再由

1　《张治中回忆录》，第786页，文史资料出版社，1985。据李云汉藏《蒋"总统"为李宗仁谈话记录致何应钦函》（抄件），蒋当时的原话是："前此他们要我下野，我自可以下野，现在若复迫我出国亡命，我不能忍受此悲惨之境遇。"，见李著《中国国民党史述》第3编卷首照片。

2　《张治中回忆录》，第786页。

3　《李宗仁回忆录》，第966页，政协广西壮族自治区委员会版；参见《李汉魂将军日记》下集第2册，第270页，香港联艺印刷有限公司：1977年承印本。

政府依法定程序实施"[1]。李宗仁满肚子不高兴，怏怏返回南京。当时，行政院等政府机构已经迁移广州，但李宗仁决定不去。23日，李宗仁偕程思远、邱昌渭、李汉魂等人飞抵桂林当日，李宗仁决定派程思远去汉口接白崇禧返桂，派邱、李二人去广州会见美国公使衔参赞刘易斯·克拉克（Lewis Clark）及张发奎。

克拉克当时在广州主持美国大使馆驻广州办事处。他对邱昌渭说："美国已对蒋介石失去信心，即将重订对华政策。目前国民党政府要求美国立即援助，情势上实不可能，除非有事实显示，李代总统确实是一个坚强有力的领导者，蒋介石确实不再干预政治，才能逐渐转换美国人的视听。"[2]其后，克拉克并亲赴桂林，和李宗仁谈了5个小时。

张发奎在李宗仁就任代总统后被任命为陆军总司令。李宗仁托李汉魂、邱昌渭带一封信给他，函称：

> 和谈因中共不能改变其武力征服全中国之企图，终告破裂。刻共军已渡江，威胁沪沪，此实为本党及国家生死存亡之最后关头，非革新无以图存，非团结无以自救。吾兄爱党心切，忧国情殷，知必具有同感。弟因广州住所尚待修饰，兼以连月劳烦，须稍事休息，拟在桂勾留几日后即来穗面商种切，共策进行。兹嘱伯豪、毅吾两兄代表趋诣，面达鄙悃，诸惟鉴照。

李汉魂于1949年3月初到南京任总统府参军长，后任内政部长。他向张发奎诉说了到南京工作后的苦衷："在最高控制之下，致全局的人事及军事，殆俱不能调整，政治亦难改革，全部之守江计划，同时不能实施，坐令对共无法阻止。"[3] 29日，张发奎飞往桂林。他劝李宗仁作出抉择，或者公开声明，他的出任总统只是一场滑稽戏，然后辞去总统职务，请蒋复位；或者从蒋介石手中夺过全部权力，组织战时内阁，争取

1　蒋经国：《风雨中的宁静》，第183～184页，台北黎明文化事业公司，1974。
2　程思远：《李宗仁先生晚年》，第84页，文史资料出版社，1980。
3　《李汉魂将军日记》下集第2册，第268页。

美国的支持。5月1日，张发奎飞回广州。

据程思远回忆，张发奎返抵广州的当天中午，白崇禧、张发奎、程思远三人在马仲孚家里午餐，张谈道：在桂林时曾由李宗仁约李品仙、甘介侯、韦永成、韦赞唐、黄雪村、李新俊、尹述贤等同他会谈两次，由黄雪村记录，最后订定甲乙两案，甲案要蒋出洋，乙案要蒋交出权力来。张并强调指出，无论实行甲乙两案中的任何一案，必须清除广州阵营里的CC分子[1]。程思远的这段回忆写于1980年，记忆不可能完全准确，但是，所谓甲乙两案及"促蒋出洋"，"要蒋交出权力来"等等，正与上述"极机密"文件相合，因此，可以判明，该份文件乃是1949年4月29日至5月1日张发奎飞桂时的产物。它反映出当时李宗仁等的企图——索权、逐蒋、以两广为基地反共。

三 又一份秘密文件

政府在广州，代总统却在桂林，这总不成局面。5月1日晚，白崇禧访问何应钦。二人认为，李宗仁不愿来广州，是因为对杭州会谈的结果不满意，决定请居正、阎锡山出面劝解。同晚，国民党中常会举行临时会议，决定推吴铁城、李文范赴桂，催促李宗仁来粤主持政务。5月2日，白崇禧、居正、阎锡山、李文范等联袂飞桂。当晚会谈，形成了一份《谈话记录》，全文如下：

（一）自宗仁代行总统职权后，鉴于频年战祸，民苦已深，弭战求和，成为举国一致之渴望，而以往政府一切军事、政治、经济之失败，其根因所在，即由于政治之不修明，贪污腐化，遍于全国，遂造成今日民怨沸腾，士气消沉，全盘糜烂之恶果。故自主政之日起，为顺从民意，针对时弊，决以谋取和平与革新政治为当前两大急务，以冀有所匡救。讵料时经三月，虽殚精竭力以赴，而事与愿违，终致毫

---

[1] 程思远：《李宗仁先生晚年》，第85页。

无成效。和谈失败，固由于中共所提条件过于苛刻，然我方内部意志之不统一，步骤之不能一致，如政府谋和措施之不能执行，未能示人以诚，亦不能不承认为一重大因素。至于革新政治一端，终以形格势禁，因之三个月来之努力，悉已付诸虚牝，此皆由于宗仁德薄能鲜，不克建树事功，实应首先引咎自责者。

（二）现共军已渡过长江，首都沦陷，沪杭危急，局势已临万分严重之最后关头。基于以往三个月来事实证明，宗仁难继续膺此艰巨，更自信在此情形之下，决无转危为安之能力。为今之计，与其使宗仁徒拥虚位，无俾实效，莫若即日起，自请解除代总统职权，仍由总裁复位，负责处理一切，俾事权统一，命令贯彻。宗仁身为国民党员，与总裁久共患难，决不敢存临危退避之心，仍当竭尽协助之能力，并拟以副总统之资格，出国从事国民外交活动，争取国际援助。此种办法，在国际上固不乏先例，而依据目前之局势，亦确乎有此需要，同时宗仁既可获得为国家效力之机会，亦可与总裁之工作收分工合作之效。

（三）如总裁坚持其引退之初志，必欲宗仁继续负责，根据过去三个月来失败之经验，为保障今后政府之命令能彻底贯彻，达到整饬部队、革新政治之要求，完成吾人反共救国之使命，则有数事必先获得总裁之同意并实行者，兹分列于次：

1. 宪法上规定关于军政人事及凡属于总统职权者，宗仁应有绝对自由调整之权。

2. 所有前移存台湾之国家银行金银外汇，请总裁同意由政府命令运回。

3. 所有移存台湾之美援军械，请总裁同意由政府命令运回，配拨各部使用。

4. 所有军队一律听从国防部之调遣，违者由政府依法惩处。

5. 为确立宪政精神，避免党内人事纠纷，应停止训政时期以党御政之制度，例如最近成立非常委员会之拟议，应请打消。所有党内决定，只能作为对政府之建议。

6. 前据居觉生先生由溪口归来报告，总裁曾表示，为个人打算，以去国愈快，离国愈远为最好，现时危事急，需要外援迫切，拟请总裁招携怀远，俾收内外合作之效。

（四）以上六项，必须能确切做到，宗仁始能领导政府，负责尽其最后之努力，否则惟有自请解除代总统职权，以免贻误党国。

文件原件共4页，油印，用墨笔标有"密"字，亦见于哥伦比亚大学珍本和手稿图书馆张发奎档。

上述文件表明，李宗仁经过深思熟虑，并与各方商谈，决心将"极机密"文件付诸实施，不仅索取全部权力，而且要求蒋介石"去国愈快，离国愈远为最好"，言词虽温和、婉转，而态度则相当坚决，可视为对蒋介石的一纸通牒。对此，白崇禧表示完全支持。他说："同老蒋摊牌，本来就是我的一贯主张。"[1]

《谈话记录》既产生，同日，李宗仁再次致函张发奎，函称：

日前节莅莅桂，畅叙为慰。觉生、百川、君佩三先生降止，数度晤谈，备审种切。关于弟之意见，除已面告觉生先生等外，兹经作成《谈话记录》一份，油印数份，特伴函奉上一份，即希察阅是幸！敬之兄处亦付去两份，并托其以一份派专机送呈蒋总裁核示矣。余情均倩觉生兄等转告。

据此，可知这份记录天壤间只有几份，一份给了张发奎，两份给了当时的行政院长何应钦，其中之一由专机送给了蒋介石。

四　蒋介石的答复

5月3日，蒋介石在上海见到了李宗仁的《谈话记录》，非常生气，于

---

[1]　程思远：《李宗仁先生晚年》，第86页。

6日复函何应钦，要求何转达李宗仁及国民党中央诸人。信中，蒋介石要求李宗仁"毅然决然，进驻政府所在地，行使职权"，说明关于他本人"复职"一事，"今日绝无讨论之余地"，对于李宗仁六项要求中的前四项，蒋介石一一表示同意。他说：

（1）总统职务既由李氏行使，则关于军政、人事，代总统依据宪法有自由调整之权，任何人不能违反。

（2）中在职时，为使国家财产免于共党之劫持，曾下令将国库所存金银转移安全地点；引退之后，未尝再行与闻。一切出纳收支皆依常规进行，且财政部及中央银行簿册具在，尽可稽考。任何人亦不能无理干涉，妄支分文违反法纪也。

（3）美援军械之存储及分配，为国防部之职责。中引退之后，无权过问，簿册罗列，亦可查核。如中个人果从中把持，或擅发一弹，尽可处我以操纵公物之罪。至于枪械由台运回，此乃政府之权限，应由政府自行处理，中亦无不同意也。

（4）国家军队由国防部指挥调遣，凡违反命令者应受国法之惩处，皆为当然之事。[1]

对于李宗仁要求中的第五项，蒋介石也并不表示反对，只说：非常委员会之设立，为4月22日杭州会谈所决定，当时李代总统曾经参与，且共同商讨其大纲，迄未表示反对之意。今李既欲打消原议，彼自可请中常会复议。对于要求他出国的第六项，蒋介石坚决反对，他说：

> 且在过去，彼等主和，乃指我妨障和平，要求下野。今日和谈失败，又责我以牵制政府之罪，强我出国，并赋我以对外求援之责。如果将来外援不至，中又将负妨害外交，牵制政府之咎。国内既不许立足，国外亦无法容身。中为民主国之自由国民，不意国尚未亡，而置身无所，至于此极！[2]

---

[1] 蒋经国：《风雨中的宁静》，第190~192页。文字据李云汉藏《蒋"总统"为李宗仁谈话记录致何应钦函》（抄件）有所校补。

[2] 同注1。

他并称，自引退以来，政治责任虽告解除，而革命责任自觉无可逃避。凡李宗仁有垂询之处，无不竭诚答复，但绝不敢有"任何逾越分际，干涉政治之行动"。函末，蒋介石表示：

> 今日国难益急，而德邻兄对中隔膜至此，诚非始料之所及。而过去之协助政府者，已被认为牵制政府，故中惟有遁世远引，对于政治一切不复闻问。

蒋介石此函以专机送到广州，国民党中常会当即举行临时会议，推阎锡山、朱家骅、陈济棠三人赴桂迎接李宗仁。李宗仁向蒋介石提交《谈话记录》，目的在索取权力，蒋介石既已答应了六条中的前四条，李宗仁觉得面子挣到，目的已基本达到。8日，李宗仁飞广州，继续履行代总统职权。后来的事实表明，他仍然是个空头，蒋介石并未交出任何权力，也并未"遁世远引"，而是积极活动，多方安排，在做复职的准备。

附录一

中山舰事件三题

一　汪精卫何以隐匿、出走
——中山舰事件探幽之一

中山舰事件之后，作为当时国民党和国民政府最高领袖的汪精卫先是悄然隐匿，继而秘密出走，经香港转赴法国，其原因，颇有值得考究之处。

蒋介石制造中山舰事件的当天，曾经给朱培德写过一封信，说了一些对汪精卫不满的话，朱培德将这封信交给汪精卫看了。其后，汪精卫即表示准备出国，蒋介石则表示挽留。3月30日，汪精卫致函蒋介石，说了几点理由：其一是蒋介石讨厌自己，不愿与己共事，因而他自愿出国；其二是中山舰事件证明，蒋介石已经受人离间，他出国可以使离间之言失效；其三是想借此学点外国语。汪精卫声称，自从孙中山去世之后，他就想继续学习外国文，现在出国，正可完此"平生未了之愿"。他并打了一个比喻，说自己就像一盏油快耗干了的路灯，亟须马上加油，云云。

汪精卫给蒋介石写信的第二天，陈璧君也给蒋介石写了一封信，为汪精卫的准备出国提出了一项新理由，即可以使蒋介石"反省一切"。函称：汪精卫的病，固然在于肝、心、甜尿等症，但是，精神上的痛苦要比身体上的痛苦更剧烈，"思之思之，不得已乃出于一行，固以疗病，亦足令兄反省一切，过去、现在一并勉力于未来也"。信中，陈璧君并对蒋介石提了一条看似平淡而实则语气严厉的意见：

> 兄平日好阅曾国藩《家训》，此书不但不能福兄，只有诱兄日即于伪，掩其天赋之良好、真纯之精神耳。

函末，陈璧君并对蒋介石说：见到此函时，您是发怒扔到厕所里，还是作为座右铭，"均所不计"。

历史当事人对他们自己行为的解释，有时相当准确，有时则不可轻信。政治斗争的本质是力与力的较量。汪精卫、陈璧君的信，用来说明他们在政治斗争失败以后的牢骚、怨愤、无可奈何以及他们与蒋介石之间的复杂关系则可，用以解释汪精卫的悄然去国则不可。

那么，什么是汪精卫隐匿、出走的真实原因呢？对此史家们各有解说。前些年，我曾根据苏联驻华使馆代理武官拉宾事后向莫斯科提出的报告及当事人回忆，提出过一种看法：汪精卫原本主张联合谭延闿、朱培德、李济深等第二、三、四、五、六各军的力量，组成"反蒋联盟"，以武力打倒蒋介石。但苏联方面不仅不支持这一主张，反而撤去原先最积极支持汪精卫的顾问季山嘉（即古比雪夫）等，使汪精卫失去靠山，不能与蒋介石抗衡，因此，汪内心不满，负气出走。此说见于拙文《中山舰事件之后》，发表于《历史研究》1992年第5期，后来收入拙著《寻求历史的谜底》。

文章发表了，书也出版了，总觉得心里还是不踏实，希望找到更多、更充分的证据。果然，有一年，读1927年4月21日武汉出版的《革命生活》，其中有施存统在武昌中央政治学校的演讲稿《反蒋运动》，中云：

> 去年三月二十日的事，汪精卫同志本欲免蒋介石的职，用谭延

阎、朱培德同志的军队去打倒他。那时因为民众莫明其中真相，汪同志恐因此弄巧成拙，反惹起党内纠纷，民众怀疑，故此举未实现。而汪同志没有办法，以致托疾辞职。

施存统曾在上海和陈独秀一起发起组织共产党，后任共青团中央书记。1926年在广州黄埔军校任教官，1927年在武昌任中央政治学校教官，兼入伍生总队政治部主任，他是有可能了解有关情况的。不过，他所述汪准备用军队打蒋以及"没有办法，以致托疾辞职"等均属事实，而担心"弄巧成拙"，未能付之实施等情则并不全面。之所以说不全面，是因为施完全没有提到起关键作用的苏联人的态度，但这是不难理解的。当时，武汉国民政府还和苏联保持合作关系，不少苏联顾问还在为武汉政府工作，因此，中山舰事件时苏联人不肯支持汪精卫倒蒋的事实自然还不宜透露。但是，尽管如此，见到这条材料我还是很高兴，因为他为拙文增加了一条证据。人无信不立，文无征不信，有关重要史实的证据是多多益善的。

最近，我见到了李玉贞教授编译的《从俄罗斯秘档看中山舰事件》，其中谈到汪精卫对于苏联方面决定向蒋介石让步感到意外，"委屈"，认为自己"丢人现眼"，"为季山嘉的被召回而不快"，没有告诉苏联人就"蜷缩起来"，等等，都证明了拙文原来的分析。这样，关于中山舰事件后，汪精卫隐匿、出走的原因似乎可以定论了。

附带应当提到的是，俄国秘档说："如果我们当初更加温和地事先让汪精卫思想上有所准备，再向蒋介石做出让步，那样就能阻止汪精卫。"根据中俄两方的资料，中山舰事件发生的当天季山嘉就派拉兹贡（鄂利金）见蒋，态度还比较强硬。但仅隔一天，时在广州的苏联访华使团团长布勃诺夫等人就决定向蒋介石让步，并于22日派人通知了蒋介石。此前，没有和汪精卫商量过，也没有容许国民党中央讨论研究。23日，国民党中央政治委员会开会，讨论中山舰事件，汪精卫等面对的是苏联人已经决定让步的现实。在这一情况下，汪精卫生苏联人的气，于是，当场以生病为理由要求"暂时休假"，进而不告而"匿"，又进而不告而别都是自然的。

二 欧阳格的被捕
——中山舰事件探幽之二

在中山舰事件中，欧阳格曾经风云一时，但是，很快就被蒋介石抓了起来。

欧阳格，江西宜黄人，1895年生。毕业于吴淞海军军官学校。时任海军军官学校副校长。他是原海军局长欧阳琳的堂弟，广州右派组织孙文主义学会的骨干。为人工于计谋，有"小诸葛"之称。他设法吓走其堂兄欧阳琳，企图谋取海军局长和中山舰舰长的职务，但汪精卫不同意，任命李之龙代理海军局长，同时兼任参谋厅长、中山舰舰长等职。3月14日，中山舰副舰长章臣桐向李之龙报告，担心欧阳格抢船。因此，李之龙于报告汪精卫后，任命章臣桐为中山舰代理舰长，并由第一师派兵驻守。18日，中山舰因修理需要，升小火试验汽笛。欧阳格曾致函李之龙询问原因，李之龙查明后据实作复。3月20日黎明，蒋介石制造中山舰事件后，李之龙在家中被捕，第一个审讯李之龙的就是欧阳格。随后，欧阳格即被蒋介石委任为舰队司令，掌握了中山舰等舰艇的控制权。

欧阳格升任舰队司令后，审讯李之龙一事交由第一军军法处处长马文车办理。审讯中，李之龙提出：当日传达调舰命令的是黄埔军校驻省办事处主任欧阳钟（欧阳格之侄），此事系欧阳格与欧阳钟同谋陷害，要求拿办二人讯究。23日，马文车将李之龙的供词转呈蒋介石，同时转达了李之龙拿办二人的要求。31日，欧阳钟被捕。4月1日，蒋介石自虎门乘中山舰回黄埔。在船上时，蒋介石曾询问原中山舰代理舰长章臣桐，18日中山舰开往黄埔过程中是否有人上下，章都回答没有。蒋凝思不语，于是章即将当日调舰及往返省城经过做了汇报。当时情况，章臣桐后来回忆说："此时，欧阳格在旁，惶恐异常，屡用足踢我，暗中示意我不要多言。"次日，陈立夫奉蒋介石之命，送了一封信给欧阳格，要他到蒋公馆。在欧阳格到来之后，即被蒋下令逮捕。

欧阳格曾在蒋介石手下做事，"极能贯彻命令"，在中山舰事件中，又立了大功。蒋介石为什么要逮捕欧阳格呢？陈立夫想了几天，想不出理由。不仅陈立夫想不出理由，史家们对此也众说纷纭，莫衷一是，成为中山舰事件大谜中的一个小谜。

窃以为，蒋介石日记仍然是揭开这一谜团的钥匙。在逮捕欧阳格的当日，蒋介石日记云："静江、子文兄来谈，适值欧阳舰队司令被扣留，以其联合右派，不利于党也。"

我在拙文《中山舰事件之谜》一文中曾指出：1926年春，蒋介石与苏联顾问团和汪精卫之间的矛盾急剧发展，右派企图利用矛盾，挑拨广州国民政府的内部关系，在上海的西山会议派分子与在广州的孙文主义学会里应外合，制造谣言，分化离间。其间，王柏龄、欧阳格、伍朝枢等起了重要作用，中山舰事件正是他们活动的结果。蒋介石日记所称欧阳格"联合右派"云云，正可为拙文注脚。

孙中山逝世后，国民党迅速分化为左右两派。蒋介石当时以"中派"自居，一方面不满意左派的亲苏、亲共，但是，也反对右派。有关情况，他这一时期的日记多有记载，行动上也有某些表现。例如，4月3日，第二师师长刘峙见蒋，接着，古应芬、伍朝枢又见蒋，向蒋有所建议。三人均属右派。当日蒋介石日记云："右派徒思利用机会，联结帝国主义以陷党国，甚可叹也。"4月5日，广州右派准备召开市党部会议，举行游行示威，蒋介石曾应宋子文之请，致函广州市公安局长吴铁城制止。再如，当时在上海的西山会议派分子曾致电张静江、谭延闿等，要求到广州召开国民党第二次全国代表大会，蒋介石认为此举是"利用此机会以捣乱"。在西山会议派决定在上海召开所谓第二次全国代表大会后，他又通电反对，声称"誓为总理信徒，不偏不倚，惟革命是从。凡与帝国主义有关系之败类，有破坏本党与政府之行动，或障碍我革命之进行者，必视其力之所及扫除而廓清之"。因此，他一旦发现欧阳格"联合右派"的行为后便加以逮捕，这是一方面。

另一方面，在审讯李之龙、欧阳格等人的过程中，蒋介石虽然逐渐了解到中山舰事件调动的真相，但因为欧阳格等人的行为符合蒋介石的政治需要，蒋不愿泄露此中秘密，因此，对欧阳格的逮捕实际上是一种"保护性拘留"。据陈孚木回忆：欧阳格最初被软禁在黄埔军校内，北伐开始后被蒋介石带着随营出发，直到"四一二"政变后才被释放。

"四一二"政变后，欧阳格被南京国民党中央党部委任为上海工人运动特派员和党务人员养成所主任。他曾将中山舰事件经过写成文稿，向蒋介石表功，受到蒋的申斥，文稿被扣下。1928年12月，欧阳格从蒋介石手中拿了10万大洋，奉命"放洋"，到英国进修海军。1937年任江阴区江防司令，因贪污罪被蒋介石处死。

三　李之龙的"变节"、"脱党"问题
——中山舰事件探幽之三

中山舰事件中，海军局代理局长、中共党员李之龙被作为首犯逮捕，其罪名是"有变乱政局，谋害中正之举动"。但其后不久，蒋介石就将李之龙释放了。

李之龙被捕后的表现如何？他是怎样被释放的呢？1960年8月，聂荣臻在一封信中曾称，李之龙"被捕后变节"。但是，1964年10月20日，吴玉章在给中共中央组织部的信件中则称："李在被捕后叛变的事，据我所知，不是事实。"这以后，有关部门开始了对李之龙被捕后表现的调查。1981年12月，聂荣臻在给杨献珍的信件中否定了以前的说法。次年3月25日，罗明书面证明云：

> 李之龙被蒋介石抓住后，并没有写声明退党，也没有投降蒋介石。在党内没有听说这些事，如果有投降叛变，退党声明的话，我们在党内应该是知道的。

与此同时，当年黄埔第一期学员李奇中、原广东区委组织部秘书饶卫华、早期广东工人运动领导人谭天度等人也都纷纷出具证明材料，说

明"李之龙没有叛变行为，也没有发表声明叛党的事情"。同年4月6日，聂荣臻复广州市委组织部函云：

> 我一九六〇年八月关于李之龙同志在中山舰事件中被捕后变节的信，记不清是在什么背景下写的，经查证资料，没有李之龙同志变节的记载，也不记得他有变节行为。所以一九六〇年的信撤消。

至此，问题算是得到解决了。然而，有关"变节"、"脱党"之说难道完全没有根据吗？查1926年5月18日《广州民国日报》刊有一则《李之龙启事》，全文云：

> 兹为避开纠纷，便利工作起见，特郑重声明退出中国共产党及一切与之龙有关系的社会团体，以单纯的中国国民党员资格，受吾师蒋介石先生之指导，以谋三民主义之实现，耿耿此心，尤盼共产党同志予以原谅。

看来，所谓"变节"、"脱党"云云，都来自这一启事。

根据现存李之龙供词和当时审讯人马文车给蒋介石的报告，李之龙被捕后，除了说明情况，声明冤屈外，确实没有任何"变节"言辞；后来到武汉后，又发表长文，谴责蒋介石，并曾要求恢复共产党党籍；1928年2月，更因企图在广州发动海军起义，被捕牺牲。凡此种种，都说明了李之龙的革命品格。衡以总体和大节，仍应肯定。[1]

怎样看待李之龙的启事呢？

中山舰事件后，蒋介石一时还不想和共产党完全决裂。蒋介石当时的主张是：中国革命必须由中国国民党领导，参加国民党的中国共产党员必须退出共产党，做一个单纯的国民党员。李之龙的启事正是在这一需要下制造出来的。

---

[1] 参见《中共党史人物传》第20卷，第152～156页，陕西人民出版社，1984；《中山舰长李之龙》，第224～231页，中国青年出版社，1990。

关于孙中山"三大政策"概念的形成及提出

多年来,"联俄、联共、扶助农工"三大政策一直被认为是孙中山晚年思想的重要方面,也是区分国民党左、右派的标准,但是,由于孙中山著作和国民党"一大"有关文件中从未出现过"三大政策"一类提法,因此,学者们不能不关注这一概念的形成、提出时间以及它的背景。在这一方面,日本学者狭间直树、石川祯浩,台湾学者蒋永敬,大陆学者黄彦、鲁振祥、张海鹏等人都做出了贡献[1]。本人多年来也一直关注这一问题,今据中国国民党上海市左派组织所编《中国国民》,结合其他资料,略述己见,希望有助于厘清这一问题的来龙去脉。

一 反对戴季陶主义和西山会议派过程中提出的问题

孙中山在其革命生涯中,曾经寄希望于许多西方国家的支援,但是

---

[1] 参见狭间直树《"三大政策"与黄埔军校》,《历史研究》1988年第2期;石川祯浩《施存统と中国共产党》,日本《东方学报》第68册(1996年3月);蒋永敬《"三大政策"探源》,台湾《传记文学》第54卷第3期;黄彦《关于国民党"一大"宣言的几个问题》,《中国社会科学》1987年第4期;鲁振祥《三大政策研究中的几个问题》,《孙中山和他的时代》(中),中华书局,北京,1989,张海鹏《关于中国近代历史发展规律的认识和对若干史实的解说》,台湾《历史月刊》1998年第2期。

425

久无实效。十月革命后,孙中山转而寄希望于俄国,逐渐形成"联俄"政策。1921年中共成立,在共产国际推动下,孙中山又逐渐倾向于容纳共产党员以个人身份加入国民党,实行党内合作,这就是所谓"容共"政策。但是,从一开始,国民党内部对这两项政策就有不同意见,只是由于孙中山的威望,没有形成大的风波。孙中山逝世后,反对的意见和呼声日渐增强。于是先有1925年7月戴季陶《国民革命与中国国民党》等书的出版,继有同年11月西山会议的召开。这样,国民党的党内斗争就日趋激烈了。

在《国民革命与中国国民党》一书中,戴季陶尖锐地指责共产党员加入国民党的有关政策是"寄生政策",认为"真正的国民革命",要"真实的国民革命主义者,才可以指导得来"[1]。他一方面承认C. P. 和C. Y. "真是为民众的幸福而奋斗的勇士",但是,同时又"苦心孤诣"地希望C. P. 和C. Y. ,"要真把三民主义,认为惟一的理论,把国民党认为惟一救国的政党",要求他们"牺牲了自己的空想,脱离一切党派,作单纯的国民党员"[2]。这样,戴季陶这一时期虽然还并不反共,但是,却不允许共产党人跨党,和孙中山的"容共"政策有了很大不同。同书中,戴季陶还提出:"中国在图国家的独立和民族的自由上,有很亲切联俄的必要,并且在参与世界革命运动上,尤其有和苏联共同努力的必要。但是中国人总要看清楚自己的需要,尤其是要尊重自己的独立性,不可把自己民族的独立性抛弃了,去依赖苏俄,更不可把自己的必要忘记了去盲从苏俄。"[3]这一段话表明,戴季陶这时候还不反对孙中山的"联俄"政策,但是,他对这一政策已经持有怀疑态度。戴书的出版标志着戴季陶主义的形成,上海部分国民党人迅速组织孙文主义学会,出版《革命导报》,以为响应。

1925年11月23日,林森、邹鲁、谢持等人在北京西山召开国民党"第一届第四次中央全会",继续宣扬戴季陶主义的有关观点。会议攻

---

1 《国民革命与中国国民党》,上海季陶办事处1925年印赠,第52页。
2 《国民革命与中国国民党》,第57页。
3 《国民革命与中国国民党》,第71页。

击共产党在国民党内的"党团作用",声称国民党不容"党中有党","不容共产党利用本党的招牌来鼓吹阶级革命","不能再容共产派篡窃",等等。会议要求跨党的共产党员一律退出国民党,使两党党员的"旗垒划然分明"[1]。会议同时声称,当时的广东,"军政大权已完全在俄人掌握之中","若是苏俄采用帝国主义的手段,那当然也是本党的敌人"[2]。在此基础上,会议通过了一系列议案,如"取消共产党在本党党籍"、"顾问鲍罗廷解雇"、"惩戒汪精卫"、"变更联俄政策"等[3]。3月29日,张继、林森、邹鲁等77人进一步在上海召开"国民党第二次全国代表大会",继续通过了一系列文件和议案。其核心主题仍与西山会议相同,只不过提法上更为激烈。例如,明确批评苏俄的外交政策"犹带有帝俄时代之遗传病",声言既反对"笼统的仇俄",也反对"盲目的亲俄",批评中共"盲目模仿苏俄"等。又如,批评中共的"阶级斗争"主张"不合社会之需要","至易破坏国民革命",甚至批评中共"暗中截断本党与民众之声气,毁坏本党之信仰","直接助帝国主义与军阀之摧残革命势力",等等[4]。本来,西山会议派对中共还比较客气,仅仅要求取消"共产派"的国民党党籍,但仍可视为"友党",说是"理势所不得不分,而情谊未始不可合"[5]。但是到了中山舰事件后,就发展为要求"驱除党寇","缉拿共产党徒"了[6]。

可以看出,西山会议派的议案虽多,但核心只有两项,即改变孙中山生前所定而为当时广州国民党中央所执行的"联俄"与"容共"两项政策。

戴季陶和西山会议派的思想、主张遭到了中共和国民党左派的强烈

---

1 《取消共产派在本党之党籍案》,《为取消共产派在本党的党籍告同志书》,《中国国民党历次代表大会及中央全会资料》(上),第358、377、384页。

2 《中国国民党历次代表大会及中央全会资料》,第383、386页。

3 《第二次全国代表大会宣言》(上海),《中国国民党历次代表大会及中央全会资料》(上),第400、403页。

4 《中国国民党历次代表大会及中央全会资料》(上),第403~404页。

5 《取消共产派在本党党籍宣言》,《中国国民党历次代表大会及中央全会资料》(上),第357页。

6 《中国国民党历次代表大会及中央全会资料》(上),第419、425页。

批判。在这一过程中,"三大政策"的概念逐渐形成并提出。

沈雁冰概括孙中山的"民族革命运动政策",包含了后来"三大政策"的全部内容。

国民党第一次全国代表大会后,在上海成立执行部,负责指导江苏、浙江、安徽、江西四省党务,同时兼管湖北、四川、湖南、贵州四省。上海执行部之下,设各区党部联合委员会[1]。1925年5月25日,该会出版《中国国民》周刊,成为上海国民党左派的言论喉舌。同年10月7日,时任国民党上海第一区党部委员的沈雁冰(当时是共产党员)在该刊发表《苏俄十月革命纪念日》一文。文中除热烈赞扬列宁的"实现世界革命的政策"外,还热烈赞扬孙中山的"民族革命运动政策"。他说:

> 然而世界两大革命潮流之一——东方民族革命运动也有他的惟一伟大的革命导师!这便是本党先总理孙先生!正像列宁的炯眼早看到世界革命的实现必待东西两大革命之携手,先总理的炯眼也早看到东方民族革命之实现必须外与西方革命的无产阶级联合战线,内则扶植农工阶级的阶级势力而后有济!所以先总理于前年改组本党之际,毅然决然容许中国共产党党员以个人资格加入本党,共同革命。所以先总理不顾帝国主义者的造谣中伤而毅然决然与苏维埃俄罗斯携手。所以先总理于广州商团之变及其他无数的劳资争端与农民反抗地主的事项中,都制止资本家与地主的剥削压迫而扶助农工,组织自卫。迄今总理虽亡,而读遗嘱,翻遗著,我们都可以看见总理的民族革命运动的政策,如日月中天,江河行地。[2]

文中论及"容许中国共产党党员以个人资格加入本党"、"与苏维埃俄罗斯携手"、"扶助农工",后来作为"三大政策"的全部内容,在这里都提到了。

同年12月3日,陈独秀在中共中央机关刊物《向导》发表文章,分

---

[1] 后来改称中国国民党上海各区党部联席会。
[2] 《中国国民》第2期。

析国民党左右派时称:"在策略上:左派懂得要实现反对帝国主义与军阀的国民革命,国外有联合苏俄国内有联合工农阶级及共产党之必要;右派则反对联俄,反对共产党反对工农阶级之阶级利益的争斗而失其同情。"[1]这一段话,比沈雁冰上文精练,但是,没有明确地和孙中山挂钩。类似的情况也表现在12月4日国民党中央发表的《对全国及海外全体同志之通告》中。该《通告》在批评冯自由、邹鲁等人的主张后,明确说明,"联俄与容纳共产分子"是"本党求达到革命成功之重要政策","先总理决之于先,第一次全国大会采纳于后"。接着,通告论证说:

> 若本党之革命策略,不出于联合苏俄,不以占大多数的农工阶级为基础,不容纳主张农工阶级利益的共产派分子,则革命势力陷于孤立,革命将不能成功。[2]

国民党"一大"通过的文件有"全力"扶助农夫、工人运动发展的明确内容;《宣言》甚至声称,国民党的事业,目的在于"谋农夫、工人之解放","为农夫、工人而奋斗"[3]。孙中山在1924年的相关演说中也表示,"要农民来做本党革命的基础",工人"可以做全国人的指导"[4]。因此,《通告》所称"以占大多数的农工阶级为基础"云云,也明显地依据孙中山的晚年思想和"一大"文件。这在当时,极为明白,也极易理解,《通告》之所以没有在两者之间"挂钩",其原因当在此。

陈独秀的文章和国民党中央的通告,一发表于上海,一发表于广州,时间上只相差一天,没有彼此影响的可能。这说明,当时两党高级领导人之间对革命策略的认识相当默契。

12月23日,沈雁冰继续发表文章称:"孙总理所定的策略便是对外联络世界上革命的无产阶级,对内扶助本国的农工,培养农工阶级的势

---

[1] 《什么是国民党左右派》,《向导》第137期。
[2] 《广州民国日报》1925年12月5日。
[3] 《孙中山全集》第9卷,第121、124页。
[4] 《孙中山全集》第10卷,第149、555页。

力，以增厚反帝国主义的力量。这个策略已见之实行者，是联合苏俄与容许中国共产党分子加入国民党。"[1] 这段话，指明是孙中山所定策略，也说得很精炼，很概括，但是，没有明确地形成"三个政策"的概念。

二 柳亚子发表《告国民党同志书》，沈雁冰总结为"总理的两个重要政策"

沈雁冰的《苏俄十月革命纪念日》一文没有和戴季陶正面论战，同时发表的国民党江苏省党部致中央执行委员会呈文及辩正文章则鲜明地批判戴季陶的观点。江苏省党部认为戴季陶的《国民革命与中国国民党》一书有五大错误：其一是误认孙中山思想发生于中国"数千年的旧文化"。其二是误认孙中山思想的根本意义是"仁爱"，其三是否认阶级斗争。文章在论述戴书的第四个错误时说：

> 中山先生的主义所以与欧美各国的民主主义之仅代表资产阶级者不同，所以能为被压迫民族革命的指导，便在特别努力于促进工农阶级有意识的集中和发展。

又在论述第五个错误时说：

> 中山先生要增进国民革命运动之实力，力求农夫、工人之参加，所以允许为农工阶级自己的政党之共产党得以跨党加入国民党。[2]

由于戴书反对"联俄"观点还不很明晰，所以文章仅论及"扶助农工"和"容共"两大政策，而没有涉及"联俄"。

---

[1] 《总理指示的一条路》，《中国国民》第13期。
[2] 《对于戴季陶同志的〈国民革命与中国国民党〉一书误点的辩正》（连载之二），《中国国民》第4期。

11月20日，上海《民国日报》刊出林森、覃振、戴季陶、邵元冲、叶楚伧、沈定一、张继等人电报，决定在北京西山召开中央执行委员会第四次全体会议，同时刊出该会《筹备处启事》，标志着上海《民国日报》的转向。29日，《中国国民》自第5期起改为三日刊，更加着力于批判西山会议派。

《中国国民》在和西山会议派论战时，除陆续发表共产党人恽代英、杨之华、张国焘的文章外，特别注意发表国民党元老的文章。12月2日、20日，先后发表杨谱笙的《致国民党青年同志书》和张静江的《告国民党同志书》。29日，发表江苏省党部执行委员、宣传部长柳亚子的《告国民党同志书》，着重论述"联俄和容纳共产分子，都是本党总理孙先生的遗训"。文章首引孙中山遗嘱中"联合世界上以平等待我之民族，共同奋斗"一语，说明"现在世界上以平等待我之民族，除了苏俄，还有哪一个？"文称：

> 我们要国民革命成功，要打倒帝国主义，取消不平等条约，以完成我们民族主义，当然非联俄不可了。同时，苏俄帮助我们，一方面是要巩固他们的立国信条，一方面是要雄厚他们作战的阵线。

在论述"容纳共产分子"时，柳亚子引述孙中山遗嘱中的"唤起民众"一语，说明"所谓民众，当然包括着全国国民中间最大多数的工农阶级了"。文称：

> 要国民革命成功，非把工农阶级宣传和组织起来，使他们加入革命的队伍，是没有第二个办法的，同时，共产党是代表工农阶级利益的政党，既然要吸收工农阶级，绝对无排斥共产分子加入本党的理由。

柳亚子表示："排斥共产分子，就是断本党新生命，就是阻挠国民革命的成功,老老实实说,就是总理的罪人,也就是本党的公敌。"[1]

柳亚子的这篇文章实际上讲了孙中山晚年政策的三个方面,但是由于他把"宣传和组织"工农以及"容纳共产分子"糅合在一起讲了,所以,沈雁冰在推荐这篇文章时便把它概括为"总理的两个重要政策"。他在题为《柳亚子同志的至理名言》一文中称:

> 我们敢说,凡是国民党员读了亚子同志的文章,而犹怀疑于联俄与容纳共产派——总理的两个重要政策——那他不是神经系统有点毛病,便是反动派。

上文表明,沈雁冰虽然已经从三个方面概括了孙中山的政策,这里,又提出"两个重要政策",一方面是随文就义,按柳亚子的思路在写文章;另一方面,也说明沈雁冰在进行概括时还没有想得很清楚。

由于西山会议派的责难主要指向"容共"与"联俄",因此,孙中山的"两个重要政策"的提法曾经在相当广泛的范围内流行过。1926年3月12日,中共中央在《中山先生逝世周年纪念日告中国国民党党员书》中说:"中山先生看清了国内无产阶级的共产派有党内合作之必要而无危险,看清了国外无产阶级的苏俄必然以平等待我而无所疑虑,才决定联共、联俄这两个特殊的革命政策。"[2] 5月22日,在国民党二届二中全会的闭幕演说中,蒋介石也曾表示,绝不改变"先总理的两大政策——联俄和容纳共产分子"[3]。

---

1 《中国国民》第15期。

2 《中共中央文件选集》(2),第75页。

3 《蒋校长演讲集》,第81页,中央军事政治学校政治部宣传科,广州,1917。4月7日,广东孙文主义学会致电广州国民党中央时也说:"对于总理手订之两大革命策略,尤不敢有丝毫怀疑。"见《政治周报》第10期。

三 纪念孙中山逝世一周年，
施存统首次提出"三大革命政策"概念

在上海《民国日报》和国民党上海执行部先后为西山会议派掌握后，广东国民党中央委派恽代英、张廷灏、刘重民三人为中央特派筹备员，筹组国民党上海特别市党部。1926年元旦，上海特别市党部在上海大学召开成立会，选举张廷灏、恽代英、林钧、杨之华、沈雁冰、杨贤江、王汉良、张君谋、陈杏林等9人为执行委员；议决扩大《中国国民》的篇幅，移交市党部直接办理。市党部下设宣传、组织、商人、妇女、工农、青年、调查7部，分别以恽代英、张廷灏、王汉良、杨之华、陈杏林、杨贤江、沈百先为部长。1月10日，市党部各部联席会议，确定施存统、杨贤江、恽代英等13人为宣传委员。

1926年3月12日是孙中山逝世一周年。当日，国民党上海特别市党部青年部出版《总理周年纪念特刊》，施存统（当时是共产党员）以"复亮"为名发表《中山先生的三大革命政策》一文，空前明确地提出了"三大革命政策"的概念。文章说：

> 这个实现"中国之自由平等"的方法，也已由我们中山先生指示出来了。这就是中山先生的三大革命政策：团结工农势力，联合苏俄，容纳共产派。现在的革命的中国国民党，已经很忠实地很勇敢地继承中山先生的这三大革命政策了，所以它的基础一天稳固[了]一天，它底势力一天强盛一天，它底运动一天扩大一天，它底工作一天有效一天，全国被压迫的革命民众集中于它的旗帜下面的一天多似一天，帝国主义及军阀对于它底势力一天寒[害]怕一天。

文章并以广东国民政府的成立和国民革命军的发展为例，说明"这些都是证明先生这三大革命政策的成功，即以后的成功亦必须忠实地遵守这三大革命政策"。

在分述三项政策后,施存统称:"以上这三个革命政策,可说是完成国民革命的根本政策,缺一不可。这三大革命政策,是中山先生积四十年的革命经验所得到的,亦就是国民革命的保障。我们若违反这三大革命政策之一种或全体,那就是中山主义的叛徒,不配冒称为中山主义者。"

施存统的文章并非无源之水。2月16日,中国共产主义青年团中央曾经转发过中共中央的一份《孙中山先生纪念日宣传大纲》,这份大纲提出,孙中山逝世日,"应是国民革命最广大的宣传日"。大纲称:"借孙文主义之名,而行破坏统一的国民革命之实,不是真正孙文主义的信徒,乃是孙文主义的叛徒。"《大纲》特别要求,在国民党广州中央之下"遵从孙中山先生一切主义和政纲"。关于"政纲",文件特别以括弧举例说明,"如联俄,集中革命势力,如容纳共产分子等"[1]。显然,施存统写作《中山先生的三大革命政策》一文,乃是为了贯彻共青团中央转发的中共中央文件精神,只不过他没有照抄照搬,而是加进了自己的理解。

值得注意的是,3月12日,中共中央在《告中国国民党党员书》中虽有孙中山"两个特殊的革命政策"这一提法,但是,同文中在分析国民党内部分化时还曾说:"企图联合无产阶级,遂不得不采用容纳共产派联俄拥护农工利益等革命政策;企图结合资产阶级,遂不得不修正联共联俄政策及提出阶级调和口号。国民党左右派乖离的真正原因完全在此。"这里,实际上将孙中山的晚年政策概括为三个方面了。

四 柳亚子发表《揭破伪代表大会真相》,将"两个政策"的提法改为"三个革命的重大政策"

西山会议派召集的"中国国民党第二次全国代表大会"于3月29日在上海开幕。30日,《中国国民》出版《反对叛党分子之代表大会特刊》,

---

[1] 《中共中央文件选集》(2),第48页。"如联俄,集中革命势力"一语中的逗号为笔者据文义所加。

猛烈攻击该次会议。在这一期特刊中，柳亚子发表《揭破伪代表大会真相》一文，他说："我们对于这一个伪代表大会，要解剖他的内容，从政策、纪律、事实三方面，来证明他们确实是反动，确实是非法，确实是捣乱，确实是本党的蟊贼，确实是总理的叛徒。"文章的最重要之点是将他原来的"两个重要政策"修改为"三个重要政策"。他说："总理的革命政策，可分为三大点，第一是联合世界上的革命民众，第二是集中全国内的革命势力，第三是团结革命的基本队伍。"接着，他对这"三大点"分别作了论证。文章说："为联合世界上的革命民众而联俄，是总理第一个重要的政策"；"为集中全国内的革命势力而容纳共产分子，是总理第二个重要政策"；"为团结革命的基本队伍而拥护工农阶级，是总理第三个重要政策"。柳亚子并说："这三个重要政策，是决定于总理生前的。"

柳亚子激烈地指责西山会议派：

所谓西山会议，居然反对联俄，说是媚外卖国，居然反对容纳共产分子，说是本党确受蚕食的危险，更居然反对拥护工农阶级利益，说是提倡阶级斗争，那不是明明白白反对总理的政策吗！

文章又说：

大家要晓得，总理积四十年经验，才苦心孤诣，定下了这三个革命的重大政策，而他们敢于反对他，敢于诬蔑他，更敢于破坏他，只此一点，便足以证明他们的反动，证明他们是本党的蟊贼，证明他们是总理的叛徒了。

将柳文和施文比较，显然，柳亚子读过施文，并且接受了它的影响；但是，柳文依"联俄、容共、拥护工农利益"的层次叙述"三大政策"，显然更接近后来的提法。

据柳亚子回忆，1926年5月国民党二届二中全会召开期间，他曾以"三大政策"为武器，在广州当面批评蒋介石："到底是总理的信徒，还是总理的叛徒？如果是总理的信徒，就应当切实地执行三大政策。"[1]证以上引柳亚子文所提孙中山的"三个重要政策"，他的这段回忆应该是可信的。

五 《声讨反动派的第二次全国代表大会宣传纲要》再次阐述孙中山晚年"最重要的革命政策"

1926年4月1日，《中国国民》周刊第1期出版，公布了上海特别市党部宣传部颁发的《声讨反动派的第二次全国代表大会宣传纲要》，共7条，其第二条称：

> 西山会议所要求的无不处处与本党进步的革命政策相抵触。本党总理积四十年之经验，深知欲达到中国自由平等之目的在唤醒民众与联合世界上以平等待我之民族，故注重农工利益与联合苏俄，同时为集中革命势力，又主张容纳共产派分子加入本党。所以注重农工利益、联合苏联、容纳共产派分子是本党总理晚年所决定之最重要的革命政策之一。凡是中国民族解放之忠实努力者都知道这种革命政策是正确的，并已卓著成效。乃召集西山会议的人反正〔而〕要推翻此种政策，其违背总理遗教，反叛革命可想而知。

这里，将"农工"问题列为首位，和柳亚子文将"联俄"列为首位不一致，却和较早的施存统文一致，但是，《纲要》将"三项重要政策"说成"本党总理晚年所决定的最重要的革命政策之一"。这种情况，说明当时施、柳的说法还没有为人们所普遍接受，也说明二人的说法并非来源于集体讨论所形成的决议。

1　《磨剑室文录》（下），第1584页，上海人民出版社，1993。

六　陈独秀精练地概括孙中山的"革命政策"，距后来提出的"三大政策"概念实际内容已经相差无几

1926年7月6日，陈独秀发表《论国民政府之北伐》一文，批评在蒋介石领导下匆促做出的北伐决策。此举引起蒋介石、张静江等国民党人强烈不满。9月13日，陈独秀写作公开信，答复张静江等人，内称：

> 凡是尊重国民政府的人，应该要求他有高度的革命性。事实是怎样呢？中山先生拥护农工利益联俄联共，此革命政策，都几乎推翻了……这样来革命，其结果怎样呢？[1]

上文述及，当年3月12日，中共中央在《告中国国民党党员书》中已经将孙中山的革命政策归纳为"容纳共产党联俄拥护工农利益"，这里，陈独秀则将其概括为"拥护农工利益联俄联共"。次序上小有不同，其最重要的变化是将"容纳共产党"改为"联共"。在此之前，上引《告中国国民党党员书》曾偶见"联共"一词，但与"拥护农工利益"、"联俄"并称，这是第一次。显然，陈独秀这里的提法和后来提出的"三大政策"的实际内容已经相差无几了。

陈独秀将"容共"改为"联共"，其理由，应基于当年6月4日《中国共产党中央委员会致国民党中央委员会信》，其中透露了国共合作之初与孙中山的协商情况，信称：

> 唯是合作之方式：或为党内合作，或为党外合作，原无固定之必要……然当本党决定合作政策之初，曾商之于贵党总理孙中山先生，孙先生以为党内合作则两党之关系更为密切，本党亦认为中国社会各阶级力量只是相互关系，现亦可适用此种合作方式，故毅然

---

[1]　《答张人杰、符琦、黄世见、冥飞》，《向导》第171期。

决定，令本党得加入贵党，同时，本党与贵党结政治上之同盟。[1]

这样，陈独秀自然认为"联"字比"容"字能更准确地表现两党关系的实质了。

孙中山的"容共"是两党合作的一种特殊形式，包含着"联共"的意义，这一点，当年的蒋介石也是这样认为的。1926年2月国民党二届二中全会闭幕后，他在广州全市国民党员大会上发表演说，特别声明："共产党加入国民党，系增加革命力量，两党合作携手，中国革命前途，有希望成功。"[2] "两党合作携手"不是"联"，是什么？

七 黄埔同学会机关刊物《黄埔潮》同时出现三篇提倡"三大政策"的文章

1926年10月3日，黄埔军校黄埔同学会的机关刊物《黄埔潮》第11期同时出现提倡"三大政策"的三篇文章。其一为军校学生、经理第一队队员吴善珍的《我们对总理的联俄联共政策怀疑吗？》，中称：

> 自总理决定"联俄"、"联共"、"农工"三大政策以后，党内新旧的右派……如西山会议、上海伪中央、孙文主义学会，他们的宣言决议案，完全以反对此三大政策为骨干。……但是，黄埔学生有始终拥护此三大政策的精神，并且以此作评判革命反革命的根据。

同期发表的余洒度和游步瀛的文章都述及"三大政策"。余文提出："确遵总理对革命的三大政策。A.联俄，B.联共，C.拥护农工利益"，称之为"革命的方法"。游文提出，必须接受"孙文主义和孙中山先生所手定的'联俄'、'联共'、'农工'三政策"。文章自署作于1926年8月20日。

---

[1] 《中共中央文件选集》（2），第141页。
[2] 《广州民国日报》1925年5月25日。

如果说11期的三篇文章还只是表达个人观点，那么第12期的《最近宣传大纲》则表达的是黄埔同学会的集体意见。该《大纲》制定于当年10月5日，它声称：

> 及至十三年本党改组后始进了一个新的巩固的时期，制定应付时局的政纲及政策，提出适应时局的口号，确定"联俄""联共""农工"三大政策，本党在民众中始取得领导的地位。

同期发表的《本会庆贺第四期同学毕业》一文则明确提出："第一次全国代表大会时，总理订下'联共''联俄'和'农工'三大政策"，"这是我们惟一无二的革命策略，是我们今后惟一革命之路，也就是中国革命生死存亡的分水岭"。

《黄埔潮》的观点得到了陈独秀的肯定。同年11月4日，陈独秀在中共中央政治局和共产国际代表联席会议上报告称：

> 黄埔军校中，自我们同志一百六十余人退出后，左派学生在我们指导之下已经组织起来，并且发展到广大中去，又企图扩大到全国；他的政纲是迎汪复职，继续总理联俄联共扶助工农三大政策。[1]

陈独秀所述"左派学生"当即指在《黄埔潮》发表文章的吴善珍等人，他所述"在我们指导之下已经组织起来"，则明白无误地告诉人们，这些"左派学生"是受中共领导的。

11月7日，中共广东省委宣传部长任卓宣在中共广东区委机关刊物《人民周刊》第30期上发表文章称："至于国民党的改组，五卅之反帝运动，广东革命基础之巩固，皆不是偶然的。任何一个有觉悟的革命者，都可以看得出，这是孙中山联俄、联共及工农三大政策之结果。"[2]任卓宣的文章表明，中共广东区委支持黄埔"左派学生"的观点。这以后，

---

[1] 《中共中央文件选集》（2），第426页。"广大"，指广东大学。

[2] 《我们对于十月革命应有的认识》，1926年11月7日。

《广州民国日报》也开始出现孙中山"三大革命政策"的宣传了[1]。

施存统1926年秋到广东任中山大学教授,同时任黄埔军校教官。黄埔的"左派学生"接受并宣传"三大政策",应该和他在军校的教学生涯有关[2]。从吴善珍等人发表的文章看,它们和施存统当年3月在上海发表的文章之间也存在着某些联系。例如,吴文论及西山会议、上海伪中央、孙文主义学会,这正是施存统文章的写作背景;他将"三大政策"称为"革命的方法",这正是施存统前引文中的观点。

恽代英在1929年曾经说过:"孙中山本人的著作中,并无所谓三大政策之一名词,这一名词据我所知,还是周恩来在三月二十以后,为黄埔左派制造出来的。"[3] 1926年下半年,周恩来正在广州担任广东区委军事部长,领导黄埔军校的共产党人应是他的工作范围。当年10月14日,他还对吴善珍所在的黄埔军校第四期学生作过《武力与民众》的报告。恽代英所称"黄埔左派",当即陈独秀报告中所称"左派学生"。这里透露出来的讯息表明,周恩来在"三大政策"的概括和传播方面,有一份贡献。1926年12月1日,他在写作《现时政治斗争中的我们》时即已公开提出,国民党左右派在对待"三大革命政策"上根本对立[4];在此之前,他向黄埔学生传播这一概念是完全可能的。

八 中共中央特别会议将"三个政策"写入决议

1926年12月,中共中央召开特别会议,通过《关于国民党左派问题的决议案》,中称:

---

1 《新闻记者联合会孙中山先生诞日纪念宣传大纲》,《广州民国日报》1926年11月11日。

2 施本人也曾于1926年12月31日撰写《孙文主义与马克思主义》,继续宣扬"三大政策",见《广州民国日报》1927年1月14日。

3 《施存统对于中国革命的理论》,《布尔什维克》第2卷第5期,1929年2月。

4 《人民周刊》第37期,1927年1月4日。

>所谓左右乃比较之词，并没有固定的界说，社会的左右派和一个政党内的左右派既然不能混同，赞成解决土地问题的国民党左派，现在又还未成胎，所以只好承认一些赞成继续孙中山、廖仲恺的联俄联共和辅〔扶〕助工农这三个政策的分子是左派，反对者便是右派……[1]

这是"三个政策"这一概念正式进入中共中央决议，并以之作为区分国民党左右派的标准。至1927年，蒋介石逐渐右转之后，中共和国民党左派对这一概念的使用愈广，"三个政策"也逐渐被"三大政策"的提法所代替了。

九　结语

孙中山的晚年，其思想与早年有其一贯之处，但是，也确有若干新成分。如何认识、总结孙中山的思想及其前后发展，成为孙中山逝世后中国各政治派别论战的重要焦点。前人云："孔墨之后，儒分为八，墨离为三。取舍相反、不同，而皆自谓真孔墨。"一个哲人的身后，常常有无尽的关于这一哲人的争论。这种情况，自古如此。

如上所述，"三大政策"这一概念形成于1925年10月至1926年末国民党的内部斗争中。它是中共和国民党左派对孙中山晚年所行政策的一个比较准确的概括。应该承认，所概括的三个方面确实都来自孙中山，不是赝品；也应该承认，三个政策均为孙中山晚年新增，而为前期、中期所无，反映出孙中山晚年思想和政治主张的新发展。中共和国民党左派在做出这一概括时有一个从"二"到"三"的发展过程。其最初的目的是反对戴季陶主义和西山会议派，后来则是为了反对蒋介石等人。在这一过程中，中国国民党上海区党部联合会、上海特别市党部、中共广东区委、中共中央，以及沈雁冰、施存统、柳亚子、陈独秀、周恩来和黄

---

[1] 《中共中央文件选集》（2），第573页。

埔军校的"左派学生"们都起了作用。

附记：本文写作中，承日本神户大学石川祯浩教授赐寄国民党上海特别市党部青年部出版的《总理周年纪念特刊》，谨此致谢。

西安事变前后国共谈判史实订误

——评陈立夫《成败之鉴》，兼评他对于苏墱基君的批评

说明：1977年，陈立夫在其《参加抗战准备工作的回忆》一文中首次公布了周恩来致陈立夫、陈果夫函，以括弧注明：民国二十四年九月收到。其后，沈云龙等著文认为，该函作于1936年，而非1935年。1994年，陈立夫出版回忆录《成败之鉴》，继续坚持旧说。1995年7月，台湾《传记文学》发表苏墱基《周恩来致陈果夫、立夫函年份剖析》，对1936年说作了详细论证。苏文称："陈立夫所坚持的二十四年完全是误记，这个问题至此可以拍板定案。再无争论余地了。"然而，1996年1月份，《传记文学》又发表了陈立夫的文章，引用蒋介石的"手著"及其他材料，再次坚持周函作于1935年之说。陈文称："执行周函有关之大事者为余，年已九十六矣，余记忆力并不衰退，且有其他物证可为余助，苏君自以为是，宜其所考据者均为似是而非之文件。余若放弃责任，不予以纠正，则历史之真相，永不彰明，岂不为历史学家之耻乎！"

笔者是1936年说的主张者之一[1]。1995年7月，笔者为参加美国加利福尼亚州立大学菲士那分校张绪心教授在香港召开的讨论会，曾作文论述《成败之鉴》一书中关于周函系年等问题上的讹误。1996年1月，读了陈

---

[1] 参见拙作《陈立夫与国共谈判——读陈立夫口述历史之一》，《团结报》1991年9月28日；收入拙著《海外访史录》。

立夫批评苏墱基的文章后，又续作一文。现将两文连缀为一篇发表。

一 《成败之鉴》

1994年，陈立夫先生出版了他的回忆录《成败之鉴》。由于作者长期担任国民党要职，多年参与密务，因此，他的回忆录的出版立即引起了海内外学人的关注。阅读之后，感觉该书提供了不少史料和看法，可以作为治中国近代史的参考。可述者如：

中山舰事件发生前蒋介石准备出走时陈立夫的"建言"；

1927年春国共分裂前夕，陈立夫提议以"打斗"办法区分共产党人；

"调统机构"的建立，国民党与国民政府的组织，均"学自苏俄"[1]；

胡汉民的性格与胡汉民被囚事件；

西安事变后，陈立夫向蒋介石建议乘机进攻延安，未被采纳；

1938年在汉口对德使陶德曼的建议；

陈立夫与国民党中央组织部在历届选举中的作用；

国民参政会的成立；

抗战期间的教育。

它们或为人们提供了前所不知的史料，或为重大历史事件提供了佐证。有些问题，虽然作者当时感情激烈，但写回忆录时却冷静而公正地作了叙述，例如，承认1927年上海"清党"时，"无辜人民之遭害者更不计其数，言之至为痛心"等，都是对历史有责任感的持平之论[2]。但是，读后也突出地感到，该书还存在不少问题。

1931年"九一八"事变后，日本帝国主义对中国的侵略有增无减，民族危机日益加深。1935年，蒋介石为了准备对日抗战，命令陈果夫、陈立夫兄弟对外解决与苏联的关系，对内解决对中共的关系两大问题。根据蒋介石的指示，陈果夫，特别是陈立夫做了许多工作。这些工作，

---

1 《成败之鉴》，第105、152页，台北正中书局，1994。
2 《成败之鉴》，第104页。

必将长久地载入中华民族的史册，但是，检核《成败之鉴》的有关记载，却十分不能令人满意，不仅过于粗疏简略，而且讹误严重。

现分几个问题阐述如下。

（一）周恩来致二陈函的写作时间

《成败之鉴》一书说：民国二十四年九月，国民党军在陕北一带"围剿"中共的残余部队，延安一带随时有被消灭的危险，因此，"周恩来写信给我大哥果夫和我，希望我们政府不要再围剿他们，他们愿意听中央，和中央共同抗日。其信经香港黄华表与曾养甫两同志转来"。接着，陈立夫在回忆录中全文引录了周恩来的信，并以括号注明"民国二十四年九月收到"。

信真实无讹，有周恩来的手迹为证，但是，时间并非1935年，而是1936年。理由如次：

周函云："分手十年，国难日亟。"周恩来1926年在广州任国民革命军政治训练部特别政治训练班主任，陈果夫在国民党中央组织部工作，陈立夫在蒋介石身边任机要科秘书。同年8月陈立夫随军北伐。12月，周恩来秘密前往上海，任中共中央组织部秘书兼中央军委委员。至1936年，恰为10年。

周函云："近者寇入益深，伪军侵绥已成事实，日本航空总站，且更设于定远营。"伪军，指伪蒙军，1936年5月，内蒙王公德穆楚克栋鲁普在日本帝国主义者策划下，成立"内蒙独立政府"，建立伪蒙军。8月，伪蒙军进犯绥远东北地区。周函所称"伪军侵绥"，指此。

周函云："敝方自一方面军到西北后，已数作停战要求，今二、四两方面军亦已北入陕甘，其目的全在会合抗日。"按：1935年10月，红军第一方面军到达陕北吴起镇。1936年8月，红军第二方面军、第四方面军到达甘南，准备与第一方面军会师。如果周函作于1935年9月1日，则其时红军还没有进入甘肃呢！

周函云："敝方现特致送贵党中央公函，表示敝方一般方针及建立两党合作之希望与诚意，以冀救亡御侮，得辟新径。"1936年8月25日，中共中央致函国民党中央及国民党全体党员，肯定蒋介石在确定对日抗战方针上的进步，再次呼吁停止内战，组织全国的抗日统一战线，抵抗日本帝国主义的进攻，保卫并恢复中国的领土主权[1]。公函表示：准备在任何地方、任何时候派出全权代表与国民党谈判。周函所称"致送贵党中央公函"，指此。公函并称："察北的日伪军又大举向绥远进攻了。绥远、宁夏、内蒙、甘肃各地遍设特务机关之后，又在这些地方建立航空总站与分站了。"此正与周函所言"伪军侵绥"及日本在定远营设立航空总站的情况相合。

周函云："现养甫先生函邀面叙。"自1935年末，蒋介石指示驻苏武官邓文仪和中共驻共产国际代表团接触后，南京国民党方面曾通过多条渠道和中共联系。1936年8月27日，中共联络员张子华（即周恩来9月1日函中所言黄君）自南京到达陕北保安，向中共中央汇报到南京联络的情况，同时携回曾养甫邀请周恩来赴南京谈判的信件及联络密码[2]。周函所称"养甫先生函"，指此。

以上种种内证无可辩驳地说明，周函显作于1936年9月1日，而非1935年9月1日。陈立夫信后所记，显系事后追记之误。

（二）1936年周恩来是否到过上海、南京

《成败之鉴》一书接着写道：

> 与中共交涉时，我方代表是我和张冲，中共代表是周恩来。这项谈判，必须有第三国际代表参加，那就是潘汉年。他们两人必须先得到我方的安全保证，始肯来上海。

又称：

> 为对外必须表示全国一致抗日起见，我们要求他们在战争爆发以后，即需发表共同抗日宣言，表示全民一致，其内容须包括下列四点原则：（一）彻底实现三民主义而奋斗。（二）取消一切反政府之暴动

1　《中共中央文件选集》（11），第77~88页。
2　《周恩来年谱》，第319页，人民出版社、中央文献出版社，1989。

及赤化运动，停止以暴力没收地主土地的政策。（三）取消红军，改编为国民革命军，受军事委员会的统辖，担任抗日战争之任务。（四）取消苏维埃组织，改为行政区，以期全国政权之统一。

再称：

这四项原则，中共当然同意。后来周、潘二人由我们招待至南京居住，由我直接和他们谈判，使他们更为放心。经多次磋商，宣言及条件的文字都已大体谈妥，周恩来就想回延安复命。我命张冲陪他去西安，顺便往见张学良，由周口中说出，我们双方共同抗日，大致已有协议，以免张学良再唱抗日高调，藉以保存实力。潘则留京沪续洽，不料事隔几天，西安事变忽起，当时张冲、周恩来都在西安，外人罕知其原因为何？

陈立夫以上回忆牵涉到较多问题，这里，首先要考察的是，1936年周恩来是否和潘汉年一起到过上海、南京？

根据现有资料，周恩来当年活动日程如下：

1月：在陕北瓦窑堡，先后出席中共中央常委会议及政治局会议。

2月：布置李克农等到洛川与张学良会谈，到清涧和刘志丹等指挥攻打义合镇。

3月：到绥德沟口，沿黄河南行，进入山西，听取中共北方局王世英、张子华和曾养甫接触情况的汇报；出席中共中央政治局会议。

4月：回瓦窑堡；出席中共中央常委会和政治局会议；到肤施，与张学良会谈。

5月：出席中共中央常委会与政治局会议。会见第二次到陕北的张子华，听张与曾养甫、谌小岑谈判情况的汇报；致函谌小岑，欢迎他到陕北来"商讨大计"。

6月：出席中共中央政治局会议及中共中央常委会；由于国民党军进攻，指挥部队撤退到磁窑；月底，赴安塞。

7月：在安塞听取刘鼎关于东北军情况的汇报；会见美国记者斯诺。

8月：出席中共中央政治局会议。31日，致函曾养甫表示："苏区四周□□□□，弟等外出不易。倘兄及立夫先生能惠临敝土，则弟等愿负全责保兄等安全。万一有不便之处，则华荫之麓亦作为把晤之所。"书发，没有回音。

9月：1日，致函二陈。22日，再次致函二陈，指定潘汉年为联络代表前去谈判。28日，张子华自广州致电周恩来，声称曾养甫邀请周恩来到香港或广州谈判，但周恩来只同意以西安为谈判地点。

10月：出席中共中央政治局会议；致电张子华，要他转告曾养甫、陈立夫，中共中央决定由潘汉年进行初步谈判。

11月：出席中共中央政治局会议；与毛泽东共同致电张子华，要他转告陈立夫及曾养甫："只要国民党方面不拦阻红军抗日去路，不侵犯红军抗日后方，红军愿首先实行停止向国民党军队攻击。"电报提议："国民党方面，立即下令暂时停止西北各军向红军进攻，双方各守原防。"电称：在确保安全的条件下，周恩来可以赴广州谈判。在双方主要代表未会谈前，拟派潘汉年先与陈立夫、曾养甫会谈。15日，离保安，先后到河连湾、洪德等地与彭德怀、贺龙等会晤。30日，回保安。[1]

12月：12日，西安事变爆发。15日，偕罗瑞卿、张子华等启程赴西安。17日到达。

可见，1936年，在西安事变之前，周恩来的活动范围没有超出陕北和山西。《成败之鉴》一书所云"招待至南京居住"、"想回延安复命"、"命张冲陪他去西安"云云，都并不正确。

1937年3月22日，周恩来应蒋介石之邀，与张冲自西安飞上海，会晤宋美龄，请她将中共中央的谈判条件交给蒋介石。随即由潘汉年陪同，到杭州和蒋介石谈判。4月初，回到延安。5月下旬，再飞上海，转赴南京、庐山，与蒋介石会谈。7月7日，和博古、林伯渠再飞上海。13日（或14日），第二次到庐山和蒋介石谈判，旋即赴上海，返延安。当年，8月9日，和朱德、叶剑英飞南京，与张冲等谈判，直到同月21日，回延

---

[1] 以上日程，据《周恩来年谱》。

安参加中共中央政治局扩大会议为止。陈立夫在《成败之鉴》中的有关回忆，可能是将两年中的事实混记在一起了。

（三）关于所谓"四项原则"以及潘汉年、陈立夫之间的谈判

陈立夫的上述回忆谈到"四项原则"，并称中共"当然同意"，又称：西安事变前，宣言、条件已"大体谈妥"。情况是否如此呢？答案仍然是否定的。

1936年5月，在和中共北方局代表周小舟谈判中，陈立夫确曾与曾养甫商量，并经蒋介石同意后，提出过四项条件：

（1）停战自属目前迫切之要求，最好陕北红军经宁夏趋察、绥、外蒙之边境，其他游击队则交由国民革命军改编；

（2）国防政府应就现国民政府改组，加入抗日分子，肃清汉奸；

（3）对日实行宣战时，全国武装抗日队伍自当统一编制；

（4）希望（共产）党的领袖来京共负政治上之责任，并促进联俄。[1]

6月底，7月初，中共北方局代表又曾与陈立夫的代表谌小岑等商定：

（1）参加民族革命之一切武装力量，不论党派，在同一目的下，实现指挥与编制之统一。

（2）共方放弃过去一切足以引起国内阶级纠纷之活动，国方可承认苏维埃主要区域在民主政府指挥之下作为特别实验区。

（3）国方在共方承认全国武装队伍应统一指挥与编制的同时，即行停止"围剿"，并商定其武装队伍之驻扎区域，与以其他国军同等之待遇。

（4）在共方决意接受国方上述军事政治主张之原则下，国方执行：①抗日民族革命之民主自由，但其限度以不反党国为原则。②红军之驻扎区域采商定方式，依双方之同意而决定。③苏维埃政权取消系指苏维埃之独立于中央而言，其地方组织形式可适当保留。④共方之表示与国方所负之义务应在同时实行，其实现方式由双方协议后实行之。[2]

以上四条，只是双方代表初步达成一致，并未最后敲定。7月4日，陈立夫将第（2）条修改为：共方如同意国方上述之主张，应于此时放

---

[1]《南京方面1936年5月15日提出之谈判条件》。

[2]《南京方面1936年7月4日二次提出之谈判条件》。

弃过去政治主张，并以其政治军事全部力量置于统一指挥之下；将第（4）条修改为：国方在共方决意放弃苏维埃政权的条件下，即以国方为主体，基于民主的原则，改善现政治机构，集中全国人才，充实政府力量，以负担民族革命之任务。此后，双方继续处于协商状态中。

11月10日，潘汉年和陈立夫、张冲在上海沧州饭店举行会谈。此次会谈，由于潘汉年在第三天就向毛泽东、张闻天、周恩来等写了非常细致、具体的书面报告，不仅谈判内容、双方对话，就连当事者的声音笑貌都有追记。因此，使我们今天对此次谈判可以有非常清晰的了解。其过程是：

潘递交周恩来致蒋介石及陈果夫、陈立夫信。陈问潘：是"代表周个人或代表毛？"潘答："代表整个苏维埃政府与红军，并非代表任何个人。"陈请潘陈述中共方面的合作条件，潘讲了中共中央不久前起草的《国共两党抗日救国协定草案》的大概，询问南京方面的意见。陈声明代表蒋委员长作答复："第一，中共既愿开诚合作，就不应有任何条件。第二，对立的政权与军队必须取消。第三，目前，军队可保留三千人，师长以上人员一律解职出洋，半年后召回，按材录用；党内与政府的干部可按材适当分配南京政府各个机关服务。第四，如果军队能如此解决，则你们所提政治上各点都好办。"陈讲完后，笑着问道："这条件恐不易接受吧？"

潘汉年当然感到国民党方面的条件突然变苛刻了，但他也笑着说："这是蒋先生站在'剿共'立场的收编条件，不能说是抗日合作的谈判条件。请问陈先生，当初邓文仪在俄活动，曾养甫派人去苏区，所谈均非收编，而是合作，蒋先生为甚目前有如此设想？大概误会了红军已到无能为力的时候，或者受困日本共同防共协定之提议，磋商合作条件尚非其时？这样消耗国力的内战，眼见一时尚无停止可能，日本乘机进攻之野心当亦继续无已，南京日来标榜之决心抵抗，未知从何做起？历史上未见对外对内两重战争可以同时并进，先生以为如何？"

听了潘汉年的回答，陈立夫安静地闭上眼睛，想了想，轻声说道："是的，条件很苛刻，谈判恐一时难于成就，不过周恩来如能全权代表军事出来与蒋先生面谈，或者保留的军队数目尚可斟酌，如由三千可扩大为一万之数。无论如何，蒋先生中心意旨，必须先解决军事，其他一切都好办。你我均非军事当局，从旁谈判，也无结果，可否请周恩来出来一次？"

"如果蒋先生无谈判合作之必要，我想他不会来。"潘答。

"蒋先生答应，如周出来，他可以和周面谈，或者那时蒋先生条件不致太苛也难说。"陈称。

"那么要不要把蒋先生所提收编各点同时打电报给里面呢？"潘带着一点滑稽笑声问陈。

"这样周恐不能来。暂时不提也好，看周到底愿不愿与蒋先生亲自谈。"陈考虑之后说。

"这岂不成了我骗他出来？何况正在交战激烈之际，暂时停战问题不解决，我想他是无法出来的。"潘称。

"能否停战，蒋先生意思要看你们对军事问题能否接受来解决，而军事问题，双方谈了必须负责，因此必须双方军事直接负责人面谈。"陈答。

在陈立夫坚持要周恩来出来谈判的情况下，潘汉年试图改变谈话中心，提出为了双方军事负责人面商，先谈无条件暂时停战，各守原防，被陈拒绝。彼此长时间沉默之后，张冲提出，如果周恩来肯出来，他负责保障其安全。陈也表示，周的安全没有问题，建议潘先打一个只提要周出来与蒋谈军队问题的电报，至蒋所提各点，待复电再说。

"整个问题的谈判恐一时难以成熟，可否就陈先生所管各种政治的群众运动，以及反政学系、汉奸等局部问题先行谈判，以形成将来整个合作的基础？"为了打破僵局，潘汉年再度转移话题。

"这样不可以。"听了潘的提议，张、陈相视，表示惊异，陈立夫想了很久，回答道，"必须整个来谈，并在惟一领袖的意志下进行工作。"他再一次提出，请周恩来出来谈判，要潘汉年给周打电报。潘不便固拒，答应了。

张冲送潘汉年走出饭店，他悄悄告诉潘，陈立夫对委员长所提办法也很失望，他们将尽一切力量促成此事[1]。

潘汉年第一次和陈立夫的谈判经过如上。

11月16日，潘汉年应张冲之邀第二次去南京。19日，陈立夫自洛阳向蒋介石请示归来，与潘继续谈判。陈称：蒋坚持原提各点，无让步可能。他要求潘将蒋所提收编办法报告陕北，遭到潘的拒绝。潘提议先谈暂时停战办法，以便双方军事长官就近面商一切；陈等则称如军队条件不解决，无从停战。双方辩论激烈，潘称："如蒋先生坚持继续'剿共'甚至联日反苏，前途如何？舆情如何？全国人民对蒋先生之称谓如何，实堪杞忧。养甫先生转告我们关于合作办法，关于军队一点，离我们所提原则尚远；今蒋先生所提较养甫先生所讲更远，这从何谈起。"陈则称张子华所述曾养甫意见，纯属子虚。至此谈话无法继续下去了，潘汉年表示准备晚车回上海。当晚，张冲来见潘汉年，婉言陈立夫左右为难，事当双方继续努力，并称，陈还是希望潘将蒋的意见电告陕北。潘称："这样岂不是恩来更不能出来？"张答：陈先生亦如此对蒋说过，但蒋说不妨，周还是会出来的。陈先生以为周如能与蒋面商，条件可斟酌[2]。

12月初，陈、潘之间还谈判过一次。陈表示可将保留红军的人数由三千增至三万，其他条件不变。12月10日，中共中央致电潘汉年，表示"根本不能同意蒋氏对外妥协对内苛求之政策，更根本拒绝其侮辱红军的态度"，坚持"红军不能减少一兵一卒，而且须要扩充"，"离开实行抗日救亡任务无任何商量余地"[3]。同日，周恩来致电张学良，告以和蒋介石谈判情况，表示：红军可在抗日救亡的前提下，改换抗日番号，划定抗日防地，服从抗日指挥；彼方如有诚意，须立即停战，并退出苏区以外，静待谈判结果。红军决心以战争求和平，绝对不作无原则的让步[4]。

可见，西安事变前，中共与陈立夫之间并未达成任何协议，因而，《成败之鉴》一书对中共和张学良的指责也就失去根据。

1　《潘汉年关于与国民党谈判情况给毛泽东等的报告》，《文献与研究》1993年第5期。

2　同注1。

3　《周恩来年谱》，第332页。

4　《周恩来年谱》，第332页。

1937年，国共两党间经过频繁谈判。7月15日，周恩来起草《中共中央为公布国共合作宣言》，其中提出：

1. 孙中山先生的三民主义为中国今日之必需，本党愿为其彻底的实现而奋斗。

2. 取消一切推翻国民党政权的暴动政策及赤化运动，停止以暴力没收地主土地的政策。

3. 取消现在的苏维埃政府，实行民权政治，以期全国政权之统一。

4. 取消红军名义及番号，改编为国民革命军，受国民政府军事委员会之统辖，并待命出动，担任抗日前线之职责。[1]

此宣言于7月15日由中共中央交付国民党。9月22日，国民党中央社公开发表，第二次国共合作正式形成。

可以看出，除三、四两条次序颠倒外，《成败之鉴》一书所提到的"四项原则"正是中共中央宣言所提的四条，但这已经是西安事变发生八九个月之后的事了。

（四）潘汉年与共产国际往来电文问题

《成败之鉴》又写道：

> 事变发生，中央连夜召开紧急会议，其结论如下：（一）对张、杨采取严厉态度，依据历史教训，凡元首被挟持，中央态度软弱者，元首必被害，故中央决意讨伐；（二）令何敬公主持讨伐军事，迅速入关；（三）其他有助于蒋公出险之一切措施，齐头并进。我就根据第三项与曾养甫兄商定，立即请杜桐荪同志赶赴上海约潘汉年来京，次日即令潘致第三国际一电，大意如下："张杨之叛变劫持蒋委员长，全国军民均不齿其所为，蒋如有不幸，中国失去抗日领袖，日军可极容易占领中国，此将于苏联为最不利，国民政府采严正之态度，以应此变。"
>
> 再次日又去一电如下："昨电谅达，周恩来同志如尚在西安，

---

[1] 《中共中央为公布国共合作宣言》，《周恩来选集》上卷，第76~78页，人民出版社，1980。

拟请立即去电令毛泽东及周恩来两同志影响张杨，协助蒋委员长出险，此则于中苏两国均有利也。"

两电用密码（潘之密码在我处）发出，由南京与莫斯科直通之电台拍发，次日接第三国际复电大意如下：潘汉年同志：两电均悉，所见甚是，已电令毛泽东、周恩来两同志遵照执行。

这一段回忆中，关于国民党中央连夜开会的情况，证以留存下来的会议记录，大体属实，但是，关于潘汉年的两通电报以及共产国际的回电则很可疑。

第一，《成败之鉴》的有关回忆和陈立夫以前的回忆不一致。50年代，陈立夫接受夏莲荫访问时的回忆是这样的：

参加12月12日会议之后，回到家里，当晚无论如何不能入眠，我不断问自己：我能做什么？

第二天早晨，我请潘汉年到我家来，要求他致电共产国际，分析西安形势。作为共产国际代表，他应该电陈意见，帮助决定政策，我建议他指出，如果蒋先生出了什么事，其结果将是灾难性的。中国将失去抗日的领导人。日本由于企图征服我们，必然发动侵华战争，其后，目标将转向苏联。其结果不仅关系中国的存亡，也将关系苏联。我还建议他报告，人们一致反对张学良，支持蒋先生。他同意并且起草了电报，我们将它译成密码发出了。此前，为了和共产国际通讯，他将密码转交给了我们。

为了免得周恩来在西安火上加油，次日，我要求潘汉年再次致电共产国际，报告全国一致反对张学良，同时希望共产国际指令周恩来，设法保证释放蒋先生，至少，指令他不要"加油"。

第二天，接到了来自共产国际的一份电报，中称：收到了潘的两份电报，他对形势的分析是正确的。共产国际赞同他的观点，并已按建议致电周恩来。"我有这三份电报的副本。不幸，1938年和其他重要文件一起丢失了。"陈立夫补充说。

共产国际给了中国共产党一项指令，大意是：蒋先生的安全意味着苏联的安全。陈立夫接着说。[1]

陈立夫讲得很清楚，潘汉年的两通电报和共产国际的复电副本早在1938年就丢失了。因此，50年代接受访问时对电文内容只有一个模糊、笼统的回忆，而在90年代的回忆时却有了具体的措辞，人们不得不提出问题，电文从何而来，它的可靠性如何？

首先，第一通电报使用了"叛变"、"劫持"等字样，不类潘汉年口吻。

其次，第二通电报称："周恩来同志如尚在西安"。前已论证，西安事变前周恩来根本没有离开陕北，因此，所谓"如尚在西安"云云，只能是陈立夫在错误记忆基础上的虚构。

第三，陈立夫在接受夏莲荫访问时，绝口未提毛泽东，何以在第二次回忆时，却出现了毛泽东？

第四，西安事变时，中共中央的"总负责"是洛甫（张闻天），负责和共产国际电讯联系的也是洛甫。毛泽东只是军委主席，很难设想，共产国际的电报只"电令毛泽东、周恩来两同志遵照执行"，而完全不提洛甫。

西安事变后，潘汉年确曾和陈立夫有过联系。12月19日，毛泽东致电潘汉年，指示他"向南京接洽和平解决西安事变之可能性，及其最低限度条件"[2]。21日，又指示潘向陈立夫提出五项合作抗日要求，表示可在上述条件有相当保证时，"劝告西安恢复蒋介石先生之自由"[3]。谌小岑也回忆，曾养甫告诉他，潘汉年已经到了南京，他和陈立夫同潘汉年在中央饭店谈了一次，交换了解决西安事变的意见。谌小岑又回忆说，潘是以第三国际和中共中央的代表身份来同陈立夫、曾养甫谈话的，谈话内容是双方同意西安事变可以在停止内战，一致对外的条件下和平解

---

[1] 哥伦比亚大学珍本和手稿图书馆藏，英文打字本。

[2]《毛泽东年谱1893～1949》上卷，第626页，人民出版社、中央文献出版社，1993。

[3]《毛泽东年谱1893～1949》上卷，第627页。

决,让蒋介石回到南京[1]。但是,陈立夫所说,他要潘汉年致电共产国际以及共产国际回电等情节,目前还没有其他文献可以证明,陈立夫回忆的有关电文内容尚难视为信史。

(五)不算离题的话

人类历史不可能事事都有文字记载。历史当事人的回忆之所以可贵,就在于它能提供文献无征,特别是只有一二人知道的私房资料,此其长处;但是,也正由于文献无征,记错、记乱的可能性极大,此其所短。而一旦记错记乱,他人不加考察,或者没有足够的文献资料可加考察,那就可能造成谬误流传、真相湮没的后果。因此,历史当事人在写作回忆录时一定要慎之又慎,要尽量利用一切有助于唤起记忆的文献资料,对涉及的人物、地点、时间,要作必要的考核与考订。同样,历史学家在使用有关回忆录时也不可不慎之又慎。

检核《成败之鉴》一书中的史实讹误,有些是并非陈立夫先生亲历,仅凭耳闻或猜想所致,如,北伐时期蒋介石派邵力子去冯玉祥处联络,派黄郛去张作霖处联络,徐州会议的"三项协议",北伐军和平进入北京、天津的原因等,或非事实,或与事实相左,但是,大多数错误则由于记忆失真。人的记忆常常靠不住。事隔多年,仅凭记忆,讹误自然难免。现存国共谈判当事人的有关回忆,差不多都有这样那样的错误;陈立夫先生以90高龄,回忆自己的早年经历,自然靠不住的地方会更多。但是,如果在撰写回忆录时,能够查考文献资料,或请历史学家帮助,上述错误是可以避免或减少的。

除史实讹误外,《成败之鉴》所披露的内幕史实似乎太少。陈先生称:他追随在蒋介石身边,"参与了很多机要,整整地有二十五年之久"。现在的回忆录似乎和这一地位不大相称。陈先生又说:他写这份回忆录,"希望能为国民革命史实,提供若干补充说明,也为中华民国史,提供若干真实史料,为历史作见证"。现在看来,《成败之鉴》还未能完成这样的任务。

---

[1] 《西安事变前一年国共两党关于联合抗日问题的一段接触》,《文史资料选辑》第71辑,第17页,中华书局,1980。

《成败之鉴》存在的其他问题尚多，限于篇幅和时间，不拟一一论述了。

据闻，陈立夫先生精力尚佳，是否有可能对《成败之鉴》作比较充分的修改呢？

二　评陈立夫对苏墱基君的批评

关于周恩来致二陈函的写作年份，苏墱基君《周恩来致陈果夫、立夫函年份剖析》一文言之甚详，与敝见相合，本已无话可说。及至读了立夫先生《纠正苏墱基君对周恩来函时间考据之错误》一文后，觉得仍有不能已于言者。

立夫先生说得对，周恩来致二陈函是关系国民政府改变对内对外政策的一份重要文件，关于它的写作年份，自有认真考据，加以确定的必要。

（一）考订文件写作时间最重要的是内证

人所尽知，如果一份文件自身没有署明写作年代或所署年代可疑时，最重要的是检核文件自身，看看它在哪些方面留下了可资考订的证据和痕迹。周函虽不长，但有关印迹颇多。它们或涉及收信双方的生平离合，或涉及近代中国的重要时事，都是据以考订函件写作时间的可靠证据。这些证据，考证学上称为"内证"。循此以求，该函的写作年代本是不难确定的。但是，立夫先生未能注意于此，而要求助于秦孝仪先生；秦孝仪先生又不加深考，举蒋介石氏所著《苏俄在中国》所述为证，该书称：

> 到了二十四年的秋季，陈立夫向我报告，周恩来在香港与我驻香港负责人曾养甫，经由友人介绍见面，希望我政府指派代表与他们商谈，而且他只要求从速停战，一致抗日，无其他条件。周恩来又于九月一日致函陈果夫及立夫，申明中共要求停战抗日的立场。

蒋氏是当事人之一，他判断函件作于民国二十四年，于是立夫先生就据以立论了，《纠正》一文称：

> 由于上述为蒋公之手著，已足以证明周函之来为民国廿四年秋，而非二十五年明矣！

至此，立夫先生似乎觉得已经功德圆满、真相大明了，然而，人们要问："蒋公手著"就是可信的吗？

要考订一份文件的写作时间，除了"内证"外，考据学也重视文件以外的证据，例如其他文件的记载、当事人或相关人的回忆等，此类证据，称之为"外证"。陈立夫先生拿出来的就是一种"外证"。然而，"外证"情况复杂，必须具体分析，区别对待。有的有权威性，有的则没有。如果立夫先生拿出来的是蒋介石1935年的日记，或者当年的其他什么文件，那么，人们是可以相信，并且从此缄口不言的。然而，立夫先生拿出来的是《苏俄在中国》，这就不然了。

人的记忆常常靠不住。《苏俄在中国》写作于1956年，据事件当年已有二十年之遥，"蒋公"并非超人，同样有记错的可能。这样的"外证"是难以使人信服的。

《苏俄在中国》并非一本写得很严谨的书，其错误随手可以撮举。例如，除周恩来致二陈函的写作时间是错的以外，关于1935年周恩来在香港与曾养甫谈判一事也是错的。人们只要翻检有关史书，就可以知道：整个1935年，周恩来都在长征途中。当年7、8、9三个月，则在雪山、草地中跋涉，怎么可能到香港谈判？事实是：1936年6月，潘汉年受中共驻共产国际代表团委派，回国和国民党谈判，途经香港，陈果夫派张冲前往会见，约定联系办法。《苏俄在中国》一书的错误是潘冠周戴了。

立夫先生以为凡"蒋公手著"就可信，这就走进误区了。

（二）《苏俄在中国》的执笔人是陶希圣，致误的原因在于陈立夫本人

是什么原因造成了《苏俄在中国》的上述错误呢？

50年代，立夫先生接受美国哥伦比亚大学东亚研究所夏莲荫女士的口述历史调查时曾有下列问答：

"您是否曾向蒋先生报告，周恩来经过友人的介绍，已和曾养甫打交道，希望政府指派代表和中共谈判？"夏莲荫问。

"1935年秋，我派曾养甫去香港。果夫和我告诉他，如果中共表示谈判和平的愿望，我们准备讨论。但是，不能说出这一主意来自蒋先生，而只称这是我们的意见。我们打算在容共上向前走一步。"陈立夫答。

"为什么我们选派曾养甫去香港？因为他的同学谌小岑在那里。实际上，我们都是北洋大学的同学。谌是湖南人，积极参加五四运动，思想略微左倾，虽然不是共产党，但很亲共。他已经逐渐转变。五四运动后，我们一起在《北洋季刊》工作，曾经是好朋友。他在香港做什么？为报纸、杂志写文章。他有共产党朋友。"

"谌了解双方都愿意接触，经过谌，周恩来和曾养甫获得了见面机会。共产党在上海已经失败，我们摧毁了他们的中央机关，他们发现难以继续工作。周恩来抵达香港，他们可能接到莫斯科的命令，要求他们和我们合作。"

"曾养甫和周恩来讨论得如何？"夏莲荫再问。

"我不知道。"[1]

将《苏俄与中国》的有关段落和立夫先生与夏莲荫女士的上引对话加以比较，可以看出，在周恩来、曾养甫香港会谈这一问题上，二者除详略不同外，潘冠周戴的情况完全一模一样。

"9月1日，周恩来是否给果夫先生和您写过一封信，重申中共停止内战，和政府一道抗日的愿望？"夏莲荫女士继续提问。

"是的。曾养甫将信带给了我们。在这封信里，中共表达了停止内战，抵抗日本的愿望。周恩来很聪明，他写信给我们弟兄，可能是想，如果他去南京，接触处于能保证他的安全这一位置的人是必要的。"

"我有周这封信的手迹。我的秘书在台湾为我保存着原件。蒋先生在写作《苏俄在中国》之前，陶希圣需要这封信，我复制了一份给他。"

---

[1] 美国哥伦比亚大学珍本和手稿图书馆藏，英文打字本。

陈立夫继续答[1]。

好了，真相至此可以说大白了。《苏俄在中国》一书是陶希圣协助蒋介石完成的，他应该就是该书的真正执笔者。当他向立夫先生索要周恩来致二陈函时，必然会询问该函的写作时间及其前后情况，而立夫先生在为陶希圣复制该函时，也必定会包括信尾立夫先生自己添注的"民国二十四年九月收到"等字样。至于所谓周恩来、曾养甫香港会谈之说，也必然是立夫先生与陶希圣的谈话内容之一。

立夫先生当年向陶希圣提供了错误情况，40年后又用根据自己提供的错误情况写成的书为自己作证，看来记忆真是太作弄人了。

（三）陈立夫赴苏另有原因，和周恩来致二陈函无关

立夫先生之所以坚持周函作于1935年的另一理由是他和张冲的赴德时间。

立夫先生的说法是：在周恩来来函之后三个月，蒋公了解到苏俄在东方所采取的政策，因此，派他本人和张冲一起赴俄交涉。二人随程天放大使赴德上任所乘邮轮启程，准备自柏林转赴苏联。立夫先生考证出：该轮起航时间为"廿四年十二月廿四日，抵德为廿五年元月，（程天放）呈递国书为二月二十七日"，因此，周函应作于民国二十四年。

不错。程天放上任所乘邮轮起航、抵德等时间均确凿无误。但是，蒋介石决定派陈立夫和张冲赴苏联办交涉却另有原因，与周恩来致二陈函无涉。

蒋介石早有要抗日，必须解决对苏与对共两大问题的想法。1927年12月，由于苏联驻广州副领事哈西斯（А.И.Хасис）等参与指挥中共在广州的暴动等原因，蒋介石决定断绝和苏联的外交关系。1931年"九一八"事变后，在日本帝国主义的侵略威胁下，蒋介石又逐渐倾向于联俄制日。1932年，他派颜惠庆向苏联外交人民委员李维诺夫提出两国复交问题，建议缔结互不侵犯条约。1933年初，日本侵略军进攻山海关等长城要隘时，蒋介石联俄制日主张进一步明确。当年1月17日日记称：

---
1 美国哥伦比亚大学珍本和手稿图书馆藏，英文打字本。

> 倭寇之所最忌者为我联俄与派兵入热二事，而其志在得热河，建要塞，以防中俄将来联合攻满也。我第一步对俄复交，乃与以第一打击。今复派兵入热，使其不能垂〔唾〕手得热，是其第二打击。总以与俄有关系之点，研究打击方法，先使其精神受胁然后再与接洽。[1]

这里说得很清楚，"对俄复交"是打击"倭寇"的重要办法之一。1934年初，蒋介石制订的"攘外"计划又规定："联络美、俄，厚交英、意。"[2]当年5月5日日记称："对俄则联络其感情。"[3]同年秋，蒋介石派蒋廷黻赴苏访问。1935年7月，孔祥熙访问苏联驻华大使鲍格莫洛夫，询问"苏联政府是否打算同中国签订互助条约"[4]。同年10月18日，蒋介石在孔祥熙住宅会见鲍格莫洛夫，询问苏联是否同意签订一项"实质性的真正促进中苏亲密关系并能保障远东和平的协定"[5]。此后，当蒋介石了解到共产国际和中共驻共产国际代表团的态度后，决定加快联络苏联的步伐。事情的经过是：

1935年7月至8月，共产国际在莫斯科召开第七次代表大会。8月2日，季米特洛夫在会上号召各国共产党"在无产阶级统一战线的基础上建立广泛的反法西斯人民阵线"。8月7日，中共代表团长王明在会上报告，他在叙述了由于日本帝国主义者"野蛮进攻"而造成的中国民族危机之后说：

> 我认为，中国共产党和中国苏维埃政府应当发表一项声明，向一切政党、团体、军队、群众组织和著名的政治家说明情况，请他们准备参加进去组成一个统一的国防政府。我在这个国际讲坛上宣

---

1 《蒋介石日记》，1933年。

2 《蒋介石日记》，1934年卷首。

3 《蒋介石日记》，1934年5月5日。

4 《鲍格莫洛夫致苏联外交人民委员部的电报》，《近代史资料》总79号，第218页，中国社会科学出版社，1991。

5 《近代史资料》总79号，第220页。

布，共产党中央和苏维埃政府准备在组成这样一个政府的谈判中采取主动，并愿与一切不愿作亡国奴的人们，在大家都能接受的纲领的基础上，为了挽救我们的祖国，撇开在其他重要问题上的分歧，共同参加这个政府。红军准备战斗在这个联合的军队的最前列，与其他军队携手并进，惟一的条件是这些军队停止进攻红军，真正反对日本帝国主义及其代理人。

同日晚，王明又在会上重申这一呼吁：

一切不愿作亡国奴的同胞们，一切愿意保国卫民的军官和士兵兄弟们，一切愿意参加抗日救国神圣事业的党派和团体们，国民党和蓝衣社中一切真正爱国爱民的热血青年们，一切关心祖国的侨胞们，中国境内一切受帝国主义者及其走狗压迫的民族（蒙、回、韩、傣、苗、黎等等）的兄弟们，中国共产党竭诚欢迎你们与苏维埃政府一起参加全中国统一的国防政府。[1]

同时，王明表示，红军准备同"一切愿意手拿武器去救国的军队，一切愿意参加抗日战争的官兵和将领们组成'抗日联军'"。其后，王明又在《共产国际》、《救国报》等处发表了《为反帝统一战线而斗争和中国共产党的直接任务》等一系列文章。

当时，邓文仪任中国驻苏使馆武官，他读到王明的报告和发表在《共产国际》等处的文章后，在回国时向蒋介石提交了一份摘要，于是，蒋介石立即召开高级干部会议，提出统一全国共同抗日的主张[2]。同时，苏联驻华大使鲍格莫洛夫也向蒋介石表示，苏联政府愿同南京方面

---

[1] 《共产国际有关中国革命的文献资料》第2辑，第394、404页，中国社会科学出版社，1982。

[2] 《潘汉年与邓文仪1936年1月13日谈判情况纪要》，参见杨奎松《失去的机会》，第4～5页，广西师范大学出版社，1992。

具体谈判军事互助问题[1]。于是，蒋介石一面命邓文仪立即返回莫斯科，找王明谈话，讨论联合共产党抗日问题，一面派陈立夫、张冲秘密前往柏林，准备转道访问苏联，讨论和苏联的军事互助问题。

可见，陈立夫、张冲二人1935年末赴苏，与周恩来致二陈函完全无涉。立夫先生将两件事情搅在一起，并以之作为周函写作年代的证明，仍然是记混了。

岁月不饶人。在回首往事时，不能过分相信自己的记忆；在写作回忆录时，要千方百计地利用档案文献资料，并作充分而严谨的考证。这就是我们通过讨论周恩来致二陈函所应该得出的共识。

至此，关于周恩来致二陈函的写作年份的争论是否可以休止了呢！

---

1 《鲍格莫洛夫给苏联外交人民委员部的电报》，《近代史资料》总79号，第224页。

打入日伪内部的国民党地下工作者
——略谈何世桢、陈中孚与陆玄南

打开《民国人物词典》，有两个人物，一为江苏吴县人陈中孚，1938年任南京伪维新政府行政院长梁鸿志顾问，1941年任汪伪国民政府委员，后又任汪伪国民党中央监察委员；一为安徽望江人何世桢，1939年任汪伪国民党中央执行委员会常务委员，曾被重庆中央宣布开除党籍，明令通缉。按二人职位，理应列入汉奸行列。但是，此二人在抗战胜利后都没有受到惩罚。不仅如此，何世桢还在上海参与接收日伪财产。1948年并被选为行宪国民大会代表。这就奇了。

翻查有关档案、文献，二人也确乎有"劣迹"。如：1939年9月15日，何世桢曾致电蒋介石等称："国家民族已至最危急时期，党既不能成为有主义、有精神之党，政府亦复不能为负有责任有能力之政府，全国人民已陷于水深火热之中，诸公犹以国家民族为孤注一掷，将置国家民族于万劫不复之境，此则诚可痛心疾首长太息者也。深望诸公幡然悔悟，以大无畏精神向国人公开谢罪，光明的主和，切实团结全国国力，共为光荣和平之奋斗。"此电刊于汪伪《中华日报》，当时，汪精卫等人正在上海全力"主和"，何世桢在电报中却要求蒋介石和重庆方面"幡然悔悟"，放弃抗战方针，"向国人公开谢罪"，"共为光荣和平之奋斗"。这不是明显的汉奸言论吗？据说，何世桢还曾租用飞机在上海及重庆上空散发此电。

他们在抗战胜利后何以未受到惩罚呢？

1996年，我在台湾所藏朱家骅档案中读到了葛覃、吴任沧、腾珂三人写给重庆方面的一份报告，专谈何世桢、陈中孚情况，部分解答了我的疑问。

1. 1938年秋，陈中孚、何世桢奉孔祥熙、于右任、居正三人嘱咐，探讨"中日和平途径"。适值陈立夫派陈惠到上海做"重要政治情报工作"，经藤珂介绍，与陈、何联系，"便中侦察日方对华政治动向，随时报告中央"。陈惠在上海组织民众党，出版《民力》周刊，公开反对汪精卫，同时与陈中孚、何世桢联手，打击汪精卫的"和平运动"。后陈惠被汪方通缉，被迫离沪。

2. 汪精卫初到上海时，首先拉拢陈中孚、何世桢，计划在广州组织伪国民政府，为陈、何拒绝。同时，北方的王克敏、南方的梁鸿志也多方诱迫何世桢参加伪府，许以司法院长高位和20万元的经费。陈、何态度未定，腾珂等多方劝阻，二人遂加以拒绝。

3. 1939年，汪精卫到北平，企图勾结吴佩孚。陈、何得到消息，立即北上，劝吴以国家为重，不要受汪精卫的愚弄，吴遂拒绝与汪会晤。

4. 汪精卫联吴失败后，回上海组织中山学会，旋改称"中央党部"，准备成立伪国民政府，陈、何即组织中国新同盟会相抗。汪精卫在上海召开伪国民党第六次全国代表大会，推何世桢为主席团成员，继又推为伪国民党中央常委，许诺何为立法院长，均遭拒绝。因此，汪精卫非常痛恨何世桢。当重庆国民党中央宣布开除何世桢党籍之时，汪精卫也派特务在上海袭击了何主持的持志学院。

5. 汪精卫到上海后，向日方夸耀，重庆国民政府五院院长、张发奎、陈铭枢等都同情他的和平主张，但所言不验，而且陈、何也不肯与汪合作。日方因此感到，汪没有解决时局的能力。陈、何乘机策动日方，"欲谋和，非向中央进行不可，否则徒受汪愚"。汪政权之所以一再喧嚷，而迟迟不能建立，与陈、何的策动有关。

6. 陈、何不仅运用日方倒汪，而且不时运用南北两个伪政权刁难汪精卫。汪精卫政权之所以难产，此一重要原因。

7. 1939年春，日本军部小野寺来华，与陈、何续谈和平，陈、何再次提出："汪无解决时局能力，欲谋和惟有求诸中央。"小野寺赞同这一观点，立飞东京，与近卫、平沼商量；再返沪，向陈、何称：日方要人多数赞同与重庆方面谈判，任国府指定地点，重庆、昆明、桂林、新加坡、小吕宋均无不可，近卫或平沼均可参加。其他如军部的适原、海军的野村中将、现任海军司令津田中将均持同一主张。日方人员多次向陈、何表示："如中央有意谈判，则日方条件均可从优，否则惟有支持汪政权矣！"

8. 自高宗武、陶希圣在香港发表日汪密约后，海内大哗。陈、何表示："即无日汪密约吾人亦不与汪合作；有此卖国协定，更非倒汪不可！吾人之中国新同盟会与和平救国会亦准备结束。"

9. 1939年3月初，陈、何向腾珂等表示：现在日方的松冈洋右一派，如石井、小川等及日海军宇垣大将等发表新主张，高唱解决中国问题，除东北四省既成事实外，余均无条件恢复"七七事变"以前状态。此说在日本国内甚为有力。军部的小野寺、适原，海军之野村、津田、岩村等，均持同一主张。彼等尤其反对支持汪政权，使之成为中日和平的障碍。北平的喜多、南京的原田、武汉的村杉也坚决反对支持汪政权。何称：陈中孚拟于汪政权成立后，开始其倒汪活动。届时，汪政权的弱点即将全部暴露，陈、何将联合日方海陆军中之反汪派，推倒米内内阁，促成宇垣、松冈洋右、小野寺等之抬头，并向日方之政党、议会发动倒汪攻势，从而转变日方支持汪伪政权的国策，俾向吾人就范。"吾人更一面在抗战军事予以若干次重大打击，一面支持日方反汪分子之活动，以扰乱其侵华阵容，则抗战之前途不难于有利之条件下达到中央预期之目的也"。

函末，腾珂等建议，恢复外交部驻沪办事处，派专人主持，联络陈、何，使之"作有利于中央之活动"，"发动对日之外交攻势"。同函并称："汪伪政权成立期近，陈、何效力中央，颇具诚意，时机迫切，稍纵即逝。"

从腾珂等人的报告看，陈中孚、何世桢是有意打入敌人内部的国民党的特殊工作人员，其主要目的是作倒汪活动。一方面在"和平"阵营内做汪精卫的反对派，一方面支持日本人内部的反汪派。一言以蔽之，阻挠和破坏汪精卫组织伪政权。

笔者的这一判断并不是孤证。吴绍澍在《记上海统一委员会》一文中回忆说："上海持志大学校长何世桢与李择一、陈中孚与日寇也有勾结，而同汪精卫伪组织并不合流，却想另搞一套。当时统一委员会对何也发出了警告。何就托人解释，说与重庆有联系。"可见，何世桢、陈中孚是打着"和平运动"旗帜的反汪派。上海统一委员会是国民党在上海的地下抗日组织，吴绍澍是它的主要成员之一，其回忆自然比较可靠。

何世桢、陈中孚原来都属于以胡汉民为首的西南派，是坚决的反蒋分子。他们是如何转而成为重庆方面的特殊地下工作者呢？关于此，胡道静老人等回忆说："抗日战争爆发后，何的持志学生徐明诚，时任军令部东南办事处即上饶办事处主任，劝何以国家利益为重，对蒋抛弃过去的个人恩怨，与日方接触，以了解日方动态，利用各方关系和他们之间的矛盾，为民族战争作出贡献。何接受了这意见。因而何到了重庆，接受我调查单位之请，返回上海，与日伪秘密接触，从而探知敌方很多秘密。1939年9月，重庆政府发布对何的通缉令，使他更受日伪之信赖。何世桢在抗战期间成为提供敌方情报最多贡献的人员。"

这段回忆清楚地说明了，重庆方面派何世桢回沪从事秘密工作的情况。陈中孚是何世桢的搭档，其情况当亦类似。

何世桢不仅为国民党工作，而且也为共产党工作。胡道静等又回忆说：何世桢秘密担任国际问题研究所驻上海的负责人。中共地下党利用何的关系在汪伪周佛海的中央储备银行搞到一个透支户，组织公司，实质上是新四军的后勤供应站。因此，1979年上海市公安局在何世桢的复查结论中明确写道："何历史上与我党组织有过关系，曾做过有益于人民的工作，是有贡献的。"

胡道静等还回忆说："何世桢与阜丰面粉厂厂长孙伯群有亲戚关系，在孙厂内的住宅内设立秘密电台，另一秘密电台设在何的家中。在杭州亦有一秘密电台设在何的学生劳鉴劭家中。有一时期，上海居民粮食紧缺，何曾请孙伯群设法弄一些面粉帮助地下工作人员生活。"

除在"和平运动"中反汪外,1944年,何世桢还曾和近卫文麿的弟弟水谷川忠麿等联系,介绍徐明诚代表重庆方面和日方谈判,提出要求日本全面从中国撤军等三项条件。日方称之为"何世桢工作"。同年9月29日周佛海日记云:"徐某来,半年前曾见过一次,据云系渝军令部东南办事处下之负责人,奉军令部电令向日海军接洽者,提出前记之和平条件三项。盖日海军前曾由何世桢传达,拟倒东条内阁以对渝表示诚意,而东条果倒,故内地电徐经何提出也。"据此可知,何世桢确曾在日方内部工作,挑动其内部矛盾。

何世桢、陈中孚的经历都很复杂。关于何,笔者所知略多:他于"文革"期间被隔离审查,写过几十万字的交代材料。1972年10月13日撤销隔离,同月17日去世。关于陈,则所知极少。他大概后来去了美国,组织第三种力量。

还要谈一谈陆玄南。《朱家骅先生年谱》称:"(民国二十八年)此时布置南京地下党部,发现委员陆玄南同时担任伪组织的南京市党部委员,因他事前没有向中央报告用兼伪组织的职务作掩护的手续,既格于规定,先生不得不将他免职。但他免职之后仍能一秉初衷,继续为中央工作,非常出力。结果被伪组织发现逮捕,壮烈就义。"显然这也是一位忠贞的爱国者。他的实际职务是南京市地下党部成员,公开职务则是汪伪国民党南京市党部委员,为此,他受到重庆方面的处分,最终则牺牲在地下工作的岗位上。

我曾见到过陆玄南写给重庆方面的几份秘密报告,知道他化名钟平,在南京"专任汪方之反间及情报工作","尽量离间,使其内斗"。他最初在汪伪"中央通讯社"工作,后来偕同其他两个同志混入伪南京市党部。他曾利用特殊身份在当地组织了12个地下工作小组,也确曾向重庆报告过汪伪集团的许多情报,例如,其1939年提供的情报就有:汪伪新政权成立延缓,汪防范、戒备情形,汪派人员之摩擦益甚,汪建立武力情形,最近汪外交动向等。不过由于资料不足,他在南京的全部工作及其被捕牺牲情形,一时还难以厘清。

附录二

我和民国史研究

我年轻时从未想过会研究历史。记得最初的理想是当钢铁工程师，因为那时，国家正在大规模地建设鞍山等钢铁基地。后来，想当地质学家、数学家；再后来，想当作家，所以报考大学时选择了北京大学中文系新闻学专业，想像苏联的法捷耶夫、西蒙诺夫等人一样，从记者走向文学创作的道路。不过入校以后，知道新闻学专业只有四年，要学《布尔什维克报刊史》一类我不喜欢的课程，便改报了汉语言文学专业。五年学完，被分配到北京南苑的一所农业机械学校。一年半之后，转到北京师范大学附属中学当教员。直到1978年，我才正式调到中国社会科学院近代史研究所民国史研究室，从事专业研究工作。

初涉学术之途　研究中国文学

我初进大学时，热衷于写诗、写小说。不过，很快，我就发现自己没有什么生活底子，转而想研究美学和文艺理论。当时，我曾为自己确定了"作家世界观和创作方法"、"美学理想的阶级性与全人类性"等两三个研究题目，为此，大量读过巴尔扎克、托尔斯泰、陀思妥耶夫斯基等人的作品，也曾跑到哲学系，去偷听朱光潜、宗白华先生的美学课。不过，我也很快发现自己的中外文学史、艺术史底子太薄，一下子就研究美学和文艺理论是不相宜的，于是，决定先从研究中国文学史做起。

那时候，我正痴迷于唐诗。于是，一边听课，一边跑琉璃厂、东安市场、隆福寺，在旧书摊上淘书。唐代诗人，如陈子昂、王维、孟浩然、李白、杜甫、柳宗元、韩愈、李贺、李商隐、杜牧、皮日休等人的集子都被我淘到了；也真读。不仅读唐人别集，也读唐以前的，记得明人张溥编辑的《汉魏百三名家集》，厚厚的好多函，我是从头到尾读完的。

从大学三年级起，学校里搞教育革命，学生批判老师，不上课，自己编书。我们年级首倡编写《中国文学史》，几十个人突击，用几十天的时间完成，这便是那曾经名盛一时的北大中文系1955级的红色《中国文学史》。现在看起来，这部书"左"得很，其名声完全是适应形势需要，哄抬起来的。我最初参加隋唐五代组，初稿写成后，阿英同志提出，近代文学部分不可不写南社，于是，临时调去支援，补写了革命文学团体南社一节。没有想到，这便成了若干年后我进入近代史研究所的因缘。

红色文学史出版后，我们奉命继续革命。我选择了"虫鱼之学"，编注《近代诗选》。这样，我便大量阅读鸦片战争以后的诗文别集和近代报刊的文艺栏目，总共看过几百种吧！做注释，可不像发几句革命议论那样容易。好在那时，师生关系已经有所改善，季镇淮教授直接参加编选组，和我们一起工作。此外，我还常去请教游国恩、吴小如两位先生，在他们指导下，加上自己摸索、钻研，我逐渐学会了使用《佩文韵府》、《渊鉴类函》、《骈字类编》等工具书、类书和各种引得，懂得了搞注释的门道。编注诗选期间，我们对红色文学史作了一次重大修改，比较地可读了。这次，我撰写的是近代文学。

《近代诗选》改了又改，搞了好多年，一直到我毕业后，在南苑那所农机学校工作时，还在修改。该书出版后，我便和同学刘彦成君合作，写了一本题为《南社》的小册子。初稿完成后，蒙当时中华书局总编辑金灿然同志召见，给予了亲切热情的鼓励。其后，当时《南社》的责任编辑傅璇琮同志要求我再写一本，我选择了《黄遵宪》。

60年代，中国政坛云翻雨覆，文坛也跟着波澜迭起。《南社》因为写的是"资产阶级文学团体"，虽然排出了校样，却一直不能出版，自然，《黄遵宪》也就压在我的抽屉里。这两本书，是"文化大革命"结束后才由北京中华书局和上海人民出版社分别出版的。

我从1958年起研究南社，积累了大量资料。进入近代史研究所后，遍阅清末民初的各种报刊，有几种报纸，可以说是一天天、一页页翻过的。在此基础上，编成《南社史长编》一书，由中国人民大学出版社于1995年出版。

探求天人之道　研究中国哲学

我在研究中国文学的过程中，逐渐觉得只研究文学本身不够，例如，要分析作家思想，必须懂得当时的社会，特别是当时的思潮。于是，我便啃一点哲学和哲学史方面的书籍。诸如，《费尔巴哈和德国古典哲学的终结》、《唯物主义和经验批判主义》等书，我都是比较认真地读过的；侯外庐等编著的《中国思想通史》我也是比较认真地读过的。《中国思想通史》在分析司马迁时，特别强调他的"究天人之际，通古今之变"，这给了我极大的震撼。我觉得，这十个字，是研究学术的最高理想，也是研究学术的必要条件，否则，鼠目寸光，所见极短、极小，是难以深探学术的堂奥的。

这样，我就对中国哲学史、中国思想史有兴趣了。一个偶然的机会，我读到了明代泰州学派传人韩贞的《韩乐吾先生集》。韩贞是窑匠，以烧砖制瓦为生，后来师从泰州学派创始人王艮。多年来，人们一直将他作为泰州学派具有人民性和异端色彩的有力证据。我读了《韩乐吾先生集》后，觉得情况完全不是这样，他的思想相当消极，于是，便写了一篇短文——《韩贞的保守思想》，发表在《光明日报》的《哲学》专刊上。文章发表后，受到了侯外庐先生的注意，也受到了侯先生的弟子杨超、李学勤等先生的注意。杨、李二先生不耻下问，到我当时工作的师大附中来借阅韩贞的集子，给了我很大的鼓励。其后，我进一步研究王艮，于1963年在《新建设》杂志发表《关于王艮思想的评价》一文，完全和侯先生以及嵇文甫、杨荣国诸大家唱反调。《新建设》编辑部将校样交给侯先生审阅，侯先生不仅同意发表，而且提出，要调我到他手下，当时历史研究所的思想史研究室工作。当然，未能调成，那是一个突出政治的年代，我在大学里是"白专道路"的典型，如何能通得过各种人事关卡呢！

转眼到了"文化大革命"时期，我无事可干，但又不甘寂寞，便研究鲁迅，同时偷偷地帮吴则虞先生编《中国佛教思想文选》，明知当时此类书不可能出版，但权当是一种学习吧！再后来，毛泽东提出，要学点哲学史，中华书局因此找人写一本《王阳明》，找来找去，找到了我。那时，我在师大附中教语文，还兼一个班主任，但我欣然接受了这一任务。书很快写成了，也很快出版了，一下子印了30万册，而且很快就售罄，但我只拿到了30本书，那时，是没有稿费的。有朋友开玩笑，要是在这两年，我就发大财了。

《王阳明》出版后，我又应中华书局之约，陆续写了《泰州学派》、《朱熹及其哲学》二书，分别于1980、1982年出版。

哲学是哲学家对自然和社会的认识与思考。研究哲学，有两条路子，一条是还原，研究哲学家提出的各种概念、范畴及其体系的现实出发点；一种是上升，研究哲学家提出的概念、范畴及其体系的理论意义与价值。我偏重于前者。例如，宋明道学的基本范畴"理"，我认为，在朱熹那里，是规律和伦理的综合；在王阳明那里，是人的生理本能、生理功能和伦理的综合。由此，我对于理学史上的"心性之争"，也就是"心学"和"理学"的区别，包括"禅学"、"心学"的发展轨迹以及它的消极和积极作用等问题有了一点自己的看法。1989年，我在《朱子学刊》创刊号所发《禅宗的"作用是性"说和朱熹对它的批判》一文可以代表我对上述问题的部分思考。该文是我原来想写的《理学笔记》的第一篇，不过以后因为忙，就再也没有写下去。我一度有志于清理晚明至清朝道光年间的思想史，为此，读过一些明代中叶以后的文人别集，但是，徒有其志而已。我的《王阳明》、《朱熹及其哲学》等书，也想有机会重写，是否能抽得出时间，只有天知道了。

三迁乃至归宿　研究民国历史

我走上研究民国史的道路，完全出于偶然。

我在研究南社的过程中，发现了一个很有意思的现象。南社作家，在其初期，大多很有创造精神，提倡戏曲革命、诗界革命，写白话文，写新体小说，主张"融欧亚文学于一炉"，然而，到了辛亥革命前夜，正式成立南社时，却大力提倡传统的诗、文、词、骈文，古色古香起来。我研究其中的奥妙，发现是流行一时的国粹主义思潮作祟，于是便写了一篇《论辛亥革命前夜的国粹主义思潮》，发表在1964年的《新建设》上。文章发表后十年，近代史研究所民国史研究室的同志编辑南社资料，发现了我的这篇文章，便将他们的初步选目寄给我，我认真提了意见；他们又约我面谈，并且邀请我参加协作。于是，我便一边教书，一边利用业余时间在近代史所从事研究。这样，从1974年协作到1977年，其间，因王学庄同志介绍，我又得李新教授同意，参加《中华民国史》第一编的写作。那时，民国史研究室正值发展时期，迫切需要人才，便提出要调我到所工作。我那时只要能搞科研，进文学、哲学、历史的任何一个研究部门都无所谓，不过，那时调动一个人的工作仍然很困难，左折腾，右折腾，那经过，是可以写一部情节曲折的小说的。然而，毕竟是拨乱反正时期了，我终于在1978年4月正式调进近代史所民国史研究室，一偿多年来想从事学术研究的宿愿。

调入近代史研究所后，除和几位研究者合作完成《中华民国史》第一编上下两册外，又于1982年起，用了十多年的时间，主编并主撰该书第二编第五卷《北伐战争与北洋军阀的覆灭》。靠了几位年轻合作者的共同努力，该书出版后颇蒙国内外学界好评。

在写作《中华民国史》的同时，我还写了二三百篇各种各样的文章。

其中，有40篇编为《寻求历史的谜底——近代中国的政治与人物》，由首都师范大学出版社于1993年出版。第二年，台湾文史哲出版社出了繁体字版。该书获北京"93版"优秀学术著作奖及国家教委所属高校出版社优秀学术著作奖。另60余篇，编为《海外访史录》，由社会科学文献出版社于1998年9月出版。此外的若干篇，拟编为《史林探幽录》。目前，我正在主持编写七卷本《中国国民党史》，希望能于近年内面世。

民国史是我二十多年来的主业，研究领域集中于辛亥革命史、北伐战争史、抗日战争史和国民党派系斗争史、胡适的社会关系等几个方面，现分述之。

一　辛亥革命史

在我编写《中华民国史》第一编时，黎澍同志提出，可以研究一下革命党人的派性。我觉得这是个好题目，便动手收集资料，中国的、日本的、新加坡的，凡一切可以找到的资料，都努力搜寻。在此基础上，写成《同盟会的分裂与光复会的重建》一文。我提出，在同盟会成立以后，曾经发生过两次"倒孙（中山）风潮"。第一次反映出日本社会党分裂和日本无政府主义派别对同盟会的影响，第二次反映出同盟会内部的经费和人事纠纷。此后，我又陆续写成《龙华会章程主属考》、《章太炎与端方关系考析》、《民报的续刊及其争论》、《蒋介石为何刺杀陶成章》等文，系统地清理并揭示了辛亥革命前后的同盟会内部矛盾真相。

武昌起义后，革命党人迅速占有半壁江山，但是，孙中山很快让位于袁世凯，一场轰轰烈烈的革命很快归于失败。为什么？旧说大都照搬领袖人物的政治结论——资产阶级的软弱性。我认为，这是政治分析，而不是历史分析，因此，陆续写了《孙中山与租让满洲问题》、《华俄道胜银行借款案与南京临时政府危机》、《孙中山与民国初年的轮船招商局借款》等文，揭示出，孙中山本有进军北京、彻底推翻清朝政府的宏愿，但由于财政拮据，借贷无门，内外交困，不得不忍痛议和，从而使革命半途而废。

武昌起义后，原湖北咨议局局长、立宪派首领汤化龙宣布拥护革命，出任军政府总参议，但是，湖北地区多年来流传，汤化龙曾暗中联络黎元洪等，联名密电清廷，要求清军南下，扑灭革命。由于提出此说的多为当时的革命党人，因此，此说几成铁案，汤化龙也就自此戴上了反革命两面派的帽子。我经过周密考证，证明此说是一种讹传。日本学者狭间直树曾撰文表示，该文"考证确凿，堪称杰作"。

辛亥革命时有三大思潮：三民主义、国粹主义、无政府主义。我对这三大思潮都做过考察。在对三民主义的研究中，我用力较勤的是民生主义。在《孙中山和中国革命的前途》等文中，我提出：孙中山向往社会主义，对资本主义有强烈的批判思想，但他主张"取那善果"，"避那恶果"，表现出这位哲人的睿智和思想中的辩证光辉。他的民生主义不能简单地归结为发展资本主义的纲领，其内容和实质是，允许国有经济与私有经济并存，充分利用外资，最大限度地发展国家资本主义，用以限制资本主义的"恶果"。在研究其他两种思潮时，我提出：邓实、章太炎等人的国粹主义虽有发扬优秀传统文化的积极意向，但也有抵制外来进步文化、抱残守缺的严重消极方面。刘师培等人的无政府主义提出过若干颇有光彩的思想，但超越时代，超越中国社会实际，是近代中国极"左"思潮的源头。

多年来，国内学界普遍认为，辛亥革命的领导力量是民族资产阶级中下层。我不同意此说，认为这一革命的实际领导力量是那一时期出现的"新型知识分子"中的"共和知识分子"，并由此论述了维新、共和、共产三代知识分子在近代中国历史嬗变中的作用，自以为，这一说法较为接近历史的真实面貌。

二　北伐战争史

1926年的中山舰事件是近代史上的一大谜团。我根据蒋介石日记、中山舰事件案卷、蒋介石、汪精卫来往函件等多种未刊资料，写成《中山舰事件之谜》一文，提出了与旧说不同的新解。该文谬蒙胡乔木同志肯定，认为是一篇具有"世界水平"的好文章，并蒙中国社会科学院授予优秀科研成果奖。继上文之后，我又发表《中山舰事件之后》一文，论证当时对蒋介石的妥协政策，源自苏俄方面。

北伐战争是近代中国史上的一次成功的战争。我在国内外先后发表的论文有《北伐时期左派力量同蒋介石斗争的几个回合》、《蒋介石与北伐时期的江西战场》、《四一二政变前后武汉政府的对策》、《蒋介石与北伐时期的战略策略》、《蒋介石与二次北伐》以及《从蒋介石日记看他的早年思想》等文。这些文章，力图展现北伐期间高层斗争的复杂历史面貌，实事求是地评价蒋介石在这一时期的作用。

北伐战争为时不过两年，但我和合作者用于编写《北伐战争与北洋军阀的覆灭》这本书的时间却超过十年。在写作本书的过程中，我们特别注意收集各方资料，国内、国外；正面、反面；中央、地方；此派、彼派。在此基础上，力求摆脱过去党派斗争的影响，站在新的历史高度，重新审视一切，从而准确、公正地再现当时的历史。这本书出版后，中共中央文献研究室常务副主任金冲及发表评论，认为"这部近60万字的巨著，许多方面的研究成果比前人又有新的突破。它是近年来中国近代史研究领域内一部不可多得的力作"。台湾中国国民党党史会主任李云汉教授也发表评论，认为该书"内容充实，体系完整，能脱出旧窠臼而能运用多方面的史料"，"除对蒋中正尚是斧钺交加外，其他叙述都甚平实可信"。

三 抗日战争史

我对抗日战争史的研究主要集中于蒋介石的对日政策与日蒋谈判。在这方面先后发表的论文有：《济案交涉与蒋介石对日妥协政策的开端》、《黄郛与塘沽协定善后交涉》、《九一八事变后的蒋介石》、《抗战前期日本"民间人士"和蒋介石集团的秘密谈判》、《孔祥熙与抗战期间的中日秘密交涉》等文。前三文研究全面抗战前蒋介石对日政策的开端与发展，后二文揭示日蒋间多次秘密谈判的内幕。除了阐述还隐藏在重重历史帷幕中的情节、过程外，我力图揭示在这些虚虚实实、风云诡谲的谈判后面所隐藏的复杂目的。我认为，这些谈判，不只是如人们所理解的反映出蒋介石对抗战的动摇，更多反映的是当时国民政府对日和对汪精卫的一种斗争策略。

西安事变关涉国共关系史和抗日战争史，多年来有不少史家涉足，出版了许多优秀成果。在这一领域，我只做了一点资料性和考订性的工作，发表的资料、文章有《孔祥熙所藏西安事变未刊电报》、《孔祥熙西安事变期间未刊日记》以及《西安事变史实订误》等。

国民党在抗战期间所从事的地下工作尚未进入历史学家的视野。在这方面，我曾根据台湾中研院所藏朱家骅档案，写过一篇《吴开先与上海统一委员会的敌后抗日工作》，初步展示了该项工作的一个侧面。

四　国民党派系斗争史

国民党派系复杂。可以说，不研究派系，就不可能全面了解国民党。在这一领域，我的已有成果主要集中于孙、黄矛盾，蒋、胡斗争，孔、宋斗争和蒋、李斗争。

孙中山与黄兴的矛盾表现于中华革命党时期。我曾根据日本外务省所藏档案及宫崎滔天家藏资料写成《"真革命党员"抨击黄兴等人的一份传单》、《跛钟鼎与孙中山断绝关系书》、《何天炯与孙中山》、《邓恢宇与宫崎滔天夫妇》等文，揭示了孙、黄在反袁斗争中形成的分歧和发展，补充了前人所不知的若干史实。

美国哈佛燕京学社图书馆藏有大量胡汉民晚年往来未刊函电，我于1990年访问美国时读到这部分资料，立即意识到它的巨大史料价值。这部分资料的特点是使用了大量隐语、化名，没有相当的中国历史和文化知识，很难破译。例如，以"门"、"阿门"、"门神"、"蒋门神"指蒋介石，以"水云"、"容甫"指汪精卫，以"不"、"不孤"指李宗仁，以"香山后人"指白崇禧，以"马"、"马鸣"指萧佛成，以"衣"指邹鲁，以"跛"、"跛哥"指陈铭枢等。我在反复琢磨一一破译之后，发现"九一八"事变之后，胡汉民曾广泛联络各方力量，秘密组织"新国民党"，积极谋划以军事行动推翻以蒋介石为代表的南京国民政府。30年代的许多抗日反蒋事件，如察哈尔抗日同盟军、福建人民政府、孙殿英西进等，背后都与胡汉民有关，因此，写成并发表了《胡汉民的军事倒蒋密谋及胡蒋和解》一文。1996年，我访问台湾，在国民党党史会和"国史馆"查阅有关资料，进一步有所发现，因此，又陆续写成并发表了《30年代初期国民党内的反蒋抗日潮流》、《一项南北联合倒蒋计划的夭折》、《1935年国民党内部的倒汪迎胡暗潮》等文，比较深入地揭示了这一时期国民党内部派系斗争的隐情。

孔祥熙和宋子文是国民党中的两大家族。他们是姻亲，但又是政敌，其互相争斗情况很少为人所知，但又是研究30至40年代国民党政权所必须解决的课题。在《豪门之间的争斗》一文中，我对美国斯坦福大学胡佛档案馆所藏宋子文档案中的若干电函作了释读，从而揭示了这两大民国政要之间的深刻矛盾。与此相关，我又根据美国哥伦比亚大学珍本和手稿图书馆所藏孔祥熙档案和台湾"中研院"史语所所藏傅斯年档案，分别写成《蒋孔关系探微》和《傅斯年攻倒孔祥熙》二文：前文揭示了蒋、孔之间密切关系的奥妙，后文揭示了孔祥熙这一民国政坛上的"不倒翁"屡受攻击、终致倒台的状况。

关于蒋介石和李宗仁的矛盾，我的研究重点在1949年李宗仁成为"代总统"之后。在《李宗仁的索权逐蒋计划》一文中，我根据在美国哥伦比亚大学珍本和手稿图书馆所发现的资料，揭示了当时李曾经有过向蒋索取政权、军权、财权，并要求其出国的计划。后来，又写过一篇《蒋介石"复职"与李宗仁抗争》，揭示蒋介石到台湾后的"复职"经过及其与李宗仁的新纠纷。

五　胡适的社会关系

胡适是民国文化史、思想史上的大家。研究民国史，不可能不涉及胡适。我的研究主要集中于胡适的社会关系，先后发表过《胡适与国民党的一段纠纷》、《胡适与钱玄同》、《胡适与杨杏佛》、《胡适与陈光甫》、《胡适与柳亚子》等文。它们分别从不同方面勾勒出胡适的性格与面貌。

民国史之外

我做学问，反对浮光掠影，主张深入沉潜；但是，我也不主张过于狭窄，所以，在以主要精力从事民国史研究之外，我也做一点儿其他方面的研究。其中，稍可一述的是关于宣南诗社、戊戌政变和政变后的改良派，以及关于青年鲁迅的研究。

宣南诗社本是清朝嘉庆、道光年间的一个并不很著名的文学团体，但是，由于范文澜在《中国近代史》一书中将它和禁烟运动、维新思潮联系起来，因此受到学界的重视。我遍阅当时有关人物的诗文集，查清了这一诗社的沿革，发现范说不确，错误颇多，因此，写成《关于宣南诗社》一文，纠正了范说之误。

1985年，我在日本阅读外务省档案缩微胶卷。那时，我正研究辛亥革命，在连续多日，读了十几卷有关辛亥革命的资料后，本可得胜收兵了，但是，我突然觉得，应该看看戊戌变法的有关档案。于是，转动卷轴，继续搜寻。忽然，阅读机的屏幕上出现了毕永年的日记——《诡谋直纪》。在这份资料中，毕永年以当事人的身份揭露了康有为曾经有过的一项"武力夺权"密谋——包围颐和园，捕杀西太后。我意识到，我有了重大发现，心头一阵惊喜，立即将它复印下来。回国后，我广泛查阅相关资料，经过多方考证，确认了毕永年所述的真实性，于是，写成《康有为谋围颐和园、捕杀西太后确证》一文，发表于1985年9月4日的《光明日报》上。这篇文章，当日中央人民广播电台即作了广播。它迅速受到国内外史学界的重视，有人誉之为"将迫使戊戌变法史作重大改动"。

证明了戊戌时期康有为确有"捕杀西太后"的密谋之后，紧接着便发生了一个问题：康、梁生前多次矢口否认此事，为什么？我又继续查阅相关资料，终于从梁启超写给康有为的一封密函中了解到，原来，师生二人在事后订了"攻守同盟"，决定终身保守秘密。这样，这一事件就板上钉钉、铁案如山了。

谭嗣同夜访袁世凯是戊戌政变中的重要事件。对此，袁世凯的《戊戌纪略》和梁启超的《戊戌政变记》都有记载。多年来，人们相信梁启超，怀疑袁世凯，结果，陷入迷宫。许多问题扞格难通，矛盾而不可解。我经过考证，认为袁世凯的《戊戌纪略》虽有掩饰，但所述基本可信，因此，政变史上长期聚讼不休的若干问题已经可以廓清迷雾，还其本相。

除了坚持不懈地找寻相关资料外，还要善思，寻找各种资料之间的联系。我在日本国会图书馆中找到过唐才常写给日人宗方小太郎的一封信,表面上谈的是到湖南"开办学堂报馆事",但用词很严重,有"此举颇系东南大局"等语。我以为其中必有隐情,于是,进一步查阅宗方小太郎日记,终于查明,原来指的是维新派的一项"举义"计划——在湖南发动,然后引军北上,略取武昌,沿江东下,攻占南京,再移军北上,几乎和太平军的进军路线一模一样。

日本外务省档案中还有几封情报人员暗中抄录的梁启超等人信件。信中用了不少隐语,抄录者辨识中文草书的能力又低,满纸讹误,但是,我粗读之后,即感觉不是寻常信件。于是反复阅读,反复揣摩,终于弄明白,那是1908年光绪皇帝去世之后,改良派秘密动员在北京的满族亲贵诛杀袁世凯的密札。

我对改良派的研究一直断断续续。1996年,我访问台湾"中研院"近史所,读到了那里收藏的康梁未刊信件,其中有一通梁启超函札引起了我的特别注意,经研究,那封信反映出,辛亥革命时,康有为曾企图联合满族亲贵,推翻袁世凯内阁,控制中央政权。

政治斗争有时以赤裸裸的形式浮现于世人面前,有时则深藏于铁幕之后,当一个历史学家能钩沉索隐,探幽解密,将深藏于铁幕之后的政治斗争拉到光天化日之下时,我想,那一定是很愉快的。

关于青年鲁迅,我曾将历史研究与文学研究结合起来,写过《斯巴达之魂与近代拒俄运动》等札记,解决了鲁迅研究中的一些疑难问题。

除了写书、写论文之外,我有时喜欢写点小文章,就某些历史事件、人物、现象,或议论,或叙事,或考证,颇得纵横挥洒之乐。此类文章约一百余篇,已结集为《横生斜长集》,由天津百花文艺出版社于1999年10月出版。

我的历史追求

历史反映人类社会已逝的一切,因此,忠实地再现历史本相是史学最重要也是最根本的任务。但是，历史本相并不是一眼可见、一索可得的。它需要历史学家"上穷碧落下黄泉"，充分掌握一切可能掌握的资料，经过严密的考证与分析，才能比较准确地再现出来。因此，我在国内外访问，所至之处，第一任务都是收集资料，特别是未刊的函电、日记、档案等手稿或未刊稿。当地有什么，我就看什么，从不为自己的研究划地设牢。因此，我的大部分文章都建筑于此类资料之上。经验告诉我：资料浩如烟海，是研究近代史，特别是民国史的困难，但是，也是其方便和幸运所在。只要细心访求、锲而不舍，许多谜团、疑案常常可以得到比较圆满的解决。

说历史学的根本任务是再现历史本相，不意味着历史学可以不要思想、没有观点、纯客观地记录一切。相反，历史学需要说明历史、解释历史，寻找规律，做出价值判断。但是，首先必须弄清、写清史实。对历史的解释可以因人而异、因时而异，但是，历史事实却只有一个。我认为，历史家笔下的史实要能经受不同立场、不同时期的读者的挑剔和检验，争取做到：你可以反对我的观点，但推翻不了我的史实。

民国史充满着政治斗争和党派斗争。当时，没有一个党派不认为自己是真、善、美的化身，不认为政敌是假、恶、丑的典型。今天的历史学家有条件超脱一点，也有条件看到各党、各派、各方留下的资料，因此，看问题要力求全面、公正，有一说一，有二说二，有好说好，有丑说丑，既不盲从前人，也不看风向，不避时忌。既往的观念、认识、结论有的正确，有的则需要根据可靠的史实重新审视，加以修正。民国史上这样的问题很多。当我们只面对史实、面对科学时，民国史的面貌是会有大的变化的。

（原载《学林春秋》三编，朝华出版社，1999）

引用文献目录

一 档案、手稿、未刊稿

北洋政府农商部全宗，中国第二历史档案馆藏，南京，全宗号，1038。

陈立夫口述历史，英文打字稿，美国哥伦比亚大学珍本和手稿图书馆藏，纽约。

俄罗斯现代文献保管与研究中心档案，莫斯科，全宗号，514。

国民党中央执行委员会常务会议记录，油印件，中国国民党党史会藏，台北。

胡汉民全宗，中国第二历史档案馆藏，南京，全宗号，3009。

胡汉民文件，美国哈佛燕京学社图书馆藏，波士顿。

湖南政协文史史料未刊稿，长沙。

蒋介石收各方电稿，抄件，中国第二历史档案馆藏，南京。

蒋中正全宗，中国第二历史档案馆藏，南京，全宗号，3041。

蒋中正"总统"档案，本书简称"蒋中正档"，"国史馆"藏，台北。

黄郛文件，缩微胶卷，美国哥伦比亚大学珍本和手稿图书馆藏，纽约。

孔祥熙全宗，中国第二历史档案馆藏，南京，全宗号，3008。

孔祥熙文件，美国哥伦比亚大学珍本和手稿图书馆藏，纽约。

马超俊第六次访问谈话记录，郭廷以等，美国哥伦比亚大学珍本和手稿图书馆藏，纽约。

彭述之文件，胡佛研究所档案馆藏，美国斯坦福大学。

全国政协文史资料未刊稿，北京。

日本外务省文书，A-1-1-0，PVM41，S488、491、16136、1615~31、16154，SP166，WT47，UD49，东京。

山田纯三郎文书，日本爱知大学图书馆藏，名古屋。

上海钱业公会档案第66卷，上海。

上海区委主席团会议记录。

上海区委召开"民校"党团扩大会议记录。

上海区委特别会议记录。

吴稚晖档案，中国国民党党史会藏，台北。

张嘉璈日记，1928，上海图书馆藏。

张静江全宗，中国第二历史档案馆藏，南京，全宗号，3004。

致静公函，蒋介石著，复印件，张静江故居，湖州。

致张静江书，王懋功著，原件，中国第二历史档案馆藏，南京。

中国国民党第二次全国代表大会日刊，油印件，1926。

中国国民党第二届中央执行委员会政治委员会会议录，中国国民党党史会藏，台北。

中国国民党第二届中央执行委员会第三次全体会议文件，油印件，上海图书馆藏。

（武汉）中国国民党中央执行委员暨国民政府委员临时联席会议记录，中国国民党党史会藏，台北。

中国国民党中央及各省区联席会议记录，油印件。

中国国民党中央执行委员会常务委员会速记录，油印件，上海图书馆藏。

中国国民党中央政治委员会速记录，油印件，上海图书馆藏。

中国国民党中央执行委员会政治委员会临时紧急会决议录，油印件，上海图书馆藏。

中韩关系专挡，中国国民党党史会藏，台北。

中央执行委员会欢迎北伐将士大会记录，油印件，上海图书馆藏。

朱家骅档案，"中研院"藏，台北。

United Kingdom, Foreign Office (F.O.), Series 405, *Further Correspondence Respecting China*, Public Record Office, London.

Papers Relating to the Foreign Relations of the United States (FRUS), Government Print Office, Washington D.C..

二 报 纸

晨报，北京

晨钟报，北京

大公报，天津

大共和日报，上海

广州民国日报，广州

革命生活，武汉

革命军日报，衡阳、武汉

国民军政报，西安

汉口民国日报，汉口

湖南民报，长沙

华东日报，上海

民立报，上海

民国日报，上海

申报，上海

时报，上海

世界日报，北京

时事新报，上海

台湾民报，台北

团结报，北京

新闻报，上海

新蜀报，重庆

迅报，广州

远东日报，上海

越铎日报，绍兴

中国国民，上海

中央日报，南京

三　杂　志

布尔什维克，上海，

东方学报，日本京都

档案史料与研究，重庆

国闻周报，天津

黄埔季刊，广州

黄埔潮，广州

近代史研究，北京

近代史资料，北京

近代中国，台北

进攻周刊，上海

历史研究，北京

历史月刊，台北

热风，香港

人民周刊，广州

三民主义月刊，广州

文献与研究，北京

向导周报，上海

新生命，上海

政治周报，广州

别册知性，东京

中国社会科学，北京

中央半月刊，南京

中央公论，东京

中央政治通讯，上海、武汉

中央周报，南京

传记文学，台北

纵横，北京

四　图　书

白崇禧先生访问记录，贾廷诗、陈三井等，台北"中研院"近史所，1985。

白凡逸志，金九著，民主与建设出版社，北京，1994。

包惠僧回忆录，人民出版社，北京，1983。

北伐简史，正中书局，台北，1968。

北伐战争（资料选辑），中央档案馆编，中共中央党校出版社，1981。

北伐阵中日记，国民革命军总司令部参谋处编，近代稗海第14辑，四川人民出版社，1988。

朝鲜义勇队两周年纪念特刊。

陈独秀著作选，任建树等编，上海人民出版社，1993。

陈果夫的一生，传记文学出版社，台北，1971。

陈果夫先生全集，近代中国出版社，台北，1981。

成败之鉴　陈立夫回忆录，正中书局，台北，1994。

程天固回忆录，龙门书局，香港，1978。

第二次中日战争纪事，袁旭等著，档案出版社，北京，1988。

第四次全国代表大会与中国国民党之复兴，国民党中央执监委员非常会议印行，1931。

俄共中国革命秘档，郭恒钰著，东大图书公司，台北，1996。

反蒋运动史，李敖出版社，台北，1991。

奉系军阀密电，辽宁省档案馆编，中华书局，北京，1987。

冯玉祥日记，江苏古籍出版社，南京。

风雨五十年，阳翰笙著，人民文学出版社，北京，1986。

风雨中的宁静，蒋经国著，黎明文化事业公司，台北，1974。

革命理论与革命工作，胡汉民著，民智印刷所，上海，1932。

革命文献，罗家伦主编，中国国民党党史会，台北，1978。

共产国际、斯大林与中国革命，费尔南多·克劳丁著，求实出版社，北京，1982。

共产国际有关中国革命的文献资料，中国社会科学出版社，1981、1982。

关内地区朝鲜人民反日独立运动资料，杨昭全等编，辽宁民族出版社，1987。

广东区党团研究史料，广东省档案馆等编，广东人民出版社，1983。

国民革命军东路军战史纪略，汉口武汉印书馆，1930。

国民革命军战史初稿，陈训正著，沈云龙主编，近代中国史料丛刊本第79辑，台北。

国民革命与中国国民党，戴季陶著，戴季陶办事处印赠，上海，1925。

国民政府近三年来外交经过纪要，外交部，1929。

国民政府与韩国独立运动资料，"中研院"近史所，台北，1988。

国外中国近代史研究（11），中国社会科学院近代史研究所编，中国社会科学出版社，北京，1988。

海外访史录，杨天石著，社会科学文献出版社，北京，1998。

韩国独立运动与中国，石源华著，上海人民出版社，1996。

胡汉民事迹资料汇辑，存粹学社编，大东图书公司，香港，1980。

胡汉民先生归国后之言论（二），先导社，广州，1936。

胡汉民先生年谱，蒋永敬著，台北商务印书馆，1981。

胡汉民先生政论选编，先导社，广州，1934。

湖南文史资料第4辑，湖南省政协文史资料研究委员会编，湖南人民出版社，长沙。

胡适的日记，远流出版公司影印本，台北，1989。

黄埔军校回忆录专辑，广东人民出版社，1982。

吉鸿昌将军牺牲五十周年纪念辑，河南人民出版社，开封，1984。

加伦在中国，卡尔图诺娃著，中国社会科学出版社，1983。

江西文史资料第2辑，江西省政协文史资料委员会编，南昌。

蒋介石故里述闻，王舜祈著，上海书店出版社，1998。

蒋介石年谱初稿，中国第二历史档案馆编，档案出版社，北京，1992。

蒋校长演讲集，中央军事政治学校政治部宣传科编印，广州，1927。

蒋"总统"秘录，古屋奎二著，中央日报社，台北，1976。

蒋作宾日记，江苏古籍出版社，南京，1990。

近代中韩关系史资料汇编，第12册，"国史馆"，台北，1990。

今井武夫回忆录，中国文史出版社，北京，1987。

今日的韩国，潘公昭著，中国科学图书仪器公司，1947。

旧上海的证券交易所，上海市档案馆编，上海古籍出版社，1992。

旧中国交易所介绍，朱彤芳著，中国商业出版社，北京，1989。

居正先生全集，陈三井、居密编，"中研院"近史所，台北，1998。

孔祥熙其人其事，中国文史出版社，北京，1987。

苦笑录，陈公博著，香港大学亚洲研究中心，1980。

六十年来的中国与日本，王芸生著，三联书店，1982。

罗易赴华使命，罗伯特·诺思、津尼亚·尤丁编著，中国人民大学出版社，1981。

李汉魂将军日记，香港联艺印刷有限公司，1977。

李宗仁回忆录，唐德刚著，政协广西壮族自治区文史资料研究委员会编，南宁，1980。

李宗仁先生晚年，程思远著，文史资料出版社，北京，1980。

联共（布）、共产国际与中国国民革命运动（1~6），北京图书馆出版社，1997~1998。

柳亚子文集，书信辑录，上海人民出版社，1985。

马林与第一次国共合作，李玉贞主编，光明日报出版社，1989。

毛泽东年谱，中共中央文献研究室编，人民出版社、中央文献出版社，1993。

民国十五年以前之蒋介石先生，毛思诚著，线装本，1937。

民国阎伯川先生锡山年谱长编初稿，台北商务印书馆，1990。

磨剑室文录，柳亚子著，上海人民出版社，1993。

彭述之选集，十月书屋，香港，1986。

评张国焘《我的回忆》，彭述之著，香港前卫出版社，1957。

人权论集，欧阳哲生编《胡适文集》（5），北京大学出版社，1998。

日本帝国主义对外侵略史料选编（1931~1945），上海人民出版社，1975。

日本帝国主义侵华资料长编，四川人民出版社，成都，1987。

上海大亨虞洽卿，南伯庸著，海南出版社，1996。

上海工人三次武装起义研究，许玉房、卞杏英编著，知识出版社，1987。

上海文史资料，上海市政协编。

上海总商会史，徐鼎新、钱小明著，上海社会科学院出版社，1991。

山西文史资料第4辑，山西省政协文史资料研究委员会编，太原。

邵元冲日记，上海人民出版社，1990。

使韩回忆录，邵毓麟著，传记文学出版社，台北，1980。

失去的机会，杨奎松著，广西师范大学出版社，1992。

宋家王朝，斯特林西格雷夫著，中国文联出版公司，北京，1986。

苏联阴谋文证汇编，张国忱编，北京，线装本，1927。

孙中山和他的时代，中华书局，北京，1989。

孙中山集外集，上海人民出版社，1990。

孙中山集外集补遗，上海人民出版社，1994。

孙中山全集，中华书局，北京。

孙中山与近代社会，广东人民出版社，1996。

陶成章集，汤志钧编，中华书局，1986。

太炎先生自定年谱，章太炎著，《章氏丛书》三编，线装本。

腾杰先生访问记录，近代中国出版社，台北，1993。

汪精卫集团投敌，黄美真、张云编，上海人民出版社，1984。

汪主席被迫离职之原因、经过与影响，李之龙著，中央人民俱乐部，汉口，1927。

王世杰日记，"中研院"近史所，台北，1990。

为什么讨伐蒋中正，国民党广东省党部执行委员会宣传科编印，1931。

文史资料选辑，全国政协文史资料委员会编，文史资料出版社，北京。

武汉文史资料，武汉市政协文史资料研究委员会编，武汉。

吴佩孚工作档案资料，中华书局，北京，1987。

吴铁城回忆录，三民书店，台北，1971。

吴玉章回忆录，中国青年出版社，北京，1978。

吴越春秋，线装本。

我与日本七十年，张群著，台北，1981。

我走过的道路，茅盾著，人民文学出版社，北京，1981。

先"总统"蒋公全集，张其昀主编，中国文化大学出版部，台北，

1984。

先"总统"蒋公思想言论总集，中国国民党党史会编，台北，1984。

谢慧生先生事迹纪传，谢幼田著，近代中国出版社，台北，1991。

谢华集，湖南人民出版社，长沙，1989。

辛亥革命回忆录，文史资料出版社，北京，1981。

辛亥革命史丛刊（二），中华书局，北京，1980。

阎伯川先生要电录，阎伯川先生纪念会编，台北，1996。

杨虎城传，米暂沉著，陕西人民出版社，西安，1979。

一九二七年底回忆，朱雅林著，新新书局，年代不明。

浙江辛亥革命回忆录，政协浙江省文史资料研究委员会编，浙江人民出版社，杭州，1981

政坛回忆，程思远著，广西人民出版社，1983。

中共党史报告选编，中央档案馆编，中共中央党校出版社，北京，1982。

中共党史革命史论集，中国社会科学院近代史研究所编，中共中央党校出版社，北京，1982。

中共党史人物传，陕西人民出版社，西安，1984。

中共中央文件选集，中央档案馆编，中共中央党校出版社，北京，1989。

中共中央政治报告选辑（1927～1933），中央档案馆编，中共中央党校出版社，北京，1983。

中国大革命武汉时期见闻录，巴库林著，中国社会科学出版社，北京，1985。

中国革命纪事，勃拉戈达托夫著，三联书店，北京，1982。

中国革命史，伊罗生著，向导书局，上海，1947。

中国革命与苏联顾问，贾比才等著，中国社会科学出版社，北京，1981。

中国革命最近严重局势之由来，邓演达著，莫斯科，1928。

中国国民党第一、二次全国代表大会会议史料，中国第二历史档案馆编，江苏古籍出版社，南京，1986。

中国国民党第三届中央委员会第四次全体会议记录，中央执行委员会秘书处编印。

中国国民党历次代表大会及中央全会资料，荣孟源主编，光明日报出版社，北京，1985。

中国国民党史述，李云汉著，中国国民党中央委员会党史委员会，台北，1994。

中国国民革命军的北伐，切列潘诺夫著，中国社会科学出版社，北京，1981。

中国共产党在江西地区领导革命斗争的历史资料第1辑，江西人民出版社，南昌，1970。

中国事变陆军作战史，田琪之译，中华书局，北京，1979。

中华民国史档案资料汇编，江苏古籍出版社，南京，1986。

中华民国史第二编第五卷，杨天石主编，中华书局，北京，1996。

中华民国史事纪要，中华民国史事纪要编辑委员会编，"中央文物供应社"，台北。

中华民国重要史料初编　对日抗战时期，秦孝仪主编，中国国民党中央委员会党史委员会，台北，1981。

中华文史资料文库，中国文史出版社，北京，1996。

中外旧约章汇编，王铁崖编，三联书店，北京。

尹呈辅先生访问记录，近代中国出版社，台北，1992。

张国焘回忆录，张国焘著，现代史料编刊社，北京，1980。

张学良的政治生涯，傅虹霖著，辽宁大学出版社，沈阳，1988。

张学良文集，周毅、苑红主编，香港（中国）市场信息出版社，1991。

张治中回忆录，文史资料出版社，北京，1985。

周恩来年谱，人民出版社、中央文献出版社，1989。

周恩来选集（上），人民出版社，1980。

周士第回忆录，人民出版社，1979。

中山舰长李之龙，中国青年出版社，1990。

"总统"蒋公大事长编初稿，秦孝仪编，台北，1978。

邹鲁全集，三民书局，台北，1976。

Document on Communism Nationalism and Soviet advisers in China（1918~1927），Wilbur and How，Columbia University，New York，1956.

Leon Trotsky on China，Monad Press，New York，1976.

Missionaries of Revolution，Wilbur and How，Harvard University Press，1989.

Money Talk-Fifty Years of International Finance，Frederic Leith –Ross，London.

My Experience in China，M. N. Roy，Bombay，1938.

Problems of the Chinese Revolution，Leon Trotsky，University of Michigan Press，1967.

Soviet Policies in China，Whiting，Allen S，Stanford University，1968.

芳泽谦吉自传，东京时事通讯社，昭和39年版。

韩国独立运动，秋宪树编，韩国延世大学出版部，1972。

近卫内阁，风见章著，日本出版协同会，1951。

秘录宇垣一成，额田坦著，芙蓉书房，1973。

秋山定辅传，樱田俱乐部，1982。

日本外交年表和主要文书，日本外务省编，原书房，东京，1979。

孙文传，铃江言一著，岩波书店，东京，1977。

外交五十年，币原喜重郎著，读卖新闻社，东京，1951。

小川平吉关系文书，みすず书房，东京，1973。

宇垣日记，朝日新闻社，东京，1956。

战争と共产主义，三田村武夫编，民主制度普及会，东京，1958。

中国近代きめぐる日本の外交，臼井胜美著，竺摩书房，1983。

人名索引

说明：

1. 本索引范围限于本书正文及附录1。

2. 以汉语拼音音节为序。

3. 汉字相同者以类相从。

4. 页数后有f出现者，表示该项目次页将再次出现。

5. 人名一般用本名，酌注字、号或化名，但以见于本书者为限。少数人以字、号行者则用其字或号，酌注本名，如章太炎、吴稚晖等。

6. 蒋介石的名字几乎每页都有，故不列入索引。

A

阿布拉莫夫（Абрамов） 317

B

阿部信行 376、379

八谷 363

白崇禧（香山后人） 95、160、193、196f、203～205、209、215f、256f、259、261、269、272、308、336、363、411～413、415、477

白川 388

白里安（A. Briand） 354f

柏文蔚（烈武） 160f、175、266、274

百武未义 374、376

坂西利八郎 223、371、373

板垣征四郎（板垣） 350f、353f、358、361～363、371、377～381

鲍格莫洛夫（Вогомолов, Д. В.） 461f

鲍罗廷（Вородин.М. М） 20 f、

27、30f、77、90、95、109f、112f、116~118、121~127、129f、134、138、140、146 f、155、158~160、162~166、169f、174~176、178f、184、186、188、190~193、198f、201、206、221、229、240、316、427

鲍观澄　373f

贝祖诒　214

币原喜重郎　305

博古　448

勃拉戈达托夫（Влагодатов, А.В.）　181

薄永济　224

布勃诺夫（Вубнов, А. С.）　99、115~117、119~122、126

布哈林（Вухарин, Н.И）　138 f、141

C

蔡公时　215

蔡和森　143、146、192

蔡特金（Klara Zetkin）　317

蔡廷锴（贤初）　263、268~270、272、276f、281、323

蔡元培　255、260、262、296、304~306、311、320f

蔡森　380

曹锟　78~80、137、241

曹四匆　265

曹万顺　208

柴山兼四郎　371

常黎夫　283

常荫槐　217、234

陈璧君　103f、314、418f

陈博生　282

陈布雷　315

陈诚　269、353、355

陈独秀　30、106f、120f、124、128、130、136、144、153、191f、194、420、428f、437~441

陈方度　2

陈孚木　105~107、423

陈干夫　53

陈公博　104f、113、158、161、167~169、186f、314

陈果夫　14、53~62、64f、68~72、105、158、170、173、289、387f、394、401、443~445、450、457f

陈惠　465

陈骥夫　53

陈可钰　197、204

陈济棠（伯南、爵）　256f、259、260、269、272、274、274~276、278f、281~284、286f、289、297、315、336f、340、417、334f

陈嘉祐（护黄）　266、274

陈洁如　21

陈炯明　53、55~57、67、75、

124、246

陈立夫　443～452、454～460、463

陈凌民　40

陈铭枢（真如、跛、跛兄、跛哥）　123、164、168～170、193、259f、272f、276～278、280、295、304f、308、311、313f、323、364、465、477

陈某　363

陈其采　214

陈其美（英士）　1、3～6、8、407

陈其尤　43

陈群　254、279、293

陈融（协之、黄梅、秋梦、力、松）　259、278f、282、284、261、273、275

陈涉　277

陈调元　209、215

陈望道　105

陈希曾　69、71

陈杏林　443

陈言　267、282

陈延年　114、122、124

陈瑛意　320

陈友仁　148、159～162、170、175、178、257、277、305、310、314f

陈雨亭　273

陈肇英　101、107

陈中孚　267、464～468

谌小岑　447、449、455、459

程潜（颂云）　114、130、174、178、180～182、195、201、204、266、269f

程天放　460

程天固　273、280、297

程氏兄弟（程颐、程灏）　14

程思远　411～413

楚巴廖瓦（Чубарева）　117

船津辰一郎　372

川越茂　327

崔东昑　398

村杉　466

D

达夫谦（Давтян, Я.Х.）　85

大和久义郎　17

大隈重信　374

戴高乐（Charles De Gaulle）　391

戴季陶　23、33、38、43、50f、53、56～60、63f、105、159、164f、248f、255、296f、303f、312f、317、342、394f、425～427、430f、441

戴廉　259

德莱塞（Theodore Herman Aibert Dreiser）　317

德穆楚克栋鲁普（德王）　337、445

邓懋修　173、186f

邓如琢　202

邓文仪　21、446、450、462f

496

邓锡侯　263 f

邓演达　96、98f、103、106、114、158～161、164、166～170、172f、176、182f、186f、189、197、202、207

邓泽如（远、远秋）256f、260、268、271、273、286、296

丁惟汾　158、161、170

董必武（用威）　161、167、173、399

董英斌　233

东条英机　381f

杜鲁门（Truman, Harry S.）　403

杜起云　208

杜石山　346、353～357、359f、362～364

杜桐荪　453

独霍夫斯基（Духовский, С.И.）　78

段祺瑞　197、236

多里奥（Doriot, Jacques）　189

E

鄂利金（Олъгин）　115f、420

恩铭　2

F

樊光　6、373～376

樊钟秀　28、201

范蠡　328

范季美　52

方本仁　193

芳泽谦吉　218、233、236f

方振武　269f、272f、274f、285

冯玉祥（焕章、焕公、马二先生）　80、93、174f、179、188～190、193、199、201、211～213、215～217、230、235～237、242、244、246、259、261、264f、268～272、274～277、284、297、308、336、456

冯自由　429

弗兰史（Франко）　140

伏罗希洛夫（Ворошилов, К.Е.）　174

夫差　328

傅汝霖　157

傅作义　238

G

高尔察克（Колчак, А.В）　23

高君宇　143

高斯（Gauss, Clarence Edward）　394

高尾亨　17

高语罕　185f

高宗武　349、352、466

甘介侯　413

甘乃光　155～157

葛光庭　230、232、237

葛敬恩　4、202

葛覃　465

497

格克尔（赫克，Теккер, А.И）75、77

格鲁（Grew, Jaseph C.） 403

龚宝铨 2

宫崎龙介 346

宫崎滔天（寅藏） 346、477

古比雪夫（Куйбышев, Н.В） 见季山

顾孟余 152、155、161f、164、166、170、173、176、178、181f、308

顾维钧 302、320、358

顾文耀 51

顾馨一 71

顾炎武（亭林） 14

古应芬 28、123、127、256f、260f、315、422

勾践 300、328~330、344

管子 14

广濑顺晧 365

广田弘毅（广田） 327、336

衮尧 271、274

郭恒钰 74

郭密（Коми） 117

郭沫若 178

郭松龄 19

郭泰祺 394

郭外峰 52f、64

H

哈西斯（Фасис, А.И.） 316、460

韩复榘（向方） 216、235、265、268、272、336

韩麟春 198、224、227、229、231、235

韩子 14

何澄（亚农） 224、231f

何成濬 164、196、232、237

何键 263、272

何香凝 103、152、156、161f、164、169、170、176、185~187

何应钦（敬之、敬公） 180~182、207~209、270f、284、311、313、323、327、329、349、353、363、377、390~392、394f、396、398、401、411、413、415f

何世桢（思毅） 279、281、291、464~468

何子佩 275f

赫尔（Hull, Cordee） 399

赫尔利（Hurley, Patrick Jay） 403

贺龙 448

贺耀祖（耀组） 181、205、215

贺衷寒 107、390

和知鹰二 294、376、378f

洪承祁 50f、64

洪震 393、398

胡道静 467

胡鄂公（伯良、南湖） 367、370～373、376～382、385

胡公冕 153

胡国梁 2

胡汉民（展堂、展、四工、工、延、福） 4、55、58、122f、126f、132～134、146、152、156、239、240～244、246～249、251～256、258～298、304～307、314f、319、337f、444、467、477、482、487f、494

胡林翼（文忠） 13f、34

胡木兰 269f

胡适 243～246、248、257、325、331f、402、474、478

胡宗铎 196

焕廷 58、71

黄定中 42

黄郛（膺白） 17、42、270、272、332、456、476

黄河澧（黄河鲤） 280

黄华表 445

黄季陆 296

黄绍竑 95

黄实 113、186

黄兴 3～5、8、345、477

黄雪村 413

黄彦 425

黄滋 273

黄珍吾 99

霍普金斯（Hoplons, Harry） 402

J

及川古志郎 381

季方 98f、103、106

季米特洛夫（Димитров, Г.М） 461

季诺维也夫（Диновьев, Г.И.） 25、126、133

季山嘉（Кисанька） 92～97、99、103、105、110、113、115f、118f、419f

季新 见汪精卫

吉鸿昌（世五） 271、275、283、285

贾存德 347～351、356、367～370、379f、384

贾某 356

贾玉山 71

加拉罕（Карахан, Л.М.） 77、90、127

加里宁（Калинин.М.И.） 24

加伦（Влюхе, В.К.） 117f、137、154、162、183、189、191、195～197、201～203、205～208、316

加米涅夫（Каменев, С.С.） 24、75、77f、85、88

基马耳（凯末尔 Musrafa Kemal Atatürk） 221

建川美次 234

简琴石 156

499

焦易堂　248

江浩　186f

江天铎　371

蒋方震（百里）　222、343

蒋光鼐　263、268f、272f、276f、323

蒋梦麟　402

蒋经国　66f、316~321

蒋景瑞　266

蒋母（王采玉）　35、37、43、46、51、314、318~320

蒋廷黻　461

蒋纬国　66、317、320

蒋永敬　425

蒋振　266

蒋尊簋　7、202f

蒋作宾　160~162、175、193、198f、220、305、327、336

介眉　37f

津村秀松　10

津田静枝　370~372、382

今井武夫　352、362f、371、374~376

金九　387~390、392~394、396~399、401~406、473~477

金奎植　397f、468

金若山　387f、390f、393f、396~398

近卫文麿　346、348~353、355、358、360、367f、370f、379~381、384、466、468

经亨颐　152

靳云鹗　200

靳云鹏　198

居正（觉生）　28、43、70、289、321、345、349f、411、413、465

K

珂勒惠支（Käthe Kollwitz）　317

克拉克（Clark, Lewis）　412

克伦斯基　29、339

克鲁泡特金（Кропоткин, П.А.）　22

孔繁蔚　237f

孔令侃　366、371、373~377、384f

孔庆叡　97

孔祥熙　288、290、296、334~335、338、343、346~351、353f、356、358~360、366~371、373~375、377~384、395、461、465、476~478

孔子　441

库西宁（Куусинен.О.В.）　146

L

拉宾（Лапин, А.Я）　419

拉斯科尔尼科夫（Расколбников, Ф.Ф.）　146

拉兹贡（Разгон.И.Я）　见鄂利金

500

兰普森（Lampson, Sir Miles Wedderburn） 228

劳鉴勍 467

老子 329

李白俦 273、286

李承晚 393、403

李大钊（守常） 143f、197、200

李奉昌 388

李富春 110、180、182

李汉魂 412

李可夫（Рыков, А.И） 149

李克农 447

李厚基 34、67

李济深（济琛、桂矮） 95、106、113f、120、123f、153、155、193、216、276f、280、305、308、419

李济汶 277

李烈钧 170f、218、237、287、297

李铭 214

李品仙 272、413

李奇中 423

李庆芳 224f、227

李青选（汝秀、毓万） 368f

李青天 391、397

李世璋 180

李石曾 154、156、159、180、197、200、312f

李维诺夫（Литвинов, М.М） 332、460

李文范（君佩） 305、413

李相龙 393

李晓生 291f

李燮和 2、4

李新俊 413

李玉贞 420

李云书 51

李择一 467

李章达 75f、120

李之龙 97～100、102、105～108、113、116、421～424

李之龙夫人 98f

李自立 284

李滋罗斯（Leith-Ross, Sir Frederick William） 327、343

李宗仁（德邻、不孤、不） 95、174、176、193、195～197、204、212f、215f、244、256f、260f、268f、272f、278、283、287、289、296f、304、308、336f、349、376、408、410～413、415～417、477f

礼卿 见吴忠信 44

黎时雍 97、115

黎元洪 4、18、24、475

梁冠英 265

梁鸿志 464f

廖仲恺 23、26f、55、140、254、441

列米（Реми） 109、117f

501

列宁（Ленин, В.И.） 11f、23、77、132、318、387、428

林伯渠(祖涵) 128、148、161、180f、186、399、448

林柏生 362

林钧 433

林某 363

林森 27、128、157、254、256f、260、262、426f、431

林云陔 269

铃江言一 371、380

铃木美通 328

刘邦（沛公） 277、286

刘重民 433

刘鼎 448

刘纪文 294

刘芦隐 266、268

刘谦（刘江） 75

刘少南 285

刘文岛 170

刘文辉 263f

刘湘 263f、269

刘震寰（显丞） 282

刘峙 28、95f、204、215、422

刘志丹 447

柳聘农 2

柳无忌 105

柳亚子 105、107、430～436、441、478

柳云龙 346、353f、356f、359～362、364

龙云 263f

陆九渊 33、46

陆玄南 464、468

鲁涤平 113、118、201、205

鲁迅 321、472、478、480

鲁振祥 425

鲁祖塔克（Рудзэутак, Я.Э.） 77

卢香亭 202

卢永祥 18、137

鹿钟麟 244、268f

罗贝斯比尔（Maximilien de Robespierre） 124

罗集谊 359

罗家衡 371

罗家伦 10

罗加乔夫（Рогачев, В.П.） 109、116～118

罗隆基 244

罗明 423

罗瑞卿 448

罗斯福（Rooseveh, Theodore） 334、384、394、399、400

罗文榦 321、338

罗易（M. N. Roy） 148、150、184、188、190、316

罗亦农 147

M

马伯援　193、349、351f、355f

马超俊　127、297、395

马鸿逵　284

马君武　5、244

马克思　10~12、132、387

马林（Maring, H Sneevliet）　75、77

马玛也夫（Мамев）　117

马文车　421、424

马仲孚　413

毛福梅　43、317

毛懋卿　43

毛思诚　1、35、74f、322

毛氏夫人之弟　355

毛维寿　280

毛泽东　110、114f、128、140、144、157、171、173、448、450、454f、472

茅祖权　157

茂如　见王柏龄

梅思平　352

梅颐　45

孟舍路（Aifred Marshall）　10

米内光政　379、424、445、544

墨辛（Мусин, И.М.）　126

墨子　516

N

南桂馨　225~228、231、236、238

南汉宸　283、285

内田良平　345

尼诺夫（Нилов）　139

聂荣臻　423f

牛兰（Hiulaire Naulen）　316f、320f

钮永建　179

O

欧登科（Oudendijk, William James）　235

欧阳格　100f、105、107f、119、421~423

欧阳琳　492

欧阳钟　98f、107f、421

P

潘复　217、227、237

潘汉年　317、366、446~456、458

潘连茹　223

潘云超　186

潘佑强　107、123

彭德怀　280、448

彭述之　122、124f、193

彭泽民　151、156、162、171f、186

朴殷植　393

平招骐一郎　413、415、419f、439f、544

溥仪　51、337

503

Q

契切林（Чичерин, Г.В） 24f、75、77、85、88

齐燮元 137

钱永铭（新之） 362f、380f

乔辅三 349、370

切列潘诺夫（Черепанов, А.И.） 117f

切列萨多夫（Терщатов） 117

覃振 157、431

清浦子爵 159

庆父 270

庆华 44

秦始皇 101

秦孝仪 457

邱昌渭 411f

丘吉尔（Churchill, W.L.S） 400

秋瑾 2

秋山定辅 345f、381、

瞿秋白 143、183

犬养毅 293、345f

R

饶卫华 423

任卓宣 439

S

三上丰夷 49

山本荣治 373

杉山元 382

邵力子 30、95、129、131～139、141f、145～150、162、240、456

邵声涛 71

邵元冲 22、72、88、157、240、254、431

邵巍麟 470f、476

沈百先 433

沈定一 26、106、157、431

沈光双 328

沈鸿慈 157f

沈钧儒 321

沈联芳 71

沈缦云 4

沈荣卿 7f

沈润挹 51f

沈田莘 73

沈雁冰 428～430、432f、441

沈养吾 378

沈云龙 443

盛丕华 51f、64

盛升颐 377

盛世才 336

盛四 18

寿祝衡 365

水谷川忠磨 646

实川时治郎 346

施存统 419f、433f、436、440f

施肇基 302

施兆祥 61

石川祯浩 425、442

石井 466

石田米子 365

石瑛 157

石原莞尔 371

石友三 265、269

斯大林（Сталин, И.В.） 88、120f、132、134、149f、162、184、239、316、402

斯克良斯基（Склянский, Э.М） 24、75、77f、85、88f

斯米尔诺夫（Смирнов-Светловский） 109、118

斯诺（Edgar Snow） 320、448

斯切潘诺夫（Степанов, В.А.） 117、119～122、127

史顾问 见斯切潘诺夫

史华之 159

适原 466

宋霭龄 347f、367

宋德宜 71

宋教仁 4

宋美龄 305、320、346、354f、357、390、400、405、448

宋庆龄 148、159～162、170、175、317、319～321

宋哲元 265、269、325

宋子良 362f、376f

宋子文 28、114、120、159、161、165、169f、175、178、187、193、199、214、334、362、366f、394、399、401～403、422、478

松本重治 380、382

松本藏次 347、349、363f、367、370

松冈洋右 362、379、466

松井石根 367

苏埕基 517f

苏迈 320

苏轼 320

孙伯群 467

孙传芳 137、160、194～203、206～212、214f、217、220、224、226f、232f、235、237f

孙殿英 265、269、283～285、336、477

孙夫人 见宋庆龄

孙科（哲生） 16、123、126、148、155、158～163、166f、169～172、175、177～179、182f、185～187、199、240、242、248、255～257、260、262f、279f、289～291、296、304～306、313～315、319、338、363、395

孙世伟 237

孙中山（文、逸仙） 2～5、9、

505

12f、15、23f、26f、31f、46、48~53、55~58、67~70、74~78、85、90~92、96、104、109、125、129、132~134、137、139f、144、151、163、180、194、197、210f、214、222、241~243、245~250、258、293~295、315、318、345f、367、386、407、418、422、425~434、436~441、453、474f、477

索洛维也夫（Роловьев）　116

T

太戈尔（泰戈尔，Tagore, Sir Rabindranath）　14

谭人凤　4

谭平山　122、128、131、136~139、142、146、148、182、187

谭天度　423

谭延闿　21、95、113~115、120、155f、158f、161、164f、169~171、175、180、186f、191、195~199、203、211、218、228、235、238、419、422

汤寿潜　5、6

汤芗铭　371

汤荫棠　198

唐宝锷　294

唐绍仪　257、273、286、315、350、371

唐生智（孟潇）　153、155、158f、170、186f、193~197、202f、232

唐纵　404

陶成章（焕卿）　1~8，474

陶德曼（Trautmann, O.P）　348、367、383、444

陶菊隐　378

陶骏保　8

陶希圣　458~460、466

腾珂　465f

滕杰　387，389

畑俊六　361、367、369

田桐　28

田颂尧　264

天羽英二　336

田中义一　215

铁罗尼（Теруни）　158

头山满　345~350、352~354，363f、368，380~382

头山秀三　363

土肥原贤二　223f、238、294f、371

托洛茨基（Троцкий, Л.Д.）　24、26、29、75、77、85、88、90、126、240

W

万福麟　300、325

王安石　14

王柏龄　28、101、107f、422

王宠惠　221、255、288f、291、297、320、327、338、384、394f、400

王法勤　160、173、175、186

506

王夫之（船山） 14

王海观 40

王汉良 433

王家烈 263f、269

王克敏 465

王乐平 186

王梁甫 385

王懋功 92、94~96、102、110

王明 318、461~463

王普 202、209

王若飞 116、118

王世杰 383f、394、411

王世英 447

王士珍 238

王文庆 6

王学臣 97f

王阳明 33、472f

王一亭 73

王（占元） 198

王正廷 54、253、309

王祝卿 8

王子惠 360、379

汪精卫（兆铭、季新、容甫、水云） 28f、77、92~97、99f、102~105、107、109~116、119、122f、148、150~153、159f、167、173、176、183、185~190、232、244~246、250、256f、259、260~263、276、278、286、288~291、296f、304f、307、314、319、321f、338、348~354、357f、360~366、370~377、380f、383、418~422、427、464f、467、475~477

汪元量 290

魏邦平 221

魏伯桢 51

魏道明（伯聪） 297f、404

魏炯 202

维经斯基（魏金斯基 Войтинский, Г.Н.） 见吴廷康

韦永成 413

韦贽唐 413

温建纲 254

温淑萱 393

温宗尧 51

闻兰亭（双章） 51f、63f、66

文天祥 13

伍朝枢（梯云） 16、28、104~108、123、126、222、284、289、305、314f、422

吴国桢 404

吴晋 225~227、231

吴景濂 294

吴俊升 227

吴梅岑 60

吴佩孚 19、78~81、90、106、137、193~195、197~201、203、207、210~212、217、220、241、294、350、

507

357f、371f、465

　　吴任沧　465

　　吴善珍　438~440

　　吴绍澍　467

　　吴思豫　240

　　吴铁城　28、107、120、123、126f、313f、392~399、401~406、413、422

　　吴廷康　154

　　吴耀庭　51

　　吴玉章　109、148、152、158、166、170f、173、175、183、186f、423

　　吴稚晖　180、185f、249、255、296、304、312f、323

　　吴忠信（礼卿）　44、217、235、411、

　　武者小路实笃　22

X

　　喜多诚一　331、373

　　希特勒（Hitler, Adolf）　321

　　夏超　206

　　夏莲荫　454f、459

　　夏文运　381

　　狭间直树　365、425、475

　　闲院宫金子　380

　　项惠卿　71

　　萧佛成（马、马鸣）　173、256f、260f、268、271~274、277、286、288、296f、477

　　小川平吉　345f、348~362、364~366、

　　小室静　17、20、27

　　小野寺　466

　　谢持　27f、426

　　谢崇坚　98、108

　　谢福林（Сейфулин）　112、115、122~125、127

　　谢华　114

　　谢晋　168f

　　新井龟太郎　236

　　邢士廉　227f、231f

　　熊观民　266

　　熊克武　266、285

　　熊式辉　301、312、495

　　许崇智　45、55f、58、67、105、254、257

　　许松春　71

　　徐道邻　327

　　徐恩曾　390、393

　　徐桴　101、165

　　徐甫孙　52

　　徐明诚　467f

　　徐谦（季龙）　148、155f、159~158、170f、173、175、178、185~187、189f、199、277

　　徐庆云　71

　　徐瑞霖　60

508

徐维诺夫（见季诺维也夫） 25

徐锡麟（伯生、伯荪、伯孙） 2

绪方竹虎 352

萱野长知 293、345~347、351、352、365、367~370、375、384

Y

岩村 466

岩奇清七 380

颜惠庆 297、302、320、332、460

颜延之 45

阎锡山（伯川，百川、百帅） 175、189f、207、212f、215~218、223~230、233、235f、238、242、244~246、265、268、273、276、280、283~285、308、329、336、411、413、417

杨丙 197~199、211、217、220、232f

杨虎城 277、283f，336

杨杰 181、216

杨洁 357

杨谱笙 431

杨善德 18

杨树庄 174、179

杨文恺 196、201

杨贤江 433

杨献珍 423

杨杏佛 320f、478

杨引之 123

杨宇霆（邻葛） 197f、200、214、217、221~225、227、230~232、234f、237f

杨之华 431、433

杨芷泉 264

阳翰笙 103

姚冶诚 18

姚瑛 375

姚紫若 71

益卿 55

叶楚伧 157、160、164、166、254、289、431

叶恭绰 197

叶惠钧 71

叶剑英 448

叶挺 115

叶夏声 273

叶琢堂 68、72f

野村吉三郎 361、466

易敦白 371f、376~378

易培基 159

伊藤武雄 371、380、382

伊文诺夫斯基（Ивановский） 见布勃诺夫 121

尹呈辅 391

尹奉吉 388

尹扶一 237

尹俊春 365

509

尹锐志 4

尹述贤 413

尹维峻 4

颖甫 44

影佐祯昭 352、379

游步瀛 438

尤登尼奇（Юденич, Н.Н.） 23

有田八郎 352、361

于国翰 259、263、274

于树德 221、224、234、

于学忠 285

于右任 152、255、289、296、465

虞洽卿（和德） 50、52

俞廉三 2

余日章 302

余洒度 438

裕仁天皇 351、388

宇垣一成 348～351、358、368、370f、380、466

袁冠新 280

袁世凯 78f、176、210、214、241、261、289、330、346、373、474、479f

袁子壮 52

袁祖铭 197

原顺伯 356、359

原田 466

越飞（Joffe, A.A） 75～77、85、87、89f

恽代英 171、173、431、433、440

Z

曾伯兴 273

曾广 362

曾国藩 13f、34、419

曾文正公 见曾国藩 13

曾养甫 445～450、452f、455、457～460

曾政忠 362

曾仲鸣 104

詹大悲 173、186f

张弁群 57

张秉三（有伦） 57

张冲 446～448、450～452、458、463

张澹如 51

张发奎 159、183、186、256、408、412f、415、465

张国焘 109、121f、125f、154、159、180、193、431

张海鹏 425

张厚琬 222

张继（溥） 77、260、279、304～306、308、427、431

张季鸾 355f、359f

张嘉璈 214

张謇 57

张静江（人杰） 15、21、43、

510

46、50～54、57～61、64～68、70、105、120、126、153～157、159、161f、164、167、175f、186、191、198f、323、422、431、437

　张居正　14

　张君劢　360

　张君谋　433

　张铭新　356

　张某　360

　张纶卿　71

　张群　196、247、249、302、327、346、350、381、411

　张曙时　156、158、171、173

　张太雷　122、166

　张廷灏　433

　张闻天（洛甫）　443、455

　张绪心　443

　张学良　19、189、197、212、214、217f、224、227～234、237f、245、253、265、267f、281～283、300、324、326、363、447、452、454

　张学铭　229

　张勋　51

　张毅　208

　张元济　244

　张允荣　264

　张知本　157

　张治中　411

　张子华　446～448、452

　张宗昌　137、198、214f、220、224、226f、232、238

　张作霖（雨帅）　19、81、137、147、159f、184、189、194、197～200、210～212、215、217f、220～222、224～227、229f、233～236、238、456

　张作相　226f、231、237

　章臣桐　98f、107f、421

　章太炎（炳麟）　2～4、6、8

　章天觉　5

　赵戴文　228

　赵恒惕　194

　赵家艺　50f

　赵锦雯　97

　赵林士　51f、54

　赵声　4

　赵世贤　29

　赵世炎　124

　赵素昂　392、396～398、401f

　郑洪年　221

　郑介民　351～353、360、362

　郑思肖（所南）　14

　中岛行一　50

　中村丰一　349、370

　重松金子　317

　周恩来　110、114f、122、440f、443、445～448、450～455、457～460、463

511

周凤岐　206、209

周佛海　164、349、467

周鲠生　245

周骏彦（枕琴）　52、62f、66~68

周佩箴　50f、53、57

周小舟　449

周兴樑　365

周星垣　17

周熊甫　52

周荫人　202、208f

周震麟　28

周祖培　70

朱葆三　71

朱德　101、280、448

朱家骅　388~391、394~399、401、417、465、468、477

朱克靖　110

朱培德　95、101、103、113f、160f、169f、174、179、186、193、195、197、201、204、216、418~420

朱启钤　234

朱瑞　4

朱守梅（孔扬）　54

朱五楼　53

朱熹　33、35、38、46、48、472f

朱执信　23、51

朱子　见朱熹

朱子谦　18

诸葛亮　13

竺绍康　1~3

褚民谊　156

褚玉璞　235、238

邹静斋　51f

邹念之　365

邹鲁（衣、海、海滨）　27、104~107、128、244f、257、260、266、268f、271~273、285f、288、294~296、304f、426f、429、477

邹毅　98

左尔格　（Sorge, Richarcl）　317

左宗棠　13

初版后记

这些年来一总是忙，老有做不完的各种各样的事。本书中的第一篇文章写作于1987年，读完本书校样，已经是21世纪的第一个年头了。

开头的一些年，忙着写《中华民国史》；最近的一些年，忙着写《中国国民党史》。写这样一本书，虽然早有此念，但只能三天打鱼，两天晒网，或断或续地写着，没有考虑过什么时候完成。

最初，本书拟定名为《两岸蒋介石秘档研究》。所谓"两岸蒋介石秘档"，一是指蒋介石交给毛思诚收藏，后来留在大陆的"蒋中正全宗"；一是指蒋介石带到台湾，初存大溪，后归"国史馆"保存的"蒋中正'总统'档案"。它们包含了大量从未公布的机密文件。我想，倘能以二者为基础，深入开掘，定当大有助于中国近代史的研究。但是，我很快就感到，计划太大，于是决定缩小范围，改题《蒋氏秘档与蒋介石真相》，以大陆所藏"蒋中正全宗"为主，参以台湾所藏，将部分研究所得先行成书。一以自励，二以征求读者意见，三以和同行交流。否则，旷日持久，就不知要拖到哪一天了。

本书所收文章，大部分写于近几年中。《蒋介石为何刺杀陶成章》、《中山舰事件之谜》、《中山舰事件之后》、《四一二政变前后武汉政府的对策》、《胡汉民的军事倒蒋密谋及胡蒋和解》、《抗战前期日本"民间人士"和蒋介石集团的秘密谈判》等文，写作时间较早，曾收入拙著《寻求历史的谜底——近代中国的政治与人物》，此次收入本书，均作了不同程度的修改和补充。著者另一部分有关蒋氏的文章，如《济案交涉与蒋介石对日妥协的开端》、《30年代初期国民党内部的反蒋抗日潮流》、《一项南北联合，打倒蒋介石计划的夭折》、《蒋孔关系探微》、《从大举进攻到全面败北——读蒋介石致熊式辉手札》、《蒋介石的"慰问"与北平的邀请》、《蒋介石"复职"与李宗仁抗争》等，因已收入近年新出的《海外访史录》，本书不再收录。

感谢中国第二历史档案馆、台北"国史馆"、中国国民党党史会、"中研院"近史所档案馆、美国哥伦比亚大学珍本和手稿图书馆、哈佛燕京学社图书馆、日本外务省外交史料馆等机构，没有他们提供的阅读方便，本书是无法完成的。

感谢李玉贞教授在俄文资料上给予的帮助。

感谢华夏英才基金为本书提供的出版支持。

感谢社会科学文献出版社社长兼总编辑谢寿光、社会科学编辑部主任黄燕生，他们不仅支持本书的出版，而且将作者的几本相关著作编为《近史探幽系列》。垂爱之深，令我感动。

感谢本书责编杨群、陈嬿，他们的辛勤劳动使本书减少了不少差错。

著者
2001年2月4日，北京

图书在版编目（CIP）数据

蒋氏秘档与蒋介石真相 / 杨天石著. -- 重庆：重庆出版社，2015.11

ISBN 978-7-229-10297-5-01

Ⅰ.①蒋… Ⅱ.①杨… Ⅲ.①蒋介石（1887～1975）—人物研究 Ⅳ.①K827=7

中国版本图书馆CIP数据核字（2015）第187009号

蒋氏秘档与蒋介石真相
JIANGSHI MIDANG YU JIANGJIESHI ZHENXIANG

杨天石　著

策　　划：华章同人
出版监制：徐宪江
责任编辑：徐宪江　李　翔
营销编辑：张　宁
责任印制：杨　宁
封面设计：视觉共振

重庆出版集团
重庆出版社　出版

（重庆市南岸区南滨路162号1幢）

北京毅峰迅捷印刷有限公司　印刷
重庆出版集团图书发行有限公司　发行
邮购电话：010-85869375
全国新华书店经销

开本：787mm×1092mm　1/16　印张：33　字数：500千
2015年11月第1版　2025年1月第1版第6次印刷
定价：69.80元

如有印装质量问题，请致电023-61520678

版权所有，侵权必究